Barbara Sternthal

Oberösterreich

Barbara Sternthal

Oberösterreich

Kultur, Natur & Freizeit

Entdeckungsreisen von A–Z

NP BUCHVERLAG

Umschlagbilder: Schloss Weinberg im Mühlviertel; „Sonnenmann" auf dem Stadtbrunnen von Aigen
Vordere Innenklappe: Übersichtskarte Oberösterreich
Hintere Innenklappe: Stadtplan Linz

Deutsche Bibliothek - CIP Einheitsaufnahme

Barbara Sternthal:
Oberösterreich : Kultur, Natur & Freizeit ; Entdeckungsreisen von A– Z / Barbara Sternthal. -
Aufl. - St. Pölten ; Wien ; Linz : NP-Buchverl. 2002
ISBN 3-85326-513-8

Niederösterreichisches Pressehaus
Druck- und Verlagsgesellschaft mbH
NP BUCHVERLAG
St. Pölten – Wien – Linz
www.np-buch.at
verlag@np-buch.at

Einbandgestaltung und Layout:
Peter Manfredini, Wien

Kartografie:
arbeitsgemeinschaft karthographie,
St. Georgen/Steinfeld

Gesamtherstellung:
Niederösterreichisches Pressehaus
Druck- und Verlagsgesellschaft mbH.
A-3100, Gutenbergstraße 12

ISBN 3-85326-513-8

Nach Oberösterreich der Kultur wegen? Und nicht nur ins Salzkammergut zur Sommerfrische? – Unbedingt! Denn Oberösterreichs Angebot sowohl an kunst- und kulturhistorischen Schönheiten wie auch an zeitgenössischen Kulturinitiativen und Festivals ist immens groß. Um nur die berühmtesten Beispiele zu nennen: Drei der schönsten Flügelaltäre der Gotik sind in Oberösterreich zu finden, einige der prachtvollsten Stifte, ganz zu schweigen von ungewöhnlichen Kirchenbauten, die die oft so langweiligen Besuche von Sehenswürdigkeiten zum historischen Abenteuer werden lassen.

Zu kurz kommt auch nicht die Moderne, das so gerne vernachlässigte Stiefkind von Kulturreisebüchern: Ob es sich dabei um die Werkstatt Kollerschlag oder um das Jazzatelier Ulrichsberg, die Klangwolke oder das Ars Electronic Center in Linz handelt – das 21. Jahrhundert hat begonnen, wir haben das nicht verschlafen.

Aber natürlich besteht die Kulturgeschichte Oberösterreichs zu einem wesentlichen Teil auch aus seiner Wirtschaftsgeschichte, der wiederum ein ganze Reihe höchst sehenswerter Handwerksmuseen gewidmet ist. Denn dass Städte wie Schärding, Braunau und besonders Steyr architektonisch gesehen außergewöhnlich sind, verdanken diese nicht zuletzt ganz speziellen Wirtschaftszweigen. So entführen wir Sie zur Leinenweberei im Mühlviertel, zu den Schwarzen Grafen der Eisenwurzen und zum weißen Gold im Salzkammergut.

Und um ermüdeten Kulturreisenden auch entsprechende kulinarische und vergnügliche Freizeittipps anbieten zu können, haben wir uns in allen Regionen, die in diesem Buch beschrieben werden, umgesehen und die besten Gasthäuser, die schönsten Seen, die abwechslungsreichsten Radwege und vieles mehr recherchiert. Der Mensch lebt schließlich nicht von der Kunst allein.

Einen Kulturreiseführer für Oberösterreich zu schreiben, ist alles in allem ein heikles Unterfangen: In der Kürze liegt nicht nur die Würze, sondern auch die Entscheidung der bewusst belassenen Lücken. Und die haben wir uns besonders schwer gemacht.

Aigen/Schlägl

Stift Schlägl · Aigen · Schwarzenbergischer Schwemmkanal · Ulrichsberg · Kollerschlag

In der Gegend um Aigen und Schlägl – zwei ursprünglich selbständigen Orten, die längst zusammengewachsen sind –, am Fuß des Böhmerwalds, findet der Kulturreisende Tradition und Moderne.

Wechselvoll ist die Geschichte des Stifts Schlägl im Mühlkreis: Im Jahr 1204 von Calhoch von Falkenstein gegründet, wurde die Gegend in der Nähe des heutigen Stifts von Zisterziensern aus Franken besiedelt, die die damals unwirtliche Gegend – Schlägl stammt von Schlag, also der Rodung von Wäldern – aber bald wieder verließen. 1218 unternahm der Graf einen neuen Versuch, diesmal allerdings mit Prämonstratensern aus Niederbayern und an einem etwas einladenderen Platz. Diese Lösung war die glücklichere, denn im Folgenden – 1242–1260 – entstand Stift Schlägl nicht nur, es wurde vielmehr zum wirtschaftlichen, religiösen und kulturellen Zentrum des Mühlviertels. Allerdings nicht ohne Imponderabilien: Immerhin sieben Stiftsbrände und eine Reihe vor allem wirtschaftlicher und religiöser Schwierigkeiten waren zu überdauern. Und so, wie Stift Schlägl heute vor dem Betrachter steht, ist es in erster Linie das Ergebnis des Wiederaufbaus nach den Bauernaufständen des Jahres 1626.

Das schmiedeeiserne Altargitter der Schlägler Stiftskirche; dahinter der Hochaltar.

Doch drehen wir das Rad der Geschichte einmal zurück: Unbedingt sehenswert ist nämlich jener Teil Stift Schlägls, der auf die Anfangszeit des Baus verweist: die romanische **Krypta** aus der Zeit um 1250/60. Man erreicht sie über den Eingang zum Stiftsmuseum. Im Kreuzgang ist viel über die Geschichte des Prämonstratenserordens in Österreich zu erfahren (auch, dass er sich im niederösterreichischen Geras sowie im Tiroler Wilten niedergelassen hat). Über die kleine Turmkapelle schließlich gelangt man in die Krypta, in deren Mitte ein oktogonaler Pfeiler das Gewölbe des Raumes trägt und die alles in allem durch ihre geradezu minimalistische Einfachheit beeindruckt.

Schmucklos ist auch der **Innenhof**, den der Besucher durch jenes Portal betritt, das mit den Statuen der Ordensväter – Augustinus und Nor-

Die Gemäldesammlung Stift Schlägls, wo sich wertvolle Gemälde von der Donauschule bis zum Barock finden.

bert von Xanten – geschmückt ist. Einzig der Brunnen, dessen Wasser in drei Steinbehälter fließt, die früher als Fischkalter dienten, unterbricht das geradezu kontemplativ-stille Karree.

Erstaunlich dann auch der Bruch vom barocken Kirchenportal zum gotischen Erscheinungsbild der Architektur des inneren Kirchenraums: Allein die optische Höhe des Langhauses – noch verstärkt, weil die beiden Seitenschiffe von hier aus kaum in Erscheinung treten – verleiht der Basilika ihre Einzigartigkeit. Dazu kommt, dass der Weg bis zur Apsis stufenweise gegliedert ist: Schon zum Portal führt eine steile Treppe (neben einer nur leicht ansteigenden Rampe), von der Vorhalle sind weitere sieben Stufen bis zum inneren Portal zu überwinden, und die Unterkirche machte bautechnisch ein erhöhtes Presbyterium notwendig. Selbst das Licht spielt in dieser Inszenierung eine große Rolle: Der Lichtgaden des Mittelschiffs ist nicht wie üblich in regelmäßigen Abständen mit Fenstern versehen, wohl aber die Apsis, was sie – und mit ihr den ebenfalls schon höher gelegenen Chor – gegenüber dem Langhaus in strahlendes Licht taucht. Ein religiöser Kultraum tut sich solcherart auf.

In der Sakristei der Kirche werden wertvolle liturgische Gegenstände aufbewahrt, darunter ein Abtstab aus dem 15., aber auch ein Perlenmessgewand aus dem 16. Jahrhundert. Und die so genannte Putz-Orgel aus dem 17. Jahrhundert zählt zu den bedeutendsten Musikinstrumenten Österreichs.

An die 60 000 Bände, zahlreiche Handschriften und Inkunabeln befinden sich in der Stiftsbibliothek von Schlägl.

Zentrale Exponate der Galerie des Stifts (deren barocke Raumgestaltung an Prunk nichts zu wünschen übrig lässt) sind wertvolle gotische Bildtafeln, eine spätmittelalterliche Madonna im Ährenkleid und zahlreiche Porträts fast sämtlicher Ordensbrüder des »Böhmerwaldklosters« seit dem frühen 19. Jahrhundert. Noch wesentlich beeindruckender aber ist die Stiftsbibliothek – barock gestaltet und ausgestattet – mit ihren rund 60 000 Büchern sowie vielen Handschriften und Inkunabeln.

»Kultur-Gut-Oberes-Mühlviertel« nennt sich eine sehenswerte Ausstellung im Meierhof des Stifts: Volks- und kulturhistorisch interessant sind hier Exponate zu den Themen Wasser, Stein, Holz, Eisen, Wachs und Honig, Flachs und Weber, Wolle, Tierproduktion, Glas natürlich und auch das Leben in den Bauernhäusern präsentiert.

Als sakraler »Sidestep« empfiehlt sich ein Ausflug in den mit Schlägl längst zusammengewachsenen Ort Aigen: In der Pfarrkirche, die den Hauptplatz beherrscht, befindet sich an der Chorschranke eine spätgotische Madonna: Sie ist in das frühe 15. Jahrhundert datiert und verkörpert perfekt den so genannten Weichen Stil dieser Zeit.

Der »Sonnenmann« auf dem Stadtbrunnen von Aigen.

Schwarzenberg, am Fuß des Plöckensteins im Böhmerwald gelegen, führt uns auf ganz andere kulturhistorische Spuren (wenngleich auch sie mit den Prämonstratensern von Schlägl eng zusammenhängen): In dem im Jahr 1571 erstmals erwähnten Ort an der Mühlviertler Weberstraße siedelten die Verantwortlichen des Stifts gleich drei Glashütten an. (Auch wenn die Glashüttentradition der Gegend bis in das Mittelalter zurückführt.) Um diese aber mit den nötigen Rohstoffen zu versorgen, brauchte es Holz aus der dichten Waldlandschaft des Böhmerwalds.

Holz im Übrigen nicht nur, um die Öfen zu beheizen, sondern auch um das berühmte Böhmerwald-Glas herzustellen. Denn anders als beispielsweise in Venedig, wo man Glas aus zu Staub zermahlenem Kies, das mit Soda zur Glasmasse geschmolzen wurde, erzeugte, wurde das Mühlviertler Glas aus Pottasche produziert. Und die wurde von Aschenbrennern durch Ausbrennen der Baumstämme hergestellt. Den Kies – der durch das Mühlviertler Urgestein im Überfluss vorhanden war – lieferte man nach Venedig (was der Gegend einst übrigens beträchtlichen Wohlstand brachte), für das eigene Glas wurde Raubbau an den Wäldern betrieben. Und dann noch die Reichshauptstadt Wien, die ununterbrochen wuchs und Mangel an Brennstoff hatte. Um die Baumstämme vom Berg ins Tal zu bringen, legte der Forstingenieur Joseph Rosenauer seinem fürstlichen Arbeitgeber Schwarzenberg im Jahr 1774 einen bestechenden Plan vor: Ein Kanal sollte gebaut werden, mit Hilfe dessen das Holz von den Höhen des Böhmerwalds bis zur Großen Mühl und weiter in die Donau und nach Wien befördert werden konnte. Was einfach und logisch klingt, war eine technische Herausforderung der Extraklasse, denn Rosenauer musste dafür die kontinentale Wasserscheide zwischen Donau und Moldau respektive Elbe überwinden. – Insgesamt 51,9 Kilometer misst der **Schwarzenbergische Schwemmkanal**, der in zwei Bauetappen zwischen 1789 und 1824 angelegt wurde und an dessen Vollendung zeitweise 1200 Beschäftigte arbeiteten. Nur der einfallsreiche Erfinder selbst erlebte sein kleines Weltwunder – er überlistete die europäische Wasserscheide übrigens am Rosenhügel (Koranda) – nicht mehr: Er starb im Jahr 1804.

Wenn man sich heute die gemächlich fließenden Wasser des Schwemmkanals ansieht, kann man sich kaum vorstellen, welches Getriebe hier im vorigen Jahrhundert geherrscht hat: Im Böhmerwald wurde das Holz geschlägert und zu Scheitern gehackt. 40 »Einwerfer« versorgten den Kanal an seinem Ausgangspunkt, dem Dreisesselberg, mit Holz, bis zu 300 Triftarbeiter oder »Schwemmer« sorgten für den klaglosen Weitertransport, und an der Mündung in die Große Mühl waren an die 350 Arbeiter damit befasst, das Holz zu stapeln und auf Schiffe oder Flöße zu verladen. Fast acht Millionen Raummeter Holz wurden solcherart während der hundert Jahre dauernden »goldenen Zeit der Schwemme« über den Schwarzenbergischen Schwemmkanal bis zur Großen Mühl getriftet. Dabei wurde vor allem winters geschlägert, um im Frühling die Schneeschmelze, die die Stauweiher und den Kanal mit genügend Wasser versorgte, zu nützen.

Um die vorletzte Jahrhundertwende endete langsam, aber sicher die große Zeit des Kanals: Der Holztransport nach Wien wurde 1892 eingestellt, um 1900 veränderte man den Schwemmbetrieb auf böhmischem Terrain von Scheiter- zu Langholz, und 1916 wurde endgültig das letzte Mal vom Rosenhügel zur Großen Mühl getriftet. Aber erst 1961 stellte man auch in Böhmen den Schwemmbetrieb ein.

Die Zeitläufte haben verhindert, dass dem Schwarzenbergischen Schwemmkanal die ihm gebührende Aufmerksamkeit zukommt. Denn bis auf zwei kurze Stücke – das erste zwischen Sonnenwald und Igl-

Einst Wunderwerk der Ingenieurkunst: Der Schwarzenbergische Schwemmkanal

bachdurchlass, das zweite zwischen Almesberg und der Mündung in die Große Mühl bei Damreith – verlief der Kanal jenseits des Eisernen Vorhangs. Seit 1989 gibt es den nicht mehr, und dank der Zusammenarbeit zwischen den Verantwortlichen dies- und jenseits der Grenze gibt es heute einen abwechslungsreichen Rad- und Wanderweg entlang des Schwemmkanals. Hier treffen Ingenieurkunst und bildende Kunst aufeinander: der **1. Skulpturenpark** Schwarzenbergs ist eine bemerkenswerte »Land-Art-Installation«. 35 Arbeiten internationaler Künstler sind am Kirchberg zu sehen, über 100 Werke sind im Gemeindegebiet von Schwarzenberg beziehungsweise entlang des Schwemmkanals aufgestellt. Entstanden ist dieses Projekt der Kunst im öffentlichen Raum zwischen 1992 und 1995, als hier ein Bildhauersymposion stattfand. Jedes Jahr wieder kommen seit damals Künstler nach Schwarzenberg, um da zu arbeiten und auszustellen. Im offenen Atelier, wo viele der Skulpturen entstehen – es ist auf der Manzenreiterwiese mitten im Ort zu finden –, kann jeder, der will, den Künstlern beim Arbeiten zusehen, sich mit ihnen unterhalten. Kunst nicht museal und geradezu kultisch, sondern zum An- und Begreifen.

Eine bemerkenswerte Klammer um Alt und Neu, um Traditionelles und Modernes, wurde im kleinen Ort **Ulrichsberg** geschaffen. Um davon zu erzählen, muss allerdings ein wenig ausgeholt werden: Seit der zweiten Hälfte des 13. Jahrhunderts sind im Böhmerwald **Glashütten** belegt. Davon stammen auch einige Orts- und Flurnamen der Gegend: Glasau bei Hellmonsödt etwa, Glashütten bei Zwettl an der Rodl oder Glaswiese am Sternstein. Doch obwohl diese Namen die alte Salzhandelsstraße zwischen Budweis und Linz begleiten, ist es kaum möglich, die Lage dieser frühen Glashütten exakt festzustellen. Nur teilweise helfen hier Bodenfunde weiter. Erst für das 16. Jahrhundert sind Glashütten auch wirklich lokalisierbar: unter anderem stand eine in Schlägl, eine wurde in Sonnenschlag gegründet, eine in Schwarzenberg, eine weitere in Oberschwarzenberg und schließlich eine in Sonnenwald. Was sie alle verbindet: Sie befanden sich im Herrschaftsgebiet von Stift Schlägl, und ihre Geschichte ist wechselvoll. Sonnenschlag etwa war eine florierende Glashütte – bis der Sohn des Gründers sie in den Ruin führte; mehr

Glück hatte da schon die Hütte von Schwarzenberg, bei der man aus den Büchern von Stift Schlägl weiß, dass sie Goldrubinglas herzustellen imstande war (das Stift nämlich stellte dafür die Golddukaten). – Bis zum Jahr 1900 wurde in dieser Gegend das berühmte Böhmerwald-Glas erzeugte. Dass die böhmischen und die österreichischen Hüttenmeister in zeitweilig harter Konkurrenz standen, kam ihrer Kunst zugute: Böhmerwald-Glas gilt noch heute als wertvolle Antiquität. Wer jetzt auf den Geschmack gekommen ist, sollte das Ulrichsberger Heimathaus besuchen, denn darin ist eine der exquisitesten Glassammlungen untergebracht: Trink- und Vorratsgläser, Wasserbarometer und Fliegenfänger, aber auch Medizin- und Apothekergläser aus dem 19. Jahrhundert sowie außergewöhnliche Exponate böhmischer Jugendstilgläser. Dass man im Heimathaus auch einen guten Einblick in die Lebenskultur der Mühlviertler Bauern – Werkzeuge, Möbel, ja ein ganzer Stubenofen – gewinnen kann, sei der Vollständigkeit halber nicht verschwiegen.

Den Bogen zur zeitgenössischen Kunst spannt das Jazzatelier: Im Jahr 1973 gründeten vier Ulrichsberger Studenten das Atelier. Doch was oft genug den Bach der Zeit hinuntergeht, entwickelte sich hier zur veritablen Institution: Als Schwerpunkt kristallisierte sich sehr bald Musik heraus – Jazz und Blues standen im Zentrum. Dreizehn Jahre später – 1986 – gab es ein eigenes Haus, wo verschiedene Formen zeitgenössischer improvisierter ebenso wie komponierter Musik während der etwa zehn Konzerte pro Jahr zu hören sind. Konzentriert im einmal jährlich stattfindenden internationalen Musikfestival Ulrichsberger Kaleidophon, im Rahmen dessen (wie auch der Einzelkonzerte) die Granden moderner Musik auftreten und aufgetreten sind, darunter Art Farmer, Friedrich Gulda, Franz Koglmann oder das Klangforum Wien. Programm gibt es im Jazzatelier allerdings das ganze Jahr über.

Mühlviertel goes international: Fragt man den amerikanischen Bildhauer Jonathan Borofsky oder seinen schottischen Kollegen Ian Hamilton Finlay nach Kollerschlag – sie werden den kleinen Ort im Dreiländereck von Bayern, Böhmen und dem Mühlviertel kennen. Schließlich wurden hier einige ihrer wichtigsten Arbeiten realisiert: Borofskys hammerschwingender Stahlgigant, der heute vor dem Frankkfurter Messeturm steht, und Finlays Neon-Nirosta-Arbeit für die Berliner Metropolis-Ausstellung. Was dahinter steckt, ist eine geniale Idee, die drei Brüder vor bald zwanzig Jahren hatten: Heinz, Werner und Wolfgang Baumüller gründeten die Werkstatt Kollerschlag im Jahr 1985 mit dem Vorhaben, bedeutende und internationale Künstler nach Kollerschlag zu holen, um hier mit ansässigen Handwerkern deren Entwürfe und Ideen zu realisieren. Grundgedanke des Ganzen war dabei, dass hochwertige Kunst einer ebensolchen Umsetzung bedarf. Materialien, Dimensionen, Wünsche, Vorstellungen – hier

In Zusammenarbeit mit der Werkstatt Kollerschlag entstanden: Die Skulptur Europa von Tony Cragg.

ist alles möglich. Hier, in der stillen, unaufgeregten Landschaft, wird Abstraktion und Intention zur metall-, holz- oder steingefertigten Realität. Doch die Werkstatt Kollerschlag ist nicht nur das Missing Link zwischen Künstlern und ausführenden Handwerkern, sie ist Dreh- und Angelpunkt zwischen Auftraggebern für Kunst nicht in der Schutzzone von Museen und Galerien, sondern für Kunst im öffentlichen Raum. Die Kunst sensibler Kommunikation zwischen Auftraggebern der Privatwirtschaft, Architekten und bildenden Künstlern haben die drei Brüder perfektioniert: Konzeption, Organisation und eben die handwerkliche Umsetzung – alles in sechs versierten Händen.

In Kollerschlag selbst zeigen die in der Skulpturengalerie präsentierten Arbeiten das eigentliche, das ursprüngliche Konzept: eben die Skulpturen international bedeutender Künstler mit Handwerkern der Region umzusetzen. Was im urbanen Raum oft bloß im Rahmen kompliziert kuratierter Ausstellungen zu sehen ist, hat hier dauerhaft Platz gefunden: Arbeiten von Walter Pichler, Daniel Spoerri, Anselm Glück, Franz West, Valie Export, Mat Mullican, Tony Cragg, Per Kirkeby oder Lawrence Weiner. Aber auch die internationale Galerienszene kennt Kollerschlag, denn die Arbeiten, die hier entstanden, waren von Frankreich bis Deutschland, von den USA bis nach Großbritannien in den renommiertesten Galerien zu sehen. »Realität gewordene Utopie« schrieb ein Journalist der *Passauer Neuen Presse* einmal – womit er für die Werkstatt Kollerschlag wohl den Nagel auf den Kopf getroffen hat.

Tipps und Information

(i) STIFT SCHLÄGL: 4160 Aigen i. M., Tel.: 07281/88 01-0, Fax: 88 01-227; **Stiftsausstellung** geöffnet vom 1. 5.–26. 10., Di bis So 10–12, 13–17 Uhr; Führungen außerhalb der Öffnungszeiten nach tel. Vereinbarung.
E-MAIL: abtei@stift-schlaegl.at
INTERNET: http://www.stift-schlaegl.at

(i) JAZZATELIER ULRICHSBERG: 4161 Ulrichsberg, Badergasse 2, Tel. & Fax: 07288/63 01.
E-MAIL: afischer@netway.at
INTERNET: http://jazzatelier.nwy.at

WERKSTATT KOLLERSCHLAG: 4154 Kollerschlag, Markt 14, Tel.: 07287/81 03, Fax: 81 13; Besichtigung der Galerie nach tel. Vereinbarung.
E-MAIL: wolfgang.baumueller@werkstatt-kollerschlag.com
INTERNET: http://www.werkstatt-kollerschlag.com

GASTRONOMISCHES: Im Stift Schlägl gibt es den **Stiftskeller**: ein altes, heimeliges Gewölbe in der alten Stiftsbrauerei, wo seit 1580 das berühmte »Roggen Gold« gebraut wird (Tel.: s. o., Dw 280).
Der **Almesberger** in Aigen ist ein veritables Wellness- und Fitness-Hotel geworden; zum Schlemmen kommen trotzdem alle gerne her; 4160 Aigen i. M., Marktplatz 4, Tel.: 07281/87 13-0, Fax: 87 13-76;
E-MAIL: hotel@almesberger.at
INTERNET: http://www.almesberger.at

VERANSTALTUNGEN · AUSSTELLUNGEN · MUSEEN: Div. **Konzerte** gibt es in Stift Schlägl (s. o.); im Mai ist der Höhepunkt der Saisoneröffnung das **Schauschwemmen** am Schwarzenbergischen Schwemmkanal (Information: Tourismusverbändegemeinschaft Böhmerwald, 4160 Aigen i. M., Hauptstraße 2, Tel.: 07281/80 51, Fax: 80 51-6, muehlviertel@ upperaustria.or.at); Filme, Ausstellungen und Konzerte im **Jazzatelier** (s. o.); 500 Exponate erzählen von der Vogelwelt des Böhmerwalds im **Vogelmuseum** im Kulturhaus Aigen-Schlägl (Besuch nach tel. Vereinbarung; Tel.: 07281/80 51 od. 63 95, Herr Petz); das **Wagnereimuseum** in Klaffer am Hochficht lohnt einen Abstecher (Besuch nach tel. Vereinbarung; Tel.: 07288/65 01, Frau Weidinger).

NATUR & FREIZEIT: Der Böhmerwald ist ein Wanderparadies der Extraklasse, das sich sowohl auf zwei Beinen als auch auf Rädern entdecken lässt. Zum Allerfeinsten zählt zweifellos der Weg entlang des **Schwarzenbergischen Schwemmkanals**; hoch über Ulrichsberg liegt der berühmte **Moldaublick**, von dem man ein herrliches Panorama bis weit über den Moldau-Stausee hat (Anfahrt über Schöneben); wer lieber fährt als geht und trotzdem naturnahes Erleben genießen will, dem sei der Aigener **Bummelzug** – 1–3 Anhänger an einem Traktor – empfohlen (Information: Tourismusverband Aigen-Schlägl, Tel.: 07281/80 51, Fax: 80 51-6, tv.aigen-schlaegl@netway. at); **Badefreuden** bieten die heiteren Badeseen bei Klaffer am Hochficht.

ANREISE: A1, Knoten Linz, A7, B 127 bis Aigen i. M.

Andorf

Schloss Zell an der Pram · Schloss Sigharting · Enzenkirchen

Zahllos sind die Informationen und erstaunlichen Kleinodien, die sich in diesem Teil der Pramtal-Museumsstraße entdecken lassen.

Am Fuß des Sauwalds, mitten im sanften Hügelland des Innviertels liegt **Andorf**, die kleine Marktgemeinde mit ihren kaum 5000 Einwohnern. Und doch: Kulturell gesehen (und selbstverständlich nicht nur das) ist der Ort einen Besuch wert. Denn einerseits befindet er sich direkt an der Pramtal-Museumsstraße, andererseits hat er ein Juwel unter den sakralen Schätzen des Landes zu bieten. Doch alles schön der Reihe nach.

Über vierzig Jahre lang hat Josef Adlmanninger den **Brunnbauerhof** bewirtschaftet. Und weil ihm wohl bewusst war, dass die traditionelle bäuerliche Kultur des Landes irgendwann nicht mehr so sein wird, wie er sie noch kannte, hat er seinen Hof dem Verein Innviertler Freilichtmuseum übergeben. Brauchtum und Überlieferung, Volkskultur und bäuerliche Geschichte haben damit ein beständiges Zeugnis.

Schon im Jahr 1532 ist in den Chroniken des Münchner Hauptstaatsarchivs ein »hans prunbaur« als Besitzer des Hofs vermerkt. Erst Anfang des 18. Jahrhunderts wurde der Hof an eine Familie Raiflinger verkauft, deren Besitz aber bloß ein paar Jahrzehnte danach an die Familie Schatzberger überging. Über eine ganze Reihe von Generationen blieben die Besitzverhältnisse gleich, bis der Krieg alles veränderte. Zwei Brüder der Familie fielen im Ersten Weltkrieg, ein dritter verzichtete auf sein Erbe. Es blieb Katharina Schatzberger, die in zweiter Ehe Josef Adlmanninger heiratete. Damit erst ist ein neuer Name in der Chronik des Anwesens verzeichnet.

Der Brunnbauerhof ist ein klassischer und für die Region typischer **Vierseithof**, der in dieser Form nicht nur bereits seit über zweihundert Jahren besteht, sondern in seiner Bausubstanz nahezu unverändert geblieben ist. **Wohn- und Wirtschaftsräume** sind liebevoll, akribisch und kenntnisreich hergerichtet worden, um den Besuchern einen authentischen Eindruck vom Leben und Arbeiten auf einem Bauernhof dieser Gegend zu geben: keine Hektik, aber Mühe und Plage von früh bis spät.

Tischwäsche und Geschirr, das **Elternschlafzimmer** und die darüber liegende **Kinderstub'n** machen die Lebensgewohnheiten einer längst vergangenen Zeit offenbar. Im **Troad-(Getreide-)Kasten** sind eine Reihe von Werkzeugen und bäuerlichen Gerätschaften zu sehen. Mägde und

Das barock-klassizistische Schloss Zell an der Pram, idyllisch im gleichnamigen Innviertler Ort gelegen.

Knechte des einst blühenden Hofes hatten ihre nach Geschlechtern getrennten Schlafräume ebenfalls in diesem Teil des Anwesens. Und in einem ebenerdigen Raum des Troad-Kastens ist auf Schautafeln sowohl die Familien- als auch die Baugeschichte des Brunnbauerhofs nachzuvollziehen. Ein Abstecher empfiehlt sich auch in den Pferdestall und in die Scheune, wo Gerät und Werkzeug von längst in Vergessenheit geratenen Arbeitsbedingungen berichten. Hauskapelle, Fischkalter und Backhaus vervollständigen den Eindruck, wie man bis vor gar nicht so langer Zeit einen Bauernhof zu bewirtschaften pflegte.

Keine bäuerliche, sondern feudale Kultur des 18. Jahrhunderts präsentiert sich mit Schloss Zell an der Pram (im gleichnamigen Innviertler Ort). Benannt nach den Herren von Zell, die im Jahr 1140 erstmals urkundlich erwähnt wurden, fiel der Bau an die Familie Tattenbach, die ihn als Jagdschloss verwendete. Arg mitgenommen wurde das Schloss von aufständischen Bauern, weshalb Ferdinand Josef Graf Tattenbach-Rheinstein zwischen 1709 und 1712 einen nachhaltigen Umbau beauftragte. So wie das Schloss heute vor dem Besucher steht, stammt es allerdings aus der zweiten Hälfte des 18. Jahrhunderts: François de Cuvilliés, seines Zeichens Münchner Hofbaumeister, erstellte die Pläne. Die harmonische, barock-klassizistische Anlage fällt durch ihre südwärts gerichtete Hauptfront mit dem dreiachsigen Mittelrisalit, der Attika mit den Kreisfenstern und der Wappenkartusche weithin auf. Kleinodien auch im Inneren: Der Münchner Theatermaler Josef D. Stuber fertigte den Freskenzyklus »Die Heimkehr des Jägers« im Stiegenhaus – wo die alten Eichentreppen erhalten werden konnten – und die dekorative Malerei an, ein weiteres Deckenfresko mit allegorischen Darstellungen von Reichtum und Wohlstand stammt von Christian Wink, Hofmaler in München. Von ihm sind auch die Wand- und Deckenfresken im riesigen, zweistöckigen Rittersaal (auch als Festsaal bezeichnet).

Ebenfalls aus dem 12. Jahrhundert stammt Schloss Sigharting, das in der zweiten Hälfte des 16. Jahrhunderts vom Besitzer Hector von Pürching (die Pürchinger hatten das Schloss im 13. Jahrhundert von den Sighartingern übernommen) abgetragen wurde. An seiner Stelle entstand ein Wasserschloss, dessen Weiher 1820 zugeschüttet wurde. Das Schloss – hier sind heute ein Heimatmuseum und ein Veranstaltungszentrum untergebracht – ging schon im Jahr 1870 in den Besitz der Gemeinde über, in dem es sich heute noch befindet. Sehenswert sind bei dieser dreistöckigen Vierkantanlage vor allem die spätgotische Schlosskapelle (sie ist dem hl. Pankratius geweiht, wurde um das Jahr 1700 erweitert und 1785 zur Pfarrkirche des Ortes ausgebaut) sowie der besonders schöne, von Arkaden umsäumte Innenhof, an dessen Wänden Wappenmalerein aus dem 17. Jahrhundert zu sehen sind.

Last, but not least: Enzenkirchen wartet mit einem interessanten Heimatmuseum auf: Im Heimathaus Richard Eichinger sind nicht nur Mineralien zu betrachten und gibt es eine Reihe bemerkenswerter Schaustücke zur Lebenskultur der Bauern früherer Jahrhunderte, vor allem die bemalten Sauwaldmöbel und die jedes Bibliophilen Herz höher schlagen lassenden Bücher aus dem 16. und 17. Jahrhundert lohnen den Besuch!

Tipps und Information

ⓘ INNVIERTLER FREILICHTMUSEUM BRUNNBAUERHOF: 4770 Andorf, Großpichl 4, Tel.: 07766/22 55-16, Fax: 22 57; geöffnet vom 1. 4.–31. 10., Sa, So, Fei 14–17 Uhr; Führungen außerhalb der Öffnungszeiten sowie Bewirtung innerhalb der Besichtigung nach tel. Vereinbarung.
E-MAIL: holiday@oberoesterreich.at
INTERNET: http://www.andorf.at

ⓘ SCHLOSS ZELL/PRAM: 4755 Zell/Pram 1, Tel. & Fax: 07764/64 98 od. 73 11, Fax: 71 40; das Schloss ist ganzjährig geöffnet, Führungen nach tel. Vereinbarung.

ⓘ SCHLOSS SIGHARTING: 4771 Sigharting 92, Tel.: 07766/24 05, Fax: 24 05-15; Besichtigung des Schlosses wie des Heimatmuseums nach tel. Vereinbarung.
E-MAIL: gemeinde@sigharting.ooe.gv.at

ⓘ HEIMATHAUS RICHARD EICHINGER: 4761 Enzenkirchen 29, Tel.: 07762/ 32 15 (Gemeindeamt); Besichtigung nach tel. Vereinbarung.
E-MAIL: gemeinde@enzenkirchen.ooe.gv.at

GASTRONOMISCHES: In Andorf locken sowohl **Kirchenwirt** (4770 Andorf, Hauptstraße 18, Tel.: 07766/20 05) als auch der **Dorfwirt**, der älteste Gasthof des Ortes (Hauptstraße 12, Tel.: 07766/22 54) mit bodenständiger Hausmannskost. Wenn es das Wetter zulässt, empfiehlt sich der Gasthof **Die Klause** (Kirchenplatz, Tel.: 07776/22 79) mit seinem schönen Gastgarten samt Schatten spendenden Kastanienbäumen.

NATUR & FREIZEIT: Im **Ersten Innviertler Kräutergarten** (4770 Andorf, Haula 1, Tel.: 07766/33 04) lässt sich eine Menge über Heilpflanzen und deren Anwendung erfahren: Mehr als 200 verschiedene Kräuter nämlich umfasst der Lehr- und Schaugarten von Felix Grünberger. Unter 07766/37 34 können Sie sich eine **Rundfahrt in der Pferdekutsche** organisieren. Der **Flusslehrpfad** in Andorf führt über die Lengauermühle und das Gerl-Denkmal bis zur neu renovierten **Riedkirche** mit ihrem wunderschönen Schwanthaler-Altar. Und für alle, die Pferde mögen: Die Familie Schlederer in Lichtegg 1 hält **Islandpferde**, auf denen man auch reiten kann (Tel.: 07766/32 00).

ANREISE: A1, A 8 (Abfahrt Ried), Rtg. Riedau, B 137 bis Andorf

Bad Hall

Pfarrkirchen · Schloss Feyregg · Kematen an der Krems · Adlwang

Vom Salz, mit dem schon Illyrer und Kelten regen Handel trieben, und von heilsamen Kuren, vom Wallfahren, von einem hinreißenden Schlösschen und dem Juwel einer Rokoko-Landkirche ist in diesem Kapitel die Rede.

Nomen est omen: Bad Hall im nördlichen Traunviertel trägt schon in seinem Namen alles, wofür es berühmt ist. »Bad« steht für die Kuren gegen allerlei Leiden, die hier wirksam bekämpft werden. »Hall« ist illyrisch-keltisch und steht für Salz, denn schon im 5. Jahrhundert vor dem Beginn unserer Zeitrechnung war Illyrern und Kelten das reiche Salzvorkommen im Sulzbach bekannt. Kontinuierlich und ohne große Aufregung konnte sich der kleine Ort entwickeln: Die Römer wussten das Salz ebenso zu schätzen wie vor ihnen die Kelten, und im Jahr 777 schenkte der Bayernherzog Tassilo III. das blühende Hall dem neu gegründeten Stift Kremsmünster, dessen Verantwortlichen damit eine wahre Goldgrube in den Schoß gefallen war: Salz war eine begehrte Handelsware, denn damit wurden Lebensmittel konserviert. Im 12. und 13. Jahrhundert fiel Hall (das »Bad« kam erst im Jahr 1778 hinzu) an die bayerischen Wittelsbacher – woran bis heute die Stadtfahne in Weiß und Blau erinnert. Zur Zeit der Reformation florierte Hall ungemein, ein Großteil der Bevölkerung nahm den neuen Glauben an, das Handwerk blühte, und die sozialen Einrichtungen kamen allen zugute.

Graf Herberstorff, der grausame Gegner der aufständischen Bauern.

Der Bruch kam mit der Gegenreformation und dem gnadenlosen Grafen Herberstorff, seines Zeichens bayerischer Statthalter und unerbittlicher Gegner der aufständischen Bauern. Bis ins 19. Jahrhundert sollte sich Hall von den Restriktionen der Katholiken, den Bauernaufständen, den hohen Steuern und später – um 1800 – den Franzosenkriegen nicht mehr erholen. Die Wende brachten die Kurerfolge, die die habsburgischen Familienmitglieder in Ischl erlebten: Das Salz und seine Heilkraft kam in Mode, und mit Erlaubnis der geistlichen Herren von Kremsmünster errichtete man Badehäuser, die fortan regen Zuspruch hatten.

Ein Rundgang durch Bad Hall sollte beim ältesten Bauwerk

Mit den Augen lustwandeln in Bad Hall: Die Gründerzeitbauten im Kurpark.

des Markts beginnen: Die Margarethenkapelle am Kirchplatz wurde im 13. Jahrhundert im gotischen Stil errichtet, wovon bis heute das in den späten 1950er Jahren restaurierte Netzrippengewölbe zeugt. Genutzt wird das Gebäude seit dem 19. Jahrhundert eher profan: Zuerst Kindergarten, dann Mädchenschule, heute Pfarrsaal und Jugendzentrum; nur der vordere Teil ist weiterhin Kapelle. Die Pfarrkirche nebenan stammt aus den Jahren 1869–1888, wurde nach Plänen von Otto Schirmer errichtet und ist als neogotischer Sakralbau weniger interessant.

Anders die Villen im Kurpark: Sie wurden vor allem für die Kurärzte errichtet und sind wahre Kleinodien aus der vorletzten Jahrhundertwende. So ist etwa die Rablvilla ein Entwurf Theophil Hansens, des Architekten des Wiener Parlaments. Die Landesvilla – sie wurde vom Linzer Architekten Mauriz Balzarek entworfen – ist ein hervorragendes Beispiel für den Jugendstil. Die ehemalige Trinkhalle wiederum stammt aus dem Jahr 1873 und wurde von niemand Geringerem als Clemens Holzmeister, berühmt ebenso für das Salzburger Festspielhaus wie für die städteplanerische Meisterleistung in Ankara, in neoklassizistischem Stil errichtet. Der Kurpark übrigens – er nimmt beachtliche 34 Hektar Fläche ein – ist an sich schon sehenswert, birgt er doch nicht nur eine

Reihe exotischer Pflanzen, wie Tulpenbäume, Japanische Fächertannen und Mammutbäume, sondern gilt außerdem als eine der schönsten derartigen Anlagen in Europa.

Aus einem alten Bürgerhaus entstand im 17. Jahrhundert das kleine **Schloss Hall** (Linzer Straße), in dem heute ein Seniorenwohnheim untergebracht ist. Der zweigeschoßige Bau mit dem Mansardenturm ist allerdings nur von außen zu besichtigen.

In der Eduard-Bach-Straße 4 befindet sich das **Forum Bad Hall:** Das sehenswerte Museum präsentiert nicht nur höchst facettenreich die Geschichte des Kurorts, skurriler Mittelpunkt ist vielmehr der Welt größte Türensammlung, die hier untergebracht ist und anhand von rund hundert Exponaten die erstaunlich vielfältige Symbolik auf alten Haustüren beschreibt. Bemerkenswert auch jener Teil des Museums, der sich mit der Geschichte von 23 Handwerken, ihren Zünften und Entwicklungen, vom Bäcker bis zum Zimmermann, befasst. Bevor er das Museum betritt, sollte der Reisende in Sachen Kultur allerdings einen Blick auf das Gebäude an sich werfen: Das ursprüngliche »Neue Badehaus« ist nämlich einer der schönsten Jugendstilbauten Bad Halls.

In unmittelbarer Nähe von Bad Hall befindet sich Pfarrkirchen, dessen Pfarrkirche jeden Abstecher wert ist. Die ursprünglich gotische, dem hl. Georg geweihte Kirche wurde in den Jahren 1744–1777 von Stift Kremsmünster aus völlig umgebaut, wobei man nicht nur die beiden Seitenschiffe anbaute, sondern die Kirche vor allem in ihrer Ausstattung zu einem Juwel des oberösterreichischen **Rokoko** machte.

Im dreischiffigen Langhaus mit den flachen Hängekuppeln fallen zuallererst die herrlichen Farben der Deckenfresken (sie stammen von Wolfgang Andreas Heindl) und die wunderbar ausgewogenen Lichtverhältnisse auf. Hochaltar, Chorwände und Fenster sind wie aus einem Guss und geben dem barocken Tabernakel den ihm gebührenden Rahmen. Auf kein Detail wurde vergessen: Die intarsierten Türen, die schmiedeeisernen Wandleuchter und Oberlichtgitter, die Ölgemälde und die oval gerahmten Kreuzwegbilder heben diesen Sakralbau unter all den schönen Landkirchen Oberösterreichs hervor.

Profaner Architektur wenden wir uns in **Feyregg** zu: Unübersehbar thront das gleichnamige Schloss oberhalb Pfarrkirchens. Dreigeschoßig ist das in einem Park gelegene Schloss, das in seinen augenfälligsten Bauelementen aus dem Barock stammt. Der Kern der Anlage allerdings stammt – der Palas mit Spitzbogentor und gewölbter Halle zeigt es deutlich – aus der Gotik. Wechselvoll ist die Geschichte von Schloss Feyregg, weil es eine ganze Reihe von Besitzerwechseln über sich ergehen lassen musste: 1170 als »Feuerhube« erstmals urkundlich erwähnt, stand es zu dieser Zeit im Eigentum eines Otto Sunn, ging später an die Anhanger und ab dem 15. Jahrhundert an die Sinzendorfer, erst 1631 erwarb das Stift Spital am Pyhrn Schloss Feyregg und adaptierte es als Sommerresidenz für ihre Pröpste. Die Neugestaltung der Fassaden sowie das dritte Stockwerk erhielt der Bau um 1720 durch den Linzer Baumeister Johann Michael Prunner. Unter der Regentschaft Josephs II. wurde Stift Spital aufgehoben, und Feyregg fiel an den Religionsfonds, bevor es an den Kaufmann Franz Plank verkauft wurde. Es folgten zwei weitere Besitzerwechsel, und im Jahr 1970 richtete man im Schloss eine Frühstückspension ein, deren Gäste den Vorteil haben, Schloss und Park besichtigen zu können. Alle anderen müssen mit dem Anblick der schönen Barockfassade vorlieb nehmen.

Zwei Sakralbauten stehen in Kematen an der Krems und in Adlwang im Mittelpunkt unserer Betrachtungen. Die hübsche, ursprünglich gotische Staffelkirche hl. Martin in Kematen an der Krems wurde im 17. Jahrhundert barockisiert, indem man ihre Gewölbe (vor allem den kreuzrippengewölbten Chor) reichlich mit Fresken und Stuck versah. Das Augenmerk sollte man allerdings auf die ebenfalls barocke Einrichtung der Kirche legen, die hervorragende Arbeiten von Johann Georg Schwanthaler enthält, darunter einen Hochaltartabernakel aus dem Jahr 1774, die Kanzel von 1777, vier Statuen der Kirchenväter, eine Muttergottesstatue sowie eine hinreißende Krippe. Das Hochaltarbild von Franz Xaver Wagenschön fügt sich ebenso in dieses harmonische Ensemble wie das klare, geradezu puristische gotische Taufbecken.

Betrachtet man die Kirche von außen, scheint der üppige Barockschmuck wie ein Traum, denn der mächtige Turm mit dem Keildach weist mit den Schießscharten und der Pechnase an der Nordseite der Kirche ganz unmissverständlich auf den ursprünglichen Verteidigungscharakter des Baus hin. Übrigens: An der Gartenmauer des anschließenden Pfarrhofs kann man ein römisches Relief sehen, das einen Jäger mit geschultertem Hasen zeigt.

Mitten im Ort Adlwang, in der Bad Haller Straße, erhebt sich die älteste Wallfahrtskirche Oberösterreichs: Sieben Schmerzen Mariä war ursprünglich Adelssitz, wobei bereits aus dem ersten Drittel des 14. Jahrhunderts eine Marienkapelle belegt ist. In den dreißiger Jahren des 15. Jahrhunderts entstanden Chor und Turm, rund fünfzig Jahre danach wurde die Kirche umgebaut und erweitert, das Langhaus wurde im 17. Jahrhundert neu erbaut.

Tipps und Information

BAD HALL: Kurverwaltung Bad Hall, 4540 Bad Hall, Kurpromenade 1, Tel.: 07258/72 00-0, Fax: 72 00-20; Informationen auch zu **Pfarrkirchen, Schloss Feyregg, Adlwang** und **Kematen/Krems.**
Forum Bad Hall: Eduard-Bach-Straße 4, Tel. & Fax: 07258/48 88; 1. 4. bis 31. 10, Do–So 14–18 Uhr; Führungen ganzjährig nach tel. Vereinbarung.
E-MAIL: info.bad-hall@upperaustria.or.at
INTERNET: http://www.tiscover.com/bad-hall

GASTRONOMISCHES: Das **Herzogtum – Erlebnishof Adlwang** bietet alles, was man sich unter Erlebnisgastronomie nur vorstellen kann: Vom gemütlichen Gewölbe über den schönen Innenhof bis zum Kinderspielplatz, Tanz am Samstagabend und vielfältigste Veranstaltungen (4541 Adlwang 5, Tel.: 07258/75 00-0, Fax: 75 00-4, info@herzogtum.at, http://www.herzogtum.at). Der **Gasthof Hametner im Innviertlerhof** bietet nicht nur Bodenständiges, sondern – wie es sich für einen Kurort gehört – auch Leichtes und Bekömmliches (4540 Bad Hall, Kirchenstraße 10–12, Tel.: 07258/20 82, Fax: 82 20).

VERANSTALTUNGEN: Weithin berühmt sind die **Operettenfestpiele,** die jeden Sommer in Bad Hall abgehalten werden (Information: s. o.), **Musical und Oper** sind Frühjahr und Herbst vorbehalten.

NATUR & FREIZEIT: Die **Tassilo Therme Bad Hall** bietet alles, was Geist und Körper entspannt, regeneriert und heilt: Wellness, die gesättigtste Jodsolequelle Europas, die in der Gradieranlage mitten im Kurpark sanft über Weißdornbündel rieselt und die Atemwege frei macht, Sauna, Dampfbad, Schwimmbad, Massage und selbstverständlich ärztliche Beratung (4540 Bad Hall, Kurhausstraße 10, Tel.: 07258/77 33-0, tägl. von 9–21 Uhr). Zwischen Pfarrkirchen und Bad Hall liegt der wunderschön gestaltete **Golfplatz Herzog Tassilo**, der fürs berühmt-berüchtigte 19. Loch auch noch zu kulinarischen Genüssen ins Clubhaus lockt (4540 Bad Hall, Blankenbergstraße 30, Tel.: 07258/54 80, Fax: 54 80-11, gcherzogtassilo@golf.at, http://www. golf.at).

ANREISE: A1 Abfahrt Knoten A1/A25, B 139

Bad Ischl

Lauffen · Bad Goisern

Das »Herz des Salzkammerguts«, wie Bad Ischl genannt wird, hat viel zu bieten: eine Architektur, die an die Zeit erinnert, als hier Kaiser Franz Joseph Sommer für Sommer ein entspannendes Refugium fand, eine herrliche Umgebung und eine reiche Geschichte.

Gemächlich fließt die Traun durch das Herz der ehemaligen Sommerfrische, Bad Ischl.

Wer nach Bad Ischl fährt, hat bis heute das Gefühl, sich im 19. Jahrhundert wiederzufinden. In jener Zeit, als der Kaiser samt Entourage immer sommers nach Ischl »menagierte«, um sich von den anstrengenden Geschäften eines Monarchen ein wenig zu erholen. In einer Zeit auch, als sich eine Reihe von Größen aus Musik und Literatur aus den urbanen Tempeln der Kunst und den Kaffeehäusern Wiens der guten Luft des Salzkammerguts »aussetzte«. Selbst wenn es regnet in Ischl (was es bekanntlich im Salzkammergut des Öfteren tut), stört das wenig: Die ganze Stadt in Kaisergelb leuchtet wie die Sonne selbst. Bad Ischl ist ein Stadt gewordenes Denkmal des 19. Jahrhunderts, dem einer der scharfzüngigsten Literaten und luzidesten Denker dieser Zeit ein theatralisches Souvenir geschenkt hat: In Karl Kraus' *Die letzten Tage der Menschheit* stirbt der alte Biach im letzten Akt während eines Spaziergangs auf der Ischler Esplanade.

Verblichene Pracht: Geschäftslokale sind heute im ehemaligen Hotel zur Post untergebracht.

Allerdings ist es durchaus lohnend, in der Ischler Geschichte ein wenig weiter zurückzuwandern als bloß eineinhalb Jahrhunderte. Urgeschichtliche Funde und ein Grabstein aus der Römerzeit – gut sichtbar am Turm der Pfarrkirche – zeugen von einer frühen Besiedlung der Gegend. Zu florieren begann Ischl allerdings mit dem planmäßigen Abbau und der Verarbeitung des »weißen Goldes«: Das erste Salzbergwerk ist für das Jahr 1263 belegt, und mit einem Dekret Kaiser Maximilians I. setzte Anfang des 16. Jahrhunderts der Salzhandel ein. Ischl war allerdings weniger begünstigt als beispielsweise Bad Hall, Hallstatt oder das steirische Ausseerland, denn bald schon versiegten die Salzvorkommen. Um der Misere Abhilfe zu schaffen, ordnete der in Prag residierende Kaiser Rudolf II. an, eine Soleleitung von Hallstatt in das Sudhaus von Ischl zu legen. Was für die Wirtschaft viel versprechend war, wurde von den Auseinandersetzungen um Reformation und Gegenreformation vehement gestört: Ab 1603 wurde Ischl zur Strafe dafür, dass es sich der Gegenreformation widersetzt hatte, die Marktfreiheit entzogen. Damit brach die Konjunktur ein, und es schien, als würde Ischl in den Zeitläuften verschwinden. Mitnichten, denn im Jahr 1821 besuchte der Hofarzt der Habsburger, Dr. Franz de Paula Wirer, einen Kollegen in Ischl, der ihm von der erfolgreichen Anwendung von Solebädern bei typischen »Zivilisationserkrankungen« wie Rheuma oder Gicht berichtete. Ein weiterer Effekt dieser Kuren war die positive Wirkung auf Unterleibserkrankungen. Erzherzogin Sophie, aus dem bayerischen Haus Wittelsbach stammend und mit dem Ehrgeiz ausgestattet, wenn schon nicht selbst am Thron, wenigstens Mutter eines Kaisers zu werden, setzte nach einer Reihe erfolgloser Kuren und tragischen Fehlgeburten ihre letzte Hoffnung auf Ischl. Mit Erfolg: Sie kam erstmals 1829 zur Kur, 1830 wurde Franz Joseph geboren. Zweimal noch wurde sie Mutter eines Sohnes (Ferdinand Maximilian, 1832, und Karl Ludwig, 1833) – und Ischl brauchte sich um seine Zukunft kaum noch Sorgen zu machen, denn der Kurort des Wiener Hofes und wie auch der ersten Gesellschaft der Residenzstadt war damit etabliert.

Mit dem Hof und der Highsociety kamen die Künstler: Franz Lehár, der behauptete, nirgendwo so gute Einfälle für seine Musik zu haben wie in Ischl. Anton Bruckner kurte hier ebenso wie Johannes Brahms, dem sein Freund Gustav Mahler vom nahen Attersee einen Besuch abstattete;

Johann Strauß hatte hier seine Sommervilla und Katharina Schratt die ihre, um dem Kaiser nach dem Tod Elisabeths sommers täglich in aller Herrgottsfrüh seinen Guglhupf zu servieren. – Ischl, still und verschlafen zwischen Oktober und Mai, wurde für drei, vier Monate zum Nabel der österreichisch-ungarischen Monarchie. Manchmal sogar zu jenem der Welt, denn die Besucher Ischls im 19. Jahrhundert lesen sich wie ein *Who's who* internationaler Politik: Kaiser Wilhelm I., Dom Pedro II., Kaiser von Brasilien, Fürst Bismarck, König Edward VII. von England und US-Präsident Ulysses S. Grant, der Ischl im Jahr 1878 die Ehre gab.

Dennoch: Kaiser Franz Joseph I. stand im Mittelpunkt. Deshalb nimmt es auch nicht wunder, dass das wichtigste Denkmal Bad Ischls (und hier wollen wir unseren Spaziergang durch den Kurort beginnen) die ehemalige Villa Eltz und nachmalige **Kaiservilla** ist. Das für kaiserliche Verhältnisse geradezu intim anmutende Gebäude liegt idyllisch am Fuß des Jainzen und war 1854 ein Geschenk an das frisch vermählte Paar Franz Joseph und Elisabeth. Die beiden hatten sich 1853 übrigens auch in Ischl verlobt, und zwar im Haus von Erzherzog Franz Karl und seiner Frau Sophie (Esplanade Nr. 10, heute das Stadtmuseum). Die Kaiservilla wurde im Jahr 1857 wesentlich erweitert: Zwei vorspringende klassizistische Flügel wurden angebaut, womit der Grundriss die Form eines E annahm – eine Reverenz des Kaisers an seine Gemahlin. Im Rahmen von Führungen öffentlich zugänglich sind heute der Mitteltrakt sowie der rechte Flügel der Villa. Zu sehen ist vor allem, was des Kaisers Passion im Sommer war: das Jagen. Denn die Wände der Kaiservilla sind mit gut 50 000 (sic!) Jagdtrophäen bestückt. Bemerkenswert ist, dass die Räume der Kaiservilla tatsächlich weitgehend so erhalten werden konnten, wie sie zu Lebzeiten Franz Josephs ausgesehen haben. Das gilt selbst für

Hier hielt der Kaiser Hof, wenn er Sommer für Sommer in Bad Ischl weilte.

Das prächtige Innere der Bad Ischler Kaiservilla.

den Schreibtisch des Monarchen, an dem tragische Weltgeschichte geschrieben wurde (er unterzeichnete hier sowohl das Ultimatum als auch die Kriegserklärung an Serbien, was letzten Endes zum Ersten Weltkrieg führte, sowie sein Manifest *An Meine Völker*). Im linken Flügel der Kaiservilla übrigens wohnt Markus Salvator Habsburg-Lothringen, ein Urenkel Franz Josephs.

Die Kaiservilla, übrigens eines der meistbesuchten Ziele zeitgenössischer Sommerfrischler, befindet sich im **Kaiserpark**, dessen Besuch schon deshalb lohnt, weil kaum sonst wo so gut der Übergang von arrangierter zu gewachsener Natur gesehen werden kann: Malerische Baumgruppen und akribisch angelegte Bosketten bilden den reizvollen Gegensatz zum steil gleich dahinter ansteigenden Jainzen.

Nordwestlich der Kaiservilla liegt im Kaiserpark das so genannte **Marmorschlössl**: 1856 ließ Kaiserin Elisabeth die alte Jausenstation in der Schmalnau abtragen und an deren Stelle ein kleines Cottage im Tudorstil erbauen. Ein bisschen erinnert das Marmorschlössl an das bayerische Neuschwanstein, jedenfalls aber wurde es Elisabeths Lieblingsort, wenn sie in Ischl war. Seit 1978 ist hier das höchst sehenswerte **Oberösterreichische Photomuseum** untergebracht, in dem von den Anfängen 1839 bis zur Gegenwart die Geschichte der Fotografie in Österreich kenntnisreich präsentiert wird. Die Exponate beruhen vorwiegend auf der ausgezeichneten Sammlung Frank, allerdings gibt es auch rund 400 Farbdias von Erzherzogin Margarethe aus der Zeit vor 1914.

Noch heute bevölkert von Sommerfrische-Gästen: Die Traunpromenade.

Durch die Altstadt von der Ischl zur Esplanade an der Traun gelangt man, vom Kaiserpark kommend, über die Kaiser-Franz- und die Wirerstraße. Und vor dem nächsten kulturhistorischen Stopp sollte man beim **Zauner** in der Pfarrgasse hineinschauen (was durchaus ebenfalls als Kulturgeschichte durchgeht): Die renommierte Konditorei bestand schon zu des Kaisers Zeiten, die Qualität ihrer Mehlspeisen ist legendär und hat sich bis heute nicht verändert.

Von jenem Haus an der Esplanade, das die Nr. 10 trägt, war bereits die Rede: Es ist die Villa, die einst den Eltern Kaiser Franz Josephs gehörte und in der sich der junge Kaiser mit Elisabeth

Am später nach ihm benannten Lehár-Kai logierte der Operettenkomponist Franz Lehár.

Prinzessin in Bayern verlobte. Hundert Jahre lang – von 1882 bis 1982 – war darin das Hotel Austria untergebracht, seit 1989 ist es das Museum der Stadt Bad Ischl (das »Bad« trägt Ischl seit dem Jahr 1906, die Stadterhebung erfolgte 1940). Abgesehen von Sonderausstellungen, informieren die unterschiedlichsten Exponate über die Entwicklung Ischls, die Bedeutung des Salzes für den Ort und den Weg vom verschlafenen Ort zum mondänen Kurbad und zur kaiserlichen Sommerresidenz. Volkskultur, Traunschifffahrt, die Künstler, die hier zur Sommerfrische weilten – alles wird thematisiert. Außergewöhnlich, aber reizvoll: die Ostasien-Sammlung von Hans Sarsteiner, seines Zeichens Hotelier, passionierter Weltreisender und Besitzer jener Villa, in der der Operettenkomponist Emmerich Kálmán sommers logierte.

Wie die Kaiservilla blieb auch die Villa, die Franz Lehár ab 1910 bewohnte (Lehár-Kai), nahezu unverändert. Lehár hat sich wohl gefühlt in Ischl und hat hier viel komponiert. Seine berühmten Werke aus der Epoche der »Silbernen Operette« – darunter *Die lustige Witwe, Das Land des Lächelns* und *Der Graf von Luxemburg* – gehören folgerichtig zum permanenten Repertoire der Bad Ischler Operettenwochen. Aber selbstverständlich sind in Ischl neben Kaiser- und Lehár-Villa noch eine ganze Reihe weiterer Sommerfrische-Refugien sehenswert. Dazu gehört etwa jene hinreißende Biedermeier-Villa in der Brennerstraße 20 oder die Villa Vielweib in der

Auch das ist Kulturgeschichte: Die berühmte Zauner-Torte.

Wiesingerstraße 1, die weitaus repräsentativer ist und sich auch dadurch auszeichnet, dass Oscar Straus einst dort gewohnt hat. Und natürlich die Villa Landauer, die nach ihrem Umbau Anfang des 19. Jahrhunderts durch den Besitzer Baron von Wenker »Schlössl im Grübl« genannt wurde.

Wer in Ischl keine Villa besaß, bezog mehrere Zimmer im Hotel. Eines der beliebtesten sowohl der Nouveau riches als auch des Hochadels war das Grand Hotel Tallachini, das später – nachdem das Gebäude 1865 bei einem Stadtbrand mit über zwanzig weiteren Häusern des Ortszentrums arg verheert wurde – Hotel Elisabeth hieß. Es war die Drehscheibe Ischls, hier verkehrte, wer Rang und Namen hatte – darunter König Edward VII. von England, der hier mit Kaiser Franz Joseph konferierte. Das florierende Hotel stellte seinen Betrieb erst mit den gesellschaftlichen Veränderungen nach 1918 ein und drohte vollständig zu verkommen. Glücklicherweise wurde eine Sanierung durchgesetzt, und heute sind darin Wohnungen, Geschäfte und Gaststätten zu finden. Sehenswert ist es allemal, vor allem, wenn man ein wenig vom Duft der weiten Welt im 19. Jahrhundert schnuppern möchte. Und wer davon wiederum nicht genug bekommen kann: Im ehemaligen Hotel Post (Kaiser-Franz-Joseph-Straße 3–5) sind zwar heute Wohnungen, Büros und Geschäftslokale untergebracht, die Fassade des imposanten Gebäudes aber, in dem unter anderem Nikolaus Lenau wohnte und die Tochter Marie Antoinettes und König Ludwigs XVI., Marie Thérèse von Angoulême, ist mehr oder weniger unverändert. Und weil wir schon auf den Spuren berühmter Ischler Gäste sind: Vergleichsweise bescheiden hat Alfred Nobel in der Brennerstraße 14 gewohnt.

Der alte Kaiser und seine Seelenfreundin Katharina Schratt.

Was in dieser Aufzählung berühmter Ischler Sommerrefugien selbstredend keinesfalls fehlen darf, ist die Villa Katharina Schratts. Die Freundin des Kaisers, die ihm wahrscheinlich weit mehr Verständnis entgegenbrachte als Elisabeth, die er deshalb auch lange nicht so verzweifelt lieben musste, verbrachte ihre Sommermonate im Ortsteil Trenkelbach, Steinbruch 43. Das Haus ist von geradezu bodenständig-alpenländischem Landhausstil. Seit 1989 befindet sich hier ein viel besuchtes Restaurant.

Ein zentrales Gebäude Bad Ischls ist das Kurhaus: 1873 wurde an Stelle des alten Casinos der Grundstein für das heitere Gründerzeit-Gebäude im Neorenaissance-Stil nach Plänen des oberösterreichischen Architekten Hyacinth Michel gelegt, 1875 wurde es glanzvoll in Anwesenheit von Mitgliedern der Familie Habsburg eröffnet. Das erste große Konzert fand nur wenige Wochen nach der Eröffnung statt: Adelina Patti, umjubelte Koloratur-Sopranistin und für die damalige Zeit ein Weltstar, bestritt es. Aber nicht nur Konzerte, sondern auch kaiserliche Galatafeln und Festbankette zu Ehren hoher Gäste gab es hier. Nach einem Brand im Jahr 1965 wurde das Kurhaus als modernes Veranstaltungszentrum wieder erbaut und ist heute ein flexibles Haus für Kongresse, Bälle und andere Großveranstaltungen sonder Zahl. Im Mittelpunkt aber stehen die Operettenwochen Bad Ischl, die unter großem Publikumsandrang Jahr für Jahr veranstaltet werden.

Entlang der Traun in südlicher Richtung gelangt man nach wenigen Kilometern nach Lauffen. Wo starkes Gefälle die Traun zum Wildwasser macht, befand sich einst eine einträgliche Mautstelle, an der das Salz von den Schiffen umgeladen wurde. Kommt man heute in das kleine Dorf, kann man gar nicht glauben, dass Lauffen im Spätmittelalter und in der beginnenden Neuzeit ein blühender Ort war, der die gleichen Markt- und Handelsrechte hatte wie etwa Gmunden. Heute ist Lauffen Bad Ischl eingemeindet, und man kennt es bloß als Station einer Wanderung von Ischl aus, als Bahnstation zwischen Attnang-Puchheim und Stainach-Irdning und als Abfahrt von der Umfahrungsstraße.

Des ungeachtet lohnt schon allein die Pfarrkirche von Lauffen einen Abstecher. Die Wallfahrtskirche Mariä Himmelfahrt – auch »Maria im Schatten« genannt – wurde 1344 erstmals erwähnt, tritt uns aber heute als spätgotische Hallenkirche aus dem 15. Jahrhundert entgegen. Abgesehen vom feinen Rautensterngewölbe ist die »Schöne Madonna« mit Kind, eine salzburgische Steingussarbeit aus der Zeit um 1400, besonders sehenswert. Über dem Ort steht die Ende des 18. Jahrhunderts erbaute Kalvarienbergkirche, deren Kreuzigungsgruppe – aus der Werkstatt Thomas Schwanthalers – jedoch in der Pfarrkirche zu finden ist.

Weiter geht unsere Fahrt entlang der Traun nach Bad Goisern, das von der Siedlungsentwicklung her gesehen erstaunlich ist: Bad Goisern nämlich besteht aus insgesamt 30 Ortschaften, die sich im geräumigen Tal der Traun und in den zahlreichen Seitentälern entwickelt haben.

Um Goiserns Geschichte auf die Spur zu kommen, empfiehlt sich der hervorragend beschilderte Themenweg Goiserer Geschichte(n): Ein bis zwei Stunden und der Spaziergang in längst vergangene Zeit hat eine Menge Information gebracht. Über den Ursprung des Namens Goisern etwa, der offensichtlich auf die waldreiche Gegend hinweist; über das Färber-, das Schinken-, das Kreidemacher- und das Schusterhaus, die im ältesten Teil des Orts von florierendem Handwerk erzählen; über das **Schloss Neuwildenstein** auch, in dem vom Mittelalter bis ins 18. Jahrhundert die Verwaltung des ebenso reichen wie wichtigen Gebiets zwischen Ebensee und dem Dachstein saß (heute ist in dem mittlerweile barocken Bau die Forstverwaltung untergebracht und finden sommers die beliebten »Neuwildensteiner Hofkonzerte« statt). Aber auch vom sozialen Niedergang im 19. Jahrhundert ist die Rede; und natürlich – das Rad der Geschichte nochmals zurückgedreht – vom evangelischen Goisern, das während der Gegenreformation ebenso hohen Blutzoll entrichten musste wie viele andere Orte des Landes, das aber auch stur genug war, um sich eine starke Gemeinde von »Geheimprotestanten« zu erhalten. Davon zeugt heute die **evangelische Kirche**, erbaut 1813–1816, mit ihren Rundbogenfenstern und dem Turm, der allerdings erst 1857 errichtet werden durfte.

Versäumen sollte der Reisende mit Interesse an (Volks-)Kultur keinesfalls die beiden Goiserer Museen: **Heimat- und Landlermuseum**, untergebracht in einem historischen Gebäude, das einmal zur Goiserer Mühle gehört hat und von jenen Lutheranern erzählt, die im 18. Jahrhundert zum Auswandern gezwungen wurden. In einer alten Salzkammergut-Holzknechtstube, der Dürrenholzstube im Müllnerwäldchen, befindet sich das **Holzknechtmuseum** und berichtet mit altem Gerät und Werkzeug vom harten Leben und Arbeiten der Holzknechte. Ein Museum der besonderen Art ist das **Freilichtmuseum Anzenaumühle** im ältesten Gebäude des Ortsteils Anzenau.

Ein letzter Goiserer Abstecher führt uns zur **Filialkirche St. Agatha** mit dem Zwiebelhelm am Dachreiter: Das spätgotische Kirchlein birgt eine beeindruckende Kalvarienbergszene, die wahrscheinlich aus der Werkstatt des Mondseeers Meinrad Guggenbichler stammt.

Tipps und Information

BAD ISCHL: Kurdirektion Bad Ischl, 4820 Bad Ischl, Bahnhofstraße 6, Tel.: 06132/277 57, Fax: 277 57-77. **Kaiservilla:** 1. 5. bis Mitte Oktober, Weihnachten, Neujahr, Ostern tägl. 9–11.45, 13–17.15 Uhr (Tel.: 232 41); **Lehárvilla:** 1. 5. bis 30. 9. tägl. 9–12, 14–17 Uhr (Tel.: 269 92); **Museum der Stadt Bad Ischl:** Di, Do, Fr, Sa, So 10–17, Mi 14–19 Uhr, Jänner bis März Fr, Sa, So 10–17 Uhr (Tel.: 254 76); **Photomuseum im Marmorschlößl:** 1. 4. bis 31. 10. tägl. 9.30–17 Uhr (Tel.: 244 22).

E-MAIL: office@badischl.at

INTERNET: http://www.badischl.at

BAD GOISERN: Kurverband Bad Goisern, 4822 Bad Goisern, Kirchengasse 17, Tel.: 06135/83 29-0, Fax: 83 29-74. **Heimat- und Landlermuseum, Holzknechtmuseum:** 15. 6. bis 15. 9. tägl. 9.30–11.30 Uhr (Tel.: 83 29-0); **Freilichtmuseum Anzenaumühle:** Öffnungszeiten auf Anfrage (Tel.: 0664/252 87 41).
E-MAIL: tourismus@bad-goisern.gv.at
INTERNET: http://www.tiscover.com/bad-goisern

GASTRONOMISCHES: In der **Villa Schratt**, wo Franz Joseph morgens auf einen selbst gebackenen Guglhupf seiner Freundin vorbeizuschauen pflegte, wird zwar auch Guglhupf serviert, aber nicht nur das: Die Küche des Hauses zählt zur famosesten der Gegend (Bad Ischl, Steinbruch 43, Tel. & Fax: 06132/276 47). Süßen Verführungen erliegt man ganz leicht in der traditionsreichen **Konditorei Zauner,** die sommers in einen herrlichen Gastgarten an der Esplanade lädt (Pfarrgasse 7, Tel.: 06132/233 10-11, Fax: 233 10-30, info@zauner.at, http:// www.zauner.at). In Bad Goisern locken der **Agathawirt** in ein Renaissancegebäude samt schönem Garten mit gutbürgerlicher Küche (St. Agatha 10, Tel.: 06135/83 41, Fax: 75 57) und die **Goiserer Mühle,** in der viel Feines aus den Salzkammergutseen serviert wird (Am Kurpark 128, Tel.: 06135/ 82 06, Fax: 82 06-66).

VERANSTALTUNGEN: Die **Operettenwochen Bad Ischl** sind längst über die Grenzen des Landes hinaus ein Begriff, das gilt auch für das **Kaiserfest**, das jährlich zu Kaisers Geburtstag im August stattfindet (Information s. o.). Stimmungsvoll sind die **Neuwildensteiner Hofkonzerte** (Information s. o.).

NATUR & FREIZEIT: Abgesehen davon, dass die Möglichkeiten für Spaziergänge und Wanderungen rund um Bad Ischl und Bad Goisern ganze Bände füllen können, ein Ausflug ist Pflicht und Kür in einem: die **Katrinalm**. Auf die Alm (1415 m) führt eine Seilbahn (Mitte Mai bis 1. September), man sollte allerdings die bequem angelegten Serpentinen bis zum Franz-Joseph-Kreuz (1542 m) gehen, denn der Ausblick, der sich hier über fünf Salzkammergutseen eröffnet, ist atemberaubend. Für Naturliebhaber wurde auf der Katrin ein **Naturlehrpfad** eingerichtet. Entspannend und regenerierend sind Kuren in der Bad Ischler **Kaiser Therme** (Bahnhofstraße 1, Tel.: 06132/233 24, office@kaiserther-me. co.at).

ANREISE: A1 Abfahrt Steyrermühl oder Regau, B 144, B 145

In die Sommerfrische!

Nicht nur Franz Joseph suchte Erholung vom anstrengenden Alltag eines Kaisers – zwischen Bergen und Seen des Salzkammerguts haben sich an Sommer und Frische die Größen des Fin de Siècle delektiert.

»Menagieren« nannte man jenen unglaublichen Aufwand, der getrieben wurde, wenn man auf Sommerfrische ging. Denn man ging nicht einfach mit einem Koffer auf Reisen, verbrachte irgendeinen Urlaub und fuhr wieder heim. Auf Sommerfrische gehen, das bedeutete im Grunde genommen die Übersiedlung des ganzen Haushalts – man mietete eine Villa oder zumindest eine Etage darin, oder man zog in eine hoteleigene Zimmerflucht. Schließlich waren es gute zwei Monate, in denen Adel, »bessere« Gesellschaft und die jüdischen Intellektuellen im Salzkammergut das machten, was sie sonst in Wien taten: Hof halten, Tratsch & Klatsch verbreiten, schreiben, malen, komponieren – und im Kaffeehaus sitzen. Das jedoch in einer prachtvollen Umgebung, zwischen Bergen, Wiesen und Seen, gefüllt von guter Luft. Weswegen zu allem anderen auch das Spazierengehen und Wandern, das Schwimmen und – im Fall des Kaisers selbst – das Jagen kam.

Aus all diesen Elementen ergab sich eine ganz besondere, eine in jeder Hinsicht einzigartige Atmosphäre: Was sich in der Großstadt verlief, was dort klare Grenzen hatte, vermischte sich gewissermaßen in der Sommerfrische. Selbst wenn man unter sich blieb – ganz konnte die Abgrenzung nie gelingen. Auf Sommerfrische war man entspannt, man hatte Urlaub, gesellschaftliche Verpflichtungen und intellektuelle Beschäftigungen aber nicht zu Hause gelassen.

Geprägt war die Sommerfrische um die Jahrhundertwende, und auch noch bis weit in die Zwischenkriegszeit hinein, von den jüdischen Intellektuellen: »Es gibt 500 Millionen Chinesen auf der Welt und nur 15 Millionen Juden. Wieso sieht man in Ischl nicht *einen* Chinesen?« – die Überlegung des Wiener Komikers und Schauspielers Armin Berg trifft den Nagel auf den Kopf, denn Kaiser, Hochadel und Großbürgertum mögen **Bad Ischl** (als ein Herz der Sommerfrische) in der zweiten Hälfte des 19. Jahrhunderts dominiert haben, doch damit war es ab 1914 vorbei: Die Nachricht von der Ermordung des Thronfolgers am 28. Juni 1914 in Sarajewo erreichte Franz Joseph in Ischl, er fuhr nach Wien, kehrte aber gleich wieder zurück, um zu demonstrieren, dass kein Grund zur Sorge bestehe. Der Erste Weltkrieg begann, als der Kaiser in Ischl war – im Herbst erst wieder zog er wie immer in die Wiener Hofburg zurück. Mit der kaiserlichen Sommerfrische aber war's so gut wie vorbei.

Aber abgesehen von Ischl – wo sich ein regelrechtes *Who's who* der Operettenkomponisten (Johann Strauß, Franz Lehár, Carl Michael Ziehrer u. v. m.) sommerlich entspannte, aber auch Karl Kraus, Oskar Blumenthal und Johannes Brahms – war das Salzkammergut weit und die Gästeschar groß.

Am Attersee beispielsweise fanden sich Sommer für Sommer Gustav Klimt und Emilie Flöge ein. Gustav Mahler komponierte in Steinbach, Emil Jannings – der große Schauspieler – hatte seine Villa am Wolfgangsee, Werner Krauß – Hugo von Hofmannsthals und Max Reinhardts erster Jedermann – am Mondsee. Am Traunsee wiederum trafen sich die habsburgischen Nebenlinien Toskana und Este mit dem deutschen Hochadel, den Hannoveranern und den Württembergern. Gärtnerlehrling in der Villa Elisabeth, beim Erzherzogspaar Elisabeth und Carl Ferdinand, war übrigens kein Geringerer als Leo Slezak. Jugendliches Intermezzo zwischen Brünn und den Opernbühnen der Welt.

Dass es Maler sonder Zahl ins schöne Salzkammergut zog, nimmt nicht wunder: Rudolf von Alt verbrachte immerhin 30 Sommer vor allem in Goisern, Richard Gerstl, komponierender Maler, war Gast des malenden Komponisten Arnold Schönberg und dessen Familie in Gmunden. Aber auch Carl Moll, Jacob Schindler, Anton Romako und Oskar Laske erlebten die Zeit der Jahrhundertwende im Salzkammergut.

Die Literaten wiederum waren in der Hauptsache rund um ihr »Tintenfass«, den Altausseer See, versammelt. Der aber gehört in die Steiermark und also nicht in dieses Buch. Der Mondsee aber schon, und hier fand sich immerhin Friedrich Uhl, Chefredakteur der *Wiener Zeitung*, ein – was noch nichts Außergewöhnliches ist –, mit ihm seine Tochter Frieda und damit deren Kurzzeit-Ehemann August Strindberg. Geschrieben wurde auch am Traunsee: Nikolaus Lenau, Friedrich Hebbel, Peter Altenberg.

Mit der Dämmerung der Zeitläufte verging auch die Sommerfrische. Die Dichter, Maler, Komponisten, Theaterdirektoren und Schauspieler waren geflohen oder in den Konzentrationslagern verschwunden. Die Zäsur, die der »Anschluss« und dann der Zweite Weltkrieg mit sich brachten, war so nachhaltig, dass danach nichts mehr so war wie zuvor.

Das Salzkammergut als Landschaft und Idee hat nichts von seiner Attraktivität verloren, das Lebensgefühl aber hat sich stark verändert. Und auch wenn das Wort »Sommerfrische« nicht nur historisch gebraucht wird, sondern sogar in die Terminologie der Tourismuswerbung Einzug gehalten hat, wenn auch ganze Heerscharen von Gästen die prachtvollen Seen des Salzkammerguts sommers bevölkern: Das aufregende, fruchtbare Gemisch aus Genialität und Geld, Adel und Kunst ist endgültig und längst Vergangenheit.

Bad Leonfelden

Reichenthal · Schenkenfelden · Burgruine Waxenberg · Zwettl an der Rodl

Die traditionsreiche Kulturlandschaft des Mühlviertels zeigt sich hier von einer ihrer besten Seiten: Vom »Dom des Mühlviertels«, von einem sehenswerten Schulmuseum und einer Verteidigungsanlage aus dem Dreißigjährigen Krieg wird hier unter anderem berichtet.

Nicht mehr als 30 Kilometer von Linz entfernt liegt der Markt **Bad Leonfelden** und hat doch nichts von urbaner Hektik an sich: Der gemütliche Kurort, in dem Moorpackungen und Kneippkuren allerlei Zivilisationskrankheiten den Kampf ansagen, hat kulturhistorisch eine Reihe von Kleinodien zu bieten. Gelegen am Kreuzungspunkt zweier Handelswege, die durch den Nordwald von der Donau zur Moldau führten, geht die erste urkundliche Erwähnung von »Lonveld« auf das Jahr 1146 zurück. Die Zeitläufte waren aufregend: Zuerst – 1427 – durch die Hussiten zerstört, wurde dem Ort 1506 das Marktrecht samt Wappen durch Kaiser Maximilian I. verliehen, und gegen Ende des Dreißigjährigen Krieges (Mitte des 17. Jahrhunderts) bedrohten schwedische Heere Leonfelden. Davon zeugt bis heute die **Schwedenschanze** zwischen Stern- und Miesenwald, wo man dank der erklärenden Schautafeln, den Palisaden und einem Geschütz einen guten Eindruck von der damaligen Gefahr bekommt.

Sehenswert ist die 1292 zur **Pfarrkirche** erhobene spätgotische St.-Bartholomäus-Kirche, deren Netzrippengewölbe auf Bauzeit und -stil hinweisen. Im späten 18. Jahrhundert barockisiert und um zwei Seitenschiffe erweitert, fiel der Sakralbau 1892 teilweise dem großen Leonfeldener Feuer zum Opfer. Als man die Pfarrkirche wieder erbaute, ersetzte man den Zwiebelturm durch einen Spitzhelm. Außen, an der Südseite der Kirche, findet sich ein spätgotisches steinernes Ölbergrelief. Auf eine heilkräftige Quelle ist die Entstehung der **Wallfahrtskirche Maria Schutz am Bründl** zurückzuführen: Ein kranker Zimmermann suchte und fand einst Heilung. In den Jahren 1761–1792 erbaute man schließlich – teils barock, teils im Stil des Rokoko – das Gotteshaus. Anmutig ist der Eindruck, den Chorgestühl und Emporenfresken im Empire-Stil geben, beeindruckend die großen Fresken von Andreas Kitzberger aus dem Jahr 1792. Profaniert wurde die **Spitalskirche hl. Josef**, deren netzrippengewölbtes Langschiff und der sternrippengewölbte Anbau auf die Bauzeit Anfang des 16. Jahrhunderts hinweisen. Anziehungspunkt sind in der einstigen Josefi-Kirche nicht nur die Fresken, sondern auch das

schöne Diorama des Marktes sowie zahlreiche weitere Stücke, die die Geschichte Leonfeldens dokumentieren.

Sakrales und Profanes in trauter Eintracht: Die Türme der Pfarrkirche und des Rathauses von Bad Leonfelden.

Der Begriff allein ist schon Respekt einflößend: Domus disciplinae. In der alten Pfarrschule neben der Kirche wurde ein Schulmuseum eingerichtet, das Atmosphäre, Berufsbild der Lehrer, Dasein der Schüler samt Lehrbehelfen des 19. Jahrhunderts anschaulich vermittelt. Übrigens handelt es sich hier um das älteste erhaltene Schulhaus des Landes, worin bereits ab dem Jahr 1577 unterrichtet wurde.

Urkundlich erstmals erwähnt wurde die Pfarrkirche hl. Bartholomäus in Reichenthal ja schon im 14. Jahrhundert, der heutige, beeindruckend ausladende Bau – weswegen er auch »Dom des Mühlviertels« genannt wird – im Stil der Neorenaissance allerdings stammt aus den Jahren 1890–1894. In seinem Inneren sollte sich der Besucher vor allem der Sieben-Todsünden-Kanzel widmen: Um einen kräftigen Baumstamm windet sich eine siebenköpfige Schlange, jeder einzelne Kopf hat menschliche Züge, entsprechend dem jeweiligen Charakter der Sünde. Weniger erschreckend ist das schöne, barocke Orgelgehäuse, das aus Steyr stammt, seit 1895 aber die Reichenthaler Pfarrkirche schmückt.

Man findet sie nur noch selten, die strohgedeckten Häuser im Mühlviertel, wie jenes in Brunnwald.

Eine wahre Fundgrube der Handwerksgeschichte ist der 10-Mühlen-Wanderweg, der seinen Ausgangspunkt beim Freilichtmuseum Hayrl nimmt und unter anderem zur Grasslmühle, einer ehemaligen Leinölmühle, führt, die heute auch als Jausenstation dient. Wahrzeichen Reichenthals ist Schloss Waldenfels, das auf das 13./14. Jahrhundert zurückgeht. In Privatbesitz und deshalb nicht zu besichtigen, öffnet es seine Tore zumindest sommers für stimmungsvolle Konzerte im Innenhof.

Ein Krämereimuseum, eine Kalvarienberg-Kirche, ein moderner Windpark und ein Märchenwanderweg – Schenkenfelden hat wirklich viel zu bieten. Doch alles schön der Reihe nach. In einem alten Kaufmannsladen konnte die Originalausstattung des 19. Jahrhunderts nahezu unverändert erhalten werden. Und abgesehen davon, dass sich wirklich der Eindruck ergibt, man befände sich in der Zeit vor hundertfünfzig Jahren, ist das Ganze auch noch ein beachtliches humanitäres Projekt. Denn die Barmherzigen Brüder geben in diesem so genannten Gerstl-Haus taubblinden Menschen mit zusätzlichen Behinderungen Aufgaben und damit Zukunft: Nicht nur museal, sondern ganz real werden hier Keramik-, Holz- und Textilarbeiten dieser »Lebenswelt Schenkenfelden« verkauft.

Eine Nachbildung des Heiligen Grabes in Jerusalem befindet sich in der Kalvarienbergkirche, einem grandiosen barocken Sakralbau von Johann Michael Prunner aus 1711–1713, der sich etwa zwei Kilometer außerhalb des Orts am Thierberg befindet. Besonders mächtig wirkt der Zwiebelhelm samt Dachreiter, in dem sich gleich zwei Glocken befinden. Im Inneren der Kirche sind Kreuzigungsgruppe, Lourdesgrotte und Josefialtar bemerkenswerte Beispiele für das barocke Gesamtkunstwerk, mit dem der Bauherr Georg Freiherr von Harrucker übrigens gar nicht glücklich war: Er hätte einen perfekt runden Bau bevorzugt.

»Das gepau ist gemacht in der pauern krieg 1525 WH« ist über dem prächtigen Südtor der Pfarrkirche St. Ägid zu lesen. Womit die Entstehungszeit geklärt wäre, nicht aber die Initialen »WH«. Ein Großbrand hat das Pfarrarchiv vernichtet, deshalb wird sich dieses Rätsel wohl nicht mehr lösen lassen. Der gotische Bau, dessen Malereien im Inneren bereits in die Renaissance weisen, ist allemal sehenswert, und zwar schon allein wegen der großzügigen Architektur der zweischiffigen Hallenkirche. Unter der Orgelempore finden sich zudem interessante

Skulpturen: eine verkehrte Tiergruppe und ein Menschenkopf. Im Pfarrhof bei der Pfarrkirche befindet sich ein schönes gotisches Hochrelief der hl. Anna selbdritt, das wahrscheinlich ebenfalls aus dem ersten Viertel des 16. Jahrhunderts stammt.

Ins 21. Jahrhundert – wenn in nicht allzu ferner Zukunft auch die OPEC die Energieversorgung nicht mehr gewährleisten wird können – weist der Windpark von Schenkenfelden: Immerhin 470 Haushalte versorgt er mit Strom und erspart solcherart nicht nur beachtliche Barrel an Rohöl, sondern vermindert den CO2-Ausstoß um sage und schreibe 1500 Tonnen pro Jahr. Womit bewiesen wäre, dass gelebte Ökologie keine Utopie ist.

Im Gemeindegebiet von Oberneukirchen, auf 808 m Seehöhe, liegt die weithin sichtbare Burgruine Waxenberg. Das intakte Schloss Neuwaxenberg befindet sich in unmittelbarer Nähe. Die erste Anlage der Burg geht auf das Jahr 1110 zurück, in dem sie von den Bauherren Ulrich und Cholo von Wilhering-Waxenberg in Auftragt gegeben wurde. Bis die Burg im Jahr 1644 in den Besitz der Starhemberger überging, befand sie sich in jenem der österreichischen Landesfürsten und war eine jener Fluchtburgen, in die sich die Bevölkerung in Zeiten kriegerischer Bedrohung zurückziehen konnte. Die Burg war noch bewohnt, als man daranging, in der Nähe, am Fuß des Burgbergs, das Schloss zu erbauen. 1756 stellte sich das endgültig als hervorragende Idee heraus: Ein Blitzschlag fügte der Hochburg solchen Schaden zu, dass sich die Besitzer gar nicht mehr die Mühe machten, sie zu reparieren. Die Bewohner gaben sie einfach auf und zogen ins Schloss.

Im Mühlviertler Sternwald gibt es Zeugnisse alter Volksfrömmigkeit.

Der runde, konische Bergfried (er misst am Fuß 10 m und vier Stockwerke darüber nur noch 9,50 m im Durchmesser) ist heute Aussichtsturm – und außer ihm ist von der alten Burg nur noch wenig erhalten. Am Wehr- oder Batterieturm mit den Sitznischen und den Wehrfenstern werden seit den 1950er Jahren immer wieder Konservierungs- und Sicherungsarbeiten vorgenommen. Neuwaxenberg hingegen ist ein hübsches zweigeschoßiges Schloss, das sich in drei Trakten hufeisenförmig um einen Hof (samt achteckigem Brunnen mit einem kleinen Obelisken) schmiegt. Seine barocke Kapelle im Ostflügel wird heute als Pfarrkirche genützt.

Im wichtigsten Museum von Zwettl an der Rodl summt es wie wild: Denn das Museum befasst sich mit dem aufregenden Leben der Honigbiene. In einem Schaustock lassen sich die fleißigen Tierchen wunderbar beobachten, und in der Bienenhütte gehen nahezu eine Million »Arbeiterinnen« ihrer Aufgabe nach, Honig für uns zu produzieren.

Bevor man den wichtigsten Sakralbauten des Orts einen Besuch abstattet, empfiehlt sich ein Spaziergang durch Zwettl, weil sich hier eine Reihe von hübschen **Wohnhäusern** aus früheren Jahrhunderten befinden. Darunter das ehemalige Brauhaus (das später zum Bäckerhaus wurde) mit den geschnitzten Türumrahmungen und der Holzbalkendecke aus dem Jahr 1667 im Inneren oder das Färberhaus aus dem Jahr 1668 mit seiner Schauseite im Empire-Stil.

Die **Pfarrkirche Mariä Himmelfahrt** stammt zwar ursprünglich aus der Gotik, wurde aber im späten 19. Jahrhundert stark verändert. Weshalb der neugotische Eindruck bei weitem die alte Bausubstanz dominiert. Bloß am Mittelpfeiler steht noch eine barocke Gnadenstuhlgruppe über dem Taufstein aus der ersten Hälfte des 18. Jahrhunderts. Im Jahr 1839 erbaute man die **Ölbergkapelle**, in der sich eine schöne barocke Kreuzigungsgruppe befindet.

Tipps und Information

ⓘ BAD LEONFELDEN: Kurverband Bad Leonfelden, 4190 Bad Leonfelden, Ringstraße 77, Tel.: 07213/63 97, Fax: 64 12-13. **Schulmuseum:** Böhmerstraße 1, 1. 5. bis 31. 10. Di, Sa, So, Fei 17 Uhr oder nach tel. Voranmeldung beim Kurverband. **Heimathaus Spitalskirche:** Mai So 10.30–11.30, Juni bis September auch Di, Fr 17–18 Uhr oder nach tel. Voranmeldung beim Kurverband.

E-MAIL: info.bad-leonfelden@netway.at

INTERNET: http://www.bad-leonfelden.at

ⓘ REICHENTHAL: Marktgemeindeamt Reichenthal, 4193 Reichenthal, Tel.: 07214/70 07, Fax: 70 07-18. **Mühlenmuseum:** 1. 5. bis 31. 10., So u. Fei 10–12 Uhr; Führungen ganzjährig, Tel.: 07214/47 29, 40 48 oder 41 90.

E-MAIL: gde.reichenthal@netway.at

ⓘ SCHENKENFELDEN: Marktgemeindeamt Schenkenfelden, 4192 Schenkenfelden, Tel.: 07214/70 05, Fax: 70 05-9. **Krämereimuseum im Gerstl-Haus:** 1. 5. bis 30. 9., Führungen tägl. 14–17 Uhr, Tel.: 07214/70 27.

E-MAIL: mgde.schenkenfelden@utanet.at

INTERNET: http://www.schenkenfelden.at

WAXENBERG: Tourismusverein Waxenberg, 4182 Waxenberg 37, Tel.: 07217/66 66. **Ruine:** ganzjährig geöffnet, den Schlüssel zum Bergfried erhält man bei Fam. Alkühn, Waxenberg 7.

ZWETTL AN DER RODL: Marktgemeindeamt Zwettl/Rodl, 4180 Zwettl/Rodl, Obermühlweg 2, Tel.: 07212/65 55, Fax 65 55-20. **Bienenmuseum:** Mai bis Oktober, Sa, So, Fei 13–18 Uhr, Juni bis September auch Mi 15–19 Uhr.

GASTRONOMISCHES: Die Gemeinden Afiesl, Bad Leonfelden, Haibach, Hellmonsödt, Kirchschlag, Oberneukirchen, Ottenschlag, Reichenau, Reichenthal, Schenkenfelden, Schönegg, Sonnberg, Vorderweißenbach und Zwettl/Rodl haben sich zum Tourismusverband **SternGartl** zusammengetan und darüber hinaus einen Schlemmerpfad namens **Via Leone** zusammengestellt. Von Bodenständigem über Feines bis zu Süßem – hier bleibt kein Wunsch offen, kein Hunger ungestillt (Mühlviertler SternGartl, Tel.: 07213/63 97, Fax 63 97-13, vialeone@aon.at).

VERANSTALTUNGEN: Besonders Zwettl/Rodl hat höchst umtriebige Laientheatergruppen, deren Aufführungen heiß begehrt sind, darunter das **Zwettler Hexentheater** (Tel.: 07212/65 38), die **Theatergruppe der Landjugend Zwettl** (Tel.: 07212/66 33) und das **Theater an der Rodl** (Tel.: 07212/65 92).

NATUR & FREIZEIT: Eine der bekanntesten Attraktionen Bad Leonfeldens ist die **Sternstein-Aussichtswarte**, die der Wiener Architekturstudent Ferdinand Modl entwarf und die zum Regierungsjubiläum Kaiser Franz Josephs I. im Oktober 1898 eröffnet wurde. Die Wendeltreppe im Inneren führt auf eine Aussichtsplattform, von der sich ein herrliches Panorama über die Landschaft des Mühlviertels öffnet. Kuren in Bad Leonfelden tut Geist und Körper wohl. Ein großes **Kurangebot** haben u. a. das Kurhotel (Tel.: 07213/63 63, Fax 63 63-292, office@kurhaus.at, http://www.kurhaus.at), die Sternsteinhof-Schönheitsfarm (Tel.: 07213/63 65, Fax 63 65-8, sternsteinhof@aon.at) oder der Wellnesspark Leonfeldner-Hof (Tel.: 07213/63 01).
Eine besondere Freude für Kinder ist der Schenkenfeldener **Märchenwanderweg** am Thierberg: Bei den über vierzig holzgeschnitzten Figuren – vom Dornröschen über die Hexe samt Hänsel und Gretel bis zum bösen Wolf – vergessen die Kleinen ihren Computer mit Sicherheit!

ANREISE: A1 bis Knoten Linz, A7 bis Linz-Urfahr, B 126

Braunau am Inn

Ranshofen · St. Georgen an der Mattig · Altheim · Geinberg · Aspach-Wildenau

Ein Stadtrundgang in der schönen alten Handelsstadt Braunau lohnt allemal, ebenso wie ein Ausflug zu den Römern in Altheim oder ein Besuch beim Europäischen Konzertsommer in Aspach.

Als Juwel gotischer Stadtbaukunst wird sie gerne bezeichnet: Braunau, die Innviertler Stadt hart an der Grenze zu Deutschland, die erst seit 1780 zu Österreich gehört (davor war sie, wie mehr oder weniger das gesamte Innviertel, bayerisch). 1260 an der wichtigsten Straße zwischen Linz, Passau und Salzburg zur Stadt erhoben, entwickelte sich der Ort zu einem florierenden Handelszentrum, in dem Salz umgeschlagen wurde, sich Tuchmacher niederließen und die Innschifffahrt ein Übriges zur Prosperität Braunaus tat. Im 15. Jahrhundert musste Braunau wesentlich erweitert werden, im 17. baute man eine starke Befestigungsanlage. Die hielt einigen Belagerungen stand, bis fast ganz Europa vor dem Kaiser der Franzosen in die Knie ging: Während der Napoleonischen Kriege wurden Braunaus Basteien von den siegreichen Heeren geschleift. Überstanden haben das bloß Teile der Stadtmauer an Inn und Enknach, das Salzburger Tor im Süden und das ehemalige Zeughaus. Seines Umlandes – und damit einer erheblichen Basis seiner wirtschaftlichen Grundlage – beraubt wurde Braunau durch den Frieden von Teschen (1816), der die Zugehörigkeit der Stadt zu Österreich bekräftigte, die westlichen Ländereien aber Bayern zuerkannte. Langsam verfiel die vormals blühende Stadt in Bedeutungslosigkeit. Die Situation änderte sich erst, als Hitler seiner Geburtsstadt helfen wollte und im Vorort Ranshofen ein Aluminiumwerk errichten ließ, das dort heute noch steht und ein wichtiger Arbeitgeber für die Braunauer ist.

Ein Rundgang durch Braunau lässt sich gut am **Stadtplatz** beginnen: Er zählt nicht nur zu den größten und geschlossensten Plätzen der Inn-Salzach-Städte, er ist außerdem von einer ungewöhnlichen Längserstreckung, wobei das Verhältnis von Breite zu Länge immerhin 1:8 beträgt. Am Stadtplatz befinden sich das Rathaus, der Fischerbrunnen und der Stadtturm sowie eine Reihe von hochgiebeligen Bürgerhäusern aus dem 15. Jahrhundert, deren Großzügigkeit einiges vom Wohlstand vergangener Zeiten erzählt. Schön ist auch der schwibbogenüberspannte Eingang in die Poststallgasse am unteren Teil des Stadtplatzes. Etwa in der Mitte desselben zweigt die Johann-Fischer-Gasse in Richtung Altstadt

Gotische Steilgiebel prägen die Dachlandschaft von Braunau.

(und Inn) ab, in deren Haus Nr. 18 bereits für das Jahr 1385 eine Glockengießerei belegt ist. Bis ins späte 19. Jahrhundert wurden hier Glocken hergestellt, und heute ist die Gießerei als einzige im deutschen Sprachraum originalgetreu erhalten. Hier ist das Heimathaus der Stadt mit seinen reichen Sammlungen untergebracht.

Das Museum der Stadt Braunau hingegen befindet sich nur ein paar Schritte weiter in der Herzogsburg (Altstadt Nr. 10), einem ebenfalls sehenswerten Gebäude aus der Zeit um 1400. Das sakrale Zentrum Braunaus ist die Pfarrkirche St. Stephan, ein beachtlicher spätgotischer Bau, seines Zeichens einer der bedeutendsten dieser Art in Österreich. Baumeister war Stephan Krumenauer, der fünf Jahre vor der Weihe der Kirche (1466) starb und dessen Grabstein neben dem Südportal der Kirche angebracht wurde. Der Bau des Turms, ursprünglich nicht mit der Kirche verbunden, begann erst im Jahr 1492. Mächtig erscheint das von einem Satteldach überspannte, nahezu ungegliederte Langhaus, dessen

Geradezu mediterran muten diese Arkaden in einem Braunauer Innenhof an.

einziger Schmuck eine Reihe in die Wand eingelassener Grabsteine – darunter jener auffallende des Hans Staininger, des »Mannes mit dem langen Bart« – ist. Nicht weniger beeindruckend ist das Innere der Kirche: Auch wenn sich das helle Mittelschiff nur wenig über die beiden Seitenschiffe erhebt: die starke Höhenabstufung zu den seitlichen Kapellen vermitteln den Eindruck eines fünfschiffigen Raums. Die achteckigen Langhauspfeiler fallen schon deshalb ins Auge, weil anstatt der üblichen Kapitelle Büsten von Aposteln und Heiligen aus dem Stein gearbeitet wurden. Darüber öffnet sich das Netzrippengewölbe, das in das Chorgewölbe übergeht. Reiches Maßwerk – und in dieser Art Vorbild für viele spätgotische Kirchenbauten in ganz Oberösterreich – weist die Westempore auf. (Dass der Kirchenbau derart grandios geriet, verwundert nicht weiter, denn der Baumeister Stephan Krumenauer arbeitete zuvor am Bau des Wiener Stephansdoms und an der Salzburger Franziskanerkirche mit.) Im späten 19. Jahrhundert begann man die Kirche zu restaurieren, wurde damit aber – glücklicherweise – nicht fertig. Denn solcherart konnten ein paar der schönsten Ausstattungsstücke aus spätgotischer und barocker Zeit erhalten werden. Darunter befinden sich Fragmente des Hochaltars von Martin Zürn (sie sind im Chor ausgestellt), eine Muttergottesstatue mit Kind und Mondsichel sowie das einstige Hochaltarbild von M. Letenpichler. Spätgotisch ist die Kanzel, der Schalldeckel allerdings stammt aus der Werkstatt Zürns. Bemerkenswert an der St.-Stephans-Kirche ist aber nicht nur ihr Wert als Architekturdenkmal, ihre reich ausgestatteten Kapellen erzählen auch vom einstigen Selbstbewusstsein und Vermögen der Zünfte.

Nur wenige Schritte sind es bis zur 1496 geweihten und unter Kaiser Joseph II. profanierten **Friedhofskirche St. Martin**, deren Unterkirche mit der Kriegergedächtnisstätte man einen Besuch abstatten sollte. Das zweite wichtige spätgotische sakrale Baudenkmal ist die **Hl.-Geist-Spitalsanlage** samt **Bürgerspitalskirche** zwischen Palmstraße und Mühlengasse. In einem Zug von Konrad und Arnold Bürkhel im ersten Drittel des 15. Jahrhunderts erbaut, sind Spital und Kirche eine der letzten nahezu stilrein erhaltenen gotischen Anlagen dieser Art im Land. Nahezu deshalb, weil sich in der Mitte der Kirche ursprünglich ein mächtiger Pfeiler befand, an dessen oberem Ende sich das Netzgewölbe sternförmig wie ein Schirm über den ganzen Raum ausgebreitet hat. Im 17. Jahrhundert trug man den Pfeiler ab, weil er – dem damaligen Raumverständnis zufolge – den Blick auf den Hauptaltar versperrte.

Einen schönen Eindruck gotischer Profanarchitektur bekommt der Wanderer in Sachen früher urbaner Kultur mit der Siedlung »Am Berg« und ihren sowohl spitz- als auch treppengiebeligen Wohnhäusern. Jenseits der Linzer Straße liegen der kurfürstliche Magazinstadel, die evangelische Kirche und das Stadttheater. Erst- und Letztgenanntes gehören zum Areal des 1624 erbauten und 1785 profanierten Kapuzinerklosters. Der Vollständigkeit halber, und weil die Zufälle der Geschichte immer auch die (durchaus ungerechte) Beurteilung der Topographie beeinflussen: Das Geburtshaus Adolf Hitlers steht in der Salzburger Vorstadt, vor dem Haus ist ein Mahnmal für die Opfer des NS-Regimes errichtet worden.

Rund vier Kilometer südlich liegt Ranshofen, dessen Gründung noch vor jener Braunaus stattfand. Im Jahr 788 als herzogliche Pfalz genannt, wurde Ranshofen unter Karl dem Großen zur kaiserlichen Pfalz erhoben. 1125 wurde hier das Augustiner-Chorherrenstift gegründet, und einem ersten, romanischen Pfalzkapellenbau folgten Kloster- und Klosterkirchenbau im Spätmittelalter. Allerdings wurden sie während eines Krieges schwer beschädigt, sodass die Bauten im 17. Jahrhundert eine nachhaltige barocke Renovierung erfuhren. Von der gotischen Bausubstanz ist damit so gut wie nichts mehr zu erkennen. Zum Schloss wurde es, als das Innviertel 1810 unter der Herrschaft Napoleons noch einmal an Bayern fiel und das Kloster im Zuge dessen profaniert wurde. Vom Jahr 1851 bis 1938 war es im Besitz der jüdischen Familie Wertheimer, 1938 wurde das riesige Grundstück von den Vereinigten Aluminiumwerken Berlin »arisiert« und darauf die eingangs erwähnte Aluminiumhütte gebaut.

Lohnenswert sind einige Ausflüge in das Umland Braunaus: So ist zum Beispiel in St. Georgen an der Mattig (etwas abseits der B 147 zwischen Braunau und Mattighofen gelegen) die kleine Filialkirche St. Georg allein wegen ihrer drei Altäre von

Der berühmte Georgsaltar in der Filialkirche St. Georg.

Martin und Michael Zürn einen Abstecher wert. Denn diese Altäre – entstanden zwischen 1645 und 1649 – gelten als *die* Hauptwerke der beiden. Das Bemerkenswerte an allen drei Altären ist die vollplastische Darstellung der Figuren vor einem gemalten Hintergrund: der Hochaltar zeigt den Namenspatron der Kirche, der linke Seitenaltar den hl. Martin und der rechte das Martyrium des hl. Sebastian. Auch das Rahmenwerk der drei Altäre ist fein und detailreich ausgearbeitet.

Von St. Georgen ist es nicht weit nach **Altheim**, wo man sich nicht auf sakrale Spuren aus dem Mittelalter, sondern auf die weit älteren der Römer begeben kann. Denn im Gemeindegebiet Altheims finden – seit vor Jahren zufällig allerlei Gegenstände aus dieser Zeit gefunden wurden – regelmäßig archäologische Ausgrabungen statt, die bis heute immerhin die Fundamente zweier römischer Gutshöfe sowie eine große Anzahl von Gebrauchsgegenständen und Werkzeugen zutage gefördert haben. Im **Römer-Erlebnismuseum im Ochzethaus** – übrigens eines der ältesten Bauernhäuser im Ortsgebiet von Altheim – kann man sich nicht nur die Funde ansehen, sondern auch viel über das Leben an einer der äußersten Grenzen des Römischen Reichs sowie über die unterschiedlichsten Methoden archäologischer Arbeit erfahren.

Geinberg wiederum lockt mit einem reichhaltigen Kurangebot, das einer der ergiebigsten und heißesten Thermalquellen Österreichs zu verdanken ist.

In **Aspach-Wildenau** findet ab dem Frühsommer jährlich der weit über die Landesgrenzen hinaus bekannte **Europäische Konzertsommer Aspach** statt. Renommierte Ensembles und Orchester (wie etwa die Camerata Academica und das Mozarteumorchester Salzburg) treten im Rahmen dieser Veranstaltungen an verschiedenen Spielorten auf, darunter in der Pfarrkirche mit ihrer ausgezeichneten Akustik.

Etwas außerhalb Aspachs steht die Ruine von **Schloss Wildenau**, von der seit einem verheerenden Brand im Jahr 1880 gerade noch der Palas des Ostflügels steht. Das einstige Wasserschloss lag in einem viereckigen Weiher – doch selbst von ihm ist gerade noch ein Teich übrig.

Nicht übergehen sollte der Kulturreisende in Aspach die **Pfarrkirche Mariä Himmelfahrt**, eine ursprünglich dreischiffige romanische Pfeilerbasilika, die 1476 (Chor und Südturm) und 1514 (Annenkapelle) gotisch umgestaltet wurde. Im Jahr 1718, in der Epoche des Barock, wurde nochmals vehement in die Innenausstattung eingegriffen und das Gewölbe des Chors mit Akanthus- und Bandwerkstuck überzogen. Bemerkenswert auch der barocke Hochaltar, der mit Schnitzerein der Bildhauer Franz Matthias und Johann Peter Schwanthaler versehen ist.

Tipps und Information

BRAUNAU AM INN: Tourismusverband Braunau am Inn, 5280 Braunau/Inn, Stadtplatz 2, Tel.: 07722/626 44 Fax: 626 44-14 (Informationen auch zu **Ranshofen**). **Stadtmuseum:** 1. 7. bis 31. 8. Di–Sa 9–12, 13–14, So 14–16 Uhr; 1. 9. bis 30. 6. Di–Sa 13–17 Uhr. **Heimathaus:** Führungen nach tel. Vereinbarung 07722/80 80.
E-MAIL: tourismusverband.braunau@netway.at
INTERNET: http://www.tiscover.com/braunau

GEINBERG: Kur- und Thermenregion Innviertel, 4943 Geinberg, Thermenplatz 2, Tel.: 07723/85 55, Fax: 85 55-4 (Informationen auch zu **Altheim** und zu **Aspach-Wildenau**). **Römer-Erlebnismuseum im Ochzethaus:** April bis Oktober Sa, So, Fei 14–17 Uhr, Tel.: 07723/424 72, info@ochzethaus.at. **Europäischer Konzertsommer Aspach:** Tel.: 07755/52 41, Fax 73 27, europaeischerkonzertsommer@yahoo.de, http://www.europ-konzertsommer.at.
E-MAIL: info@innviertel-tourismus.at
INTERNET: http://www.innviertel-tourismus.at

GASTRONOMISCHES: Am Stadtplatz 47 in Braunau befindet sich mit dem **Bogner** die kleinste Bierbrauerei der Welt (Tel.: 07722/683 43). Wem eher nach Wein zumute ist, sei ins **Alte Weinhaus** von Ernst und Elfie Neußl in der Linzer Straße 21 verwiesen: In dem gemütlichen Haus kann man auch übernachten (Tel.: 07722/634 71, Fax 634 71-30). Einen schönen Gastgarten samt Blick auf Inn und Enknach bietet das Gasthaus **Zum Schiff** am Stadtplatz 3 (Tel.: 07722/633 86) und einen Kinderspielplatz das **Waldhäusl** in Lach 8 (Tel.: 07722/680 63).

VERANSTALTUNGEN: Abgesehen davon, dass gerade Braunau zu feiern versteht und deshalb sowohl ein Stadt- als auch ein Oktoberfest veranstaltet, sollte man sich beim Tourismusverband (s. o.) nach dem Programm im **Gugg** – einer alten Metallwarenfabrik – erkundigen.

NATUR & FREIZEIT: Entspannung, Regeneration und Fitness verspricht die riesige **Thermalbadanlage** in Geinberg (Information s. o.). Drei **Golfclubs** im Umland von Braunau, das Angebot, auf Inn und Salzach ausgiebig **Kanu** zu fahren oder einen der zehn **Radwege** rund um Braunau zu nützen, lassen keinen Wunsch offen, Kultur und Natur, Kunst und Freizeit zu verbinden (alle: Information s. o.).

ANREISE: A1 bis Knoten A1/A25, A25 bis Wels, A8 bis Ried, B 141

Ebensee

Offensee · Langbathseen · Feuerkogel

Dem Salzsieden verdankt Ebensee seine Entstehung, traurige Berühmtheit jedoch erlangte es als wichtigstes Nebenlager des KZ Mauthausen.

Noch heute führt die Soleleitung vom Hallstätter Salzbergwerk über Bad Ischl nach Ebensee. 42 Kilometer lang und aus 28 000 jeweils drei Meter langen Rundholzstämmen angefertigt, wurde sie Anfang des 17. Jahrhunderts angelegt, als in Ebensee auch das erste **Sudwerk** gebaut wurde. Von Letzterem ist leider nichts erhalten, ebenso wie vom alten Salinengebäude, das nach Plänen Paul Sprengers 1836–1838 erbaut wurde. Die heutige Anlage stammt aus den 1970er Jahren.

Vom Alten sieht man wenig in Ebensee, das gilt auch für die barocke **Pfarrkirche hl. Josef,** immerhin ein Bau des berühmten Johann Michael Prunner, von der bloß der Chor erhalten blieb, als man sie 1911 erweiterte. Berühmt dagegen sind Tradition und Volkskultur: Wegen des **Ebenseer Glöcklerlaufs** und der **Krippenschnitzer** des Ortes kommen Gäste von weit her. Fünf bis sechs Kilo wiegen die Kuhglocken, die sich die Glöckler zwischen Gmunden, Ischl und Ebensee um die weißen Gewänder gürten, bevor sie in den Raunächten um den 5. Jänner ihre lautstarken Läufe tun. Dabei geht es viel weniger um die Glocken denn um die prächtigen so genannten Glöcklerkappen: turmhoch, aus durchscheinendem Papier gefertigt, mit kunstvollen Motiven bemalt (manchmal auch bloß mit einfachen Aufschriften, zum Beispiel der, dass der Träger Mitglied der Freiwilligen Feuerwehr ist) und von innen mit Kerzen beleuchtet. So ziehen sie los, »glöckeln« an den Häusern der Bewohner, und wenn die herauskommen, werden sie umtanzt und besungen. Und weil der Glöcklerlauf ein alter »Heischebrauch« ist, wird nach vollbrachtem Getanze und Gesinge üblicherweise Speis und Trank gefordert. Historisch gesichert ist der Glöcklerlauf bloß bis in die Mitte des 19. Jahrhunderts, man kann aber davon ausgehen, dass er schon im 18. gang und gäbe war.

»Kripperlroas« wird der alte Brauch genannt, im Trauntal zwischen Ebensee und Bad Ischl von Haus zu Haus zu gehen und die kunsthandwerklich zumeist höchst wertvollen Hauskrippen zu besichtigen. Holzknechte und Salinenarbeiter – auch »Schnegerer« genannt – begründeten die Tradition der Landschaftskrippen im 19. Jahrhundert. Es entstanden oft Zimmer füllende Krippen mit mehreren hundert Figuren in der durchaus vertrauten Landschaft des Salzkammerguts. Obwohl es

Eine der farbenprächtigen Lichtkappen der Ebenseeer Glöckler.

heutzutage meistens eine eigene Krippenschau im Ebenseeer Heimathaus gibt, wird immer noch eine Liste mit Namen und Adressen jener Familien ausgegeben, wo man sich auf die Spur der Hauskrippen begeben kann.

Der Tarnname war »Projekt Zement« – doch dahinter verbarg sich das **Konzentrationslager Ebensee**, das 1943 als Nebenlager des KZ Mauthausen von den Nazis eingerichtet worden war. Ziel des Einsatzes tausender Häftlinge war es, riesige Stollenanlagen in den Berg zu treiben, um die Raketenversuchsanstalt Peenemünde in eine vor Bomben geschützte und international wenig beachtete Gegend zu verlegen. Das verhinderte der Verlauf des Krieges, stattdessen brachte man eine Erdölraffinerie hier unter und die Panzerteileproduktion der Steyr-Daimler-Puch-Werke. Gnadenlos wurden die Häftlinge bei der Errichtung der Stollen ausgenützt, die Versorgung war vollkommen unzureichend – »Menschenmaterial« zum Nutzen des Tausendjährigen Reiches. Von den rund 27 000 Häftlingen waren rund 30 Prozent jüdischer Herkunft, insgesamt kostete dieses Nebenlager bis zur Befreiung durch amerikanische Truppen am 6. Mai 1945 8500 Menschen das Leben. Die Gedenkstätte kann heute besucht werden, vom Lagergelände ist allerdings nur noch der Torbogen des Eingangs vorhanden. Doch in einem Teil der Stollenanlage wird eine wichtige Dauerausstellung zur

Geschichte des KZ Ebensee gezeigt, in der auch die Reste einer Steintreppe aus dieser Zeit, der »Löwengang«, zu sehen sind.

Im alten Schulgebäude neben der katholischen Pfarrkirche ist das **Zeitgeschichte Museum Ebensee** untergebracht, wohl eine der hervorragendsten Dauerausstellungen zur Zeitgeschichte in Österreich. Der Schwerpunkt liegt dabei auf der Entwicklung der Österreichischen Politik zwischen 1918 und 1955, wobei regional relevante Ereignisse in Beziehung zur gesamtösterreichischen Entwicklung gesetzt werden. Die »politische Lagerkultur der Ersten Republik« ist dabei ebenso Thema wie das Bürgerkriegsjahr 1934, der Austrofaschismus vor dem Anschluss, der Nationalsozialismus und der Umgang mit der NS-Vergangenheit und dem »Opfermythos« bis heute.

Tipps und Information

EBENSEE: Tourismusbüro Ebensee, 4802 Ebensee, Hauptstraße 34, Tel.: 06133/80 16 Fax: 56 24 (Informationen zur **»Kripperlroas«** und zum **Heimathaus**). **Gedenkstätte Ebensee:** Mai, Juni, Oktober Sa, So 10–12, 14–18 Uhr; Juli, August, September Mi–So 10–12, 14–18 Uhr. **Zeitgeschichte Museum Ebensee:** Kirchengasse 5, Tel.: 06133/56 01, Fax 56 01-4 (gilt auch für die Gedenkstätte), ganzjährig Di–So 10–17 Uhr.

E-MAIL: museum@utanet.at

INTERNET: http://www.ebensee.org

VERANSTALTUNGEN: Über den **Glöcklerlauf** und die **»Kripperlroas«** informiert das Tourismusbüro (s. o.).

NATUR & FREIZEIT: Die **Grassel-Tropfsteinhöhle** ist über einen Fußweg von Rindbach aus zu erreichen, für Familien mit Kindern empfiehlt sich aber auch der Shuttle-Bus (Informationen beim Tourismusbüro). Kaiserin Elisabeth liebte ihn wegen seiner Abgeschiedenheit und weil er so heiter in einem offenen Talkessel liegt, zu dem es bloß eine Zubringerstraße gibt: den **Offensee**, im Vergleich zu anderen Salzkammergutseen relativ warm und von hervorragender Wasserqualität. Seine flach abfallenden Ufer machen ihn zudem zu einem gefahrlosen Kinderparadies, ein Seerestaurant sorgt fürs leibliche Wohl. Am Fuß des Höllengebirges liegen die beiden **Langbathseen;** ebenfalls mit Wasser von trinkbarer Qualität und angenehmer Wärme, befinden sie sich in einem absoluten Naturschutzgebiet. Übrigens: Unter den Badeseen des Salzkammerguts sind die Langbathseen nach wie vor ein Geheimtipp. Ein wunderbares Ausflugsziel im Sommer, ein herrliches Skigebiet im Winter: Der **Feuerkogel**, Ebensees Hausberg sozusagen, lässt keinen Wunsch offen. Mehrere Gastwirtschaftsbetriebe und Hütten sorgen für das leibliche Wohl, und damit der Aufstieg nicht über Gebühr anstrengend wird, gibt es die **Feuerkogelseilbahn** (Betriebszeiten: Mai, Juni , September, Oktober 8.30–17 Uhr, Juli, August 8.30–18 Uhr, 15. Dezember bis 7. April Mo–Do, So, Fei 8.30–17, Fr, Sa 8.30–18 Uhr). Oben angelangt, ist der **Naturlehrpfad**, der über allerlei Bekanntes, vor allem aber Unbekanntes zu alpiner Flora und Fauna erzählt, ein Erlebnis für die ganze Familie.

ANREISE: A1 Abfahrt Steyrermühl oder Regau, B 144, B 145

Eferding

Hartkirchen · Aschach · Haibach · Schloss Hartheim · Maria Scharten

Den Spuren der Römer und der Nibelungen kann man in Eferding folgen, sollte dann aber auch der Pfarrkirche einen Besuch abstatten, die zu den schönsten Beispielen spätgotischer Sakralarchitektur zählt.

»Nu was diu küneginne ze Everdingen komen …« – auch wenn die Fahrt Kriemhilds zu König Etzel im *Nibelungenlied* ins Reich der Legenden zu verweisen ist: Eferdings Wurzeln sind alt und reichen weit in die Vergangenheit zurück. Denn schon aus der späten Jungsteinzeit, also zwischen 3000 und 1800 vor unserer Zeitrechnung, belegen archäologische Funde die Besiedlung der Gegend. Den fruchtbaren Boden des Eferdinger Beckens wirklich zu schätzen wussten die Römer von Ufernoricum, die dort ein Standlager unterhielten. Gräberfunde lassen schließen, dass es hier auch eine Zivilsiedlung gab, und das Aschacher Wappen mit den Trauben und den Weinblättern weist auf den Weinbau hin, der unter den Römern kultiviert und immerhin bis ins 19. Jahrhundert betrieben wurde (die Kreszenzen, die man hier in kleineren Mengen immer noch keltert, gehören eher zur reschen Sorte, was nicht ganz dem Zeitgeschmack entspricht …). Völkerwanderung und die einfallenden Bajuwaren setzten Eferding arg zu, und der Aufstieg vom Dorf zur Stadt vollzog sich schleppend. Im Besitz des Bistums Passau erhielt Eferding das Stadtrecht im Jahr 1222. Wichtig für die Entwicklung der Stadt waren in der Folge die beiden Adelsgeschlechter Schaunberg und später Starhemberg. Vor allem unter Ersteren florierte die Stadt, dehnte sich aus und erhielt das **Alte Schloss** (nach dem Ausbau im 18. Jahrhundert **Schloss Starhemberg**), in dem heute das Stadtmuseum untergebracht ist. Die schöne, dreigeschoßige Anlage umschließt einen Arkadenhof. Gut auseinander zu halten sind der Altes Schloss genannte Nordtrakt mit dem Satteldach und der Südtrakt aus dem Barock. Im Inneren sind die kassettierte Holzdecke im Ahnensaal und der hölzerne Intarsienplafond im Porzellanzimmer bemerkenswert. Die Schauseite des Schlosses allerdings ist reiner Klassizismus. Die Sammlung im Museum ist sehenswert: Porzellan, eine alte Bauernstube (originalgetreu samt Alkoven), Waffen, Bilder, Handschriften – es ergibt sich ein schönes, rundes Bild vom Werden und Sein der Stadt Eferding.

Der **Stadtplatz** zählt mit vollem Recht zu einem der schönsten des Landes: Langgestreckt und umsäumt von bunten Häusern, die im Kern oft noch aus der Spätgotik stammen, deren Fassaden jedoch weitgehend

Unvermindert beeindruckend ist diese prachtvolle barocke Fassade in Eferding bis heute.

im 18. und 19. Jahrhundert renoviert wurden, hat der Platz geradezu mediterranes Flair. Aufgelockert wird er an seiner nördlichen Schmalseite vom Schlosspark.

St. Hippolyt, die Pfarrkirche Eferdings neben dem Schloss, ist eine spätgotische Staffelkirche, die zwischen 1451 und wahrscheinlich 1505 (das ist die letzte der vielen in Säulen und den Portalen eingravierten Jahreszahlen, die wohl den Bauverlauf angeben) errichtet wurde. Besonders sehenswert ist das ungewöhnlich reich gestaltete Südportal, eine Zweitoranlage mit geschweiften Kielbögen, Krabbenbesatz und einer krönenden Kreuzblume. Über dem Tor – am Mittelpfeiler und jeweils seitlich der Fenster – sind Statuen unter Baldachinen angebracht: In der Mitte eine Madonna, links hl. Hippolyt, rechts hl. Ägidius. Die dreischiffige Staffelhalle ist von wunderschöner Ausgewogenheit, wobei die Einrichtung vorwiegend aus dem 17. und dem 19. Jahrhundert stammt. Bemerkenswert sind die vielen Grabsteine im Inneren und an den Außenwänden. Im Zuge von Konservierungsarbeiten an der Kirche hat man übrigens vor einigen Jahren entdeckt, dass alle Teile des Hochgrabes von Wolfgang und Anna Schaunberg einzeln erhalten sind. In akri-

Flachreliefs und Grabsteine an der Stadtpfarrkirche St. Hippolyt in Eferding.

bischer Klein- und virtuoser Renovierungsarbeit hat man die Platten aus den Wänden gelöst, zusammengefügt und das Hochgrab in der rechten südlichen Seitenkapelle originalgetreu wieder aufgestellt. Einen Besuch lohnt jedoch auch die 1325 gegründete Spitalskirche am Schiferplatz mit dem Netzrippengewölbe, den gotischen Fresken und dem Hochaltar aus der Spätrenaissance.

Am Weg von Eferding in Richtung Schlögener Schlinge gelangt man nach Hartkirchen und zur Burgruine Schaunberg (oder Veste Schaumberg), die einst zu den stolzesten Wehrburgen des Landes ob der Enns zählte. Als die Schaunberger in ihr Schloss in Eferding umzogen, verfiel die große, von einer dreifachen Verteidigungsmauer umgebene Anlage, die heute nur noch in Resten – darunter zwei polygonale Türme – zu sehen ist. In der kleinen Gemeinde selbst sollte man die Pfarrkirche hl. Stephan nicht versäumen, deren Ausstattung außergewöhnlich reich ist. Dazu gehören unter anderem die Decken- und Wandfresken von Wolfgang Andreas Heindl und Matthias Dollicher aus den Jahren 1750/51 und ein prachtvolles Seitenaltarbild von Bartolomeo Altomonte.

Auch in der Altstadt von Aschach finden sich prächtige Bürgerhäuser wie dieses.

Reizvolle Bürgerhäuser – darunter das Mauthaus und das Schiffmeisterhaus – mit Innenhöfen und Laubengängen sind im Markt Aschach an der Donau zu sehen. Die Pfarrkirche des Orts, geweiht Johannes dem Täufer, ist allein schon aufgrund ihres geschmackvollen Stilmix sehenswert: Erbaut im 15. Jahrhundert in spätgotischem Stil, wurde sie im 18. Jahrhundert stark barockisiert, in den 1970er Jahren aber nach Plänen von Clemens Holzmeister neu gestaltet. Und mit dem »Fürstenstöckl« genannten Ostflügel von Schloss Harrach im prächtigen Donaupark hat man eine schöne Arbeit des großen Johann Lukas von Hildebrandt vor sich.

Zurück ins Römische Reich führt ein Abstecher nach Haibach ob der Donau, das direkt an der Schlögener Schlinge liegt: Hier befindet sich das vollständig freigelegte Westtor des römischen Kastells Joviacum.

Aus viel späterer Zeit stammt die Pfarrkirche des Orts: Die spätgotische St.-Ulrichs-Kirche wurde zur Gänze barockisiert und birgt in ihrem Inneren eine schöne Orgel von Josef Breinbauer. Beliebtestes Ausflugsziel in Haibach aber ist die Burgruine Stauf, die urkundlich seit dem Jahr 1146 nachweisbar ist. Auffallend gut ist der gotische Torbogen als Zugang zur Vorburg erhalten, vom sechseckigen Bergfried und dem Palas hingegen bestehen bloß noch Reste. Doch abgesehen von der Romantik, die solche Plätze allemal haben, ist der Fernblick von der 531 Meter hoch gelegenen Burgruine Stauf unvergleichlich schön.

Schrecklich ist die Schönheit von Schloss Hartheim, kennt man seine Geschichte. Denn der an sich bedeutendste profane Renaissancebau Oberösterreichs, der um 1600 entstand und mehrmalige Besitzerwechsel erfuhr, bis er 1896 in das Eigentum des Landes überging, das darin eine Anstalt für geistig behinderte Menschen einrichtete, war zwischen 1940 und 1944 Schauplatz der so genannten Aktion T4 der Nationalsozialisten. Hinter der harmlosen Bezeichnung verbirgt sich entsetzlich Menschenverachtendes: »Unwertes Leben« waren Behinderte für die Nazis, Freiwild, an dem man Versuche unternehmen konnte, um sie dann im Rahmen des Euthanasieprogramms zu ermorden. An die 30 000 Menschen kamen in Hartheim um, und nicht nur Behinderte, denn ab 1941 diente die Giftgasanlage auch als Vernichtungslager für KZ-Häfltinge aus Mauthausen und Dachau.

Seit 1969 hat man in Schloss Hartheim eine Gedenkstätte eingerichtet. Um die Gräuel des NS-Regimes aber unmissverständlich zeigen zu können, wird zurzeit eine umfassende Dauerausstellung entwickelt, die 2003 eröffnet werden soll.

»Es seynd unverhofft vier schöne helle Liechtl mitten auf dem Schardten-Berg an vier Bäumen erschinen ...« – so beginnt die Legende um die Entstehung der Wallfahrtskirche Maria Scharten. Von dieser Initialzündung bis zur Fertigstellung der Kirche, die in einer freundlichen Hügelgegend inmitten von Vierkantern und weiten Obstgärten liegt, sollte allerdings noch einige Zeit vergehen. Denn die Bauzeit Maria Schartens (ab ca. 1510) betrug in ihrer ersten Phase gut 35 Jahre, der Bau kam dann völlig zum Erliegen, und erst um 1671 konnte die Kirche endlich geweiht werden. Unterschiedliche Baustile prägen deshalb schon den Außenbau: Gotisch ist das Westportal, spätgotisch sind der polygonale Chor mit den Spitzfenstern, barock der südliche Portalvorbau und die Turmgeschoße. Im Inneren dominiert mit dem Stichkappentonnengewölbe der barocke Raumcharakter, wobei der Hochaltar von Josef Carl Hofer aus dem Rokoko stammt, was an dem Rocaillenrahmen um die wiederum spätgotische Muttergottesfigur unschwer zu erkennen ist.

Tipps und Information

EFERDING: Tourismusverband Eferding, 4070 Eferding, Stadtplatz 31, Tel.: 07272/55 55-160, Fax: 55 55-161. **Museum der Stadt Eferding, Starhemberg'sches Familienmuseum:** Kirchenplatz 1, Tel.: 07272/23 01, Fax 23 01-10, So, Fei 9–12 Uhr (wochentags nach tel. Voranmeldung).
E-MAIL: tourismusverband@eferding.ooe.gv.at
INTERNET: http://www.tiscover.com/eferding

HARTKIRCHEN: Gemeindeamt Hartkirchen, 4081 Hartkirchen, Kirchenplatz 1, Tel.: 07273/89 56, Fax: 89 56-55. **Ruine Schaunberg:** Führungen nach tel. Voranmeldung: Herr Kaindl, Tel.: 07273/82 70; Frau Rammerstorfer, Tel.: 07273/63 98.
E-MAIL: gemeinde@hartkirchen.ooe.gv.at
INTERNET: http://www.tiscover.com/hartkirchen

ASCHACH AN DER DONAU: Gemeindeamt Aschach/Donau, 4082 Aschach/Donau, Abelstraße 4, Tel.: 07273/63 55-0.
E-MAIL: tourismus@aschach.at
INTERNET: http://www.tiscover.com/aschach

HAIBACH OB DER DONAU: Tourismusverband Haibach, 4083 Haibach/ Donau 40, Tel.: 07279/82 35, Fax 82 35-16.
E-MAIL: gmd.haibach@ooenet.at
INTERNET: http://www.tiscover.com/haibach

SCHLOSS HARTHEIM: 4072 Alkoven 40, Tel.: 07274/73 49, Fax 65 36-226.
E-MAIL: schloss.hartheim@aon.at
INTERNET: http://www.members.aon.at/schloss-hartheim

GASTRONOMISCHES: Im Fischerwirtshaus **Dannerbauer** (direkt an der Donau, wo Gäste sommers auf der Wasserterrasse Platz nehmen können) werden Donaufische gekonnt zubereitet (4070 Eferding, Brandstatt 5, Tel.: 07272/24 71). Die **Sonne** offeriert nicht nur gute regionale Speisen, sondern auch eine schöne Ambiance (4082 Aschach/ Donau, Kurzwernhartplatz 5, Tel.: 07273/63 08, Fax: 63 08-15).

NATUR & FREIZEIT: Die fast kreisrunde **Schlögener Schlinge** ist – von oben betrachtet – ein imposanter Anblick. Empfehlenswert ist deshalb ein Ausflug zum **Steiner Felsen** hoch über Haibach: Einen besseren Blick hat man nirgendwo sonst!

ANREISE: A1, A25 Abfahrt Wels Nord, B 137, B 134

Engelhartszell

Stift Engelszell · Ruine Vichtenstein · Ruine Krempelstein

Im oberen Donautal, nur wenige Kilometer von der Staatsgrenze zu Deutschland entfernt, findet sich Österreichs einziges Trappistenkloster. Doch nicht nur das macht die Gegend bemerkenswert …

Die Reise von Passau nach Linz war mehr als beschwerlich gewesen. Unwegsames Gelände, Wälder und ständig die Gefahr, von Räubern und Schmugglern überfallen zu werden. Fürstbischof Wernhart vom Prambach blieb nur leider gar nichts anderes übrig, als diese Reise immer wieder anzutreten, schließlich musste er auch in Linz nach dem Rechten sehen, die Gläubigen und die Pfarrer notfalls zur Raison bringen. Aber angenehm wäre es doch, gäbe es unterwegs wenigstens eine Möglichkeit, sich auszuruhen. – So oder zumindest so ähnlich könnte es gewesen sein, als Wernhart von Prambach sich schließlich entschloss, ein Reisequartier zu schaffen, das eines Fürstbischofs würdig war: Im Jahr 1293 fertigte er die Stiftungsurkunde aus und beauftragte die Zis-

Heute das einzige Trappistenkloster Österreichs: Engelszell an der Donau.

terzienser aus Wilhering, im oberen Donautal das Land urbar zu machen, zu besiedeln und ein Stift zu bauen.

Stift Engelszell aber sollten die Zeitläufte in den kommenden Jahrhunderten einiges zu lösen aufgeben: Nach einer Blütezeit von zweihundert Jahren brach die Pest aus und raffte alle Bediensteten, die Mönche und den Abt dahin. Überschuldet kam das Kloster für fast ein halbes Jahrhundert unter fremde Verwaltung, bis es erneut besiedelt wurde – und am Ostersonntag des Jahres 1699 einem verheerenden Brand, der in der Klosterküche ausgebrochen war, zum Opfer fiel. In den Jahren 1754–1764 wurde die Klosterkirche neu erbaut, wurde renoviert, was von den Brandruinen noch renovierbar war, und wurde der Bibliothekstrakt neu errichtet. Die nun folgende Zeit war eine ebenso florierende wie kurze, denn schon 1786 wurde – unter Joseph II. – das Kloster aufgehoben, um als Hilfsbetrieb der Augarten Porzellan Manufaktur zu dienen. Selbst Napoleon empfand sich als zuständig für Engelszell und schenkte die Anlage dem bayerischen Feldmarschall Fürst Wrede, nach dessen Tod es mehrfach privat weiterverkauft wurde und langsam, aber sicher vollständig zu verkommen drohte. Als im Jahr 1925 die Trappisten in Engelszell einzogen, hatten sie exakt 13 Jahre Zeit, den Klosterbetrieb wieder aufzubauen, denn zwischen 1938 und 1945 wurde es abermals beschlagnahmt. – Erst jetzt ist wieder Ruhe eingekehrt, die Mönche leben ihren stillen, den benediktinischen Ordensregeln verpflichteten Alltag, stellen in ihrer Landwirtschaft eine Reihe von Produkten her, die das Kloster samt dem angeschlossenen Altenpflegeheim nahezu autark machen, und verkaufen ihren weithin berühmten Klosterlikör an der Pforte.

Schlicht und bescheiden leben die Mönche von Engelszell.

Ein Besuch der Stiftskirche von Engelszell ist schlicht ein Muss, zählt sie doch zu den schönsten und stilistisch reinsten Rokokokirchen ganz Österreichs. Wenngleich der Architekt der Kirche unbekannt ist, die Ausstattung allein verzeichnet alles, was zu dieser Zeit Rang und Namen hatte: Von Johann Georg Üblher stammen die Altäre, der feine Stuck an den Kapitellen der Pilaster und der Orgelempore, vor allem aber die Skulpturengruppe am Schalldeckel der Kanzel aus Stuccolustro. Joseph Deutschmann, Klosterbildhauer aus Imst in Tirol, dessen Arbeiten heute sogar im Victoria and Albert Museum in London ausgestellt sind, schuf das Chorgestühl aus Eichenholz, die Brüstungsgitter auf den Emporen, das Orgelgehäuse, vier Erzengelplastiken und vier

Reliquiensarkophage; außen stammen die Sandsteinumrahmung sowie die Steinvasen links und rechts des Turms von Deutschmann. Und schließlich Bartolomeo Altomonte, der sämtliche Altarbilder und das grandiose Deckenfresko in der Chorkuppel, das in seiner Gestaltung so famos mit der architektonischen Lichtführung harmoniert, schuf. Das Deckenfresko des Langhauses – die Decke musste aufgrund von Baumängeln schon im 19. Jahrhundert abgeschlagen werden – allerdings ist eine Arbeit von Fritz Fröhlich und stammt aus den 1950er Jahren.

Der kleine Markt Engelhartszell ist geprägt von der schönen Landschaft des Donautals und vom Strom selbst: Dass es 1775 Mautstation (das heute noch bestehende Kaiserliche Mauthaus war einst auch Grenzstation zwischen dem Kaiserreich und dem Königreich Bayern) wurde, verdankte es einer gewissen Prosperität. Und wer im Ort ein wenig zu flanieren Lust hat, sollte sich in der Vorhalle der Pfarrkirche Mariä Himmelfahrt – ein typisch gotischer Bau, der im 17. Jahrhundert barockisiert wurde – die schöne gotische Kreuzigungsgruppe ansehen.

Folgt man von Engelhartszell aus der Donau weiter Richtung Bayern, gelangt man nach Vichtenstein, einem zwar kleinen, doch wunderschönen Dorf im Sauwald. Zwei Ziele sind hier Pflicht: Zunächst die Pfarrkirche, ein für diese Gegend eher seltener neogotischer Bau, dessen Inneres die hinreißende »Hausmutter von Vichtenstein« birgt, ein uraltes Gnadenbild der Muttergottes. Dann aber sollte man sich Burg Vichtenstein ansehen, die im Mittelalter eine veritable Raubritterburg gewesen ist. Allein ihre strategisch hervorragende Lage hoch über der Donau prädestinierte sie dazu. Die heutigen Besitzer sind friedliche Menschen, dulden Besucher jedoch nur als geladene Gäste. Alle anderen müssen mit dem mächtigen Eindruck von außen – vor allem was den einzeln stehenden, viereckigen Bergfried betrifft – vorlieb nehmen. Wofür der herrliche Blick ins Donautal allemal entschädigt.

Weiter geht es an der Donau nach Esternberg und hier schnurgerade zur Burgruine Krempelstein, die gemeinhin auch gerne »Schneiderschlössl« genannt wird. Ursprünglich ein Passauer Lehen, dürfte sich die Burg an der Stelle eines ehemaligen römischen Wachturms befinden. Darauf würde auch jener Schatz hinweisen, der hier gefunden wurde: Im Jahr 1845 entdeckten Straßenarbeiter Scherben eines Topfes und daneben eine Menge – wie sich herausstellte – spätrömischer Münzen (sie werden heute im Linzer Schlossmuseum aufbewahrt). Krempelstein, das gut instand gehalten war, brannte im Oktober 1984, was vor allem am Rittersaal sowie am Wohnturm schweren Schaden anrichtete. Zu besichtigen ist die Burg nur von außen. Aber auch hier gilt: Der Blick zur Donau ist fabelhaft.

Tipps und Information

ENGELHARTSZELL: Marktgemeindeamt Engelhartszell, 4090 Engelhartszell 61, Tel.: 07717/80 55-11, Fax: 80 55-22. **Stift Engelszell:** Tel.: 07717/80 10; Besichtigung der Kirche sommers 8–20, winters 8–17 Uhr (Führungen nach tel. Voranmeldung).
E-MAIL: oberes.donautal@netway.at
INTERNET: http://www.tiscover.com/oberes-donautal

VICHTENSTEIN: Tourismusverband Vichtenstein, 4091 Vichtenstein, Tel.: 07714/80 55, Fax: 80 56.
E-MAIL: gemeinde@vichtenstein.ooe.gv.at
INTERNET: http://www.tiscover.com/vichtenstein

ESTERNBERG: Gemeindeamt Esternberg, 4092 Esternberg 95, Tel.: 07714/66 55, Fax: 66 55-9.
E-MAIL: oberes.donautal@netway.at
INTERNET: http://www.tiscover.com/esternberg

VERANSTALTUNGEN · MUSEEN: In der 400 Jahre alten Hufschmiede von Engelhartszell wurde das **Hufschmiedemuseum** eingerichtet (Tel.: 07717/80 59, Frau Maislinger, Besichtigung nach Voranmeldung). Im **Kulturkeller** der Energie AG, im Kaiserlichen Mauthaus von Engelhartszell, gibt es das ganze Jahr über zahlreiche interessante Veranstaltungen (Information s. o.).

NATUR & FREIZEIT: Auf die Spuren des Wassers im Allgemeinen und der Donau im Besonderen begibt man sich mit der **Engelhartszeller Donau-Welt**, deren letzte Station das **Haus am Strom** ist (Information s. o.). An alle Eltern und Kinder: Der **Erlebnisspielplatz** in Engelhartszell wird seinem Namen in jeder Hinsicht gerecht! Ein Erlebnis der Extraklasse ist der **Forellenzirkus** ca. 5 km von Engelhartszell entfernt (St. Ägidi, Tel.: 07717/81 06, Herr Luger, tägl. 10–12, 14–18 Uhr). Die **Jagabildkapelle** am Haugstein, dem Hausberg Engelhartszells, im Sauwald ist ein lohnenswerter Natur- und Kulturausflug. In der Donau kann man **schwimmen**: Vor allem hier, im oberen Donautal, ist die Wasserqualität gut und ein Sprung ins kühle Nass unbedenklich. Schotterbänke gibt es sonder Zahl – dem Badevergnügen steht damit nichts mehr im Weg! Der **Donau-Radweg** – für Konditionsstarke: er führt von Passau bis Hainburg – ist im oberen Donautal von besonderer landschaftlicher Attraktivität.

ANREISE: A1, A25 Abfahrt Wels Nord, B 137, B 134, B130

Enns

Genau genommen gebührt die Ehre dem Stadtteil Lorch. Hier nämlich liegen die Wurzeln von Enns, denn Lorch bestand als keltische Siedlung bereits lange, bevor die Römer kamen.

»Laurios« ist ein keltischer Familienname – und von ihm leitet sich »Lorch« ab, was auf eine keltische Siedlung hinweist, die wohl schon jahrhundertelang bestanden hatte, bevor um die Zeitenwende römische Truppen das Gebiet einnahmen und um 45 n. Chr. sowohl ein Kastell als auch eine Zivilsiedlung anlegten. Gut 150 Jahre später wurde das Ganze zu einem befestigten Lager mit Namen Lauriacum ausgebaut. Und als Kaiser Caracalla im Jahr 212 dem Lager das Stadtrecht verlieh, war Lauriacum die letzte unter den Siedlungen auf heute österreichischem Boden, die das römische Stadtrecht erhielten. Bruchstücke einer Bronzetafel, die heute noch im Stadtmuseum von Enns aufbewahrt werden, belegen das.

Sicher ist auch, dass die strategisch günstige Lage an der Enns Lorch zu einem begehrten Ort machte: Zuerst von den Bayern in Besitz genommen, benutzte es Karl der Große als Stützpunkt gegen die unersättlichen Awaren, die Enns schon einmal, um das Jahr 700, verwüstet hatten. Und eben weil dieses Volk eine große Gefahr war, empfahl es sich, nicht länger das alte Lager in der

Der Hauptplatz von oben gesehen.

Der Stadtturm – das weithin sichtbare Wahrzeichen der Stadt Enns.

Ebene zu unterhalten, sondern eine Burg auf der Anhöhe zu errichten – im Jahr 900 wird Anisapurch erstmals erwähnt.

Die Entscheidung des ersten Karolingers war offensichtlich richtig gewesen, denn bereits im 11. Jahrhundert war die Siedlung rund um die Burg ein wichtiger Handelsplatz, den die Bayern den steirischen Landesherren als Lehen gaben. Die Position von Enns änderte sich mit den Babenbergern, die durch die Georgenberger Handfeste auch Enns erbten. Herzog Leopold VI. schließlich war es, der Enns tausend Jahre nach dem römischen das österreichische Stadtrecht verlieh.

Was die Jahrhunderte danach betrifft, so unterscheidet sich die Geschichte von Enns nicht wesentlich von jener anderer (ober-)österreichischer Städte: Reformation und Gegenreformation, Türkenkriege und letzten Endes um 1800 Napoleons Truppen, deren Sieghaftigkeit die Geografie da und dort nachhaltig beeinflusste, vor allem aber auch Enns viel Leid brachte, weil die Soldaten Napoleons teilweise in den Häusern der Stadt einquartiert wurden.

Nach dem Zweiten Weltkrieg bildete der Fluss Enns die Demarkationslinie zwischen der amerikanischen und der sowjetischen Besatzungszone. Heute ist Enns eine lebendige Stadt mit moderner Infrastruktur, die ihr uraltes Erbe würdig zu pflegen versteht.

156 Stufen, die sich auszahlen: So viele Treppen nämlich sind im Stadtturm (1) am Hauptplatz zu erklimmen, um dann die prächtige Aussicht zu genießen. Der Stadtturm (Österreichs einziger frei stehender) wurde während der Bauernkriege in den Jahren 1564–1568 erbaut und ist ein Gebäude mit vielerlei Funktionen: Einst Uhr-, Wach- und Feuerturm in einem, ist er heute das Wahrzeichen von Enns.

Abgesehen davon, dass man bei schönem, klarem Wetter vom Stadtturm aus eine ausgezeichnete Fernsicht hat, ist der Hauptplatz von oben gesehen das pure Vergnügen. Denn die denkmalgeschützten Bürgerhäuser aus dem 17. und 18. Jahrhundert mit ihren bunt getünchten Fassaden sind als Ensemble noch beeindruckender als im Einzelnen betrachtet. Unter anderem findet sich hier auch das **Alte Rathaus** (2): Ende des 15. Jahrhunderts erbaut, ist in dem dreistöckigen, fünfachsigen Gebäude mit dem geradezu verwegen geschwungenen Giebel das Stadtmuseum **Lauriacum** untergebracht. Schwerpunkt der ebenso akribisch wie kenntnisreich kuratierten Sammlung des Museums sind die zahlreichen Funde aus der Zeit des Römischen Reichs: Silbergeschirr, der Torso einer Kaiserstatue, Bronzestatuetten und das einzige in Österreich erhaltene römische Deckenfresko »Amor und Psyche«. Daneben sind Funde aus der Hallstattzeit zu sehen (unter anderem ein wunderschöner Hängeschmuck aus dem 8. Jahrhundert v. Chr.), aber auch Exponate der bäuerlichen und der bürgerlichen Volkskultur im Ennser Raum sowie eine hochgotische Madonna mit Kind aus der Zeit um 1350.

Teile der bemerkenswert gut erhaltenen **Stadtbefestigung** (3) – sie wurde zum Teil mit jenem Lösegeld finanziert, das für die Freilassung von Richard Löwenherz von England bezahlt worden war – aus dem späten 12. Jahrhundert sind in der Kaltenbrunnergasse (Judenturm), in der Linzer Straße (Linzer Tor), in der Bräuergasse (Bäckerturm), in der Pfarrgasse (Pfaffenturm) sowie in der Mauthausner Straße (Frauenturm) zu sehen.

Nur im Rahmen von Stadtführungen kann man sich die Fresken der **Johanniterkapelle** im Frauenturm ansehen. Denn dieser Turm ist der

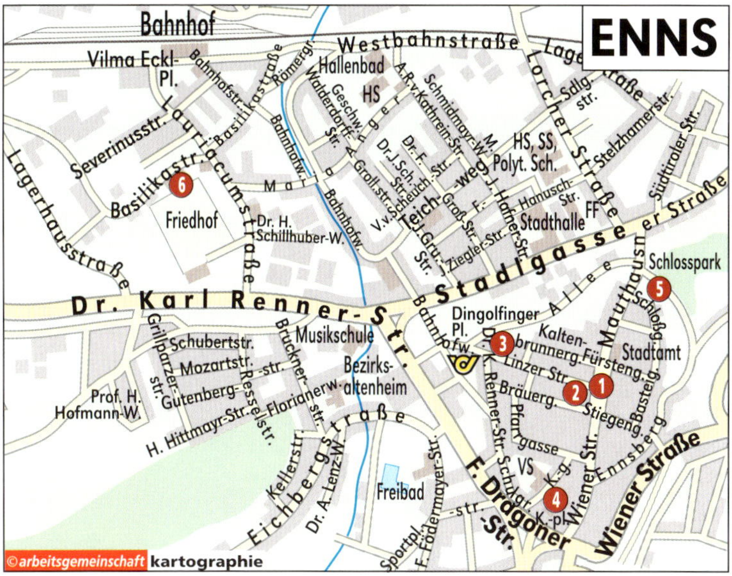

Rest einer Kirche der Johanniter, die hier einst auf Initiative der Wallseer stand. Der in erster Linie karitativ tätige Johanniterorden ließ die Kapelle im 14. Jahrhundert mit Wandmalereien, die die Passion Christi in zeittypischer Darstellung zeigen, ausstatten.

Vom Hauptplatz über die Wiener Straße gelangt man zur Ennser **Pfarrkirche Maria Schnee** (4), ursprünglich die Kirche des Minoritenklosters und erbaut in den Jahren 1270–1300. Unbedingt sehenswert ist sie aus zwei Gründen: einerseits wegen der hochgotischen Wallseerkapelle, andererseits wegen der Chorfenster von Markus Prachensky aus dem Jahr 1975. Über den in den 1970er Jahren so weit wie möglich wieder in seinen Urzustand zurückversetzten Kreuzgang betritt man die einst einschiffige Saalkirche, die sich heute als zweischiffige Halle präsentiert. Im Chor der »Sonnengesang des hl. Franziskus«, jene Chorfenster in den für Prachenskys Œuvre so typischen strahlenden Farben von Purpur über Rot bis Weiß. Eine architektonische Besonderheit ist die Wallseerkapelle, gestiftet von den Brüdern Reinprecht und Friedrich von Wallsee, Burggrafen von Enns. Wahrscheinlich in den dreißiger Jahren des 14. Jahrhunderts entstanden, handelt es sich bei dieser Kapelle um einen der seltenen originellen Bauten, bei denen der Kirchenraum, ohne breiter zu werden, nur durch Pfeiler gegliedert, zuerst zwei-, ab dem Chor jedoch dreischiffig ist. Die sitzende Figur einer Sandsteinmadonna mit Kind stammt aus der Zeit um 1300.

Von Maria Schnee geht es über die Stiegen- und die Basteigasse zum **Schloss Ennsegg** (5), das in der zweiten Hälfte des 16. Jahrhunderts erbaut wurde, dessen Zubauten aber aus dem 17. Jahrhundert stammen. Das Schloss, heute in Privatbesitz und nicht zu besichtigen, war im Jahr 1809 für ein paar Tage Quartier Napoleons und seiner Entourage.

Unsere letzte Station auf dieser Tour d'horizon durch Enns ist die **St.-Laurenz-Kirche** (6) in Lorch, die seit 1970 päpstliche Basilika ist und in der sich die zwei größten Ölgemälde Oberösterreichs (1711, 1726) befinden. Archäologische Grabungen in den 1960er Jahren haben Erstaunliches zutage gefördert: Wo sich heute St. Laurenz erhebt, hat bereits zu römischer Zeit ein Tempel bestanden, der abgetragen und dessen Material für den Bau einer christlichen Kirche verwendet wurde. Ein weiterer Umbau erfolgte um das Jahr 800, die heutige Basilika stammt aus dem 14. Jahrhundert. Im Rahmen von Führungen sind in der Unterkirche die Grabungsergebnisse (darunter ein römischer Altarstein und Teile einer Fußbodenheizung) zu sehen, im Presbyterium liegen sie offen. In einem der Steinkistengräber befinden sich übrigens die sterblichen Reste der Gefährten des hl. Florian, jenes frühchristlichen Märtyrers, der in der Enns ertränkt wurde und heute Landespatron Oberösterreichs und Schutzpatron gegen Feuer ist.

Tipps und Information

ENNS: Tourismusverband Enns, 4470 Enns, Mauthausner Straße 7, Tel.: 07223/827 77, Fax: 827 78. **Stadtführungen:** 1. 5. bis 15. 9. tägl. 10.30 Uhr, Treffpunkt Stadtturm (Führungen auch nach tel. Voranmeldung beim Tourismusverband). **Museum Lauriacum:** 1. 4.–31. 10. tägl. außer Mo 10–12, 14–16 Uhr, 1. 11. bis 31. 3. So, Fei 10–12, 14–16 Uhr (Führungen auch nach tel. Voranmeldung, Tel.: 07223/822 02 oder 853 62). **Basilika St. Laurenz:** 15. 4. bis 15. 10. Führungen tägl. 16 Uhr oder nach tel. Voranmeldung, Tel.: 07223/ 840 10, 874 12 oder 822 37.

VERANSTALTUNGEN: Im **Theater im Hof** – buchstäblich im schönen Arkadenhof des Museums Lauriacum – findet jährlich im Juli und August Sommertheater statt (Programmauskunft und Kartenvorverkauf: Tel.: 07223/890 90). Kristein 2 ist die erste Adresse in Enns, wenn es um zeitgenössische Kunst geht: Das **Kulturzentrum d'Zuckerfabrik** bietet Konzerte (Jazz, Ethno ...), Ausstellungen, Workshops, Lesungen usf. (Information Tel.: 07223/877 00). Ex aequo damit steht die **Galerie im Gewölbe**, über deren abwechslungsreiches Programm Marianne Lindlbauer Auskunft gibt (Tel.: 07223/830 01).

GASTRONOMISCHES: Jeden Freitag zwischen 13 und 17 Uhr findet auf dem Hauptplatz ein **Bauernmarkt** statt, wo es Feines vom Land und Bioprodukte zu kaufen gibt.

NATUR & FREIZEIT: Für Erwachsene und Kinder gleichermaßen spannend ist ein Ausflug in den **Geologie Park Enns**, wo das gesamte Ennstal als originelles Modell ausgestellt ist (Information s. o.). Nach anstrengenden Kulturwanderungen durch die älteste Stadt Österreichs ist Schwimmen wohl nicht die schlechteste Art, sich zu entspannen. Winters steht dafür das **Römer-Bad Lauriacum** zur Verfügung (tägl. außer Di 9–21 Uhr, Tel.: 07223/825 05), sommers das **Erlebnisfreibad** mit der 70 m langen Rutsche ins kühle Nass (Mitte Mai bis Mitte September tägl. 10–20 Uhr, Tel.: 07223/821 81-32). Abgesehen vom Stadtturm, gibt es die schönsten Ausblicke vom **Rabenberg**, dem Hausberg von Enns. Und wer lieber auf zwei Rädern unterwegs ist: Enns ist sowohl in das ober- wie auch in das niederösterreichische **Radwandernetz** eingebunden.

ANREISE: A1 Abfahrt Enns/Steyr, B 123

Feldkirchen an der Donau

Pesenbach · Ruine Oberwallsee · Ruine Rottenegg · Schloss Eschelberg · St. Gotthard · Walding · Ottensheim

Am nördlichen Ufer der Donau, dort wo die Granitlandschaft des Mühlviertels beginnt, lässt sich nicht nur entspannend Urlaub machen: Kulturreisende werden ebenso fündig wie Naturliebhaber.

Dass Feldkirchen uraltes Siedlungsgebiet ist, ist leich zu beweisen: Eine bemerkenswerte Anzahl jungstein- und bronzezeitlicher Bodenfunde bescheinigt dem Markt ein würdiges Alter. Was Feldkirchen aber ebenso auszeichnet, ist die Tatsache, dass sie als eine der ältesten Pfarren des oberen Mühlviertels gilt, denn vor mehr als 850 Jahren wurde eine Urkunde ausgestellt, die Feldkirchen dem Stift St. Florian zusprach. Der **Pfarrkirche hl. Martin** sollte man deshalb vorerst auch das Augenmerk schenken, denn die netzrippengewölbte, ursprünglich gotische, aber barock umgebaute Staffelkirche birgt ein Hochaltar- und ein Seitenaltarbild (rechts) des Martin Johann »Kremser« Schmidt. Bemerkenswert an der Pfarrkirche ist auch der Westturm, der wie ein italienischer Campanile frei steht.

In der Pesenbacher Leonhardikirche: Der Flügelaltar aus dem Jahr 1495.

Am Eingang zum Pesenbachtal liegt Pesenbach mit der **Filialkirche St. Leonhard**: In der kreuzrippengewölbten gotischen Pfeilerbasilika befindet sich ein zu Recht weithin berühmter spätgotischer Flügelaltar mit figurativen Bildwerken, Gemälden und Reliefs an Außen- wie Innenseiten. Das nahe gelegene **Bad Mühllacken** wiederum ist nicht nur wegen seines stark eisenhaltigen Wassers, das für Kneippkuren verwendet wird, besuchenswert: An das alte Badehaus wurde um 1600 die Mariahilf-Kapelle angebaut, deren Altar aus der Bauzeit der Kapelle eine oberitalienische Arbeit ist. Das Pesenbachtal selbst wurde bereits im Jahr 1963 zum ersten Naturschutzgebiet des Mühlviertels erklärt. Wildromantisch mit seinen Schluchten und Tümpeln und den klaren Wassern des Pesenbachs, ist es ein schönes Ausflugsziel, das zum Wahrzeichen des Tals führt, zum **Kerzenstein**, einer imposanten Granitsäule, über die Zeiten vom Wind zurechtgeschliffen, so dass sie heute tatsächlich einer riesenhaften Kerze ähnelt.

Auf Burgenschau an der Donau: Flache Ufer, Hügelkuppen und die ansteigende Landschaft im Hinterland prädestinierte die Gegend für eine Reihe mittelalterlicher Feudalsitze. So findet sich hier auch die **Burg Oberwallsee** bei Feldkirchen, die seit Mitte des 14. Jahrhunderts besteht und von der man weiß, dass sie im Jahr 1674 noch vollständig war. Erst an die hundert Jahre später gaben die Starhemberger die Burg auf, weil sie ihren Sitz und damit die Verwaltung des Landes nach Eschelberg verlegten. Oberwallsee also ist heute eine Ruine, von der unter anderm noch die Reste der einst berühmten Kapelle zu sehen sind. Gut erhalten dagegen ist das spätgotische Burgtor und das Hausstöckl, das sogar bewohnt wird. Auch die **Ruine Rottenegg** bei St. Gotthard, dort wo Große und Kleine Rodl zusammenfließen, hatte ein ähnliches Schicksal: Die Anlange ist ziemlich verfallen, der turmartige Wohnbau aber noch zu besichtigen, der Torbau dagegen ist renoviert und wird bewohnt. **Schloss Eschelberg**, im 16. Jahrhundert zu einem schönen, von einem Turm geprägten Renaissancebau umgestaltet, ist besser erhalten: Die lang gestreckte Anlage mit dem Renaissancetor samt Wappen ist noch heute im Besitz der Familie Starhemberg. Das einst prächtige Interieur befindet sich im Eferdinger Schloss. Stark erneuert wurde **Schloss Ottensheim**, bei dem von der alten Bausubstanz nur noch der Bergfried mit den Ecktürmen erhalten blieb. **St. Gotthard** ist aber auch aus zwei weiteren Gründen eine Reise wert: Zum einen wegen der für Hochzeiten so beliebten barocken Bergkirche, die einen schönen Pfarrhof hat. Zum anderen führte genau hier die Krumauer Straße vorbei, ein Abschnitt der Via Regia, eines mittelalterlichen Handelswegs zwischen Donau und Böhmen. Fast einen halben Kilometer lang ist das mit Rundsteinen gepflasterte Stück im Gemeindegebiet von St. Gotthard. Eine weitere besuchenswerte Pfarrkirche befindet sich im kleinen Ort **Walding**: In dem in der Spätgotik erbauten, im 17. Jahrhundert aber nachhaltig barockisierten Bau ist nicht nur der Rest eines Freskos aus dem 15. Jahrhundert zu bewundern, sondern auch ein Gemälde des »Kremser Schmidt«. Und in **Ottensheim** mit dem steil abfallenden Marktplatz sind die Pfarrkirche (gotisches Ölbergrelief an der Außenseite der Kirche!) und die ehemalige Spitalskirche das Ziel lohnenswerter kultureller Stippvisiten.

Tipps und Information

FELDKIRCHEN AN DER DONAU: Tourismusbüro Feldkirchen, 4101 Feldkirchen/Donau, Hauptstraße 1, Tel.: 07233/71 90, Fax: 65 04. **Burg Oberwallsee:** Besichtigung der Ruine nach Absprach mit Fam. Prokisch im Hausstöckl (Oberwallsee 1).
E-MAIL: feldkirchen@upperaustria.or.at
INTERNET: http://www.tiscover.at/feldkirchen.donau

ST. GOTTHARD: Gemeindeamt St. Gotthard, 4112 St. Gotthard, Rottenegger Straße 17, Tel.: 07234/870 55, Fax: 870 55-23.
E-MAIL: st.gotthard@netway.at
INTERNET: http://www.tiscover.at/st.gotthard

OTTENSHEIM: Tourismusbüro Ottensheim, 4100 Ottensheim, Donaulände 4, Tel.: 07234/836 22, Fax: 836 22-4.
E-MAIL: ottensheim@upperaustria.or.at
INTERNET: http://www.tiscover.at/otttensheim

GASTRONOMISCHES: Angeblich hat es Mephisto in bloß einer Nacht für Faust gebaut: das **Faustschlößl,** hoch über der Donau thronend und heute ein beliebtes Hotel-Restaurant mit traumhafter Aussicht über das Donautal (Tel.: 07233/74 02, 76 35, Fax: 74 02-40, faustschloessl @netway.at, http://www.faustschloessl.at).

VERANSTALTUNGEN: Überschaubar, leistbar und sehenswert: der **Rottenegger Kultursommer,** der sich aus einer Laientheatergruppe mittlerweile zu einem veritablen Sommerfestival entwickelt hat – Musik, Theater, Kabarett beim Etzlberger, einem alten Bauern- und Ausflugsgasthof in St. Gotthard (Tel.: 0676/314 81 00, kuvert@ooe.net, http://www.kuvert-rottenegg.at).

NATUR & FREIZEIT: Die etwa neun Kilometer lange Wanderung durch das **Pesenbachtal** sollte man unbedingt unternehmen. Die Wege sind gut und für die ganze Familie geeignet. Bei Feldkirchen gibt es sage und schreibe vier **Badeseen**, die keinen Wunsch nach Sommerspaß offen lassen. Die flachen Donauufer bei Feldkirchen perfekt und zeitgeistig genützt: Die **18-Loch-Golfanlage** samt Golfakademie ist bei Anfängern und Könnern dieser Sportart sehr gefragt (Information s. o.). Weltbekannt ist die **Ruder-Regatta-Strecke** am Flusslauf der alten Donau bei Ottensheim.

ANREISE: A1 bis Knoten Linz, A7, B 127 bis Ottensheim, B131

Freistadt

WINDHAAG · SANDL · RAINBACH · KERSCHBAUM · WALDBURG · HIRSCHBACH · KEFERMARKT · SCHLOSS WEINBERG · LASBERG · ST. OSWALD · OBERRAUCHENÖDT

Den Spuren mittelalterlichen Lebens folgt die Gotikstraße im Mühlviertler Kernland. Aber nicht nur Kirchen, Altäre und ein Schloss finden sich hier, sondern auch die letzte Pferdeeisenbahn.

Der Freistädter Hauptplatz mit dem Marienbrunnen und den bunten Fassaden der Bürgerhäuser.

Die Silhouette Freistadts ist beeindruckend: Denn die spitzen Türme der Gotik geben ein selbstbewusstes und stolzes Bild. Ganz wie es der Geschichte der Stadt entspricht. Ähnlich wie das niederösterreichische Wiener Neustadt ist auch Freistadt auf dem Reißbrett entstanden (im frühen 13. Jahrhundert) und nicht kontinuierlich aus einer alten Ansiedlung gewachsen. Die Babenberger gründeten sie als Handelsstation am Kreuzungspunkt zweier Verkehrswege, wo die Güter aus der Eisenwurzen ebenso umgeschlagen wurden wie das Salz aus Hallstatt.

Ein Teil der bemerkenswert gut erhaltenen Stadtbefestigung von Freistadt.

Und all die Waren, die in Freistadt gewogen, verkauft und getauscht wurden, sind bis heute in den Straßennamen nachzuvollziehen: Salz-, Eisen-, Samt- und Waaggasse. Kaum eine andere Stadt hatte so viele Gasthäuser, um die Händler zu bewirten und unterzubringen, und fast jedes dieser Häuser war im Besitz eines **Brauprivilegs** – Freistädter Bier zählt immer noch zu den besten Österreichs. Freistadt jedenfalls – und der Name sagt es unmissverständlich – war eine Stadt der Freien mit zahlreichen Privilegien und einer florierenden Wirtschaft. Weil aber damals wie heute der eine dem anderen alles Mögliche neidete, war Freistadt gleichzeitig Bollwerk gegen die Böhmen. Im 14. Jahrhundert entstand deshalb eine **Befestigungsanlage** (Graben, äußere und innere Mauer sowie fünf Türme), die fast zur Gänze erhalten werden konnte. Nicht nur das: Auf der Freistädter Stadtmauer kann man die Stadt geradezu umwandern, und der einstige Stadtgraben ist eine Parkanlage geworden. Auch die fünf Türme sind sehenswerte Relikte aus längst vergangenen Zeiten: das **Linzer Tor** (das Wahrzeichen Freistadts) aus dem 13., der Bürgerkorps- und der Weyermühlturm aus dem 14. sowie der runde Scheiblingturm aus dem 15. Jahrhundert. Ungewöhnlich ist das **Böhmertor** als veritabler Verteidigungsbau samt Schießscharten, die sich über drei Stockwerke verteilen. Der **Salzhof** wiederum ist die alte Burg von Freistadt, die nach dem Bau des Schlosses als Salzkasten diente und gerade zum Kulturzentrum ausgebaut wird.

Der **Hauptplatz** von Freistadt ist eine Augenweide: Bürgerhäuser reihen sich eins an das andere. Renaissance- und Sgraffitofassaden, unübersehbar an der Südseite das **Katharinenmünster** mit dem barocken, weißrosa Turm. Die frühgotische, ursprünglich dreischiffige Basilika erhielt im Zuge mehrerer Umbauten nicht nur einen neuen Chor, 1483–1501 ausgeführt vom Freistädter Steinmetzmeister Mathes Klayndl, sondern auch zwei weitere Seitenschiffe. Furore

Das spätgotische Schlingrippengewölbe der Pfarrkirche Mariä Himmelfahrt.

macht das Schlingrippengewölbe des Chors: In der Mitte des Gewölbes ist – wenn man sich genau darunter stellt – ein sechszackiger Stern auszumachen, der sich wiederholt und wie ein Vexierbild in den Schlingrippen fortsetzt. Insgesamt gehört dieses Gewölbe zu den seltensten und schönsten der Gotik. Außerdem ist im Chor der geschnitzte Nothelfer-Altar aufgestellt: Allerlei Wundertätiges sagt man den 14 Nothelfern nach (jeder ist für ein bestimmtes Leiden zuständig), weshalb man ihnen immer wieder ganze Altäre geweiht hat. Unter diesen Nothelfern ist auch die hl. Katharina, Namenspatronin der Basilika, die bei Sprechschwierigkeiten helfen soll. Abgesehen von diesem Altar aus der Zeit um 1520 sei noch auf die spätgotischen Fresken hingewiesen.

Außerhalb der Stadtmauern, vor dem mächtigen Böhmertor, steht die **Liebfrauenkirche**, die 1345 erstmals als Spitalskirche in den Annalen aufscheint. Weil sie 1422 von den Hussiten zerstört worden war, baute man sie 1450 neu auf und schuf dabei vor allem den hellen Chor, in dem sich heute zudem jene Totenleuchte aus dem Jahr 1484 befindet, die bis ins 19. Jahrhundert auf dem Friedhof gestanden ist. Nicht verabsäumen sollte man auch einen Blick auf jenes Chorfenster, das Maria mit dem Kind zeigt: Es stammt aus der Erbauungszeit der Kirche. Die **Johanneskirche** im Süden der Stadt ist die älteste Kirche Freistadts und datiert aus dem 14. Jahrhundert.

Schloss Freistadt entstand im 14. Jahrhundert im Auftrag Rudolfs IV., des Stifters, wurde aber erst nach dessen Tod fertig gestellt. Geplant als Sitz des landesfürstlichen Verwalters (oder »Pflegers« im Fachjargon), sollte es gleichzeitig die Befestigung Freistadts unterstützen. Über die Jahrhunderte immer wieder in verschiedenem Besitz, kaufte die Stadt das Anwesen 1798 und richtete eine Kaserne darin ein. Heute ist im Südtrakt, vor allem aber im neunstöckigen Bergfried, das **Mühlviertler Schlossmuseum** mit seiner beachtlichen Sammlung von Hinterglasmalereien untergebracht.

Windhaag bei Freistadt liegt ebenfalls an der Mühlviertler Gotikstraße. Windhaags spätgotische Hallenkirche mit den Rundpfeilern wurde im 16. Jahrhundert um einen großzügig angelegten Chor erweitert, im 19. Jahrhundert nach Westen verlängert und im Zuge dessen auch neugotisch ausgestattet. Sehenswert sind hier aber vor allem eine Reihe von Freilichtmuseen, wo der Besucher vieles über die unterschiedlichsten Handwerke erfahren kann. Dem Lebensraum Wald hingegen ist das **Mühlviertler Waldhaus** samt dem Waldlehrpfad (mit Hinweisen auf frühgeschichtliche Kultstätten wie etwa die Blutschüssel) gewidmet.

Die nächste Station auf unserer Rundfahrt um Freistadt ist **Sandl**, ein kleiner Ort mit rund eineinhalbtausend Einwohnern, der im 19. Jahrhundert dennoch einiges Renommee in der österreichisch-ungarischen

Große Tradition hat die Hinterglasmalerei, wie sie heute in Sandl reaktiviert wird.

Monarchie genoss: Die Werkstätte Köck war berühmt für ihre Hinterglasbilder und stellte davon in Spitzenzeiten bis zu 200 Stück pro Tag her. Heute ist hier das Hinterglasmueum untergebracht, das im Jahr 1999 zur oberösterreichisch-böhmischen Begegnungsstätte erweitert worden ist.

Ein schönes, weil vollkommen schlichtes Gotteshaus ist in **Rainbach im Mühlkreis** zu sehen. Bereits um 1330 entstanden (Reste dieses Vorgängerbaus sind im Chor und in der heutigen Taufkapelle erhalten) und später durch die Kriegswut der Hussiten arg mitgenommen, wurde es im 15. Jahrhundert umgebaut, vergrößert und mit dem wuchtigen Turm samt Keildach versehen. Die Arbeiten führte wahrscheinlich der Freistädter Mathes Klayndl aus.

Kulturhistorisches ganz anderer Art gibt es im Ortsteil **Kerschbaum** zu bestaunen: die **Pferdeeisenbahn**. Das Projekt des Franz Joseph von Gerstner – er wollte eine »Verbindung der Moldau mit der Donau zu Lande mittels einer Eisenbahn« schaffen – entstand ab 1825 und war alsbald nicht nur gefragtes Gütertransportmittel, sondern auch von Reisenden bevorzugtes Vehikel. Etwa 500 Meter Schienen hat man neu verlegt beziehungsweise restauriert – und so ist heute Touristenattraktion, was einst Alltag war. Ein Pferdeeisenbahn-Museum erzählt alles, was dazu wissenswert ist.

Allen, die eine Vorliebe für die Geschichte sakraler Kunst haben, verspricht ein Besuch **Waldburgs** eine wahre Sensation. Denn die an sich bescheidene Kirche birgt drei komplett erhaltene spätmittelalterli-

Aus den Jahren 1505 bis 1523 stammen die Flügelaltäre der Waldburger Pfarrkirche.

che Flügelaltäre. Der Hochaltar ist dabei Maria Magdalena geweiht, die beiden Seitenaltäre den Heiligen Wolfgang und Laurentius (er wird auch Salvator- oder Heilandsaltar genannt).

Abgesehen von der berührenden holzgeschnitzten Pietà im Wallfahrtskirchlein von Hirschbach, sollte man hier das Bauernmöbelmuseum nicht außer Acht lassen. Farbenprächtig und opulent ist das ausgestellte Mobiliar, das einen guten Eindruck bäuerlicher Wohnkultur im 19. Jahrhundert gibt.

Zu den Hauptwerken spätgotischer Schnitzkunst ganz Europas zählt der Flügelaltar von Kefermarkt. Kunstvoll aus je einem Stück Lindenholz geschnitzt sind die drei Hauptfiguren des Altars, hl. Wolfgang, hl. Petrus und hl. Christophorus mit Jesuskind auf der linken Schulter. Die Reliefbilder der unbeweglichen Flügel enthalten Szenen aus dem Leben Marias, wie Verkündigung, Christi Geburt oder die Anbetung der Drei Könige. Fachleute haben entdeckt, dass die Flügel einst schließbar gewesen sein müssen und der ganze Altar farbig gehalten und in Gold gefasst war. Verewigt hat den Kefermarkter Altar Adalbert Stifter – und zwar gleich zweifach: Einerseits literarisch in seiner Erzählung *Der Nachsommer*, andererseits höchst praktisch, denn Mitte des 19. Jahrhunderts setzte Stifter eine umfassende Renovierung des vom Verfall bedrohten Altars durch. Übrigens: Der Schöpfer dieses Wunderwerks der Schnitzkunst ist unbekannt.

Aus Lindenholz geschnitzt: Der berühmte Flügelaltar von Kefermarkt mit seinen überlebensgroßen Plastiken.

Auf einer Kuppe nördlich von Kefermarkt liegt das mächtige Schloss Weinberg, dessen erste urkundliche Erwähnung aus dem frühen 14. Jahrhundert stammt. Die beachtliche Anlage wurde allerdings in der zweiten Hälfte des 16. Jahrhunderts erweitert. Heute zählt das Renais-

Ausstellungen werden heute veranstaltet, wo einst die mächtigen Zelkinger residierten: Schloss Weinberg.

sanceschloss zu den schönsten derartigen Bauten Oberösterreichs. Das Hauptgebäude ist schlicht rechteckig, besitzt aber einen Stiegenturm mit Zwiebelhelm samt integrierter Laterne. Die Innenräume sind gut instand gehalten: der Ahnensaal mit der Stuckdecke aus dem Jahr 1604, der Rittersaal mit seinem perlstuckverzierten Stichkappentonnengewölbe oder das La-Fontaine-Zimmer, dessen Balkendecke – nomen est omen – mit Szenen aus Tierfabeln bemalt ist.

Die Spuren alten Dorfhandwerks lassen sich auch in Lasberg gut verfolgen: Die Alte Marktschmiede, der Fürstenhammer und die Spiralschmiede sind als Museen adaptiert. Teile aus der Romanik sind an der Pfarrkirche zu sehen, unter anderem die Fenster an der Westseite. Eine wunderschöne gotische Oswaldstatue befindet sich in der Pfarrkirche von St. Oswald bei Freistadt. Wirklich sehenswert ist hier das Kirchenhäusl, ein Museum, das der Rolle der Pfarren im Dorfleben vergangener Jahrhunderte gewidmet ist: Schule, Armeninstitut, Seelsorge – vielfältige Aufgaben, die mittels zahlreicher Exponate beschrieben werden.

Einsam auf einer Kuppe östlich von Grünbach steht die Filialkirche St. Michael ob Rauchenödt mit einer abwechslungsreichen Baugeschichte: zuerst Holzkirche, dann romanischer Steinbau und letzten Endes jener gotische Bau, wie er sich heute noch präsentiert. Das an sich zurückhaltend-schlichte Gotteshaus birgt in seinem Inneren einen spätgotischen Flügelaltar mit drei Schreinfiguren (hll. Michael, Nikolaus und Stephan). Auf den Innenseiten der holzgeschnitzten Flügel sind die Legenden der drei Heiligen dargestellt. Die Krönung Marias sowie ein paar der 14 Nothelfer sind in den Sockel des Altars geschnitzt.

Eines der bedeutendsten Kunstwerke des Mühlviertels: Der Flügelaltar in Rauchenödt.

Tipps und Information

FREISTADT: Tourismusverband Mühlviertler Kernland, 4240 Freistadt, Hauptplatz 14, Tel.: 07942/757 00, Fax: 757 00-20. **Mühlviertler Schlossmuseum:** Schloßhof 2, Tel.: 07942/22 74, 2. 5. bis 31. 10. Di–Sa ab 10, Di, Do ab 14 Uhr (mit Führung). Der Tourismusverband Mühlviertler Kernland gibt auch zu den meisten anderen beschriebenen Orten sowie zur **Mühlviertler Gotikstraße** Auskunft.
E-MAIL: info.kernland@netway.at
INTERNET: http://www.tiscover.at/kernland

MÜHLVIERTLER MUSEUMSSTRASSE: Auskünfte zu den Museen beim Tourismusverband Mühlviertler Kernland in Freistadt (s. o.)
INTERNET: http://www.museumsland.at

PFERDEEISENBAHN: Pferdeeisenbahn Museum & Gasthaus, 4261 Rainbach im Mühlkreis, Kerschbaum 61, Tel.: 7949/68 00 oder 62 60, Fax 68 00-4. Mai bis Oktober, Sa, So, Fei 10–16 Uhr, Juli und August auch an Werktagen 14–16 Uhr oder nach tel. Vereinbarung.
INTERNET: http://www.pferdeeisenbahn.at

KEFERMARKT: Tourismuscenter Kefermarkt, 4292 Kefermarkt, Oberer Markt 15, Tel.: 07947/62 55, Fax: 59 10-25.
E-MAIL: gemeinde.kefermarkt@netway.at
INTERNET: http://www.tiscover.at/kefermarkt

LANDESBILDUNGSZENTRUM SCHLOSS WEINBERG: 4292 Kefermarkt, Weinberg 1, Tel.: 07947/65 45, Fax 65 45-50. Besichtigung des Schlosses nach tel. Vereinbarung.

GASTRONOMISCHES: **Bier** ist im Mühlviertler Kernland flüssiges Gold. Vielfach prämiert ist das Freistädter Bier, berühmt auch die Brauerei neben Schloss Weinberg. Wer dem Bier auch in den Speisen frönen will, sollte zum **Goldenen Adler** in Freistadt, wo vom Mühlviertler Bierschnitzel bis zum Bierkutscherkotelett alles Bier ist (Salzgasse 1, Tel.: 07942/721 12, Fax 721 12-44). Stilecht in einer mittelalterlichen Stadt zu speisen, heißt ein Gewölbe aufzusuchen. Das schönste hat wohl der **Goldene Hirsch** (Böhmergasse 8–10, Tel.: 07942/722 58-0, Fax 722 58-40).

NATUR & FREIZEIT: Das umfangreiche Kulturangebot ist längst nicht alles, was das Mühlviertler Kernland zu bieten hat: **Golfen, Reiten, Schwimmen, Wandern** – chacun à son goût! (Informationen s. o.)

ANREISE: A1 bis Knoten Linz, A7 bis Ende, B 310

Du holde Kunst

Oberösterreich und seine Künstler: Abgesehen von den Sommergästen des Salzkammerguts stammen große Künstler aus diesem Land, andere kamen und ließen sich für immer hier nieder.

Kaum ein anderer Künstler – sieht man von Adalbert Stifter ab – wird so sehr mit seinem Geburtsland Oberösterreich in Verbindung gebracht wie **Anton Bruckner**. Geboren am 4. September 1824 im nahe Linz gelegenen Ansfelden, wuchs Bruckner als Sohn eines Schullehrers auf, der ihn im Alter von rund zehn Jahren in die Obhut seines Schwagers in Hörsching gab. Schmerzhaft war die Trennung von den Eltern zweifellos, doch fruchtbringend der Musikunterricht, den er fortan erhielt. Nach St. Florian, der späteren Wirkungsstätte, kam Bruckner vorerst als Sängerknabe. Hier entschied er sich für die Laufbahn eines Lehrers. Zunächst Schulgehilfe in Windhaag und in Kronstorf, wurde er später Lehrer und Stiftsorganist in St. Florian und – ab 1855 – Domorganist in Linz. Seine musikalische Ausbildung vollendete er in Wien, wo er 1868 Nachfolger seines Theorielehrers und Hofkapellorganist und ab 1875 Lektor für Kontrapunkt und Harmonielehre an der Universität Wien wurde. Gefeiert in Paris und London, hämisch kritisiert vom beckmesserischen Eduard Hanslick (er bezeichnete Bruckners Sinfonien ihrer epischen Längen wegen als »symphonische Riesenschlangen«), war Anton Bruckner Oberösterreich immer zutiefst verbunden. Dass es sein Wunsch war, in St. Florian begraben zu werden, ist nicht verwunderlich. Er wurde ihm erfüllt: Bruckner starb am 11. Oktober 1896 in Wien, sein Leichnam aber wurde im Stift unter der großen Orgel beigesetzt.

Am gleichen Tag wie Bruckner, aber im Jahr 1669 kam in Linz **Johann Michael Prunner** zur Welt. Er wurde im Lauf der Zeit zum wichtigsten Architekten des Spätbarock in Oberösterreich: Die Fassade der Linzer Karmeliterinnenkirche, die Seminarkirche, die ungewöhnliche Dreifaltigkeitskirche in Stadl-Paura, die Klosterkirche in Spital am Pyhrn: Prunner starb 1739 im Alter von fast siebzig Jahren – sein Œuvre zählt bis heute zu den zentralen Zielen jeder oberösterreichischen Kulturtour.

Doch aus Oberösterreich stammt auch eine Reihe berühmter Dichter und Schriftsteller: Da ist natürlich **Franz Stelzhamer** aus Pramet, Mundartdichter ohne Geld, geliebt von den Menschen, weil sie seine Sprache verstanden, geehrt letzten Endes von den Regierenden, die eines seiner Gedichte zum Text der oberösterreichischen Landeshymne machten. Oder – in einem ganz anderen Genre – **Marlen Haushofer** aus Frauenstein bei Steyr, die zwar mit ihren Kinderbüchern auf Anhieb Erfolge feierte, mit ihrem gesellschaftskritischen Werk aber erst postum reüssierte. Christoph Ransmayr wurde – nach eigener Aussage – deshalb in Wels (1954) geboren, weil im Gmundner Krankenhaus kein Platz frei war. So oder so – er ist Oberösterreicher und verbrachte in Gmunden viel Zeit, bevor die EU-Steuergesetze das Leben in Irland gerade für Schriftsteller um so vieles erleichterten.

Nicht in Oberösterreich, sondern in den Niederlanden geboren (1931) wurde ein »naturalisierter« Oberösterreicher: Thomas Bernhard, der sich die vorangegangene Formulierung wahrscheinlich vehement verbeten hätte, besaß eine Wohnung in Gmunden, vor allem aber sein Refugium in Ohlsdorf, wo er sich von seinen Verehrern regelrecht belagert gefühlt hat. Er starb am 12. Februar 1989 in Gmunden.

Aus Leitmeritz in Böhmen stammte der Maler, Grafiker und Schriftsteller Alfred Kubin (geboren 1877), der sich 1906 in Oberösterreich niederließ und hier bis zu seinem Tod im Jahr 1959 blieb: Im kleinen Schlösschen Zwickledt lebte er gemeinsam mit seiner Frau Hedwig. Hier entstand ein Großteil seines umfangreichen Werks, hier wurde ihm vom Land Oberösterreich eine seiner Genialität entsprechende Gedenkstätte geschaffen.

Ebenfalls nicht aus Oberösterreich, sondern aus Wien (geboren 1883) stammt ein großer Künstler, der für Oberösterreichs Kultur große Bedeutung erlangte: Franz Zülow. Der Maler und Grafiker – und Erfinder des Papierschnittschablonendrucks – arbeitete ab 1908 für die Wiener Werkstätte, wurde 1920/21 Lehrer an der Keramischen Lehrwerkstätte Schleiß in Gmunden und unterrichtete ab 1949 an der Kunstgewerbeschule in Linz. 1955 übernahm Zülow die Präsidentschaft der Mühlviertler Künstlergilde in Freistadt. Als er 1963 in Wien starb, hat er ein vielfältiges Werk hinterlassen, das aus Porzellandekor, Ölgemälden, Fresken und Mosaiken, vor allem aber aus seinen berühmten Mühlviertler Papierschnitten besteht.

Wienerin war Enrica Handel-Mazzetti (geboren 1871), die Schriftstellerin, die ab 1911 in Linz an der Spittelwiese 15 lebte und hier ihre historischen Romane in einer sonderbar archaisierenden Sprache verfasste. 44 Jahre lang hat sie Linz, wo sie 1955 starb, kaum mehr verlassen.

Aus dem Bodenseegebiet stammte die Bildhauer-Dynastie Zürn: Martin und der jüngere Michael ließen sich um 1640 in Braunau nieder. Michael verließ die Stadt jedoch bald, Martin hingegen blieb. Fünf Söhne setzte er mit seiner Frau in die Welt, deren begabtester Michael war: Als vazierender Lehrling lernte er die Skulpturen der großen Italiener kennen und verwirklichte ab 1682 seine bedeutenden Arbeiten – darunter die berühmten acht Engel für die Seitenaltäre der Stiftskirche von Kremsmünster.

Gallneukirchen

HOHENSTEIN · ALTENBERG · GUSENTAL · SCHLOSS RIEDEGG · BURG REICHENAU · OTTENSCHLAG

Hier, am Tor zum Mühlviertel, lässt sich allerhand Interessantes entdecken: Seltsame Legende, Schlösser und eine umtriebige Gemeinde, für die das Bewahren von Traditionellem keine Worthülse ist.

Neben der Pfarrkirche Gallneukirchens: Das Stöckl mit seinem spätgotischen Portal.

Es war einmal ein Ritter, der war vor seinen Feinden auf der Flucht. Er geriet in ein sumpfiges Land, dessen Bewohner ihn nicht nur freundlich aufnahmen, sondern sogar vor seinen Feinden verbargen. Aus Dankbarkeit stiftete der Ritter eine kleine Kirche. – So lautet die Gründungslegende von Gallneukirchen, und die Einheimischen erzählen sich immer noch von Irrlichtern, Fuchtelmännchen und ruhelosen Seelen, die angeblich durch die längst trockenen Sümpfe geistern.

Sicher ist, dass Gallneukirchen ein besuchenswerter Ort ist, allein schon wegen der spätgotischen **Galluskirche** – angeblich ist sie über einem heidnischen Thingplatz errichtet worden – mit dem Hochaltar, der sich in seiner reichen Verzierung mit Stuckmarmor durch einen Stilmix aus Barock und Rokoko auszeichnet. Der hl. Gallus als Abt, wie er einem jungen Mädchen den Teufel austreibt, steht im Mittelpunkt des Hochaltarbilds von Johann Georg Tompke. Und dass Gallneukirchen weit älter ist, als es die Ritterlegende vermuten lässt, beweisen die urzeitlichen Funde der Sammlung Kneidinger, die im **Heimathaus** zu sehen ist.

Wahrscheinlich ebenfalls auf einem prähistorischen Kultplatz wurde die **Ägidius-Kapelle** in **Hohenstein** errichtet. Das kleine Kirchlein auf einem Felsen im Wald gilt nach der Linzer Martinskirche als ältester Sakralbau Oberösterreichs. Im barockisierten Inneren befindet sich ein

Hochaltar aus dem 17. Jahrhundert, in dessen Zentrum die kniende Figur des Kirchenpatrons zu sehen ist.

Die spätgotische Hallenkirche von Altenberg ist der hl. Elisabeth geweiht und besitzt einen wunderschön großzügig und weit angelegten Chor mit Netzrippengewölbe. Besonders beachtenswert allerdings sind die fein gearbeiteten spätgotischen Tore im Norden und Süden des Gotteshauses.

Ein Ausflug ins Gusental in Richtung Ottenschlag führt unter anderem zu Ruine und Schloss Riedegg. Einst im Besitz der Starhemberger, die die Burg gegen das heranziehende Heer der Türken zu sichern wussten, kam sie in den 1930er Jahren in den Besitz der Mariannhiller Missionare, deren Stammsitz in Südafrika ist. Das ist der Grund, warum sich hier ein höchst sehenswertes Afrikamuseum befindet. Gar nicht weit von Riedegg gelangt man zur kürzlich renovierten Burg Reichenau, ebenfalls ein ehemals Starhemberg'scher Besitz, der im 17. Jahrhundert zu einem Jagdschloss umfunktioniert wurde. Einer, dem das sehr zupass kam, war Erzherzog Franz Ferdinand, der 1914 in Sarajewo ermordete Thronfolger: Er zog die Jagdreviere der Starhemberger jenen seines Onkels Kaiser Franz Joseph in Bad Ischl vor.

Waren es früher die Starhemberger, die die Region verwalteten und Kultur und Wirtschaft im Gusental bestimmten, so haben sich heute die Orte zusammengeschlossen, um miteinander in zahlreichen Vereinen und Kultur- wie Naturinitiativen die Wirtschaft und auch den Tourismus zu fördern. Ausstellungen, Konzerte, Lesungen, Kabarett, aber auch die Revitalisierung und Renovierung volkskundlicher Kleinodien werden organisiert und konzis durchgeführt. Dazu gehört auch die Gemeinde Ottenschlag, die sich mit der Renovierung der so genannten Steinbloß-Bauernhäuser eine wahre Augenweide geschaffen hat. Aber auch die Landschafts- und Naturschutzgebiete Roadlberg und Stadlerwiese legen Zeugnis ab für jenes Potenzial, das in Menschen vorhanden ist, wenn sie sich zusammenschließen anstatt in Konkurrenz zu treten.

Kunstvoll geschnitzte und bemalte Möbel waren ein Zeichen bäuerlichen Wohlstands.

Tipps und Information

ⓘ GALLNEUKIRCHEN: Tourismusverband Gallneukirchen, 4210 Gallneukirchen, Reichenauer Straße 1, Tel.: 07235/631 55, Fax: 631 55-83. **Heimathaus Gallneukirchen:** Dienergasse 2 (Marktplatz), Tel.: 07235/648 01, April bis Oktober Führungen jeden 1. und 3. So im Monat (und nach tel. Voranmeldung).
E-MAIL: stadtgemeinde@gallneukirchen.at
INTERNET: http://www.tiscover.at/gallneukirchen

ⓘ REGION GUSENTAL: Informationen zu Veranstaltungen und Aktivitäten in der Region Gusental:
INTERNET: http://www.gusental.at

ⓘ SCHLOSS RIEDEGG: Missions- und Bildungshaus Riedegg, 4210 Gallneukirchen, Riedegg 1, Tel.: 07235/662 44, Fax: 662 44-40. Informationen zu Veranstaltungen im Schloss (Konzerte und Theateraufführungen). Führungen durch das Schloss und die Burgruine sowie in das **Afrikamuseum** nach tel. Vereinbarung.
E-MAIL: bildungshaus@schloss-riedegg.at
INTERNET: http://www.schloss-riedegg.at

ⓘ REICHENAU IM MÜHLKREIS: Tourismusverband Reichenau/Mühlkreis, 4204 Reichenau/Mühlkreis 186, Tel.: 07211/82 55-18, Fax: 82 55-5. Informationen zur **Burg Reichenau** sowie zu den **Burgfestspielen Reichenau**.
E-MAIL: marktgemeinde@reichenau.ooe.at
INTERNET: http://www.tiscover.at/reichenau, www.burgfestspiele.at

ⓘ OTTENSCHLAG IM MÜHLKREIS: Gemeindeamt Ottenschlag, 4204 Reichenau/Mühlkreis 23, Tel.: 07211/82 55, Fax: 83 11.
E-MAIL: gemeindeamt@ottenschlag.at
INTERNET: http://www.tiscover.at/ottenschlag.im.muehlkreis

GASTRONOMISCHES: Darben muss im Gusental beileibe niemand. Besonders attraktiv trinkt und speist es sich jedoch im **Ritterstüberl** mit dem sommers so angenehmen Gastgarten auf Schloss Riedegg (Informationen s. o.).

NATUR & FREIZEIT: Die Landschafts- und Naturschutzgebiete von Ottenschlag eignen sich besonders gut für Ausflüge. Gleichviel ob **Roadlberg** mit dem Aussichtsturm oder die **Stadlerwiese** mit ihrer vielfältigen Flora und Fauna: Vergnügen ist es allemal.

ANREISE: A1 bis Knoten Linz, A7 bis Abfahrt Gallneukirchen

Gmunden

Ohlsdorf · Aurachkirchen · Altmünster · Traunkirchen

Vor der Kulisse einer pittoresken Landschaft liegen die alten Zentren des Salzhandels und der Sommerfrische. In der Kulturlandschaft zwischen Gmunden und Traunkirchen kann man sich denn auch auf vielerlei Spuren begeben.

Lang ist die Geschichte, auf die Gmunden zurückblickt, und sie hat – wie könnte es in dieser Gegend auch anders sein – vor allem mit dem Salz zu tun. Schon in jener Zeit, als hier noch die Kelten das Sagen hatten, war Gmunden, obwohl es selbst kein Salzbergwerk unterhielt, in der glücklichen Lage, mit dem Salzhandel und -transport eine florierende Wirtschaft aufzubauen. Denn Gmunden liegt an jenem Ende des Traunsees, an dem die Traun den See verlässt und Richtung Donau fließt. Eine Mautstelle dort, wo noch heute die Traunbrücke den Fluss überspannt, regelte den Weg des weißen Golds. Das wussten später auch die Habsburger zu schätzen: Schon die Kaiser Friedrich III. und Maximilian I. (er schloss im Kammerhof unter anderem seinen Ehevertrag mit Bianca Maria Sforza) machten Gmunden für eine Zeit lang zur Residenz. Zur landesfürstlichen Stadt war Gmunden bereits im Jahr 1278 erhoben worden, 1335 wurde dann das Kammergut installiert: Ohne bürokratische Umwege war der Chef des Gmundner Salzamts direkt der Hofkammer in Wien unterstellt – sehr zum Nutzen des sich dauernd in Geldnöten befindenden Herrscherhauses. Und als wäre sich das alte Salzamtsgebäude der vergangenen Ehre und Wertschätzung immer noch bewusst, steht es stolz wie eh und je in der Kammerhofgasse, auch wenn der Salzamtmann längst aus-, dafür aber das Stadtmuseum eingezogen ist. So schlecht ist der Austausch des Inhalts ja wirklich nicht: Das Museum ist sehenswert, denn neben der aufregenden Stadtgeschichte sind darin schöne Fayencen alter Gmundner Keramik zu sehen, erzählen das Brahms- und das Hebbelzimmer vom Aufenthalt der beiden am Traunsee und bringen Sonderausstellungen immer wieder unbekannte Facetten dieser Stadt zutage.

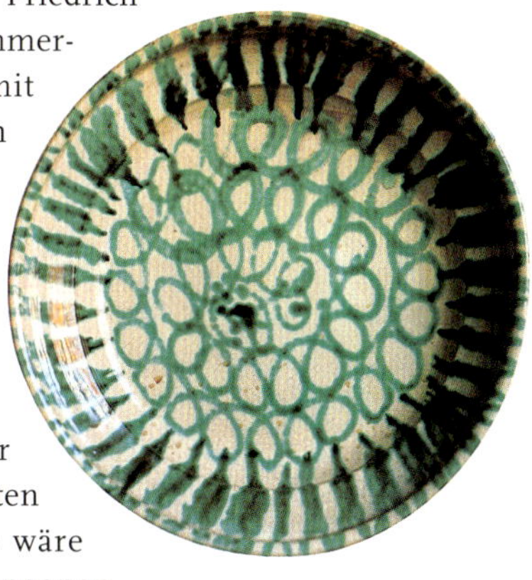

Keramikteller mit dem berühmten geflammten Gmundner Dekor

Unverkennbar: Die Doppelarkaden des Gmundner Rathauses mit dem Glockenspiel.

Um Gmundner Keramik geht es auch beim Rathaus, selbst wenn das nicht auf den ersten Blick erkennbar ist. Doch zuerst sollte man sich vielleicht doch eher der Ansicht des großzügig direkt am Seeufer angelegten Platzes in seiner Gesamtheit widmen. Das Rathaus beherrscht ihn: Im Kern ein Renaissancebau mit entsprechender Italianità, haben die Stadtväter den vierstöckigen Bau mit dem dominanten Mittelrisalit im 18. Jahrhundert mit einer Barockfassade versehen lassen. Die Keramik ist in der obersten der drei Doppelarkaden untergebracht: in Form eines Glockenspiels, das zu verschiedenen Zeiten des Tages unterschiedliche Melodien spielt. (Apropos Keramik, eingefügt sei ein kulinarischer Tipp: In der Galerie Schloss Weyer, einem schönen Renaissancegebäude, ist eine famose Dauerausstellung mit Meißener Porzellan eingerichtet – von 1710 bis zur Gegenwart wird seine Geschichte in schönen Stücken dokumentiert.)

Am Kirchenplatz die Pfarrkirche zur Heiligen Jungfrau Maria. Dass sie eigentlich ein gotischer Bau ist, der barockisiert wurde, macht ihre Besonderheit nicht aus. Im Inneren aber erwartet den Betrachter ein wirkliches Juwel sakralen Interieurs. Denn im Zentrum steht der Hochaltar von Thomas Schwanthaler (1678), der die Anbetung Jesu durch die Heiligen Drei Könige zum Thema hat. Voller gestischer und mimischer Ausdruckskraft sind die Figuren geschnitzt. Es scheint fast, als würde man der Szene tatsächlich beiwohnen, so lebendig ist sie. Ohne Zweifel: Schwanthaler befand sich am Kulminationspunkt seiner Kreativität, als er den Altar schuf. An den Seiten dieses schwanthalerschen Opus magnus sind zwei Heiligenfiguren – Katharina und Zacharias – von Michael Zürn d. J. aufgestellt, die in ihrer Schlankheit einen reizvollen Kontrapunkt zum opulenten Dreikönigsaltar (er ist übrigens der einzige Österreichs) bilden. Anzumerken bleibt: Auch der Annenaltar im nördlichen Seitenschiff der Pfarrkirche stammt von Zürn, entstand allerdings zwölf Jahre vor den beiden Figuren am Altar (1685).

Von Sakralem zu Weltlichem führt die Gmundner Schlössertour. Landauf, landab bekannt aus dem Fernsehen ist natürlich Seeschloss Ort. Im Jahr 1634 von einem Brand arg mitgenommen, wurde das ursprünglich gotische Gebäude nachhaltig verändert. Bemerkenswert ist der hübsche dreieckige Innenhof, den zweigeschoßige Arkaden umrahmen. Einen Besuch verdient die Schlosskapelle mit der Marienstatue aus dem Jahr 1460 und den erst kürzlich entdeckten Fresken. Das Landschloss Ort ist heute eine Ausbildungsstätte der Bundesforstverwaltung und fällt durch seine Bauform, die an einen Vierkanthof erinnert, auf. Bauherr war der in Oberösterreichs Geschichte übel beleumundete Graf Herberstorff, der die aufständischen Bauern im 17. Jahrhundert mit ungeheurer Grausamkeit in die Knie zwang. Späterer Besitzer war Erzherzog Johann Salvator, nachmaliger Johann Orth und damit jener unangepasste Habsburger, der während einer Weltumsegelung 1890/91 verschwand. Auch die klassizistische Villa Toskana ist alter Besitz der habsburgisch-toskanischen Linie, mittlerweile jedoch Kongresszentrum. Und der Vollständigkeit halber: Beim Krottensee östlich von Gmunden ließ sich Ernst August Herzog von Cumberland Schloss Cumberland samt Kirche und Mausoleum in reinster Neugotik erbauen.

Bevor wir an den Gestaden des Traunsees weiter nach Altmünster wandern, unternehmen wir einen Abstecher in nördliche Richtung. Zuerst nach Ohlsdorf, das – ohne jemandem zu nahe treten zu wollen – möglicherweise ziemlich unbekannt wäre, hätte sich hier nicht einer von Österreichs unbequemsten, vor allem aber wortgewandtesten Schriftstellern sein exquisites Refugium geschaffen: Thomas Bernhard, Autor des umstrittenen Stückes *Der Heldenplatz* ebenso wie von grandiosen autobiografischen Romanen. Sein Bauernhof, schon zu Bernhards Lebzeiten Ziel zahlreicher Verehrer seiner Person und seines Werks, ist heute für Besichtigungen zugänglich. Der nächste Abstecher gilt Aurachkirchen und seiner Pfarrkirche zum hl. Nikolaus: Sie ist eine der wenigen erhaltenen Sakralbauten der Romanik, deren gerade Holzdecke ebenso dem Zahn der Zeit widerstanden hat wie die romanischen Fenster. Die Glocken stammen aus dem Jahr 1280, gotisch sind das Portal und die schöne Figurengruppe Anna selbdritt auf dem barocken Altar.

Altmünster – der Name sagt es schon – war einst eine mächtige Pfarre, von der fast das halbe Salzkammergut (wie es damals – im 10., 11. Jahrhundert – noch nicht hieß) abhing. Übrig geblieben ist vom altehrwürdigen Benediktinerkloster, das im Jahr 909 erstmals urkundlich erwähnt wird, die Pfarrkirche St. Benedikt. Auffallend ist an ihr schon der romanische Turm, im unteren Teil viereckig, im oberen in ein Achteck übergehend. Wunderschön im Inneren der Kirche ist das Sternrippengewölbe in der dreischiffigen Halle, die zwischen 1470 und 1480 gebaut wurde. Ein paar Jahrzehnte später wurden noch Kapellen angefügt: eine Tauf-, eine Allerheiligen-, eine Beichtkapelle. Die Neugestaltung des Chors veranlasste der oben schon erwähnte Graf Herberstorff um 1620, und im Zuge dessen ließ er sich auch gleich ein Epitaph in der Allerheiligenkapelle aufstellten. Erfreulicher als Herberstorffs Konterfei ist der barocke Altar, bestehend aus einem Gemälde von Joachim Sandrart und einer Rahmung sowie einigen figurativen Arbeiten von Michael Zürn d. J. Dass der Altar nicht mehr ganz in jener Pracht erstrahlt wie zu seiner Entstehungszeit Ende des 17. Jahrhunderts, ist dem Holzwurm zu verdanken: Seinetwegen musste das Ensemble demontiert werden, erst in den 1930er Jahren hat man die Reste renoviert.

Im kleinen Ort Neukirchen oberhalb von Altmünster lohnt die **Rabenwies** einen Besuch: In dem alten Bauernhaus ist liebevoll dargestellt, wie die Menschen in Viechtau (so der Flurname) im 19. Jahrhundert gelebt haben. Besondere Beachtung verdient das Spielzeug, das in Heimarbeit hergestellt und in alle Länder der Monarchie exportiert wurde.

Auch im nächsten Ort am Traunseeufer, in Traunkirchen, steht ein Sakralbau im Mittelpunkt nicht nur unseres Interesses, sondern vor allem des Blickfelds: Denn die **Pfarrkirche Zu Ehren der Krönung Mariens** liegt exponiert und malerisch auf einer felsigen Landzunge im See. Sie ist – das belegen Quellen wie neuere Forschung – die einstige Kirche eines Nonnenklosters, das schon 1020 gegründet, 1571 aber aufgelöst wurde. Besonders schön in ihrem Inneren die **Fischerkanzel**, deren Schöpfer in den Aufzeichnungen der Jesuiten – unter ihrer Ägide wurde die Kirche barockisiert – nicht genannt ist. 1753 wurde sie geschnitzt, so viel ist sicher, und sie hat tatsächlich die Form eines Bootes, in dem die Apostel Jakob und Johannes ein gut gefülltes Netz aus dem Wasser ziehen. Auf die Missionstätigkeit des hl. Franz Xaver weisen exotische Gestalten hin und ein kleiner Krebs, der ihm in seinen Scheren ein Kreuz hinstreckt.

Die Wandteppiche im Presbyterium sind insofern ein Glücksfall, als die wertvollen Stücke vor dem vollkommenen Verrotten von der Baronin Löwenthal, einer schillernden Erscheinung der Traunkirchner Sommerfrische, gekauft wurden. Ein ebenso umtriebiger wie hartnäckiger Pfarrer konnte sie Anfang des 20. Jahrhunderts wieder für die Pfarre erwerben und restaurieren lassen.

Tipps und Information

ⓘ GMUNDEN: Tourismus- & Kurverwaltung, 4810 Gmunden, Am Graben 2, Tel.: 07612/643 06, Fax: 714 10. **Kammerhofmuseum Gmunden:** Mai bis Oktober Mo–Sa 10–12, 14–17, So, Fei 10–12 Uhr (Kammerhofgasse 8, Tel.: 07612/794 24-4). **Galerie Schloss Weyer:** 20. 5.–13. 10. Di–Fr 10–12, 14–18, Sa 10–13 Uhr (Freygasse 27, Tel.: 07612/650 18-0, Fax 656 05-31). **Klo & So, Geschichte von**

Bad und WC im Pepöck-Haus: 1. 5.–26. 10. Di–Fr 10–12, 14–17.30, Sa 10–13 Uhr (Tel.: 07612/794 29-4).

E-MAIL: info@traunsee.at

INTERNET: http://www.tiscover.at/gmunden

ALTMÜNSTER: Tourismusverband Altmünster, 4813 Altmünster, Marktstraße 23, Tel.: 07612/871 81, Fax: 876 11-34. **Heimathaus Rabenwies:** 15. 6.–1. 10. Di, Do 14–16, So, Fei 10–12 Uhr (4814 Neukirchen, Kapellenweg 5, Tel.: 07618/82 38, 71 61).

E-MAIL: altmünster@traunsee.at

INTERNET: http://www.tiscover.at/altmünster

TRAUNKIRCHEN: Tourismusverband Traunkirchen, 4801 Traunkirchen, Ortsplatz 1, Tel.: 07617/22 34, Fax: 33 40. **Handarbeitsmuseum:** Eintritt nach tel. Voranmeldung (Klosterplatz 2, Tel.: 07617/28 79, 0664/540 13 64).

E-MAIL: traunkirchen@traunsee.at

INTERNET: http://www.tiscover.at/traunkirchen

GASTRONOMISCHES: Alle drei Orte liegen am See – was liegt näher, als dessen Früchte zu genießen: **Salzkammergut Fischrestaurants** – mit dem verlockenden Slogan »Der Fisch, der aus dem Trinkwasser kommt« – sind grundsätzlich empfehlenswert: Ob Saibling oder Rainanke, Hecht oder Forelle, genossen vielleicht auf einer der wunderbaren Seeterrassen – so ist das Leben ein Genuss (Information: s. o.).

VERANSTALTUNGEN: Jedes Jahr im Juni, und das seit 1632, findet am Traunsee bei Traunkirchen die große **Fronleichnamsprozession** statt. Die **Festwochen Gmunden** bieten Jahr für Jahr sommers ein virtuos zusammengestelltes Programm in hochkarätiger Besetzung mit dem Schwerpunkt klassische Instrumentalmusik (Stadttheater Gmunden, Theatergasse 7, Tel.: 07612/706 30, Fax: 706 38, office@ festwochen-gmunden.at, www.festwochen-gmunden.at).

NATUR & FREIZEIT: Hoch über Neukirchen bei Altmünster befindet sich der **Wildpark Hochkreut**, ein ebenso kenntnisreich wie liebevoll eingerichtetes Naturreservat mit Vogel-Lehrpfad, Feuchtbiotop, Frosch-Lehrtümpel, Pilz-Lehrpfad und einem Panorama-Museum. Ein Paradies eben für Kinder und Eltern (Information s. o.). Den See und seine Ufer aus zentraler und gleichzeitig bequemer Perspektive betrachten: Das bietet die **Traunseeschifffahrt** (Tel.: 07612/667 00).

ANREISE: A1 Abfahrt Steyrermühl oder Regau, B 144, B 145

Grein

Strudengau · Burg Clam · Saxen ·
Waldhausen · St. Nikola · Burg Werfenstein

Ein erstaunlicher Bogen von Sperrsitzen zu stolzen Schlössern, von romantischen Burgen zu einem einsamen Dichter, von den Fährnissen des Stroms zu einem alten Stift präsentiert sich in diesem Kapitel.

»... der Strudel bey Grine und Sankt Nikolo« – so ruhig und gemächlich die Donau überall sonst fließt, hier bei Grein wurde der freundliche Strom zur Herausforderung: Stromschnellen und Untiefen gefährdeten Besatzung, Schiffe, Ladungen. Der Strudengau hatte es in sich. Zum Segen der Greiner, denn die Lotsen der Stadt (dazu wurde Grein 1491 erhoben) kannten ihren Fluss, konnten Menschen und Waren sicher durch die Strudel bringen – und wurden damit wohlhabend: Grein war eine Mautstelle, an der man nicht einfach vorbeifahren konnte. Was auch immer sich auf diesem europäischen Wasserweg zwischen Mauthausen und Ybbs abspielte, Regie führten die Greiner Lotsen und Handelsherren. Bis heute sind die **Bürgerhäuser** am Hauptplatz, in der Donaugasse und an der Donaulände sowie in der Hauptstraße unmissverständliches Zeugnis für den einstigen Reichtum. Von der Renaissance bis zum Spätbarock, verziert mit Sgraffiti, Giebeln, Reliefs, Skulpturen und Erkern, erzählen sie von Großzügigkeit und Prosperität.

Im Jahr 1563 ließ sich die Stadt vom italienischen Baumeister Max Canaval ein Rathaus bauen, das – selbstverständlich in einer Handelsstadt – einen Getreidespeicher angeschlossen hatte. Dieser wurde 1791 zum heute noch weithin berühmten Greiner **Stadttheater** umfunktioniert. Weithin berühmt, weil es das älteste weltliche Theater Österreichs ist, das unverändert erhalten werden konnte. Und zwar samt Sperrsitzen (hochgeklappte Stühle, die man einzeln versperren kann) und dem bloß durch einen Vorhang vom Zuschauerraum abgetrennten Klosett: Der spätbarocke Theatergast wollte selbst dann nichts von der Vorstellung versäumen, wenn ihn ein vitales Bedürfnis drückte. Und damit wirklich niemand zu kurz kommt, hat man noch ein Fenster zum Gemeindekotter installiert: Auf diese Art hatten auch die armen Sünder etwas von den Brettern, die die Welt bedeuten. Die Zuschauer mussten die Gefangenen im Übrigen mit Essen, Trinken und Rauchwaren versorgen – der Lärm des Unmuts wäre andernfalls so groß gewesen, dass niemand von der Vorführung etwas gehabt hätte. Das Theater wird immer noch bespielt – sommers von Berufsschauspielern, im Herbst von der Greiner Dilettantengesellschaft.

Heiter eingebettet in die Hügel am linken Donauufer liegt Grein, vor allem berühmt für sein Theater.

Der Eingang zur Stadtpfarrkirche hl. Ägidius lag ursprünglich im Tordurchgang. Im Jahr 1600 aber wurde genau hier ein Mord begangen – und das Kirchenportal zugemauert. Wer heute das Innere der an sich spätgotischen, aber barockisierten Kirche betritt, sollte seine Aufmerksamkeit dem Altarbild und der Kanzel widmen: Ersteres stammt vom großen Bartolomeo Altomonte und stellt den hl. Ägidius mit der Hirschkuh dar. Von der einstigen Schlossherrin Anna von Dietrichstein wurde die prächtige Kanzel gestiftet, die die vier Kirchenväter darstellt. Und beim südlichen Seitenausgang findet sich ein schöner spätgotischer Grabstein mit einem Hochrelief aus dem Jahr 1502: Er erinnert an Siegmund Prüschenk Graf von Hardegg, den Bauherrn der Greinburg.

Als eines der ersten Schlösser Österreichs überhaupt wurde zwischen 1491 und 1493 Schloss Greinburg errichtet. Vom ursprünglichen Bau ist allerdings nicht mehr allzu viel zu sehen, dann als Graf Leonhard Helfrich von Meggau das Schlosss 1621 kaufte, ließ er es umbauen und gab ihm damit seine noch heute erhaltene Gestalt. (Den Besitzer wechselte das Schloss öfter, erst 1823 kaufte Herzog Ernst I. von Sachsen-Coburg und Gotha das Gebäude, und im Besitz dieser Familie ist es bis heute.) Das Schloss kann man, obwohl es sich also in Privatbesitz befindet, besichtigen – und das sei auch wärmstens empfohlen. Denn einen größeren und schöneren Arkadenhof aus der Renaissance wird man nur schwer wieder finden; dasselbe gilt für den Großen Rittersaal mit der Schlosskapelle und deren Weihnachtsaltar sowie für das Steinerne Theater. Augenfällig im Erdgeschoß ist das ungewöhnliche Zellengewölbe: Bienenwabenartig, sind vor allem die Licht- und Schatteneffekte faszinierend. Und dass man sich gerade in Grein das Schifffahrtsmuseum ansehen sollte, ist selbstverständlich – auch das befindet sich im Schloss.

Die Greinburg mit dem schönen Arkadenhof aus der Renaissance.

Die Burg Clam oberhalb des Ortes Klam: In der Burgkapelle wurden bedeutende gotische Fresken freigelegt.

Die besterhaltene Burg Oberösterreichs liegt nur ein paar Kilometer stromaufwärts von Grein: Die Burg Clam hoch über der Ortschaft Klam, eine Gründung aus dem 12. Jahrhundert, kam schon 1454 in den Besitz der Grafen Clam, deren Familie es bis heute bewohnt. Zu besichtigen ist die Burg trotzdem: Die drei Höfe, der mächtige Turm und der fünfstöckige Palas sind allein schon beeindruckend, Burgkapelle, Burgapotheke und Familienmuseum seltene Trouvaillen.

Ein höchst sonderbarer Gast – einsam und wortkarg – kam zwischen 1893 und 1896 immer wieder nach Klam und Saxen: August Strindberg, schwedischer Dichter und höchst unglücklich verheiratet – und letztlich getrennt von ihr – mit der Mondseeer Dichterin Frieda Uhl. (Gemeinsam hatten die beiden eine Tochter, ihretwegen kehrte Strindberg nach Oberösterreich zurück.) In Klam und Saxen entstanden in dieser Zeit zwei seiner zentralen Werke: *Nach Damaskus* und *Inferno*. Über Strindbergs Affinität zu Okkultem, den Saxener Steinkopf, die Bedeutung des Eingangs zur Klamschlucht mit ihren kolossalen Felsformationen für die beiden vorhin genannten Werke und vieles mehr lässt sich im Saxener Strindbergmuseum einiges herausfinden.

Etwas abseits vom großen Strom, nördlich von Grein, schließlich Waldhausen, das einst von einem mächtigen Augustiner-Chorherrenstift dominiert wurde. Das Stift (bis auf den Südwesttrakt mit den Arkaden und dem Torturm) fiel im 15. Jahrhundert dem Hussitensturm zum Opfer, und die Kirche wurde danach nur notdürftig wieder renoviert. Erst im 17. Jahrhundert erbaute man sie in barockem Stil ganz neu. Architekt war Carlo Canevale, der Stuckdekor wurde von Christoph, die Fresken von seinem Bruder Giovanni Battista Colomba angefertigt. Auffallend ist in erster Linie aber der riesige Hochaltar von sage und schreibe 18 Metern. Ins Auge fällt vor allem der Rahmen – er stammt von Johann Seitz, einem Passauer Bildhauer – mit den voll ausgearbeiteten, überlebensgroßen Figuren der Kirchenväter. Das Hochaltarbild von Joachim Sandrart wurde während des Feldzugs der Franzosen (1809) zerstört, erhalten blieb jedoch seine Arbeit im Altaraufsatz. Ins ehemalige **Stiftsgebäude** hingegen ist seit einiger Zeit reges Leben eingezogen: Mittelalterliche Grundmauern und Keller wurden von Archäologen in den letzten Jahren freigelegt, außerdem Entwässerungsgräben und die gut erhaltene Latrinenanlage der Mönche. Auch Gräber hat man gefunden und in vieren davon ungewöhnliche Gefäße als Grabbeigaben, deren Sinn bislang nicht zu enträtseln war. Vielleicht entdeckt man die Hintergründe noch und erklärt sie dann im Museum, das zurzeit im Torturm des Stiftsgebäudes installiert wird.

Das ehemalige Augustiner-Chorherrenstift Waldhausen mit der Mariä-Himmelfahrtskirche.

Ein weiteres Kleinod sakraler Architektur besitzt Waldhausen mit der **Pfarrkirche St. Johannes der Täufer**, die im frühen 17. Jahrhundert konsequent im Stil der Gotik (sic!) erbaut wurde. Nur an einzelnen Teilen ist der eigentliche Stil der Epoche – die Renaissance – erkennbar: unter anderem an den Muschelnischen, den Pilastern, vor allem aber am an der Südseite gelegenen Portal.

Ein Stück stromabwärts liegt **St. Nikola**, dem möglicherweise einzigen Ort der Welt, wo der Nikolaus am 6. Dezember mit dem Schiff anreist. Weit bemerkenswerter allerdings ist **Burg Werfenstein**: Heute eine Ruine, gehörte sie einst zu einem mächtigen Sperrsystem am Strom, von dem aus die Donau für die Schifffahrt vollkommen blockiert werden konnte. Von außen ist das alte Gemäuer zu besichtigen, nach drinnen kann man nicht, denn der angefügte Neubau ist privat bewohnt.

Tipps und Information

GREIN AN DER DONAU: Tourismusverband Grein/Donau, 4360 Grein/Donau, Stadtplatz 7, Tel. & Fax: 07268/70 55. **Schloss Greinburg:** Schlossführungen gegen tel. Voranmeldung vom 1. 4.–31. 10. Tel.: 07268/309 oder 70 07. **Oberösterreichisches Schifffahrtsmuseum:** Schloss Greinburg, 1.–31. 5, 1.–31. 10. Di–So 10–12, 13–17 Uhr, 1. 6. bis 30. 9. Di–So 10–18 Uhr. **Stadttheater:** Führungen 1. 4. bis 31. 10. Di–So 9, 11, 13.30, 16 Uhr.
E-MAIL: info.grein@netway.at
INTERNET: http://www.tiscover.at/grein

SAXEN: Gemeindeamt Saxen, 4351 Saxen 77, Tel.: 07269/355, Fax 355-20. **August-Strindberg-Museum:** 1. 5.–26. 10. Mi–So 9–12, 14–17 Uhr. **Burgmuseum Clam:** 1. 5.–31. 10. tägl. 10–17 Uhr oder gegen tel. Voranmeldung (Sonderführungen), Tel.: 07269/72 17.
E-MAIL: gemeinde.saxen@perg.at
INTERNET: http://www.tiscover.at/saxen

WALDHAUSEN: Tourismusverband Waldhausen im Strudengau, 4391 Waldhausen, Markt 14, Tel.: 07260/42 55, Fax 42 55-8.
E-MAIL: tourismus@waldhausen.at
INTERNET: http://www.tiscover.at/waldhausen u. www.waldhausen.at

VERANSTALTUNGEN: Ganz aktuell steht im Strudengau die **Oberösterreichische Landesausstellung 2002 »Feste Feiern«** im Zentrum des Geschehens. Aber auch außerhalb derselben gibt es zahlreiche Kunst- und Unterhaltungsveranstaltungen, etwa die **Clam Open Air Konzerte** und die **Donaufestwochen** in Grein (Informationen s. o.).

NATUR & FREIZEIT: Wo anfangen in einer Gegend, in der sich so viel unternehmen lässt? Am besten bei der Donau: Der Strudengau ist mit **Ausflugsschiffen** heute gefahrlos zu befahren (Information s. o.). Traditionelles bäuerliches Handwerk gibt es in Waldhausen zu sehen, wo Franz Wimmer der letzte österreichische **Wachszieher** ist (Dendlreith 15, Tel.: 07260/44 54). Ebenfalls in Waldhausen zu sehen sind ein prächtiger Naturgarten, ein Schwimmbiotop sowie ein schönes Dachatelier, und die Kunst des Stoffdrucks kann man bei **Tatjana und Werner Gamerith** bewundern (Dörfl 16, Tel.: 07260/41 16). In Saxen werden geführte **Strindberg-Spaziergänge** angeboten, die u. a. in die wildromantische Klamschlucht führen (Information s. o.)

ANREISE: A1 Abfahrt Amstetten, B 119

Grieskirchen

Parz · Schlüsslberg · Tollet · Peuerbach · Gallspach · Aistersheim · Offenhausen-Würting · Waizenkirchen

Es ist eine veritable Schlössertour, die hier mit Vergnügen zu absolvieren sein wird. Immerhin sechs dieser immer wieder faszinierenden Bauten soll ein Besuch abgestattet werden.

Die Assoziationen sind ganz einfach: Zu Grieskirchen fällt einem sehr schnell das Bier mit dem hervorragenden Ruf ein, zu Bad Schallerbach alles, was dem Körper gut tut und von allerlei Zivilisationskrankheiten befreit. Doch von diesen Dingen soll hier kaum die Rede sein, sondern – wie eingangs angekündigt – von jener Augenweide, die die Schlösser rund um und in diesen Orten bieten.

Rohstoff für das berühmteste Produkt aus Grieskirchen: Hopfen

Nummer eins auf der Liste ist Schloss Parz, an der Parzer Höhenstraße in Grieskirchen gelegen, das mit Fug und Recht als Unikat zu bezeichnen ist. Und zwar deshalb, weil es sich eigentlich um zwei Schlösser handelt: ein Land- und ein Wasserschloss, die gemeinsam ein wunderbar harmonisches Ensemble ergeben. Denn die dreiflügelige Anlage des Landschlosses nimmt im dreigeschoßigen Arkadenhof das Wasserschloss wie ein »Resonanzraum« auf. Erbaut wurde das Landschloss (sein Pendant im Teich dürfte um 1360 entstanden sein) Anfang des 16. Jahrhunderts, nachdem Sigmund Ludwig von Pollheim das Land gekauft und die alte Feste Tegernbach abreißen lassen hatte. Aus dem solcherart gewonnenen Baumaterial wurde mit Bewilligung Kaiser Maximilians I. das Landschloss gegenüber dem Wasserschloss errichtet. »Neu-Tegernbach« hätte es heißen sollen, wie einer Inschrift über dem Portal zu entnehmen ist. Nur wenige Jahrzehnte nach dem Bau entstanden an der Südfassade des Landschlosses Fresken, die – nachdem man sie hinter einer Putzschicht entdeckt hatte, wo sie über 300 Jahre lang verborgen gewesen waren – ein wahres Juwel der

Das singuläre Schloss Parz ist noch heute ein beeindruckendes Bauwerk.

Renaissancekunst nördlich der Alpen darstellen: Auf rund 600 Quadratmetern sind die **Parzer Fresken** ein fulminantes Bildwerk humanistisch-protestantischen Inhalts samt scheinarchitektonischen Elementen, die das Werk in drei Teile separieren. Szenen aus dem Alten Testament wurden verwendet, um ein klares reformatorisches Glaubensbekenntnis zu geben. Der Maler der Fresken ist unbekannt, Kunsthistoriker nehmen allerdings an, dass er im süddeutschen Raum zu Hause gewesen sein, aber viel Erfahrung mit italienischer Freskenkunst gehabt haben muss.

Schlüßlberg, das zweite Schloss auf unserer Tour, ist vor allem Historikern ein Begriff: Denn hier befand sich einst das berühmte Schlüßlberger Archiv, eine der umfangreichsten und profundesten Quellen zur Landesgeschichte Oberösterreichs, das heute im Linzer Landesarchiv bewahrt wird. Der Schlossbau selbst stammt aus dem 17. Jahrhundert, besteht aus dem zentralen Schlossgebäude sowie einem Einfahrtsturm mit Zwiebelhelm. Die Stuckdecken mit den Fresken im ersten Stock und die dem hl. Georg gewidmete spätgotische, später aber barockisierte Kapelle samt Marmoraltar sind jedenfalls sehenswert.

Nach **Tollet** und dem gleichnamigen Schloss auf einem freundlichen, von Wald bestanden Hügel führt die nächste Etappe. Schon im Mittelalter stand hier eine Burg, wie aus einer urkundlichen Erwähnung von 1170 hervorgeht. Der heute in manchen Teilen noch relativ gut erhaltene Schlossbau stammt aus den Jahren 1607–1611, allerdings verpassten die Besitzer dem Renaissancegebäude im 19. Jahrhundert eine das Ganze stark verändernde Umgestaltung. Besonders schön: der kleine, von vier Wohnflügeln umstandene Innenhof mit dem Brunnen samt schmiedeeisernem Brunnenkorb und im Inneren das Stichkappentonnengewölbe mit den Stuckleisten im Erdgeschoß des Osttrakts. Untergebracht sind im ehemaligen Stallgebäude das Landes-Bienen-, das Bundes-Wagnerei- und ein Heimatmuseum.

Nordwestlich von Grieskirchen, in Peuerbach, liegt an der Hauptstraße **Schloss Peuerbach**. Im Jahr 1130 erstmals urkundlich erwähnt, vernichtete im September 1571 ein Großbrand den ganzen Markt und damit auch das Schloss mit seiner umfangreichen Bibliothek, dem Archiv und der Rüstkammer. Doch auch der bis 1574 errichtete Neubau sollte große bauliche Veränderungen erfahren: Während der Bauernkriege brannte es ein weiteres Mal, Ende des 18. Jahrhunderts wurde der Turm abgetragen und fünfzig Jahre später (1831) wegen Einsturzgefahr ein gut Teil des Schlosses selbst. Erst als die Markgemeinde Peuerbach das Schloss kaufte, wurde es renoviert und wieder geöffnet: Das ausgesprochen interessante Bauernkriegsmuseum, die oberösterreichische Landeskrippe, das Bezirksgericht und ein großer Festsaal für Konzerte und Ausstellungen sind heute darin untergebracht.

Einen großen Sprung in südliche Richtung und das **Wasserschloss Gallspach** ist erreicht. Auch dieses von einem Weiher umgebene Kleinod stammt ursprünglich aus dem frühen 12. Jahrhundert und wurde ein Opfer der Bauernkriege. Das um 1600 errichtete Schloss war relativ verfallen, bis es Valentin Zeileis, Pionier auf dem Gebiet der physikalischen Therapie, kaufte, renovierte und darin sein Institut einrichtete. Von der alten Bausubstanz konnte einiges erhalten werden, leider aber nur einer der einst vier Ecktürme samt Kegeldach und Laterne.

Eine weitere, kurze Wegstrecke nach Süden führt zum **Wasserschloss Aistersheim**, Oberösterreichs nicht nur größtes, sondern auch – wenngleich die Barockisierung dank dem Uhr- und Glockenturm am Mittelteil des Nordtrakts dem Betrachter nicht verborgen bleiben kann – prachtvollstes Renaissanceschloss. Der gut erhaltene Bau mitten in einem Teich ist eine dreigeschoßige, vierseitige Anlage rund um einen hübschen, ebenfalls dreigeschoßigen Arkadenhof mit zwei Stiegenhäusern. Innen beeindruckt vor allem der Rittersaal: Das Gewölbe mit Stuckrahmen und manieristischen Fresken und über zwei Stockwerke angelegt, zählt er zu den schönsten seiner Art.

Im Gemeindegebiet von Offenhausen – ein Stück südlich von Grieskirchen – liegt das **Wasserschloss Würting**, ebenfalls ein Renaissancebau, allerdings mit mittelalterlichem Kern und um die Wende vom 16. zum 17. Jahrhundert umgestaltet respektive ausgebaut. Besonders das Innere zeichnet sich durch Juwele aus der Renaissance aus: Kassettendecken mit allegorischen Gemälden (Claude Aubertin, Franz Pietersz Isaacsz) sowie opulent gestaltete Türen und Türstöcke.

Gut erhalten liegt im Ort Waizenkirchen – es ist der Geburtsort des Komponisten Wilhelm Kienzel (1857–1941), dem Schöpfer des *Evangelimann* – **Schloss Hochscharten**. Erwähnenswert ist es schon allein aus dem Grund, weil die zweistöckige, mit Pilastern und Dreieckgiebeln versehene Anlage in einem prachtvollen Park einst ein Bauernhof war. Im 19. Jahrhundert erst erfolgten die Aus- und Umbauten zum Schloss.

Zwischen Waizenkirchen und Grieskirchen schließlich die letzte Station unserer Schlössertour: **Schloss Weidenholz**, ebenfalls als Wasserschloss angelegt. Der viergeschoßige Bau bildet aus Wohn- und Nebengebäuden eine rechteckige Anlage, deren Hof von einem schönen Arkadengang umrahmt wird. Obwohl das Schloss im Jahr 1876 bei einem Brand fast völlig zerstört worden war und man es mehr oder weniger neu aufbauen musste, konnte im Saal des ersten Stocks eine wunderbare Stuckdecke aus dem 17. Jahrhundert erhalten werden. Glücklich also die, die hier logieren dürfen, denn im Schloss sind heute Mietwohnungen und ein Notariatskanzlei untergebracht.

Nach so vielen Schlössern tut Abwechslung gut: Wer jetzt Lust zu einem kleinen Stadtspaziergang hat, sollte den in **Grieskirchen** unternehmen, wo gerade am Unteren Stadtplatz einige hübsche alte Bürgerhäuser mit Laubengängen und Erkern zu sehen sind. Oder – wer es vorzieht, dem Genuss ohne Umwege auf die Spur zu kommen – man stattet der Brauerei Grieskirchen einen Besuch ab und delektiert sich am goldgelben Gerstensaft.

In **Peuerbach** wiederum sei eine Betrachtung des Rathauses empfohlen, wo sich eine große, goldfarbene Astrolabium-Uhr befindet, die jener des Georg von Peuerbach nachgebildet, aber um das Fünfzehnfache vergrößert wurde. Sehenswert ist in diesem ehemals befestigten Markt aber auch der dreieckige Hauptplatz mit den im Kern gotischen Häusern, deren breite Giebel und Laubenhöfe an längst vergangene Zeiten erinnern. **Aistersheim** wiederum lockt mit dem prachtvollen Hochaltar seiner Pfarrkirche Mariä Himmelfahrt, den Gregor Dröschel im Jahr 1747 schuf. Die Statue Anna selbdritt allerdings ist weit älter und stammt aus dem ganz frühen 16. Jahrhundert.

Dass man sich in **Waizenkirchen** auf die Spuren des Tondichters Wilhelm Kienzel begeben kann – und zwar direkt in dessen Geburtshaus –, wurde bereits erwähnt. Allerdings sollte man sich hier auch die Altar- und Wechselbilder des Kremser Schmidt in der Pfarrkirche hll. Peter und Paul nicht entgehen lassen.

Tipps und Information

GRIESKIRCHEN: Vitalwelt Hausruck, 4701 Bad Schallerbach, Kurpromenade 1, Tel.: 07249/420 71-0, Fax: 420 71-13 (hier gibt es, sofern nicht eigens angemerkt, alle Informationen zu den beschriebenen Orten und Schlössern). **Schloss Tollet:** Besichtigung (auch der Museen) nach tel. Voranmeldung bei E. Martinek (Tel.: 07248/680 75).
E-MAIL: info@vitalwelt.at
INTERNET: http://www.tiscover.at/grieskirchen

PEUERBACH: Tourismusverband Peuerbach, 4722 Peuerbach, Rathausplatz 1, Tel.: 07276/22 55, Fax: 22 55-20. **Schloss Peuerbach: Museen** (Bauernkriegsmuseum, OÖ. Landeskrippenausstellung): 1. 5.–31. 10., 1. Adventsonntag bis So nach dem 6. 1. Di–Sa 9–12, 14.30–17, So, Fei 14–16 Uhr. Tel.: 07276/20 14.
E-MAIL: holidays@upperaustria.or.at u. stadt@peuerbach.ooe.gv.at
INTERNET: http://www.tiscover.at/peuerbach

GALLSPACH: Gästeinformation Gallspach, 4713 Gallspach, Hauptplatz 8, Tel.: 07248/623 75, Fax: 626 34. **Schloss Gallspach** (Institut Zeileis): Information Tel.: 07248/623 51.
E-MAIL: gallspach@vitalwelt.at
INTERNET: http://www.tiscover.at/gallspach

GASTRONOMISCHES: Berühmt ist die **Brauerei Grieskirchen,** die im Rahmen einer Führung für zumindest 15 Personen zu besichtigen ist – danach wird eine Bierverkostung offeriert (4710 Grieskirchen, Stadtplatz 14, Tel.: 07248/ 60 70, Fax: 60 72-1).

VERANSTALTUNGEN: Um einen noch besseren Eindruck von der Schönheit von **Schloss Peuerbach** zu bekommen, sollte man sich die hier veranstalteten Konzerte oder Ausstellungen nicht entgehen lassen (Informationen s. o.).

NATUR & FREIZEIT: Die Natur im Hausruckviertel lädt zu Spaziergängen sonder Zahl ein. Wirkliches Abenteuer aber verspricht der **Wasserpark Aquapulco** in Bad Schallerbach mit einer ganzen Reihe aufregender Wasserrutschen, Meereswellenbecken, Stromschnellen, Strudelbecken und und und (4701 Bad Schallerbach, Kurpromenade 2, Tel.: 07249/481 15-0, eurotherme@aquapulco.at, http://www.aquapulco.at).

ANREISE: A1 bis Knoten Wels, A8 bis Abfahrt Meggenhofen, B135

Hallstatt

Obertraun · Dachstein-Höhlen · Gosau

Eine ganze Epoche der Menschheitsgeschichte ist nach Hallstatt benannt, seit 3000 Jahren wird hier Salz abgebaut, seit 300 Jahren fließt die Sole durch die älteste Pipeline der Welt: Die UNESCO hat diesem Erbe Rechnung getragen und Hallstatt mit seiner Umgebung in ihre Liste historischer Kulturlandschaften von Weltbedeutung aufgenommen.

Unter Historikern gilt sie als völlig unzulässige Frage: Was wäre gewesen, wenn ... Also, welchen Stellenwert hätte Hallstatt heute, wären da im 19. Jahrhundert – in den vierziger Jahren, um genau zu sein – nicht der umsichtige Bergmeister Johann Georg Ramsauer und sein ebenso überlegt handelnder Helfer Isidor Engl gewesen. Diesen beiden nämlich verdanken wir die Entdeckung der sensationellen Hallstätter Funde. Die Öffnung einer Schottergrube im Jahr 1846, was eine Reihe sonderbarer »Antiken« zum Vorschein bracht, war die Initialzündung für ein Heer an Wissenschaftlern, die fortan den uralten Kulturboden nach Spuren durchforsten und erforschen sollten. Ramsauer und Engl hätten auch »wegschmeißen« sagen können, erkannten aber instinktiv, dass es sich hier um eine unglaubliche Entdeckung handeln müsse. – Der langen Rede kurzer Sinn: Schon im 8. Jahrhundert v. Chr. entdeckten die Menschen das Salz – und dass man damit Handel treiben und also zu Wohlstand gelangen kann. Damit entwickelte sich eine Hochkultur, die gemeinsam mit den bedeutenden Relikten, die vor allem oberhalb des Ortes, am Beginn des Salzberghochtals, entdeckt worden waren, einer ganzen Menschheitsepoche den Namen gab: **Hallstattzeit**.

Mittlerweile weiß man, dass die keltische Siedlung nicht am Ufer des Sees gelegen ist, sondern hoch oben im rauen Gelände. Dort war das Salz näher, das mühsam, weil trocken (die Soletechnik, bei der das Salz mittles Wasser aus dem Berg »herausgelaugt« und damit in flüssigem Zustand in die Saline transportiert wird, ist eine Errungenschaft der Neuzeit) abgebaut und in Tragesäcken zu Tal gebracht wurde. Dem Salz kommt dabei aber noch eine weitere Bedeutung zu: Denn es brachte nicht nur Wohlstand, der salzhaltige Boden konservierte auch die Fundstücke aus dem prähistorischen Alltag. Sie sind heute vor allem im Prähistorischen Museum Hallstatts und im Wiener Naturhistorischen Museum zu bestaunen.

Dass der systematische Salzabbau im 5. Jahrhundert v. Chr. stark reduziert wurde, wird Vermurungen zugeschrieben. Sicher ist, dass

Eines der berühmtesten Panoramen des Salzkammerguts: Hallstatt am Hallstätter See.

auch die Römer, die um die Zeitenwende ihr Noricum etablierten, um den Wert der Salzvorkommen wussten, dass ein gezielter und organisierter Abbau wie in vorchristlicher Zeit aber erst wieder im 13. Jahrhundert einsetzte. Die Zeit zwischen Römischem Reich und dem Hochmittelalter ist wenig dokumentiert. Ein Indiz dafür, dass Hallstatt seine wichtige wirtschaftliche Position aber nie verloren hat, ist das im Jahr 1311 verliehene Marktrecht.

Aus dieser Zeit weiß man auch um den Vorgängerbau der heutigen Pfarrkirche Mariä Himmelfahrt, denn der mächtige Turm der Kirche ist spätromanisch. Der heute sichtbare Kirchenbau selbst aber stammt aus der Spätgotik (1505). Schon das Stabportal an der Südseite birgt erstaunlich gut erhaltene Fresken aus dem 16. Jahrhundert. Auch die große Kreuzigungsgruppe im Turmraum, den man nun betreten hat, ist ein Werk aus der Zeit um 1500. Wunderbares birgt der Innenraum der zweischiffigen, hellen Hallenkirche: den Marienaltar, neben Kefermarkt und St. Wolfgang das dritte sakrale Bildwerk von weit überregionaler Bedeutung. Als Auftraggeber wird Hans Herzheimer, fast allmächtiger Salzfertiger um die Wende vom 15. zum 16. Jahrhundert, vermutet. Der Künstler selbst wird zwar in keiner einzigen Quelle genannt, wurde aber im Zuge einer Restaurierung in den 1980er Jahren entdeckt: Am Schultertuch des Hohen Priesters hat man die Signatur des Gmundner Bildschnitzers Lienhart Astl entdeckt, der das Werk um 1520 geschaffen haben dürfte. Ein zweiter, kleinerer Flügelaltar aus der Zeit um 1450 findet sich in der Beichtkapelle, die nördlich an die Pfarrkirche angebaut ist.

Am Friedhof der Pfarrkirche steht die zweigeschoßige Michaelskapelle, in deren Untergeschoß sich Hallstatts Karner befindet: Das Beinhaus, wo an die 1800 Schädel – versehen mit Geburts- und/oder Sterbedatum, Name sowie gemalten Verzierungen in Form von Blattwerk, Kreuzen und Blüten – fein säuberlich auf schlichten Brettern über den Gebeinen der Verstorbenen angeordnet sind, stammt aus der Wende vom 16. zum 17. Jahrhundert. Kurioses Detail: Es ist ein – explizit testamentarisch verfügtes – Privileg der Hallstätter, dass ihre sterblichen Überreste nach zwanzig, dreißig Jahren exhumiert, gebleicht und verziert werden, um fortan im Beinhaus zu ruhen.

»Seelenkammerl« wird der Karner von Hallstatt auch genannt.

Auf einer Besichtigungstour durch Hallstatt führt kein Weg am Sportgeschäft Janu vorbei: Der Besitzer wollte bloß einen neuen Heizungskeller anlegen. Dafür waren Ausschachtungsarbeiten notwendig, die zuerst eine Schmiede aus dem 16. Jahrhundert, dann aber bemerkenswerte Fundstücke von der Jungsteinzeit bis ins ausgehende Mittelalter zutage förderten.

Markant im Ortsbild Hallstatts ist die evangelische Kirche, die am Stadtplatz mitten im Ort liegt und den hübschen Platz samt umliegenden, heimeligen Häusern mit ihrem 51 Meter hohen, spitzen Turm weit überragt. Apropos Häuser: Eine ganze Reihe von ihnen stand schon vor der Auszeichnung durch die UNESCO unter Denkmalschutz, und zwar vor allem jene, die aus dem 15. und 16. Jahrhundert stammen – Nummer 34, 59, 60 und 121 verdienen dabei besonderes Augenmerk.

Doch nochmals zurück zum Salz: Zweierlei bietet sich dem Reisenden auf den historischen Spuren dieses nach wie vor begehrten Minerals an. Zum einen der Themenweg zur traditionsreichen Salzkultur Hallstatts, dessen Ausgangspunkt am Parkplatz Hallstatt-Lahn liegt und der zum Salzbergwerk führt; zum anderen der große Weg des Salzes, der in vier Etappen von je etwa zehn Kilometern von Hallstatt bis nach Ebensee führt. Spannend, informativ, abwechslungsreich – und danach sind weder Salzgewinnung und -verarbeitung noch Salzhandel jemals mehr ein Buch mit sieben Siegeln. Dass man auf dieser salzigen Entdeckungsreise dem Hallstätter Salzbergwerk einen eigenen Besuch abstat-

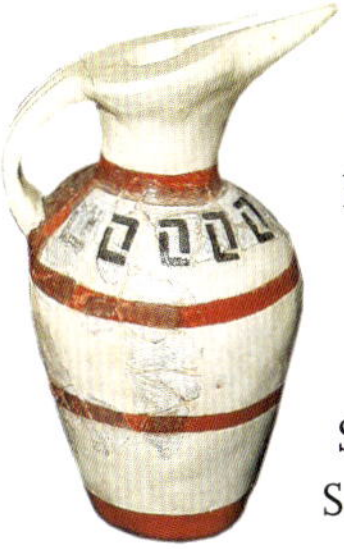

Im Heimatmuseum ist diese Hallstätter Kanne ausgestellt.

ten muss, ist selbstverständlich; wobei die Führung zum prähistorischen Bergwerk mit seinen uralten Abbauspuren und den sonderbaren Herzformen an der Felswand besonders empfehlenswert ist. Unterhalb des Eingangs in das Bergwerk liegt das berühmte Gräberfeld, noch ein Stück weiter darunter am Hang – direkt am Fußweg zum Salz – der Rudolfsturm: Unübersehbar ein Wehrturm (er stammt aus dem 13. Jahrhundert), dient er heute freundlich einer Gastronomie, vor allem aber einem atemberaubenden Blick über Hallstatt und den See.

Gegenüber von Hallstatt, als südlichster Ort Oberösterreichs, liegt Obertraun – freundlicher, sonnenbeschienener als das manchmal recht düster wirkende Hallstatt. Zwei Besonderheiten zeichnen Obertraun vor allem aus: Einerseits macht einen Großteil der Gemeinde die Hochfläche des Dachsteinmassivs aus, andererseits befördert die Traun unaufhörlich Schotter in den an diesem Ufer flacheren See, wodurch Obertraun ständig an Terrain gewinnt. Uraltes Siedlungsgebiet auch hier, was viele Streufunde aus der Bronzezeit beweisen. Obertrauns Wachsen hängt denn auch stark mit dem Salz zusammen. Denn zum einen lag es an der Straße zwischen den Salinen des Ausseerlands und jenen in Ebensee, zum anderen war die Holzwirtschaft von eminenter Bedeutung: Der Ortsteil Brand erinnert noch heute an die Köhlereien, die den Brennstoff herstellten, mit dem die Sudpfannen beliefert wurden.

Zu einem begehrten Ziel für Höhlenforscher jedweder Provenienz machte Friedrich Simony den Dachstein: Er, der als Vorbild für Stifters Naturforscher im *Nachsommer* gilt und an der Wiener Universität die Lehrkanzel für Geografie gründete, bestieg 1847 nicht nur als Erster den Dachsteingipfel im Winter, sonder begann das Massiv und seine Gletscher gründlich zu erforschen. Ihm folgten Anfang des 20. Jahrhunderts Georg Lahner, dann aber vor allem Hermann Bock. Letzterer hatte endlich die richtige Ausrüstung für einen Einstieg in die bislang mit Furcht und Misstrauen bloß von außen betrachteten Höhlen. (Seiner Verehrung Richard Wagners verdanken wir einige Namen der Höhlenab-

Ein Naturschauspiel der Extraklasse: Die Dachstein-Eishöhlen.

schnitte: Tristandom, Gralsburg ...) Heute sind Eishöhle, Mammuthöhle und Koppenbrüllerhöhle im Rahmen des spektakulären **Dachstein-Höhlenparks** unter einen Hut gebracht. Ein Höhlenmuseum, Höhlentrekking und – für Kinder besonders aufregend – Abenteuerführungen durch dieses Wunder der Natur machen verständlich, weshalb die UNESCO diese Region durch die Aufnahme in ihre exklusive Liste des erhaltens- und schützenswerten Welterbes geadelt hat.

Eine Miniatur im Waldbuch des Gmundner Salzamtes aus den dreißiger Jahren des 17. Jahrhunderts verdeutlicht die Zusammenhänge des Salzwesens: Das ganze Bild besteht aus vier Teilen, wobei einer den Salzberg (Hallstatt), der nächste das Pfannhauswesen (Ebensee), der dritte den Salzverschleiß (Gmunden) und der letzte das Waldwesen zeigt. Und das war in **Gosau** zu Hause, wo seit dem Jahr 1231 das Recht, den Wald zu roden, verbrieft ist. So gesehen könnte man sagen, dass in Gosau die salzkammergütliche Energiewirtschaft beheimatet war und ist. Denn nicht nur das Holz für die Salinen und Sudpfannen wurde in den reichen Wäldern geschlägert, heute versorgt der aufgestaute Vordere Gosausee über das Kraftwerk in Steeg viele Orte des Gebiets mit Strom. Vielfach unabhängig von der modernen Wirtschaft aber blieb die alte Bausubstanz von Gosau: charakteristische Paarhöfe und so genannte »Übereinanderhütten« (der Wohnteil ist über dem Stall angeordnet) sind hier noch unverändert zu sehen.

Tipps und Information

ⓘ HALLSTATT: Tourismusverband Hallstatt, 4830 Hallstatt, Seestraße 169, Tel.: 06134/82 08, Fax: 83 52. **Prähistorisches Museum & Heimatmuseum:** tgl.: 1.–30. 4., 1. 10.–31. 10. 10–16, 1. 5.–30. 9. 10–18 Uhr. **Salzbergwerk:** tgl.: 28. 4.–23. 9. 9–18 Uhr, 24. 9.–28. 10. 9–16.30 Uhr. **Prähistorischer Bergbau:** Nur mit Führung nach tel. Voranmeldung (Tel.: 06134/84 00, http://www.salzwelten.at). **Archäolog. Ausgrabungen:** tgl. zugänglich. **Sportgeschäft Janu:** Mo–Sa zu den Geschäftszeiten (Tel.: 06134/82 98). **Karner:** tgl. geöffnet.
E-MAIL: hallstatt-info@eunet.at
INTERNET: http://www.tiscover.at/hallstatt u. www.hallstatt.net

ⓘ OBERTRAUN: Tourismusverband Obertraun, 4831 Obertraun 180, Tel.: 06131/351, Fax 342-22. **Dachstein-Rieseneishöhle:** 5. 5.–21. 10. tgl. 8.30–16 Uhr. **Mammuthöhle:** 26. 5.–21. 10. tgl. 9.30–15 Uhr. **Koppenbrüllerhöhle:** 12. 4.–30. 9. tgl. 9–16 Uhr. Führungen durch die Höhlen nach tel. Voranmeldung (Tel.: 06134/84 00). **Dachstein-**

Seilbahn: 1. Teilstrecke (bis zu den Höhlen): 5. 5.–21. 10.; 2. Teilstrecke (bis zum Krippenstein): 12. 5.–21. 10.; 3. Teilstrecke (bis zur Gjaidalm): 2. 6.–21. 10. (Informationen: Tel.: 06134/84 00, info@dachstein.at).
E-MAIL: tourismus@obertraun.or.at
INTERNET: http://www.tiscover.at/obertraun

GOSAU: Tourismusverband Gosau, 4824 Gosau 547, Tel.: 06136/82 95, Fax 82 55.
E-MAIL: tourismus@gosau.gv.at
INTERNET: http://www.tiscover.at/gosau

VERANSTALTUNGEN: Höhepunkt des (Kirchen-)Jahres am Hallstätter See ist ohne Zweifel die prächtige **Fronleichnamsprozession**, die in aufwendig geschmückten Booten abgehalten wird. Beeindruckend sind die **Dachstein Höhlenkonzerte,** die im Juli und August stattfinden (Tel.: 06134/84 00). Und auch der **Gosauer Kultursommer** hat einiges zu bieten: beinahe tägliche Veranstaltungen rund um das Gosauer Brauchtum (Information s. o.)

NATUR & FREIZEIT: Ein kurzer, gar nicht anstrengender und gut beschilderter Wanderweg führt von Hallstatt durch das Echerntal zu den **Waldbachstrub-Wasserfällen:** 90 m hoch ist die Klamm, in der das Wasser über drei Stufen herabdonnert. Wer die Gegend um Gosau gerne beschaulich genießen möchte, sollte den **Gosauer Bummelzug** besteigen (Tel.: 06136/82 95). Die Natur rund um Hallstatt, Obertraun und Gosau ist ebenso vielfältig, was Flora und Fauna betrifft, wie auch spannend, wenn es um die Geschichte geht – aber vor allem ist sie von großer Schönheit. Um dieser mit dem nötigen Hintergrund nahe zu kommen, wurde eine Reihe von **Themenwegen** angelegt, die nichts an der Freude nehmen, aber viel an Information bringen. Zum Beispiel **Durch Kalk und Karst** in Obertraun, wo der Wanderer eine Menge zur Geologie des Dachsteins erfahren kann; oder der **Ostuferwanderweg Hallstätter See** als botanischer Lehrpfad; aber natürlich auch der Weg **Hallstatt – 4500 Jahre Salzkultur**. Wen das Wasser des dunklen Sees lockt: **Linienrundfahrten** auf dem Hallstätter See veranstaltet die Firma Hemetsberger täglich zwischen Mai und September (Tel.: 06134/82 28, hallstattschiff@lion.cc). Und wer ins Wasser will: Geführte **Tauchgänge** im Hallstätter See gibt es bei Gerhard Zauner in Hallstatt (Tel.: 06134/82 86).

ANREISE: A1 Abfahrt Steyrermühl oder Regau, B 144, B 145

Hausruck

Haag · Wolfsegg · Ottnang ·
Zell am Pettenfirst · Frankenburg

Heute ist Spektakel, was Anfang des 17. Jahrhunderts unmenschliche Grausamkeit war: das Frankenburger Würfelspiel. Aber nicht nur davon ist hier die Rede …

Unübersehbar thront es auf einer Anhöhe mitten im freundlichen Hügelland des Hausrucks: **Schloss Starhemberg**, nicht nur eine der am besten erhalten derartigen Anlagen Oberösterreichs, sondern auch der Stammsitz der gleichnamigen, in Österreichs Geschichte so präsenten Familie. Doch auch wenn die Starhemberger die Burg ursprünglich erbauten, ja sogar sich selbst nach ihr benannten (davor trugen sie den Namen der Herren von Steyr), wechselte die Anlage im Lauf der Jahrhunderte oft den Besitzer: Im 14. Jahrhundert wurde sie Lehen der österreichischen Herzöge, danach jenes von Reinprecht von Wallsee. Auf die Jörger, die die Burg als Pfandherrschaft besaßen und auch um- und ausbauen ließen, folgten die aufständischen Bauern des 17. Jahrhunderts, die Starhemberg schlicht besetzten. Abermals in kriegerisches Geschehen einbezogen wurde sie 1805, als Napoleon das Schloss als Quartier nutzte, und 1809, als Starhemberg zum französischen Lazarett wurde. Einigermaßen Ruhe trat erst im 20. Jahrhundert ein, als die Familie Hatschek 1916 das Schloss kaufte und in den Jahren 1923–1925 tief greifend umbaute: Der Turm mit der Kapelle entstand, während die Türme an den Seiten des Torhauses wesentlich – um ganze vier Stockwerke! – gekappt wurden. Abgesehen vom schönen Innenhof mit den Arkadengängen sind heute im Schloss die **Haager Heimatstuben** untergebracht: Auf zwei Etagen lässt sich hier sehr viel Interessantes zu Geschichte, Handwerk, Gewerbe, Braunkohlebergbau und Brauchtum des Hausruckviertels entdecken.

Ein Abstecher in den Ort **Haag** sollte unbedingt zur barocken **Pfarrkirche hl. Vitus** führen: Die Heiligenstatuen aus den begnadeten Händen der Bildhauerfamilie Schwanthaler sind lohnenswert. Das gilt auch für das Deckenfresko im Altarraum, das von einem unbekannten Künstler stammt.

Was heute ein freundlicher Luftkurort ist, war einst Zentrum des Braunkohlebergbaus im Hausruck: **Wolfsegg**. Das gleichnamige Schloss – im Privatbesitz der Familie Saint-Julien-Wallsee – liegt pittoresk auf einer Anhöhe und birgt in ihrem Inneren die Kapelle mit einem Altarbild von

Mahnmal auf dem Haushamerfeld für die Toten des »Frankenburger Würfelspiels« am 15. Mai 1625.

Bartolomeo Altomonte und einen Rittersaal mit einem wunderbar gearbeiteten sechssäuligen Türstock.

Leider nur von außen zu besichtigen ist der Barbara-Schaustollen, der vom Wolfsegger Bergknappenverein unterhalten wird, um an den Braunkohleabbau zu erinnern, der bis 1967, also rund 200 Jahre, gedauert hat.

Zwischen Wolfsegg und Ottnang kann man Muscheln sammeln: Nein, ganz entspricht das natürlich nicht den Tatsachen, doch die fossile Fauna der Gegend ist derart prägnant, dass die Schlierschichten – es sind das die über Jahrmillionen versteinerten Tiere und Pflanzen aus Meeresablagerungen – Ottnangien genannt werden. Was längst, nämlich seit der Zeit der Römer, als hervorragender, weil stark kalkhaltiger Dünger verwendet wird, ist eine Fundgrube für Forscher, die methodisch ergründen können, in welchen Zeiträumen welche Flora und Fauna hier vorgeherrscht hat. Der Wichtigkeit dieser uralten Ablagerungen hat man im Naturdenkmal Ottnangien Rechnung getragen.

Der Familie Schwanthaler sind auch der Hochaltar im Knorpelwerkstil und die Kanzel mit Maria Immaculata zu verdanken: Thomas Schwanthaler war der Meister dieser Werke in der Pfarrkirche Mariä Heimsuchung in **Zell am Pettenfirst**. Diese Kirche ist aber nicht nur deshalb ein Kleinod der Sakralarchitektur im Hausruckviertel: Stefan Wultinger ist der Architekt der Ende des 15. Jahrhunderts erbauten spätgotischen Hallenkirche, deren Nord- und Südtore reich verstäbt sind, die mit einem Sakramentshäuschen aus der Zeit um 1500 versehen ist und vier schöne bemalte Reliefszenen aus dem Marienleben auf einem spätgotischen Flügelaltar birgt. Thomas Schwanthalers eingangs erwähnte Werke in dieser Kirche entstanden erst zwischen 1667 und 1670.

Grausam endet dieses Kapitel, das so stolz mit einem Schloss begonnen hat: **Frankenburg** wurde bekannt durch das so genannte Frankenburger Würfelspiel, das am 15. Mai 1625 auf dem Haushamerfeld stattgefunden hat: Der verhasste, von den königlichen Gegenreformatoren Bayerns eingesetzte Statthalter Adam von Herberstorff ließ 36 aufständische Bauern fangen und zu einem paarweisen Würfelspiel antreten. Wer die geringere Augenzahl würfelte, wurde hingerichtet. Siebzehn Bauern wurden im Zuge dessen ermordet.

Die Menschen Frankenburgs haben das böse Spiel nicht vergessen, und seit dem Jahr 1924 findet eine Art Biennale der Unmenschlichkeit statt, wenn das Spiel mit rund 350 Laiendarstellern im Juli/August wiederholt wird.

Trotzdem sei hier noch ein versöhnlicher Abschluss gefunden: Im hübschen ehemaligen Wasserschloss Frein, das im Süden Frankenburgs liegt, ist das sehenswerte **Heimatmuseum** der Gemeinde untergebracht.

Tipps und Information

HAAG: Vitalwelt Hausruck, 4701 Bad Schallerbach, Kurpromenade 1, Tel.: 07249/420 71-0, Fax:420 71-13. **Haager Heimatstuben:** 1. 5.–26. 10 So, Fei 14–16 Uhr (Führungen – auch wochentags – nur nach tel. Voranmeldung bei Johann Huber, Tel.: 07732/24 04).
E-MAIL: info@vitalwelt.at
INTERNET: http://www.tiscover.at/haag-am-hausruck

WOLFSEGG: Kurverband Wolfsegg, 4902 Wolfsegg, Schulstraße 22, Tel.: 07676/63 15, Fax 65 11. **Schloss Wolfsegg:** Ausschließlich nach tel. Voranmeldung zu besichtigen (Franz F. St.-Julien-Wallsee, Tel.: 07676/73 56). **Naturdenkmal Ottnangien:** Informationen bei Peter Pohn, Tel.: 07676/71 54.
E-MAIL: wolfsegg@oberoesterreich.at
INTERNET: http://www.tiscover.at/wolfsegg

ZELL AM PETTENFIRST: Tourismusverband Zell am Pettenfirst, 4840 Vöcklabruck, Zell a. P. 32, Tel.: 07675/27 89, Fax 23 55-15.
E-MAIL: holidays@oberoesterreich.at
INTERNET: http://www.tiscover.at/zell-am-pettenfirst

FRANKENBURG: Gemeindeamt Frankenburg, 4873 Frankenburg, Marktplatz 4, Tel.: 07683/50 06-0.
E-MAIL: gemeinde@frankenburg.ooe.gv.at
INTERNET: http://www.tiscover.at/frankenburg

VERANSTALTUNGEN: Alle zwei Jahre mit ungeraden Jahreszahlen findet das **Frankenburger Würfelspiel** statt. Weniger spektakulär, aber sehr schön sind die von Zeit zu Zeit stattfindenden **Schlosskonzerte** und **Weihnachtsmärkte** auf Schloss Wolfsegg (Information s. o.).

NATUR & FREIZEIT: Ampflwang am Hausruck ist ein berühmtes Reiterdorf. Das kommt daher, weil sich hier das **Islandpferdegestüt Hausruckhof** befindet, das mit 450 Pferden das größte derartige Gestüt Europas ist. Reitschule, Reiterpass, Wanderreiten – dem Glück am Rücken der Pferde steht nichts im Weg (Tel.: 07675/24 21). Wer jedoch dem Golfspiel mehr abgewinnen kann, ist ebenfalls in Ampfelwang am richtigen Ort: der **Robinson Golf Club** offeriert eine schöne 9-Loch-Anlage (Tel.: 07675/40 20). Haag bietet mit der **Hausruckwarte** Ausblick über ganz Oberösterreich und mit dem **Weg der Sinne** ein ganz spezielles Naturerlebnis (Information s. o.).

ANREISE: A1, A25, A8 Abfahrt Haag am Hausruck

Der Bauernkrieg

Den oberösterreichischen Bauernkrieg von 1626 für eine gewaltsame religiöse Auseinandersetzung zu halten, ist völlig falsch: De facto ging es um den Kampf gegen eine totalitäre und feudale Obrigkeit.

»Der Krieg muss den Krieg ernähren«, sagte Wallenstein, Heerführer im Dreißigjährigen Krieg. Allzu wörtlich hat **Kaiser Ferdinand II.** dieses Motto genommen, als er das Land ob der Enns an Bayern verpfändete: Seine Schlachten in Böhmen – es war die Zeit des Dreißigjährigen Krieges (1618–1648) – hatte den Habsburger viel Geld gekostet, und die Vergewaltigung der Geografie war schon immer ein probates Mittel der Mächtigen gewesen.

Nach Oberösterreich zogen nun die Besatzungstruppen der Bayern, und mit ihnen der zukünftige Schrecken der oberösterreichischen Bauern: **Graf Herberstorff**, Statthalter und gnadenloser Kämpfer für die katholische Restauration, die – kurz gesagt – nichts anderes wollte, als die Macht zurückzuerlangen.

Eine der ersten Amtshandlungen Herberstorffs war jenes Blutgericht auf dem Haushamerfeld, das als **Frankenburger Würfelspiel** in die Geschichte einging.

Die Aufstände begannen mit einer mörderischen Rauferei – es gab sechs Tote – in Lembach: Mitte Mai 1626 waren hier bayerische Soldaten und oberösterreichische Bauern aneinander geraten. Aus Aschach und St. Agatha, Peuerbach und Neukirchen kamen nun die Bauern zusammen, verbündeten sich und kämpften: Schlösser und Pfarrhöfe wurden überfallen und geplündert, Menschen ermordet. Der Statthalter Herberstorff, der in Linz residierte, zog mit seiner ganzen, gut ausgerüsteten Streitmacht gegen Eferding, wo sich das Bauernheer befand. In eine Falle lief er in Peuerbach, von wo er nur mit Müh und Not entkam und sich unter Verlusten nach Linz zurückzog. Denn die Bauern waren vorerst siegreich: Sie hatten Wels, Steyr, Gmunden und Vöcklabruck eingenommen, jetzt belagerten sie auch Linz. Ein Bauer aus dem damaligen Fatting am Wald (heute in der Gemeinde St. Agatha bei Eferding) hatte die Führung der Aufständischen übernommen: **Stephan Fadinger**, dessen Auftritt auf der Bühne der Geschichte etwa sieben Woche währte und dennoch unvergessen blieb. Fadinger hatte wahrscheinlich keinerlei militärische Erfahrung, aber die Bauern vertrauten ihm, und er verstand es, aus einer wütenden Gruppe zumindest eine halbwegs organisierte Einheit zu machen.

Stephan Fadinger war mit »seinen« Bauern nicht nur siegreich in

Peuerbach, er war es auch, der Herberstorff bis Linz verfolgte und hier belagerte. Am 24. Juni 1626 begann die Belagerung, am 27. Juni wurde Fadinger von den Soldaten des Statthalters angeschossen, am 5. Juli starb er. Die Bauern mussten sich daraufhin zurückziehen, wagten aber drei Wochen später einen neuerlichen Angriff, der unter großen Verlusten scheiterte.

Wenig beeindruckt vom Waffenstillstand im September 1626, entsandte Kurfürst Maximilian von Bayern seine Truppen nach Oberösterreich, die hier aber nahezu umgehend in die Flucht geschlagen wurden. Erst als Oberst Gottfried Heinrich von Pappenheim das Kommando übernahm und die bayerischen mit den kaiserlichen Truppen in Linz vereinigte, wurden die Bauern geschlagen: Zuerst beim Emlinger Holz nahe Eferding: 3000 getötete Bauern; bei Pinsdorf starben etwa 2000 Bauern und in der letzten Schlacht bei Wolfsegg an die 4000. Die Truppen des Kaisers und der Bayern wüteten entsetzlich in diesem kleinen Markt: Es wurde geplündert und gebrandschatzt. Wer nicht geflohen ist, musste mit Tod, Folter und grausamer Misshandlung rechnen. Kanonen gegen Dreschflegel, Lanzen und Kavallerie gegen Sensen und Stöcke. Die Bauern waren geschlagen.

Acht Hauptleute wurden im März des darauf folgenden Jahres am Linzer Hauptplatz hingerichtet. Sie hatten die Folter überlebt. Im April 1627 wurde das Strafgericht fortgesetzt: Zehn Bauernführer wurden getötet, andere in Ketten nach Wien zum Frondienst abtransportiert. Die Frauen und Kinder der aufständischen Bauern waren nicht nur jeglicher Existenzgrundlage beraubt, sie wurden aus dem Land gejagt.

Am 5. Mai 1628 wurde das Land ob der Enns an kaiserliche Kommissare übergeben. Die Bayern waren nun zwar nicht mehr Landesherren, doch der verhasste Graf Herberstorff blieb und wurde vom Kaiser als Landeshauptmann eingesetzt.

Die Bauern blieben unterdrückt und von Steuern und Robotabgaben immens belastet. Auch wenn es so gut wie keine Leibeigenschaft mehr gab: Viel Unterschied zu einem Sklavendasein bestand nicht. Zwar wurde ab 1645 die Religionsfreiheit auch für Protestanten fixiert, aber darum war es nicht gegangen: Das, wogegen wirklich gekämpft wurde, gegen den feudalen, ausbeuterischen Adel und Klerus, blieb bestehen und war nach der siegreichen Gegenreformation mächtiger als je zuvor.

Erst in der Mitte des 18. Jahrhunderts verbesserte sich mit der Regentschaft Maria Theresias die Situation auch der Bauern, ihre Abhängigkeit von der Grundherrschaft jedoch wurde erst im Revolutionsjahr 1848 aufgehoben. Zweihundertundzwanzig Jahre nach dem Bauernkrieg in Oberösterreich.

Helfenberg

Haslach · Burg Piberstein · St. Johann am Wimberg

Sie sind ohne Zweifel die Zentren der Mühlviertler Weberstraße: die Textilmetropolen Helfenberg und Haslach, wo traditionsreiches Handwerk bis in die Gegenwart wirkt.

Seit dem 12. Jahrhundert wird in Helfenberg Flachs zu Leinen verarbeitet. Und wenngleich das Land um Helfenberg schon lange nicht mehr Frühjahr für Frühjahr im heiteren Blau der Flachspflanze erstrahlt – gewebt wird nach wie vor. Wie wichtig die **Weberei** durch die Zeitläufte für die Gegend war, geht eindeutig aus alten Aufzeichnungen in den Pfarrbüchern hervor: Im 18. Jahrhundert etwa wurde die Waldkapelle von einem Eremiten betreut, an den die Bevölkerung immerhin 38 Pfund »Haar«, also Flachs, und eine ansehnliche Menge »Linsat«, Leinsamen aus den Fruchtkapseln des Flachses, opferte. So gesehen verwundert nicht weiter, dass der Flachs euphorisch als das »Gold des Mühlviertels« bezeichnet wurde.

Zweierlei wurde aus der uralten Mühlviertler Kulturpflanze gewonnen: Einerseits eben die **Leinsamen**, die einst die Grundlage für eine florierende Leinölproduktion waren, andererseits die Stängel. Doch bevor man daraus die Fasern, das so genannte Haar, gewinnen konnte, um es zu Garn zu verspinnen, war ein aufwändiger Arbeitsprozess notwendig: Der Schale und der Wurzel entledigt, wurden die Stängel in Haarstuben getrocknet. Diese Haarstuben, meist im Besitz eines ganzen Dorfes, waren einfache gemauerte Hütten, an deren Außenseite ein Ofen angebaut war, mit dessen Hilfe Wärme zum Austrocknen der Flachsstängel erzeugt wurde. Der solcherart »gebähte« Flachs konnte nun gebrochen, »gehachelt« (ausgekämmt) und versponnen werden. Hedonistisches Detail am Rande: Die Haarstuben wurden auch als Bade- und eine Art Saunastube genutzt, was aus einem Stich aus dem 16. Jahrhundert hervorgeht.

Das Spinnen war dann reine Frauensache: **»Rockaroas«** nannte man – nach dem »Rocka«, dem Fußschemel der Spinnerinnen – diese gemeinsame Zeit in der Spinnstube, wo mehrere Frauen eine wichtige Arbeit erledigten, die jedoch mit einer gewissen Übung und Fingerfertigkeit kaum noch Aufmerksamkeit erforderte und deshalb Zeit zu Klatsch und Tratsch gab. Und es ist überliefert, dass, wenn die Arbeit getan war, das Ganze nicht selten in ein regelrechtes Gelage überging. Weswegen »Rockaroas« rund um Helfenberg und Haslach bis heute

Sachverstand und Liebe zum Detail: In Haslach wurde ein Kaufmannsmuseum eingerichtet.

allerlei fröhliches Treiben in der Faschingszeit bezeichnet.

Aber zurück zur Arbeit: Das gesponnene Garn kam nun auf Handwebstühle und wurde zu Leinwand verarbeitet, um dann im Färberhaus weiterbearbeitet und endgültig zum textilen Wirtschaftsgut zu werden. Hilfreich dabei – und Grund dafür, warum im 19. Jahrhundert die renommierte Mailänder Leinenhändlerfamilie Simonetta eine große Fabriksanlage zur Leinenerzeugung in Helfenberg errichten ließ – ist die hervorragende Qualität des Wassers in dieser Gegend: Weich und kalkarm, macht es das Leinengewebe geschmeidig und die Faser somit höchst haltbar.

Der Bedeutung des Weberhandwerks wurde in Helfenberg durch ein neues Wahrzeichen Rechnung getragen: Zu Silvester 2000 hat man Wenzl 2000 aufgestellt, einen Webstuhl, der zu jeder Stunde einen Schussfaden webt – hundert Jahre soll diese Zeitmessmaschine in Form eines Webstuhls das tun und so ein Gewebe von letzten Endes 2213 Meter erzeugen. Helfenberg denkt überhaupt viel an die Zukunft, denn in dem Felsendenkmal hinter der Kirche hat man am 1. Jänner 2000 Wünsche in Form von ungelesenen Briefen zur Aufbewahrung in die so genannte Gedankenkrypta eingeschlossen. Erst die Nachkommen werden sie lesen – in hundert Jahren, dann wird man sehen, was aus den Wünschen von heute morgen geworden ist ... Die Weberei ist also ein unverändert wichtiger Wirtschaftszweig Helfenbergs, der über hundert Menschen Arbeit gibt und Besuchern die Möglichkeit, die produzierten Textilien direkt beim Erzeuger zu erwerben. Und man kann in den Betrieben beim Leinenweben zusehen.

Leider nur von außen zu besichtigen ist hingegen das gepflegte und heiter wirkende **Schloss Helfenberg**. Leider deshalb, weil man den hübschen sechseckigen Brunnen im Schlosshof nicht sehen kann und auch nicht die barocken Steinzwerge im Garten.

Textilien heißen in der regionalen Mundart »Hadern« und Reise »Roas«. Die **»Hadernroas«** von Helfenberg nach Haslach ist ein wunderschöner Spaziergang, der größtenteils über Wiesen und Felder, vorbei an einer Reihe sehenswerter Mühlen führt. Die sonderbaren Figuren, denen der Wanderer unterwegs begegnet, haben dem Weg eigentlich den Namen gegeben: Vogelscheuchen, angetan mit altem Gewand – Hadern also auch hier –, stehen in der Landschaft und lassen eine alte Volkskultur wieder aufleben.

Haslach gilt nach wie vor als Textilmetropole des Mühlviertels: Immerhin noch sieben Leinenwebereien haben hier ihren Sitz. Was wenig ist im Vergleich zu früher, denn als Maria Theresia im Jahr 1755 die Handwerksordnung reformierte, durften auch Bauern im Rahmen der exklusiven Zunft die Weberei betreiben – in den sechziger Jahren

Mit diesen alten hölzernen Webstühlen wurden die »Mühlviertler Tücher« hergestellt.

des 18. Jahrhunderts gab es deshalb in Haslach sage und schreibe 61 Webermeister.

Wesentlich für Haslach war auch das Jahr 1751, als hier der erste Damastwebstuhl Österreichs aufgestellt wurde, was den Ort als Produktionsstätte des feinen Gewebes für Tafel und Bett des Adels weit über die Grenzen des Landes ob der Enns hinaus bekannt machte. Und die Webereifachschule besteht – mit Unterbrechung – seit 1883. Eine Reihe sehenswerter Museen – darunter das Webereimuseum – gibt ebenso abwechslungsreich wie erschöpfend Auskunft über die große Tradition der Textilerzeugung. In einem Rest der Besfestigungsanlage von Haslach, dem Alten Turm, ist das Heimathaus untergebracht, in dem nicht nur alltägliche Gebrauchsgegenstände und Hinterglasbilder ausgestellt sind, sondern auch ein Diorama, an dem zu sehen ist, wie Haslach um 1800 ausgesehen hat. Und Liebhaber der Feinmechanik sollten sich das wirklich einzigartige Museum für mechanische Musik in der Windgasse nicht entgehen lassen.

Weil Haslach aber nicht nur durch die Weberei reich wurde, sondern zudem an der Handelsstraße nach Böhmen lag, wo vor allem Salz umgeschlagen wurde, was weitere Einkünfte bescherte, konnte sich der 1431 zum Markt erhobene Ort eine stattliche Kirche leisten: die Pfarrkirche hl. Nikolaus am Südrand von Haslach. Die in zwei Bauetappen (der Chor wurde Ende des 14. Jahrhunderts, das Langhaus um 1500 gebaut) entstandene einschiffige Kirche zeichnet sich vor allem durch das zweifarbige Netzrippengewölbe aus: Dekorativ wirkt der dunkle Stein der Rippen vor dem hellen Putz des Gewölbes.

Zentrum des »Kultursommers Piberstein«: Die Burgruine gleichen Namens.

Auf rund 800 Meter Seehöhe über dem Tal der Steinernen Mühl liegt jenes alte Gemäuer, von dem aus einst die Gegend urbar gemacht wurde, das in späterer Zeit, als die Hussiten das Gebiet verheerten, aber auch als eine der Fluchtburgen des Landes diente: Burg Piberstein. Wenngleich um 1250 erbaut, ist der Bau heute ein schönes Beispiel für die hohe Kunst der Renaissancearchitektur. Denn die Herren von Schallenberg, die die Anlage 1428 als Lehen erhielten, ließen Piberstein im 17. Jahrhundert um- und ausbauen: Sgraffiti über gewölbten Laubengängen, die von toskanischen Säulen strukturiert werden, entstanden ebenso wie Wandverkleidungen aus Marmorimitationen. Vom Vorgängerbau sind noch die Ringmauer sowie drei Rundtürme und ein Torturm mit Vorburg erhalten. Und dank des Mieters der Burg, seines Zeichens

Architekt und Denkmalpfleger, verfällt sie nicht, sondern wird laufend fachkundig instand gehalten. Diese Umsicht findet man Jahr für Jahr bestätigt, dann nämlich, wenn in der Tafelstube das vielfältige Programm des **Pibersteiner Kultursommers** sein Domizil hat.

Liebevoll St. Hans genannt wird das Erholungsdorf **St. Johann am Wimberg**, das zu besuchen aus mehreren Gründen lohnt. Erstens liegt St. Johann am Fuß des 848 Meter hohen Hansbergs, auf dessen Gipfel sich ein Steintisch aus dem Jahr 1643 befindet. Zweitens sollte man der Pfarrkirche einen Besuch abstatten, weil der im Kern zwar gotische, aber barockisierte Sakralbau nicht nur ein bemerkenswertes Gemälde im Hochaltar und eine wunderschöne Kreuzigungsgruppe am rechten Seitenaltar aufweist, sondern zudem wunderschöne Freskenreste. Und drittens gibt es in St. Johann den Ausflugsgasthof Zum Dampfkessel, der nicht nur mit allerlei Kulinarischem aufwartet, sondern auch das **Mühlviertler Kulturgütermuseum** beherbergt. Landwirtschaftliche Geräte, Handwerkszeug, Gebrauchsgegenstände: Vieles, was man längst verloren wähnte oder gar noch nie in seinem Leben gesehen hat – hier ist es liebevoll bewahrt.

Tipps und Information

ⓘ HELFENBERG: Tourismusverband Helfenberg, 4184 Helfenberg, Rohrbacher Straße 2, Tel.: 07216/62 48, Fax: 62 48-25. **Webereien (Auswahl):** Hubert Glaser, Tel.: 07216/62 09; Textilwerk Gollner, Tel.: 07289/715 09; Weberei Vieböck, Tel.: 07216/62 15.
E-MAIL: haudum@netway.at
INTERNET: http://www.tiscover.at/helfenberg u. www.helfenberg.at

ⓘ HASLACH: Tourismusverband Mühlviertler Weberland, 4170 Haslach, Marktplatz 45, Tel.: 07289/723 00, Fax 723 00-4. **Webereimuseum:** 1. 4.–31. 10. Di–So 9–12 Uhr und nach tel. Voranmeldung (Tel.: 07289/715 93). **Heimathaus:** 1. 5.–31. 10. Mi, So Führungen nach tel. Voranmeldung (Tel.: 07289/715 93 od. 722 03). **Kaufmannsmuseum:** 1. 5.–31. 10. Di–So 9–13 Uhr und nach tel. Voranmeldung (Tel.: 07289/715 61). **Museum für mechanische Musik und Volkskunst:** Ganzjährig nur nach tel. Voranmeldung (Erwin Rechberger, Tel.: 07289/713 79). **Webereien (Auswahl):** Mühlviertler Webergenossenschaft, Tel.: 07289/713 64; Textilwerkstatt Haslach, Tel.: 07289/721 80.
E-MAIL: tourismus-haslach@netway.at
INTERNET: http://www.tiscover.at/haslach

ST. JOHANN AM WIMBERG: Gemeindeamt St. Johann, 4172 St. Johann am Wimberg 66, Tel.: 07217/71 55, Fax 71 55-16. **Kulturgütermuseum:** Geöffnet zu den Geschäftszeiten des Gasthauses Zum Dampfkessel und nach tel. Voranmeldung (Tel.: 07217/709 40, stjohann@aon.at).

E-MAIL: gemeinde@stjohannamwimberg.at

INTERNET: http://www.tiscover.at/st.johann.wimberg

GASTRONOMISCHES: Der **Keplinger-Wirt** zeichnet sich durch eine Menge Vorteile aus: Ersten ist es ein freundliches Gasthaus, das umtriebigen Rechercheurinnen höchst hilfreich zur Seite steht, und zweitens – und vor allem – ist er einer der innovativsten Mühlviertler Gastronomen: Schmankerlroas, Hopfentage, Mühlviertler Advent, Hausmusik oder ganz einfach herrlich essen: Lamm in Kräuterpanier, gefüllte Erdäpfeltorte ... Nichts wie hin! (4172 St. Johann am Wimberg 14, Tel.: 07217/71 05, Fax: 71 05-55, keplinger.wirt@magnet.at)

VERANSTALTUNGEN: Das Programm des **Kultursommers Piberstein** – es besteht aus Konzerten, Lesungen und Vorträgen – kann immer ab März bei Hermann Eckerstorfer, 4184 Helfenberg, Piberberg 29, Tel.: 07216/63 91, angefordert werden.

NATUR & FREIZEIT: Die **Zeitalter Kulturwanderwege** rund um Helfenberg schaffen eine wunderbare Symbiose zwischen Natur- und Kulturlandschaft: Da gibt es facettenreiche moderne Kunstwerke von Maria Hofbauer und Hermann Eckerstorfer zu sehen, eine alte Schmiede im Hammergraben, magische Plätze wie die Waldkapelle Maria Rast, einen Bauernhof, der durch einen unterirdischen Gang mit der Burg Piberstein verbunden ist (was früher dazu diente, in Zeiten der Belagerung die Bewohner der Burg mit Lebensmittlen zu versorgen), und vieles mehr (Informationen s. o.). Dreißig verschiedene, von heimischen Künstlern entworfene Sitzgelegenheiten (darunter ein riesenhafter Stuhl), eine Stellwand mit Fenstern, die den schönen Ausblick in die Landschaft geradezu fokussieren: Der **Bankerlweg** bei Helfenberg ist wanderbar und ein optisches Vergnügen noch dazu (Informationen s. o.).

ANREISE: A1 bis Knoten Linz, A7 bis Linz-Urfahr, B 126, B38

Kirchdorf

Micheldorf · Burg Altpernstein · Inzersdorf · Stift Schlierbach · Frauenstein · Klaus an der Pyhrnbahn

Im heiß umfehdeten Gebiet der Pyhrnautobahn, wo erstmals in Österreichs Geschichte vehement gegen den Bau einer Straßenverbindung gekämpft wurde, finden sich Spuren alter Hammerherrenherrlichkeit und einige Juwele sakraler Kunst.

Es war das Zentrum des Sensenschmiedegewerbes – oder besser: in Kirchdorf agierten die geschickten Handelsherren und verkauften jene Sensen, die im direkt nebenan liegenden Micheldorf erzeugt wurden. Fazit: Das ganze Kremstal zog aus dieser symbiotischen Verbindung Nutzen, gelangte zu Wohlstand und Ansehen, weil die Sensen von hoher Qualität und deshalb weit über die Grenzen des Landes hinaus heiß begehrt waren. Ähnlich ist es auch heute noch: Kirchdorf ist ein reges Handelszentrum geblieben, mit Schulen und einem zentralen Krankenhaus sowie vielfältigen Freizeitmöglichkeiten – wirtschaftlicher und infrastruktureller Mittelpunkt des Kremstals. Ein Spaziergang durch Kirchdorf ist dennoch auch für Kulturreisende lohnenswert. In der Pfarrkirche hl Gregor etwa, die schon von fern durch ihren eleganten, in Rosa und Weiß gehaltenen Turm ins Auge sticht, sieht man schöne Glasfenster aus der Schlierbacher Werkstätte sowie ein spätgotisches Kruzifix über dem Altar. Und der Hauptplatz überrascht mit einem veritablen Jugendstilbau: Das Haus Nr. 3 wurde 1914 von Mauriz Balzarek, Schüler Otto Wagners und Wegbereiter moderner Architektur in Oberösterreich, entworfen. Der große Barockbaumeister Jakob Prandtauer baute 1715–1718 – damals in idyllischer Landschaft, heute bloß etwas außerhalb des Zentrums – einen Meierhof zu einem Schloss um: Im Schloss Neupernstein ist die Landesmusikschule untergebracht. Liebhaber von Industriearchitektur hingegen seien an die Südausfahrt Kirchdorfs verwiesen: Mayr-Bier hat nicht nur einen guten Ruf, die Brauereianlage an sich ist sehenswert.

Fast übergangslos gelangt man nach Micheldorf, das weit beschaulicher ist. Und als Siedlungsgebiet möglicherweise wesentlich älter: Archäologische Grabungen am Georgenberg, wo sich auch die Wallfahrtskirche hl. Georg befindet, haben Beweise für eine über zweitausend Jahre alte kontinuierliche Besiedlung erbracht: Zufluchts- und Kultstätte in einem, wurden hier die Reste eines keltischen Heiligtums ebenso gefunden wie jene eines römischen Tempels. Es nimmt also

Das weltweit einzige Sensenschmiedemuseum findet sich in Micheldorf in der Eisenwurzen.

kaum wunder, dass auch Teile der Fundamente einer frühchristlichen Kirche (5. Jahrhundert) und Sanktuarien aus dem Mittelalter ergraben wurden. Der heute noch bestehende Bau – er gilt als Wahrzeichen des Kremstals – stammt aus spätgotischer Zeit, wurde 1610 barockisiert und im 18. Jahrhundert dem Zeitgeschmack entsprechend im Stil des Rokoko renoviert.

Es war im Jahr 1584, als der Micheldorfer Sensenschmied Konrad Eisvogel die Sensenerzeugung revolutionierte: Er hatte einen wasserbetriebenen Breithammer entwickelt, der den Schmieden nicht nur das mühsame Ausfertigen des Sensenblattes mit Handhämmern ersparte, sondern auch eine buchstäblich industrielle Fertigung des begehrten Gutes ermöglichte. Damit begann der unaufhaltsame Aufstieg Micheldorfs (und mit ihm – wie eingangs beschrieben – Kirchdorfs). Denn die blauen Sensen aus dem Kremstal waren zwar längst ihrer Qualität wegen hoch geschätzt, aber den Aufträgen war man kaum nachgekommen.

Die so genannte Eisenwurzen hatte sich im südwestlichen Niederösterreich und im südöstlichen Oberösterreich etabliert: Der Rohstoff aus dem steirischen Erzberg wurde mit Fuhrwerken in diese Gebiete gebracht, wo die Voraussetzungen für die Verarbeitung – eine waldreiche Gegend, um die Essen mit Holz befeuern zu können, und genug kleine Flüsse für die Holztriften – ideal waren. Im 15. Jahrhundert entstanden die ersten Micheldorfer Sensenschmieden, Ende des 16. – als

Konrad Eisvogel seine bahnbrechende Erfindung machte – gab es am Oberlauf der Krems bereits 17 Sensenhämmer, und nur wenig später schlossen sich rund vierzig weitere Schmiedemeister aus der Umgebung mit den Micheldorfer Gewerken zusammen: Die **Kirchdorf-Micheldorfer Zunft** war damit zu einer der mächtigsten der gesamten Eisenwurzen geworden. Doch trotz einer Art Handelskooperative, die über die Kaufleute von Kirchdorf lief, behielt jedes Hammerwerk seine Individualität: Jeder Schmied hatte sein Zeichen, das er in die gefertigten Stücke prägte.

Die Entwicklung änderte sich im 19. Jahrhundert, als sich die Zunft auflöste, Sensenwerke zusammengelegt wurden und man die Produktionsweise zunehmend mechanisierte. Caspar Zeitlinger war der Mann der Stunde: Er übernahm von seinem Schwiegervater die alteingesessene Werkstatt am Gries, die seit 1550 bestand, nach dem Gründer **Gradnwerk** genannt wurde und als Markenzeichen einen Kelch mit Hostie hatte. Zeitlinger baute die Schmiede aus und besaß am Höhepunkt seines Wohlstands fünf Sensenwerke, in denen jährlich rund 200 000 Stück hergestellt wurden. In der Gradnwerkstatt dieses Schwarzen Grafen – so wurden alle genannt, die mit Eisenverarbeitung in der Eisenwurzen zu Reichtum und Ansehen gelangt waren – ist heute das berühmte **Sensenschmiedemuseum** eingerichtet, wo Wirtschafts-, Zunft- und Produktionsgeschichte des regionalen Sensengewerbes anhand kenntnisreich zusammengestellter Exponate dokumentiert werden. Darunter ein Diorama, das die gesamte Produktionsanlage samt Herrenhaus des Caspar Zeitlinger darstellt. An sich schon sehenswert sind die Gebäude, in denen das Museum untergebracht ist: Selbst wenn einiges nicht mehr besteht, der Rest ist eines der besterhaltenen industriearchitektonischen Ensembles des 18./19. Jahrhunderts. Doch wer dachte, mit dem Sensenschmiedemuseum eine herkömmliche Institution zu betreten, irrt: **Plug-in Klangwelten Pyhrn-Eisenwurzen** ist ein akustisches interaktives Erlebnis der Extraklasse.

Hoch auf einem Felsen des Hirschwaldsteins, im Gemeindegebiet von Micheldorf, liegt die **Burg Altpernstein**, die im Kern aus der Zeit um 1200 stammt, im 17. Jahrhundert jedoch eine wesentliche Renovierung markanter Bauteile erfuhr. Eine Brücke führt zur Burg, deren Hauptbau durch das steile Satteldach ins Auge sticht. Im Inneren beeindrucken die **Kapelle** mit der Stuckdekoration aus dem Jahr 1625 und eine Kopie der spätgotischen Pernsteiner Madonna, aber auch die Verliese sowie der **Rittersaal** mit seiner rund zweihundert Jahre alten Decke, die – glaubt man der Legende – mit Stierblut eingelassen wurde. Doch bevor man ins Burginnere gelangt, wo heute ein Jugendheim der Diözese Linz untergebracht ist, sollte dem Innenhof das Augenmerk geschenkt wer-

Das Zisterezienserstift Schlierbach, wo der gleichnamige Käse erzeugt wird.

den: Schöne Sgraffiti und ein Marmorbrunnen mit dem Denkmal Karl Jörgers (er war, bis er wegen seiner protestantischen »Abtrünnigkeit« von den Schergen Adam von Herberstorffs verhaftet wurde, Besitzer von Altpernstein) schmücken diese Anlage aus der Frührenaissance. Am gegenüber liegenden Berghang steht der Hungerturm, ein Beobachtungsbau, der früher durch einen unterirdischen Gang mit der Hauptburg verbunden war.

Auf dem Weg von Kirchdorf nach Schlierbach ist Inzersdorf als Abstecher schlicht ein Muss, denn in der Marienkirche aus den 1970er Jahren ist die Inzersdorfer Madonna aus der Zeit um 1430 als ein besonders schönes Beispiel des Weichen Stils zu sehen.

Stift Schlierbach, das Zisterzienserkloster aus der zweiten Hälfte des 14. Jahrhunderts, war ursprünglich ein Nonnenkloster, das aber während der Reformation aufgelöst worden war. Erst 1620 wurde es mit steirischen Mönchen wieder besiedelt, und 1672–1712 wurden Kloster und Stiftskirche vollständig neu erbaut. Stifts- und Prälatenhof muss man durchqueren, bevor man zur Stiftskirche Mariä Himmelfahrt und hl. Jakob gelangt. Die von Vater und Sohn Pietro Francesco und Carlo Antonio Carlone erbaute Kirche ist zwar außen von zurückhaltender Schlichtheit, in ihrem Inneren aber von üppigem Barock: kräftige Farben an den Wänden, strahlendes Weiß im so genannten Platzel- oder böhmischen Kappengewölbe, reiche Stuckaturverzierung und überlebensgroße Figuren an den Wandpfeilern. Die Fresken sind Frauen des Alten Testaments gewidmet und führen auf das Hochaltarbild mit der Himmelfahrt Mariens zu. Die Seitenaltargemälde mit verschiedenen Heiligen stammen unter anderem von Johann Michael Rottmayr (wobei der hl. Bernhard die Kopie eines verbrannten Bildes ist) und Gabriel Meittinger.

Das **Stiftsgebäude** ist nur im Rahmen einer Führung zu besichtigen: Sie sei dringend empfohlen, denn nur so hat man die Möglichkeit, die wunderschöne, aus Nussholz geschnitzte gotische **Schlierbacher Madonna** aus dem Jahr 1320 im Konventtrakt, die **Bibliothek** im Rokokostil und den **Bernardisaal**, ein für Klöster typischer Kaisersaal, der auch heute noch für festliche Veranstaltungen genutzt wird, zu sehen. Die Mönche von Stift Schlierbach ruhen sich jedoch keineswegs auf den Lorbeeren einer großen Vergangenheit aus: Eine dem Vernehmen nach hervorragend geführte Landwirtschaftsschule, eine blühende Werkstatt für Glasmalerei und nicht zuletzt die Erzeugung des (wegen seines kräftigen »Odeurs«) berühmt-berüchtigten Schlierbacher Käses geben dem Stift auch eine profunde wirtschaftliche Basis.

Kenntnisreich zur Reife gebracht: Schlierbacher Käse.

Zurück geht es über Kirchdorf und Micheldorf nach Frauenstein – einer weiteren Madonnenfigur wegen: In der spätgotischen **Marienkirche** ist eine in ihrer gleichermaßen distanzierten wie berührend geduldigen Ausstrahlung wundervolle **Schutzmantelmadonna** zu bewundern. Ein Werk des aus Ulm stammenden Gregor Erhart von 1510/1515, zählt sie zu den außergewöhnlichen sakralen Kunstwerken Oberösterreichs.

Etwas weiter südlich schließlich noch **Klaus an der Pyhrnbahn**, dessen frühbarocke Bergkirche weniger aufgrund architektonischer Besonderheiten berühmt ist: Hier finden die »Konzerte bei Kerzenschein« des **Klauser Musiksommers** statt: Ausgezeichnete Interpreten und ein klug zusammengestelltes Programm zeichnen ihn aus. Leider nur von außen ansehen kann man sich **Schloss Klaus**, das im Jahr 1730 vom Linzer Baumeister Johann Michael Prunner barock umgestaltet wurde.

Tipps und Information

(i) KIRCHDORF, MICHELDORF, SCHLIERBACH: Tourismusverbändegemeinschaft Kremstal, 4553 Schlierbach 1, Tel.: 07582/810 28, Fax: 608 33-176. **Sensenschmiedemuseum Micheldorf & Plug-in Klangwelten Pyhrn-Eisenwurzen:** 1. 5.–31. 10. Sa, So, Fei 10–13, 14–17 Uhr (Mo–Fr für Gruppen nach tel. Voranmeldung, Tel.: 07582/634 74). **Burg Altpernstein:** Besichtigung im Rahmen einer Führung nach tel. Voranmeldung (Tel.: 07582/ 635 35). **Stift Schlierbach mit Schaukäserei:** Führungen Mo–Sa 10 und 14, So, Fei

10.30 und 14 Uhr oder nach tel. Voranmeldung (Tel.: 07582/608 33-127 oder -155)
E-MAIL: info.kremstal-schlierbach@netway.at
INTERNET: http://www.tiscover.at/schlierbach

KLAUS AN DER PYHRNBAHN: Tourismusverband Klaus-Steyrling-Kniewas, 4572 St. Pankraz, Kniewas 17, Tel.: 07565/313 33, Fax 313 40.
E-MAIL: holidays@oberoesterreich.at
INTERNET: http://www.tiscover.at/klaus.pyhrnbahn

GASTRONOMISCHES: Nicht nur zusehen kann man, wie der Schlierbacher Käse gemacht wird, im **Klosterladen** kann man die verschiedenen Käsesorten auch kaufen (Mo–Sa 9–12, 13–16.30, So, Fei 10.30–12, 14–16.30 Uhr).

VERANSTALTUNGEN: Alle zwei Jahre findet auf dem Georgenberg der **Georgiritt** statt: In prächtigen historischen Kostümen erweisen die Reiter des Kremstals ihrem Schutzheiligen solcherart ihre Reverenz (Information s. o.). Der **Musiksommer Klaus,** auch bekannt unter dem Namen **Konzerte bei Kerzenschein,** zählt zu den renommiertesten Festivals Oberösterreichs (Tel.: 07582/634 96-18, Fax: 634 96-14, office @musiksommer.at, http://www.musiksommer.at).

NATUR & FREIZEIT: Am Bahnhof von Micheldorf beginnt die ebenso abwechslungsreiche wie informative **Sengsschmiedroas**, zu Deutsch »Sensenschmiedereise«, ein Rundweg, auf dem man alles erfährt, was das örtliche Schmiedegewerbe so berühmt gemacht hat. Orchideen aus dem Himmelreich – es klingt wie ein Märchen und ist doch irdisch: Das **Himmelreichbiotop** ist ein bestens beschilderter Natur(t)raum in Micheldorf, wo nicht nur zahlreiche Orchideenarten, sondern sommers auch Schmetterlinge sonder Zahl zu beobachten sind: ein Paradies zwischen Erlen- und Buchenwald, Quell-, Sumpf und Bergwiesen (Informationen s. o.). Auf Altpernstein hat die Diözese Linz ein **Impuls- und Begegnungszentrum** der Katholischen Jugend eingerichtet (Tel.: 07582/635 35, Fax: 635 35-32, burg@dioezese-linz.or.at, http://www.dioezese-linz.or.at/kjl/burg). Ein für die ganze Familie vergnügliches Freizeitzentrum befindet sich am **Elisabethsee** im Ortsteil Kniewas in Klaus an der Pyhrnbahn: Schwimmen, Boot fahren, angeln – kein Wunsch bleibt offen (Information s. o.).

ANREISE: A1 bis Enns/Steyr, B309 bis Steyr, B140

Königswiesen

RUINE PRANDEGG · RUINE RUTTENSTEIN · PIERBACH · LIEBENAU · ST. THOMAS AM BLASENSTEIN · BAD ZELL

Es ist eine weite Reise, die hier im östlichsten Teil des Mühlviertels unternommen wird, und sie führt von prächtigen Kirchen über alte Gemäuer zu mystischen Kultplätzen.

»Blumeninsel des Mühlviertels« wird er genannt, der kleine Markt **Königswiesen**, der allein schon wegen seiner **Pfarrkirche Mariä Himmelfahrt** eine Reise wert ist. In mehreren Bauphasen errichtet, sind im Chor Freskenreste aus dem ersten Bauabschnitt (14. Jahrhundert) zu sehen. Was die Kirche aber in besonderem Maß auszeichnet, ist das Gewölbe ihres Langhauses aus der Zeit um 1520, dessen vielverzweigte Schlingrippen 480 Felder ergeben und den Eindruck erwecken, als hätte dieser kunstvolle Plafond keinerlei baustatische Funktion mehr, sondern ausschließlich schmückende. Die Königswiesener Pfarrkirche kann deswegen ohne weiteres als Höhe- und Endpunkt sakraler Baukunst der Spätgotik in Oberösterreich bezeichnet werden. Wer nach diesem mächtigen visuellen Erlebnis noch einen kleinen Spaziergang durch den Markt machen will: Sehenswert sind auch der Pfarrhof, der aus dem Jahr 1658 datiert, der Pranger am Kirchplatz, vor allem aber der oktogonale Marktbrunnen mit den Reliefköpfen, die die vier Jahreszeiten symbolisieren.

Die nächsten Stopps auf dieser Reise durchs östliche Mühlviertel gelten zwei Burgruinen. **Prandegg**, die erste, liegt im Gemeindegebiet von **Schönau im Mühlkreis** und ist schon allein wegen ihrer Lage auf einem Höhengrat, von dem aus man einen herrlichen Panoramablick hat, ein schönes Ausflugsziel. Wenngleich bereits 1288 urkundlich erwähnt, stammt die heutige Burg in erster Linie aus dem 15. Jahrhundert. Besonders empfehlenswert – nachdem man Hauptburg und Zisterne entsprechende Aufmerksamkeit gezollt hat – ist der rund 23 Meter hohe Rundturm, als Wehranlage errichtet, den man besteigen kann und von dessen obersten Geschoß der Rundblick atemberaubend ist.

Auf Prandegg folgt **Ruttenstein** in der Gemeinde **Pierbach**. Sie liegt über dem Tal der Naarn auf einem waldigen Hügel in 750 Meter Seehöhe. Fast doppelt so groß wie Prandegg, thront an der höchsten Stelle des Burgfelsens der alte Wohnturm: Wildromantisch steht die Ruine, die ab 1600 verfiel. Erst die Familie Sachsen-Coburg und Gotha, die seit dem Jahr 1823 im Besitz von Ruttenstein ist, bemüht sich heute wieder, die

Ein typischer Hof mit Mühlviertler Bloßsteinmauerwerk bei Liebenau

alten Mauern zu erhalten. Ihr ist zu verdanken, dass Besucher heute unter anderem über eine sichere Holzstiege in den Wohnturm gelangen können.

Einen Besuch sollte man auch der Pfarrkirche hl. Quirinus in Pierbach abstatten, in der sich Bauteile aus Romanik, Gotik und Barock vereinen. Gotische und barocke Plastiken von hoher Qualität sowie die bei einer Renovierung in den 1970er Jahren freigelegte Sonnenuhr aus dem Jahr 1486 sind weitere gute Gründe, der Kirche einige Zeit und Aufmerksamkeit zu schenken.

Hart an der Grenze zum niederösterreichischen Waldviertel der höchstgelegene Ort Oberösterreichs: Liebenau auf 967 Meter Seehöhe. Und weil neben der Kulturlandschaft die Natur nicht zu kurz kommen darf, sei Liebenau empfohlen. Hier nämlich befindet sich das Tanner Moor, ein Naturschutzgebiet, das auf einem rund sechs Kilometer langen Weg zu erwandern ist. Von einer Aussichtsplattform, etwa auf der Hälfte der Wegstrecke, reicht der Blick über die gesamte Ausdehnung des Moors, bevor man zu den »Lehrmüller Mauern« gelangt: mächtigen Blockburgen aus Weinsberger Granit. Wem nach der ungewöhnlichen Flora des Moors nach Kultur zumute ist: Eine umfangreiche Sammlung von Gerätschaften aus Jagd und Landwirtschaft ist im Jagdmuseum Payreder zu sehen.

Die »Bucklwehluck'n« neben der Pfarrkirche in St. Thomas am Blasenstein.

Hier könnte er wahr werden, der Traum aller von Rückenschmerzen und Rheuma Geplagten: Von der Buckelwehluck'n in St. Thomas am Blasenstein heißt es, man müsse bloß durch den Spalt im alten Stein schlüpfen und schon sei man den Schmerz los. Oder zumindest würde man gesund wieder geboren. – Wie auch immer, sehenswert ist der wahrscheinlich uralte Kultplatz in jedem Fall. Apropos Kult: Gerade die Gegend rund um St. Thomas strotzt geradezu von Pechöl-, Loch-, Formen- und Schalensteinen. Ob tatsächlich alle Steine von der Natur geformt wurden oder ob da und dort Menschen den Formen ein wenig auf die Sprünge geholfen haben (über Pechölsteinen wurden tatsächlich Meiler aus harzreichem Holz errichtet, deren Pechöl dann über das blattförmige Muster des Steins abfließen konnte), weiß man nicht hundertprozentig sicher zu sagen. Dass sich um jeden dieser Steine archaische Geschichten von Befruchtung, Geburt und Tod ranken,

Uralt und wie von Riesenhand hingeworfen: Mühlviertler Granit-Findlinge.

dass sie, seit das Gebiet besiedelt ist, als religiöse (und heute esoterische) Kraftplätze dienen und deshalb selbst im Fachjargon Geburts- und Phallussteine genannt werden, ist Tatsache. Und dass die Gegend uraltes Siedlungsgebiet ist, weiß man aufgrund der Funde am Oberen Burgstall, die im Atelier von Herbert Hiesmayr zu sehen sind.

Kurios sind zwei weitere Attraktionen von St. Thomas. Da ist zum einen der »luftg'selchte Pfarrer«, ein natürlich mumifizierter Leichnam aus dem 18. Jahrhundert, der in der Gruft der Pfarrkirche zu bestaunen ist. Zum anderen ebenfalls in dieser Kirche, die auch Ziel von Wallfahrten ist, ein überlebensgroßes Kruzifix beim hinteren Eingang, das mit echtem Haupt- und Barthaar geschmückt ist. Allerdings birgt die Pfarrkirche auch zwei höchst sehenswerte Marienreliefs im Chor, die aus der Zeit um 1400 datieren.

Ein abschließender Ausflug, wenn man in St. Thomas ist, sei zu einer der ältesten Wehranlagen Oberösterreichs empfohlen: zur Burgruine Klingenberg, deren Bergfried und Palas aus dem späten 12. Jahrhundert stammen dürften.

Rückenschmerzen und Rheuma nachweislich kurieren lassen sich in Bad Zell, dem Radon- und deshalb seit 1976 offiziellen Rheumakurort. Abgesehen davon besitzt Bad Zell eine prachtvolle Pfarrkirche hl. Johannes, deren Schlingrippengewölbe im spätgotischen Langhaus aus der Zeit zwischen 1470–1550 stark an jenes in Königswiesen erinnert. Im Zentrum der Aufmerksamkeit steht jedoch das Altarbild von Bartolomeo Altomonte. Und ein Rundgang durch den hübschen Kurort wird zweifellos auf den Marktplatz führen, wo der alte Pranger mit dem Prangermandl seit dem Jahr 1574 unverändert steht. Und ein wunderbar buntes Sammelsurium bäuerlicher Gegenstände vergangener Zeiten ist im Privatmuseum Salomons Dachboden beim Mostbauern Schinnerl im Ortsteil Riegl zu sehen.

Tipps und Information

KÖNIGSWIESEN: Tourismusverband Königswiesen, 4280 Königswiesen, Markt 2, Tel.: 07955/62 55, Fax: 62 55-32.
E-MAIL: marktgemeinde@koenigswiesen.at
INTERNET: http://www.tiscover.at/koenigswiesen

PIERBACH: Gemeinde Pierbach, 4282 Pierbach, Dorfstraße 22, Tel.: 07267/82 55, Fax 82 55-14. **Burgruine Prandegg:** Führungen durch Johann Langegger (4274 Schönau, Pehersdorf 12, Tel.: 07261/75 46). **Burgruine Ruttenstein:** frei zugänglich.
E-MAIL: gemeinde@pierbach.ooe.gv.at
INTERNET: http://www.tiscover.at/pierbach

LIEBENAU: Tourismusforum Liebenau, 4252 Liebenau 41, Tel.: 07953/ 81 11, Fax 81 11-30. **Jagdmuseum Payreder:** Nur nach tel. Voranmeldung, Tel.: 07953/73 10.
E-MAIL: r.ruttenstock@liebenau.ooe.gv.at
INTERNET: http://www.tiscover.at/liebenau u. www.liebenau.at

ST. THOMAS AM BLASENSTEIN: Tourismusverband St. Thomas, 4364 St. Thomas/Bl., Mitter St. Thomas 45, Tel.: 07265/54 55, Fax 54 55-9. **Atelier Sammlung Herbert Hiesmayr:** Nur nach tel. Voranmeldung, Tel.: 07265/58 56.
E-MAIL: st.thomas@aon.at
INTERNET: http://www.tiscover.at/st.thomas-blasenstein

BAD ZELL: Kurverband Bad Zell, 4283 Bad Zell, Marktplatz 10, Tel.: 07263/75 16, Fax 72 31-33. **Salomons Dachboden:** 16. 1.–1. 12. tgl. 13–20 Uhr (Familie Schinnerl, Riegl 8, Tel.: 07263/73 90).
E-MAIL: muehlviertler.quell@aon.at
INTERNET: http://www.tiscover.at/bad-zell

GASTRONOMISCHES: Die blühenden Obstbäume sind der beste Hinweis: Mühlviertel = Mostland. Den gegorenen Obstsaft samt Jause gibt es auch im Garten bei **Familie Schinnerl** (Information s. o.).

NATUR & FREIZEIT: In diesem Teil des Mühlviertels ist jeder Spaziergang ein Abenteuer: **Erdställe** bei Bad Zell, seltsame **Granitformationen** und die fantastische **Höhle** mit Felskammern, in der vormals Räuberhauptmann Grasel gehaust haben soll, in St. Thomas. Lohnenswert ist aber auch die wildromantische **Klammleiten** in Königswiesen (Informationen s. o.).

ANREISE: A1 bis Amstetten, B119 (Königswiesen), B124 (Bad Zell)

Kremsmünster

Schloss Kremsegg · Kirchberg · Oberrohr · Heiligenkreuz · Weigersdorf

Es ist eine der frühesten Klostergründungen auf österreichischem Boden und thront heute mächtig auf einem Hügel des Alpenvorlands: Kremsmünster, das weder an Größe noch Kunstreichtum jedweden Vergleich scheuen muss.

Angeblich fand sein Sohn Gunther in dieser Gegend bei einem tragischen Jagdunfall durch einen Eber den Tod. Bayernherzog Tassilo III. gelobte daraufhin die Stiftung eines Klosters: Die Gründung Kremsmünsters geht auf das Jahr 777 zurück, stand damals auf Tassilos Boden und war ausschließlich ihm Abgaben schuldig. Elf Jahre später war Tassilo bei Kaiser Karl dem Großen in Ungnade gefallen, seiner Güter enthoben und Kremsmünster zum Benediktinerkloster geworden, das fortan nach deren Regel *ora et labora* – bete und arbeite – wirkte. Die Geschicke des Klosters waren auch in den folgenden Jahrhunderten stark an die Zeitläufte

Dem Barockbaumeister Jakob Prandtauer verdanken wir dieses prächtige Tor.

Die Fischkalter von Kremsmünster dienen auch heute noch der Forellenzucht.

gebunden: Die bedeutende wirtschaftliche und kulturelle Arbeit Kremsmünsters wurde durch die Einfälle der Magyaren im 10. Jahrhundert stark beeinträchtigt, erst nach dem Sieg über die Ungarn kehrte wieder Ruhe ein. Eine weitere Blüte folgte im 13., 14. Jahrhundert – manifestiert durch den Baubeginn (1232) und die Vollendung (1350) der dreischiffigen Basilika. Die wahre Hochzeit aber waren das 17. und 18. Jahrhundert. Es war die Epoche der Äbte Erenbert Schreyvogl und Alexander Strasser, unter deren Ägide die Baumeister Carlo Antonio Carlone und Jakob Prandtauer das Kloster zur heute so beeindruckenden barocken Pracht aus- und umbauten.

Der Klosterbezirk – er zählt zu den größten Stiftsanlagen Österreichs – besteht aus Trakten um den äußeren **Stiftshof** (hier befinden sich die Fischkalter, drei davon von Carlone, zwei von Prandtauer, für deren gesamte Gestaltung die Formensprache der Renaissance angewandt wurde, wenngleich sie in der Epoche des Barock gebaut wurden), in den man durch das von Prandtauer erbaute **Eichentor** gelangt. Flankiert wird der Stiftshof von **Unterem** und **Oberem Meierhof**, die durch den Wassergraben vom eigentlichen Kloster getrennt sind. In den **Prälatenhof**, und damit zum Portal der **Kirche**, zum **Gasttrakt** mit Kaiserzimmern und Kaisersaal (der mit großartigen Ölbildern von Martino Altomonte ausgestattet ist) sowie zu **Konvikt-** und **Abteitrakt** mit den Sammlungen gelangt man durch den Brückenturm. Dahinter erst befinden sich der **Konventtrakt**, das **Moschee** genannte barocke Gartenhaus und das wohl berühmteste Bauwerk Kremsmünsters, der **Mathematische Turm**.

Erbaut wurde die **Klosterkirche Göttlicher Heiland und hl. Agapitus** wie eingangs erwähnt ab 1232, mit dem doppeltürmigen Westwerk fertig gestellt war sie im 14. Jahrhundert. Doch von diesem spätromanisch-frühgotischen Kern sind unverändert nur noch im südlichen Seitenschiff Teile sichtbar. Die Quadratur des Kreises, die Carlone zu lösen hatte, war, eine vollständig neue Kirche zu schaffen, ohne die typisch mittelalterliche Grundstruktur zu verletzen. Das Resultat ist grandios:

Der reiche Schatz barocker Formen verbrämt die alte Bausubstanz, ohne sie vollständig aufzulösen – Volutengiebel, Pilaster und eine Betonung der Mittelachse durch die auf vier Säulen ruhende offene Vorhalle mit Balkon. Auch im Inneren wurde der basilikale Charakter beibehalten und die Kreuzrippen nicht verändert, doch die Mittelschiffpfeiler wurden durch Pilaster verstärkt. Selbst der reiche Stuckdekor überlagert die alte Architektur nicht, sondern fügt sich harmonisch in sie ein. Bedeutender noch als die Fresken – Darstellungen aus dem Alten Testament in den Seitenschiffen, aus dem Neuen im Hauptschiff – und der Hochaltar mit Gemälden verschiedener Künstler sind die Engel, die Rahmen der Altäre tragen: Von den insgesamt 24 Figuren sind 16 von Michael Zürn d. J., entstanden zwischen 1682 und 1686. Und unter der Orgelempore befindet sich das gotische Grab Gunthers, des Sohnes Herzog Tassilos.

Die **Kunstsammlung** im Gasttrakt beginnt im **Kaisersaal**, dessen Höhe zwei Etagen beträgt, dessen Deckenfresko von Melchior Steidl und Stuckdekoration von Diego Francesco Carlone ebenso zum festlichen Gesamteindruck beitragen wie die Porträts der Habsburgerkaiser an den Wänden, die von Martino Altomonte stammen. Der Höhepunkt allerdings ist im ehemaligen Kaiserschlafzimmer gut gesichert ausgestellt: **Tassilokelch** und **Tassiloleuchter**, wobei der Kelch Ende des 8. Jahrhunderts in Salzburg entstanden sein dürfte, der Leuchter um die Wende vom 10. zum 11. Jahrhundert. Durch die nun anschließende **Gemäldegalerie**, deren Höhepunkt »Die vier Elemente« von Jan Brueghel d. Ä. ist, wo aber auch schöne Arbeiten von Johann Martin Schmidt, dem »Kremser Schmidt«, zu sehen sind, gelangt man zuerst in die **Kunst-**, danach in die **Waffenkammer**. Den Abschluss bildet ein weiterer Höhepunkt im Stift: die **Bibliothekssäle** mit über 140 000 Bänden, an die 800 Inkunabeln und fast 200 mittelalterlichen Handschriften.

Der Tassilokelch – Kleinod Kremsmünsters und ältester Messkelch der Welt.

Die **Sternwarte** – oder **Mathematischer Turm** – schließlich gilt als das älteste Hochhaus Europas. Erbaut von 1748–1759, birgt sie eine reiche naturwissenschaftliche Sammlung, gegliedert nach einem streng religiösen Konzept: Denn vom geologischen, paläontologischen, mineralogischen, physikalischen über das zoologische, volkskundliche und schließlich astronomische Kabinett gelangt man im obersten Stockwerk in die Kapelle – das Ziel naturwissenschaftlicher Forschung ist Gott: *Ad Gloriam Altissimi* – zum Ruhm des Allerhöchsten – lautet die Inschrift über dem Eingang.

Bevor es zum Schloss Kremsegg, zur Kalvarienbergkirche und nach Kirchberg geht, sei ein Rundgang durch den **Ort Kremsmünster** empfohlen: Rathaus- und Marktplatz, Herrengasse und Marktrichterhaus sind im Rahmen einer kenntnisreichen Führung lohnenswert.

Auf einem Hügel gegenüber dem Stift liegt **Schloss Kremsegg**. Die Feste stammt aus dem Mittelalter, wurde Anfang des 18. Jahrhunderts aber barockisiert und ist schon deshalb ein schönes Ziel, weil hier eine große Sammlung alter Musikinstrumente untergebracht ist.

Ebenfalls auf eine Hügelkuppe westlich von Kremsmünster führt ein Kreuzweg zur **Kalvarienbergkirche**. Sie ist ein Alterswerk Johann Michael Prunners aus den Jahren 1736–1738 und im Inneren mit Fresken von Wolfgang Andreas Heindl ausgestattet.

Nordöstlich von Kremsmünster schließlich **Kirchberg**, dessen **Pfarrkirche hl. Stephan** wahrscheinlich auf einer germanischen Kultstätte errichtet wurde. Obwohl laut Annalen im 11. Jahrhundert geweiht, stammt der heute sichtbare Kirchenbau aus dem 15. Jahrhundert, die Innenausstattung jedoch aus dem Rokoko. Besonders sehenswert: die Chorfresken von Wolfgang Andreas Heindl, die Orgel aus dem Jahr 1682 vom Passauer Meister Leopold Freundt, die Grabplatten an der Außenwand der Kirche und – nochmals im Inneren – die jüngsten Grabungen (1997), im Zuge derer die Fundamente der romanischen Vorgängerbauten freigelegt wurden.

Einen Besuch wert ist auch die **Filialkirche hll. Peter und Paul** im nahen **Oberrohr**: Gemeinsam mit der Weigersdorfer Filialkirche zählt sie zu den besterhaltenen gotischen Kirchen des Landes. Besonderes Augenmerk verdienen der gotische Opferstock und der römische Kopf an der westlichen Außenwand.

Ebenfalls ein Bau Carlo Antonio Carlones ist die Filial- und Wallfahrtskirche **Heiligenkreuz**, die im Auftrag des Kremsmünsterer Abtes Erenbert Schreyvogl 1687–1690 errichtet wurde. Die Kirche hat einen kreuzförmigen Grundriss und schöne Figuren am Hochaltar von F. J. Feichtmayer sowie ein filigran gefertigtes Vorhallengitter von Hans Walz, das ursprünglich für die Stiftskirche von Kremsmünster gedacht war.

In **Weigersdorf**, etwa zwei Kilometer von Kremsmünster entfernt, liegt auf einem Hügel die **Filialkirche St. Jakob**, eine prachtvolle zweischiffige spätgotische Landkirche mit einem schönen Schlingrippengewölbe im Langhaus.

Tipps und Information

KREMSMÜNSTER: Tourismusverband Kremsmünster, 4550 Kremsmünster, Rathausplatz 1, Tel.: 07583/72 12, Fax: 70 49. **Benediktinerstift Kremsmünster:** Kunstsammlung: nur im Rahmen von Führungen, Ostern bis 31. 10. tgl. 10, 11, 14, 15 und 16 Uhr, 1. 11. bis Ostern Di–So 11, 14 und 15.30 Uhr. Sternwarte: nur im Rahmen von Führungen, 1. 5.–31. 10. tgl. 10 und 14 Uhr (Tel.: 07583/52 75-151, Fax: 52 75-159, stift@kremsmuenster.at, http://www.kremsmuenster.at). **Schloss Kremsegg:** Musikinstrumenten-Museum 1. 4.–31. 10 tgl. 10–17 Uhr und nach tel. Voranmeldung (Kremsegger Straße 59, Tel.: 07583/52 47-0, Fax: 68 30, info@schloss-kremsegg.at, http://www.schloss-kremsegg.at).
E-MAIL: tourismus@kremsmuenster.at
INTERNET: http://www.tiscover.at/kremsmuenster

GASTRONOMISCHES: **Baum mitten in der Welt** – der Name eines Gasthofs als Programm: Auf dem Gustermairberg bei Kremsmünster gelegen, hat man vom Gastgarten aus einen schlicht umwerfenden Alpen-Rundblick. Wer diesen den ganzen Tag und auch noch am nächsten Morgen genießen will: Man kann hier auch übernachten (Tel.: 07583/53 04). Stimmungsvoll und gepflegt sind Küche wie Ambiance der **Stiftsschank** von Kremsmünster (Tel.: 07583/75 55, Fax: 65 39, restaurant@stiftsschank.at).

VERANSTALTUNGEN: Jedes Jahr am **Todestag Herzog Tassilos III.** (11. Dezember) wird der Tassilokelch als Messkelch verwendet. Das **Requiem**, das zu diesem Anlass gefeiert wird, ist ein Höhepunkt barocker Liturgie. Im Rahmen der **Oberösterreichischen Stiftskonzerte** finden auch in Kremsmünster, und zwar im Kaisersaal, hochkarätig besetzte (Kammer-)Konzerte statt (Information s. o.).

NATUR & FREIZEIT: Die sanften Hügel des Alpenvorlands laden zu schönen Spaziergängen und Wanderungen ein. Empfehlenswert ist es, sich auch hier auf kulturhistorische Spuren zu begeben. Beispielsweise auf den **Adalbert Stifter Kulturweg** (Stifter war Zögling im noch heute berühmten Stiftsgymnasium) oder auf den **Wolfgangweg** von Kremsmünster über das Kirchberger Gotteshaus bis zum Ursprung, jenem Ort, wo der Legende nach Tassilos Sohn zu Tode kam.

ANREISE: A1 bis Knoten Linz A1/A25, A25 bis Sattledt, B122

Lambach

Stadl-Paura · Fischlham · Schloss Almegg · Bad Wimsbach-Neydharting

Romanische Fresken, eine dreiseitige Kirche und eine beeindruckende Fischerkanzel – sakrale Wunderwerke an Ager und Traun. Doch auch Weltliches kommt hier nicht zu kurz.

31. Oktober 1783: »… den folgenden tag sind wir in Lambach angekommen … wir blieben den ganzen tag alda, alwo ich auf der orgel und auf einem clavicord spiellte.« Wolfgang Amadeus Mozart war, als er diese Zeilen an seinen Vater schrieb, nicht das erste Mal im Stift zu Gast, denn bereits 1768 hatte er seine *Alte Lambacher Sinfonie*, KV 45b, komponiert. Was Mozart im 18. Jahrhundert in Lambach sah, ist gut vorstellbar, denn etwas mehr als hundert Jahre zuvor hatte unter dem ersten der drei großen Lambacher Barock-Äbte der umfassende Neubau begonnen, der um das Jahr 1725 abgeschlossen war. Der Neubau war notwendig gewesen, weil kriegerische Zeiten dem Stift arg zugesetzt hatten: Zuerst die Auseinandersetzung zwischen dem Wittelsbacher Otto II. und dem Babenberger Friedrich II., als die Bayern Lambach fast vollständig zerstörten. Dann die Reformation und die Bauernkriege, die das Ihre dazu taten, den langsamen Aufbau abermals im Keim zu ersticken. Dabei war das ursprüngliche Gebäude auf dem Stiftsgelände die wehrhafte Stammburg der **Grafen von Wels-Lambach** gewesen, die hier um die erste Jahrtausendwende eine Pfarre gründeten und wo Graf Arnold II. eine Stiftung für zwölf Kanoniker einrichtete. Sein letztgeborener Sohn **Adalbero**, traditionsgemäß für die geistliche Laufbahn bestimmt, wandelte die Stiftung 16 Jahre später in eine Benediktinerabtei um. Und schließlich, im Jahr 1089, weihte er gemeinsam mit Abt Altmann, dem Gründer von Göttweig in Niederösterreich, die romanische Stiftskirche ein, deren Fresken erst im 19. Jahrhundert wieder entdeckt worden sind.

Heute präsentiert sich Stift Lambach als prächtiger Barockbau: Zuerst Abt **Placidus Hieber von Greifenfels** (tragisches Detail am Rande: der kunstsinnige Abt starb, weil ihn sein Küchenmeister vergiftete), danach **Severin Blaß** und schließlich **Maximilian Pagl** ist zwischen 1640 und 1725 der gesamte Neubau zu verdanken. Hieber ließ die gotische Kirche (schon sie ein Nachfolgebau der romanischen aus der Zeit Adalberos) abtragen, die barocke erbauen und hatte dafür wahrscheinlich den Baumeister Filiberto Lucchese verpflichtet. Zu dieser Zeit entstanden auch Südtrakt, Turm und Spaliergarten. Um 1690/1700 – unter Abt

Lambach
im 19. Jahrhundert: Links
das Stift, oben ein Wohnhaus.

Severin Blaß – wurden Loreto- und Sakramentskapelle, Kapitelsaal, Pfortentrakt und Bibliothek gebaut und schuf der Bildhauer Jakob Auer das prachtvolle Stiftsportal (1693). Vollendet wurde der Komplex schließlich unter Abt Maximilian Pagl mit dem Nordtrakt und den Gärten mit den kuriosen Barockzwergen, die im Schaffergarten zu sehen sind. Pagl war es auch, der mit Bartolomeo Altomonte, Carlo Antonio und Francesco Diego Carlone sowie Wolfgang Andreas Heindl die renommiertesten Künstler seiner Zeit nach Lambach berief.

Schon wenn man den ersten der drei Höfe, um die sich der gesamte Gebäudekomplex gruppiert, durch Auers Marmorportal betritt, stößt man an seiner Stirnseite auf ein Unikat: das Barocktheater. Es ist das einzige erhaltene Stiftstheater Österreichs, datiert aus dem Jahr 1770, und wurde eröffnet, als Marie Antoinette von Wien nach Paris reiste, um dort den Dauphin Ludwig zu heiraten: Die Tochter Maria Theresias machte in Lambach Station, wurde mit Empfang, Musik und Volkstanz unterhalten – und mit einer Aufführung im neuen Stiftstheater. Sommerrefektorium und barocke Bibliothek, deren Handschriften mit den prächtigen Initialen und Miniaturen aus dem 12. und 13. Jahrhundert Indiz für das blühende mittelalterliche Skriptorium des Stifts sind, sind im Rahmen einer Führung ebenfalls zu sehen.

Atemberaubender Höhepunkt aber sind die romanischen Fresken im ehemaligen Westchor der Stiftskirche. Sie stammen aus dem 11. Jahrhundert, aus der Zeit Adalberos, und es ist ein Wunder, dass sie erhalten werden konnten. Denn nachdem die Bayern Lambach dem Erdboden gleichgemacht hatten, war nichts als das Westwerk der Zerstörung entgangen. Beim Wiederaufbau im 13. Jahrhundert war dieser Teil der

Ikonographisch nie ganz enträtselt und trotzdem höchst beeindruckend: Die Lambacher Fresken.

Kirche in das nun gotische Gotteshaus integriert worden. Selbst wenn es seltsam klingt: Die eigentliche Rettung ist der Baulust der Barock-Äbte zu verdanken, die die Fresken schlicht zumauern ließen. Denn als die beiden Glockentürme aufgestockt wurden und der mittelalterliche Unterbau statisch verstärkt werden musste, zog man dicke Mauern auf, die den Fresken vorgelagert waren. Eingeschlossen zwischen den Wänden, unberührt von Feuchtigkeit und Temperaturschwankungen, waren die Kunstwerke für Jahrhunderte geradezu konserviert. Dass die Malereien im Gewölbe zu dieser Zeit einfach übertüncht worden waren, mag zwar wie ein Sakrileg klingen, ist aber einerseits aus dem barocken Zeitgeist zu verstehen, andererseits ein Glücksfall, denn im 19. Jahrhundert wurden aufgrund der schadhaft gewordenen Farbe die ersten Fresken entdeckt und freigelegt. Zwischen 1957 und 1967 hat man mit ungeheurem Aufwand auch die Wandfresken von ihrem Schutzmantel befreit: Um die Türme statisch nicht zu gefährden, errichtete man eine zweite Wand aus Stahlbeton. Solcherart gesichert, konnten die Fresken sachgemäß restauriert werden. Im Zuge dessen stießen die Restauratoren auch auf die verloren geglaubte Krypta, wo weitere Freskenreste zum Vorschein kamen. Sie mussten allerdings abgenommen werden und sind im Vorraum aufbewahrt.

Es sind 23 Szenen und vier Prophetenbildnisse, die eine Fläche von 200 Quadratmetern bedecken. Wobei die Kunsthistoriker allen Gemälden große künstlerische Vollkommenheit attestieren, das ikonographische Programm – den Inhalt der einzelnen Szenen also – aber nicht vollends klären können: Die Symbolik der Romanik, die sakrale Szenen ebenso verklausuliert, wie sie Zeitgeschehnisse allegorisch in sie einfließen lässt, ist vielerorts rätselhaft. Andeutungen und Umschreibungen, für uns Nachgeborene nur noch in Teilen zu verstehen. Relativ sicher ist, dass die bildprogrammatischen Vorgaben von Adalbero selbst stammen, dass er nicht nur die Bibel dafür heranzog, sondern auch die Schriften von Flavius Josephus und dass Regionales ebenso in die Bilder eingeflossen ist. Sicher ist: »Beeindruckend«, »schön« und was einem noch an euphorisierend-superlativischen Adjektiven einfallen mag, sind samt und sonders höchst unzulängliche Begriffe, um den Lambacher Fresken gerecht zu werden.

Ihr Grundriss ist ungewöhnlich – ein Kreis in einem gleichseitigen Dreieck, ihre Lage auf einem Hügel am südlichen Traunufer markant: Die **Wallfahrtskirche Hl. Dreifaltigkeit** in **Stadl-Paura** ist ein Werk Johann Michael Prunners aus den Jahren 1714–1724 und entstand dank eines Gelübdes des Lambacher Abtes Maximilian Pagl: Anfang des 18. Jahrhunderts wütete nämlich die Pest im Land ob der Enns, und Pagl gelobte, zum Dank für das Überwinden der Seuche eine Kirche errichten zu lassen. Jedes Detail dieser Wallfahrtskirche ist von der Zahl Drei bestimmt: Drei Türme stehen im gleichen Abstand um den Baukern, es sind drei gleichwertige Zweiturmfassaden zu sehen und drei Portale. Und im Inneren sind drei Altäre aufgestellt. Abgesehen davon: Die Wallfahrtskirche von Stadl-Paura ist ein in jeder Hinsicht in sich geschlossenes, einheitliches Rokoko-Wunderwerk von nahezu vollkommener Harmonie. Dazu zählen auch die Kuppel von Carlo Antonio Carlone sowie das Altarbild des Martino Altomonte.

Der Name des Orts Stadl-Paura weist im Übrigen auf den Salzhandel hin, denn die Äbte des Stifts hatten hier an der Traun, auf der der Salztransport in Richtung Donau erfolgte, zwei Salzstadel errichten lassen. Der Traunschifffahrt ist das **Schiffsleutmuseum** gewidmet, das im Geburtshaus Maximilian Pagls untergebracht ist.

Ungewöhnliches Meisterwerk Johann Michael Prunners: Die Dreifaltigkeitskirche in Stadl-Paura.

Wie Stadl-Paura ist auch Fischlham von Lambach geprägt: Die prächtige Fischerkanzel in der kleinen spätgotischen **Pfarrkirche hl. Petrus** schufen im Jahr 1759 der Bildhauer Franz Xaver Leithner und der Maler Adam Racher, und beide stammen aus Lambach. Die gesamte Kanzel ist als Boot samt Mast und Segel ausgeformt, in dem Petrus und Jakobus sowie Jesus selbst stehen. Über die Planken fällt ein Fischernetz, dessen Tau Petrus in der Hand hält. Getragen wird die Kanzel von einer breiten Säule in Form von Wellen, aus denen ein Fisch hervorsieht.

Nur von außen zu besichtigen ist das **Wasserschloss Bernau** in Fischlham, das allein schon wegen der vier Rundtürme mit den spätbarocken Dächern, die an Pagoden erinnern, auffällt.

Nach ein paar Kilometern gelangt man nach Steinerkirchen an der Traun und zum Schloss Almegg. Die fast hufeisenförmige, zweigeschoßige Anlage mit dem prägnanten Turm, dessen Keildach den Schlossbau weit überragt, stammt aus dem 16. und 17. Jahrhundert. Im Hof sind der heute verglaste Gang und der Renaissancebrunnen sehenswert, im Inneren vor allem Rittersaal und Georgszimmer mit den gepressten Ledertapeten aus der Zeit um 1600, die angeblich aus der Feste Hohensalzburg stammen.

Die Ausgrabungen im so genannten Totenhölzl, etwas außerhalb von Bad Wimsbach-Neydharting, sind der Beweis: Die Siedlungsgeschichte in diesem Raum begann früh, denn hier fand man die Grundmauern eines römischen Gutshofs aus dem 2. Jahrhundert. Doch was den Ort besonders auszeichnet, ist ein Relikt aus der Eiszeit: das Neydhartinger Moor. Wegen der wasserundurchlässigen Bodenbeschaffenheit ist dieses Moor nie ausgetrocknet, weshalb Wissenschaftler nachweisen konnten, dass an die 250 unterschiedlichen Kräuter und Heilpflanzen im feuchten Boden blieben und solcherart über 30 000 Jahre ihre ganze Heilkraft entfalten konnten: Neydhartinger Moor gilt als eines der heilsamsten gegen vielerlei Leiden. Dass schon die Römer darüber Bescheid wussten, aber auch wie und wodurch das Moor seine Wirksamkeit entfaltet, darüber gibt das Internationale Moormuseum Auskunft.

Dass Bad Wimsbach-Neydharting, am Rande der Pyhrn-Eisenwurzen gelegen, auch auf eine beachtliche »Eisen verarbeitende« Vergangenheit zurückblicken kann, wird im Hammerschmiedemuseum deutlich. Und im Heimatmuseum ist die ebenso reiche wie wechselvolle Geschichte des Marktes und seiner ehemaligen Wasserburg nachvollziehbar. Schloss Wimsbach dagegen ist nur von außen oder nach einer Vereinbarung mit den Besitzern möglich. Aber selbst als Zaungast: Das gepflegte Holzschindeldach und die prächtige Kastanienallee allein sind schon sehenswert.

Auch an Sakralarchitektur ist Bad Wimsbach-Neydharting reich: Die Pfarrkirche hl. Stephan stammt zwar aus der Spätgotik, ist aber in ihrer Umgestaltung unübersehbar ein Werk Carlo Antonio Carlones, und der sonderbarerweise gegen den Uhrzeigersinn konzipierte Kreuzweg entstammt der Werkstatt Wolfgang Andreas Heindls. Die Filialkirche hl. Thomas von Canterbury wiederum zeichnet sich durch ihre Schlichtheit aus. Mitten in eine Wiese gestellt wurde die Filialkirche hl. Georg in Kößlwang südlich von Wimsbach. Ihr Schmuckstück ist eine spätgotische Skulptur des hl. Georg in voller Rüstung mit dem sterbenden Drachen zu seinen Füßen.

Tipps und Information

LAMBACH: Gemeindeamt Lambach, 4650 Lambach, Marktplatz 8, Tel.: 07245/283 55, Fax: 283 55-13. **Benediktinerstift Lambach:** Anmeldung für die Führung an der Stiftspforte bei Margit Doppelbauer, Tel.: 07245/217 10, Fax 217 10-302.

STADL-PAURA: Gemeindeamt Stadl-Paura, 4651 Stadl-Paura, Marktplatz 1, Tel.: 07245/280 11-0. **Schiffsleutmuseum:** Ganzjährig Sa 14–16, So, Fei 9–11, 14–16 Uhr und nach tel. Voranmeldung (Tel.: 07542/280 11-12).
E-MAIL: gemeinde@stadl-paura.ooe.gv.at
INTERNET: http://www.stadl-paura.at

SCHLOSS ALMEGG: Kulturforum Almegg, 4652 Steinerkirchen/Traun, Tel.: 07245/257 92, Fax 257 92-6. **Jagdmuseum Payreder:** Nur nach tel. Voranmeldung, Tel.: 07953/73 10.
E-MAIL: service@almegg.at
INTERNET: http://www.almegg.at

BAD WIMSBACH-NEYDHARTING: Kur- & Tourismusverband Bad Wimsbach-Neydharting, 4654 Bad Wimsbach-Neydharting, Markt 6, Tel.: 07245/254 75-0, Fax 254 75-6. **Hammerschmiedemuseum:** So 10–12 Uhr und nach tel. Voranmeldung, Tel.: 07245/259 80 oder 259 99. **Heimat- & Internationales Moormuseum im Paracelsushaus:** Führungen ganzjährig Mi 14.30 Uhr und nach tel. Voranmeldung, Tel.: 07245/254 74.
E-MAIL: wimsbach.neydharting@upperaustria.or.at
INTERNET: http://www.tiscover.at/wimsbach-neydharting

VERANSTALTUNGEN: Rund um Martini, Anfang November, findet im Hof von Schloss Almegg ein stimmungsvoller **Martinimarkt** statt. Konzerte, Lesungen und eine Galerie zählen außerdem zu den Highlights in Almegg (Information s. o.).

NATUR & FREIZEIT: In Stadl-Paura ist die **Bundesanstalt für Pferdezucht** zu Hause. Hier sind nicht nur die prämierten österreichischen Staatshengste diverser Rassen eingestellt, es werden Reitkurse, Gestütspräsentationen und Paraden angeboten (Stallamtweg 1, Tel.: 07245/217 00, direktion@pferdezentrum-stadlpaura.at, http://www.pferdezentrum-stadlpaura.at). Im Steinerkirchner **Agrarium** locken 60 Themengärten zum Angreifen, Riechen und Naschen.

ANREISE: A1 bis Knoten A1/A25, A25 bis Wels West, B1

Linz

Die Landeshauptstadt Oberösterreichs ist ein Dorado für Kunstreisende: Von Relikten aus der Zeit der Kelten bis zum »Museum of the Future« – in Linz führt die Vergangenheit direkt in die Zukunft und entwickelt daraus eine pulsierende Gegenwart.

Es muss ungeheuer aufregend gewesen sein: Nach vier Jahren intensiver Grabungstätigkeit am Linzer Gründberg konnte das Archäologenteam ein sensationelles Ergebnis präsentieren: Nicht nur Depots mit Eisenwerkzeugen aus der Zeit um 100 v. Chr. waren gefunden worden, sondern auch ein 15 Meter langer Verteidigungswall aus der keltischen Epoche. Damit war bewiesen, dass die Siedlungsgeschichte von Linz weit älter ist als bislang angenommen worden war, ja dass man sie bis in die Altsteinzeit zurückverfolgen kann.

Die Hofgasse in der reizvollen Linzer Altstadt gilt als Mekka für Beisliebhaber.

Unter den Römern war **Lentia** eine zivile Siedlung. Und wenngleich hier ihre Donauflotte lag, mit *Lauriacum* und *Ovilava* (Enns-Lorch und Wels), den Festungen in nächster Nähe, konnte es nicht konkurrieren. Um 700 Bollwerk der Bajuwaren gegen die Awaren, änderte sich das Geschick von Linz mit den Babenbergern, die hier um 1210 die mittlerweile landesfürstliche Stadt zur Grenzfestung gegen die Bayern ausbauten. Darüber hinaus aber wurde Linz zur blühenden Handelsstadt. Ihre Lage an den wichtigsten Verkehrswegen zwischen Böhmen, Italien, Bayern und Wien begünstigte das. Weitere Privilegien brachte die Liebe einiger Habsburger zur Stadt: Friedrich III. residierte hier, Maximilian I. hielt sich zumindest einige Zeit in Linz auf, und auch Ferdinand I., Bruder Karls V., regierte seinen Teil des damals riesigen Habsburgerreichs vom **Linzer Schloss** aus. Von der inoffiziellen Reichsresidenzstadt zur offiziellen Landeshauptstadt wurde Linz 1490.

So sah der Linzer Hauptplatz um 1838 aus. Aquarell von Rudolf von Alt.

Zum Industriestandort wurde Linz, das im 16., 17. Jahrhundert dank der wohlhabenden Landstände sein Gesicht durch deren großzügige Bürgerhäuser stark veränderte, mit dem Jahr 1672, als Christian Sint eine Textilfabrik gründete, die sich im 18. Jahrhundert zu einer der größten Industriebetriebe Europas entwickeln sollte. Nach der Niederlage der Franzosen und ihres korsischen Kaisers brachte das 19. Jahrhundert vor allem in verkehrstechnischer Hinsicht neue Möglichkeiten: 1832 wurde die Pferdeeisenbahn Linz–Budweis installiert, ab 1837 verkehrten auf der Donau die ersten Dampfschiffe, 1858 wurde Linz an die Westbahn angeschlossen, und 1898 wurde die **Pöstlingbergbahn** (ihre Talstation (17) befindet sich in der Kaarstraße in Linz-Urfahr) – heute ist sie jene Adhäsionsbahn, also Schienenbahn, die die steilste Strecke Europas zurückzulegen hat.

Moderne Industrie kam nach Linz, als 1927–1935 die Austria Tabak eine Zigarettenfabrik am Donauufer errichtete, die architektonisch zu einem der wegweisenden Industriebauten zu zählen ist. Und 1938 – nach dem Anschluss, als Hitler die Patenschaft für Linz übernahm, die Stadt zum Zentrum des Gaus Oberdonau machen und ihr insgesamt ein völlig neues Antlitz verpassen wollte – wurden die Hermann-Göring-Werke errichtet. Nach dem Krieg sollten sie sich als VÖEST-Alpine AG Linz zum wichtigsten Standort der Stahlindustrie etablieren. Zeugen des Gestaltungswillens Hitlers während seines zwölf Jahre dauernden Tausendjährigen Reichs sind übrigens die beiden Brückenkopfgebäude am Hauptplatz sowie die Nibelungenbrücke.

Der Zweite Weltkrieg war auch für die Bausubstanz von Linz fatal: 22 Bombenangriffe verheerten die Stadt, die nach der Befreiung durch die Alliierten in eine russische und eine amerikanische Zone geteilt wurde.

In den letzten 50 Jahren wurde Linz zur modernen Großstadt mit einer Universität, die einen hervorragenden Ruf genießt, einer ausgezeichneten Infrastruktur, Umweltsanierungskonzepten und einer lebendigen Kulturszene mit Aufsehen erregenden Ausstellungen, einer engagierten Theaterszene und den jährlichen Veranstaltungen rund um den Prix Ars Electronica, die sich in der Nachbarschaft zur alten Substanz ständig weiterentwickelt.

Blick zum Alten Dom am Hauptplatz. Im Vordergrund die Dreifaltigkeitssäule.

Für eine genussreiche Stadtentdeckung kann man sich ruhig einige Tage Zeit nehmen. Wir werden hier in gebotener Kürze die wichtigsten Ziele ansteuern *(Stadtplan auf hinterer Innenklappe)*.

Das Zentrum der Stadt ist der **Hauptplatz**, der im Jahr 1260 angelegt wurde und als Marktplatz diente, was seine beachtlichen Ausmaße (220 x 60 m) erklärt. Historische Bauten säumen ihn, und es sei nicht verschwiegen, dass der Linzer Hauptplatz zu den größten und schönsten »Saalplätzen« in ganz Europa zählt. In der Mitte des Hauptplatzes steht mit 20 Metern Höhe die barocke **Dreifaltigkeitssäule** (1). Vollendet wurde sie 1723, und aus weißem Salzburger Marmor geschaffen hat sie Sebastian Stumpfegger nach einem Modell von Antonio Beduzzi. Aus Dankbarkeit für die Rettung aus Kriegsgefahr, Feuersbrunst und Pest von Land, Stadt und Kaiser (was an den drei Wappen zu sehen ist) gestiftet, sind am Sockel rund um die Säule die Heiligen Sebastian, Florian und Karl Borromäus zu sehen. Vom Zentrum des Platzes aus hat man einen schönen Blick auf die Bürgerhäuser mit ihren Renaissance-, Barock- und Rokokofassaden, die ihn umgeben. Einem schrecklichen Stadtbrand (1509) verdankt Linz sein **Altes Rathaus** (2), das von einem Meister Christoph 1513/14 an Stelle des Vorgängerbaus errichtet worden war. Einige Räume sowie der achtseitige Erker aus dieser Zeit sind noch vorhanden, doch sein heutiges Aussehen stammt vorwiegend aus den Jahren 1658/59, als das Kerngebäude wesentlich vergrößert wurde, indem man das Nebengebäude mit einbezog und durch eine Fassade integrierte. Nach modernen Kriterien der Museumsdidaktik hat man im

Alten Rathaus LinzGenesis eingerichtet, ein ebenso spannendes wie aufschlussreiches (Multimedia-)Museum zur Stadtgeschichte.

Über die Rathausgasse ist der Pfarrplatz mit der Stadtpfarrkirche Mariä Himmelfahrt (3) zu erreichen. Der Bau stammt ursprünglich aus dem 13. Jahrhundert, was in der Eingangshalle sowie in der Turmstiege am gotischen Kreuzrippengewölbe zu sehen ist. 1648 wurde dann das dreischiffige Langhaus in barockem, dennoch schlichtem Stil errichtet und ausgestattet: Georg Raphael Donner schuf 1727 die marmorne Skulptur des hl. Johann Nepomuk, das Deckenfresko im Chor sowie das Altarbild stammen von Bartolomeo Altomonte und die Seitenaltarbilder von Joachim Sandrart.

Vom Pfarrplatz aus führt die Neutorgasse zur Domgasse mit dem Alten Dom (4), der Jesuitenkirche, für deren Bau nach Plänen von Pietro Francesco Carlone man nach der 1699 efolgten Grundsteinlegung nur neun Jahre brauchte. Dieser Sakralbau, in dem Anton Bruckner zwischen 1856 und 1868 als Domorganist wirkte, zeichnet sich durch zweierlei aus: Zum einen hatte der Architekt zu wenig Platz zwischen den Häusern der Altstadt, um der Kirche ein prächtiges Portal zu geben (es hätte wegen der Enge wenig ästhetische Wirkung gehabt), weshalb der untere Teil eher schlicht gehalten ist; der obere Teil mit den beiden Türmen und dem Mittelgiebel hingegen zeigt eine weit reichere Gestaltung. Zum anderen stammt ein wesentlicher Teil der schönen Ausstattung aus anderen Kirchen, die infolge der josephinischen Reformen säkularisiert wurden. Das Hauptaltargemälde von Antonio Bellucci etwa stammt aus der Wiener Schwarzspanierkirche, das Chorgestühl aus der ehemaligen Stiftskirche Garsten und die Krismann-Orgel aus dem Stift Engelszell. Der Marmorhochaltar jedoch mit den Draperien, der die gesamte Ostwand einnimmt, ist Teil der Originalausstattung und stammt von Colomba und Barberini.

Ursprünglich war das Landesmuseum Francisco Carolinum (5) in der Museumstraße dafür gedacht, Exponate zur Geschichte Oberösterreichs zu präsentieren. Das tat man auch lange Zeit, bis die kunst- und kulturhistorischen sowie die volkskundlichen Bestände in das Linzer Schloss verlagert wurden. Heute werden im Landesmuseum, das nach einem Entwurf des Architekten Bruno Schmitz 1886–1892 erbaut wurde, Grafik, Malerei und Rauminstallationen gesammelt und ausgestellt.

Dass das Stadtmuseum Nordico (6) heißt, hat einen einfachen Grund: Von 1710 bis 1786 war das ursprünglich als Vorstadtpalais des Klosters Kremsmünster von Francesco Silva 1607–1610 errichtete Gebäude Konvikt der Jesuiten für junge Männer aus dem Norden. Nach den Jesuiten zogen Geschäftsleute ein, und Wohnungen entstanden, bis ab 1851 der neu gegründete Oberösterreichische Kunstverein in diesem Haus seinen Sitz hatte. In den 1960er Jahren schließlich wurde es von

Grund auf saniert und darin das Stadtmuseum eingerichtet. Nur ein paar Schritte sind es von hier zur **Ehemaligen Deutschordenskirche zum Hl. Kreuz** (7), die als Bau von Johann Michael Prunner nach Plänen von Johann Lukas von Hildebrandt einen architektonischen Höhepunkt darstellt. Die ungewöhnliche, längselliptische Kreuzkuppelkirche, die im ehemaligen Freihaus Clam 1718–1725 errichtet wurde, zeichnet sich auch durch ihre reiche Ausstattung aus, zu der die Stuckdekoration von Paolo d'Allio ebenso zählt wie das Hochaltarbild von Martino Altomonte und Seitenaltarbilder des »Kremser Schmidt«.

Nach Plänen des Kölner Dombaumeisters Vinzenz Statz sowie nach jenen Matthäus Schlagers wurde zwischen 1862 und 1924 der **Neue Dom** (8) im Stil der Hochgotik erbaut. Der riesige Sakralbau mit dem 89 Meter langen Hauptschiff nimmt bis zu 20 000 Menschen auf und besitzt einen 134 Meter hohen Turm. Bemerkenswert sind im Inneren vor allem die »Linzer Fenster« mit Darstellungen aus der Geschichte der Stadt sowie die Krippenanlage in der Gruftkirche.

Der Planetenbrunnen im Arkadenhof des Landhauses, ein Meisterwerk der Renaissance.

An der Stelle des im 16. Jahrhundert von den Landständen gekauften Minoritenklosters befindet sich heute das weitläufige und in seiner Stilreinheit grandiose **Landhaus** (9). Der heutige Sitz des Landeshauptmanns, des Landtags und der Landesregierung wurde zum Teil 1568–1574 nach Plänen Christoph Canavales (Saaltrakt, Turm, Arkadenhof), zum Teil 1655–1658 nach Entwürfen Hans Christoph Kellerers (Bauschreiberhof) errichtet. Abgesehen vom prächtigen Nordportal sollte man in jedem Fall dem Arkadenhof sein Augenmerk schenken: Hier steht der Planetenbrunnen von Peter Guet mit dem Bronzeaufsatz. Die **Minoritenkirche** (10) selbst wurde 1751 durch Johann Matthias Krinner zur opulent ausgestatteten einschiffigen (ursprünglich war sie zweischiffig) Rokokokirche umgestaltet. Ausgestattet ist sie mit reichem Deckenstuck von Johann Kaspar Modler, einem Hochaltarbild von Bartolomeo Altomonte und Seitenaltarbildern des »Kremser Schmidt«. Im benachbarten Klostergebäude, das 1716 von Johann Michael Prunner errichtet worden war, hat das Amt der Oberösterreichischen Landesregierung seinen Sitz.

Über die Stufen des Hofbergs gelangt man zum Rudolfstor des **Linzer Schlosses** (11), von dessen mittelalterlicher Anlage bloß die Befestigungsmauer, die Bastionen sowie das Friedrichstor erhalten sind. 1599 – während der Regierungszeit Kaiser Rudolfs II. – wurde der Neubau nach Plänen Anton de Muys aus Antwerpen in Angriff genommen. 1607

Aus dem 8. Jahrhundert datiert die Martinskirche und ist damit der älteste Sakralbau Österreichs.

war der viergeschoßige Bau um die beiden Innenhöfe fertig gestellt. Während der Franzosenkriege diente das Schloss als Lazarett, von wo auch der große Stadtbrand von 1800, der auch am Schloss verheerende Schäden anrichtete, seinen Ausgang nahm. Nachdem das Schloss als Provinzialgefängnis und 1851–1945 als Kaserne gedient hatte, restaurierte man es 1953–1963 und richtete schließlich das Museum des Landes Oberösterreich mit seiner großen Sammlung der Kunst vom Mittelalter bis zur Moderne, der historischen Musikinstrumente und vielem mehr darin ein.

Urkundlich im Jahr 799 erstmals erwähnt, ist die Martinskirche (12) auf dem Römerberg die älteste Kirche von Linz, wahrscheinlich sogar eine der ältesten ursprünglich erhaltenen Kirchen Österreichs überhaupt. Denn durch Grabungen konnte nachgewiesen werden, dass sich bereits in der Spätantike an dieser Stelle ein Sakralbau befunden hat. Von Anfang und Ende des 8. Jahrhunderts stammen Bau und erster Umbau der Kirche, die später gotisiert, dann auch barockisiert wurde. Erst durch Restaurierungsarbeiten in den 1940er Jahren wurden die Bauteile aus der Zeit der Agilolfinger sowie der Karolinger wieder sichtbar gemacht. Im Zuge dessen wurden im Inneren römische Inschriftensteine und Ofenanlagen freigelegt.

Über die Donau gelangt man nicht nur zur Zukunft, sondern auch zur Gegenwartskunst: Ars Electronica Center (13) und Neue Galerie (14). Das »Museum der Zukunft« ist ein wahrer Tempel modernster Informations-, Kommunikations- und interaktiver Computertechnologien, deren neueste Entwicklungen auf fünf Stockwerken in permanenten und wechselnden Ausstellungen präsentiert werden. Und der Lift im Gebäude von Klaus Leitner und Walter Michl ist ein Erlebnis für sich: Wahlweise kann man eine Reise durch die Anatomie des Menschen oder einen Raketenstart ins Weltall erleben.

Die Neue Galerie, die im November 2002 in das Lentos Kunstmuseum Linz an der Donaulände übersiedeln wird, zählt zu den wichtigsten Museen moderner Kunst in Österreich. Zu den Sammlungsbeständen – die ständig erweitert werden – zählen Werke von Gustav Klimt, Egon Schiele, Oskar Kokoschka, Arnulf Rainer, Hermann Nitsch sowie Zeichnungen und Druckgrafik des 20. Jahrhunderts. Zahlreiche Besucher ziehen auch die Wechselausstellungen, die meistens dem Œuvre eines Künstlers (darunter Picasso, Chagall und Matisse) gewidmet sind, an.

Zwei weitere moderne Gebäude sind einerseits der Musik, andererseits Ausstellungen und Kongressen gewidmet: Das **Brucknerhaus** (15) an der Unteren Donaulände entstand 1969–1973 nach Plänen der finnischen Architekten Heiki und Kaija Siren und ist mit seiner geschwungenen, 130 Meter langen Glasfront längst ein Wahrzeichen der Stadt geworden. Hier finden nicht nur das ganze Jahr über ausgezeichnete Lesungen und Konzerte (fast) aller Genres statt, sondern auch das Brucknerfest im September. 1991–1993 wurde nach Entwürfen des Münchner Architekten Thomas Herzog am Europaplatz das markante multifunktionale **Design Center Linz** (16) errichtet. Unter der riesigen bogenförmigen Dachkonstruktion finden Ausstellungen, Messen und Kongresse statt.

Tipps und Information

- TOURISMUSSERVICE LINZ: 4040 Linz, Urfahrmarkt 1, Postfach 117, Tel.: 0732/70 70-29 21, Fax: 70 04 94.
- TOURIST INFORMATION LINZ: 4010 Linz, Hauptplatz 1, Tel.: 0732/70 70-17 77, Fax: 77 28 73.
  E-MAIL: tourist.info@linz.at
  INTERNET: http://www.linz.at

- MUSEEN: **LinzGenesis:** Mo–Fr 9–13, 14–18 Uhr, Tel.: 0732/70 70-19 30. **Oberösterreichisches Landesmuseum Francisco Carolinum:** Di–Fr 9–17, Sa, So, Fei 10–18 Uhr, Tel.: 0732/77 44 82. **Stadtmuseum Nordico:** Mo–Fr 9–18, Sa, So 14–17 Uhr, Tel.: 0732/70 70-19 12. **Museum des Landes Oberösterreich im Linzer Schloss:** Di–Fr 9–17, Sa, So, Fei 10–16 Uhr, Tel.: 0732/77 44 19. **Ars Electronica Center:** Mi–So 10– 18 Uhr, Tel.: 0732/72 72-0, info@aec.at, http://www.aec.at. **Neue Galerie Linz:** Mo, Di, Mi, Fr 10–18, Do 10–22, Sa 10–13 Uhr, Tel. 0732/70 70-36 00, neue.galerie@mag.linz.at, http://neuegalerie.linz.at.

- KULTUR: **Brucknerhaus Linz:** Tel.: 0732/76 12, Fax 78 37 45, info@liva.at, http://www.brucknerhaus.at. **Landestheater Linz:** (Oper, Schauspiel, Ballett, Kinder- u. Jugendtheater) Tel.: 0800 218 000, Fax: 0732/76 11-105, http://landestheater-linz.at. **Posthof:** (zeitgenössisches Theater, Jazz, Kabarett) Tel.: 0732/77 05 48-0, Fax: 78 18 00-78, office@posthof.at, http://www.posthof.at. **Theater Phönix:** Tel.: 0732/66 26 41, Fax 66 26 41-30, office@theater-phoenix.at.

GASTRONOMISCHES: Über den Linzer Restaurants schwebt eine ganze Reihe wohlverdienter Hauben. Und weil wir hier aus Platzgründen nicht alle nennen können, begnügen wir uns ungerechterweise mit jenen, die mehr als eine haben: **Verdi Diele & Einkehr** verführt mit einer großen Portion Italianità (Pachmayrstraße 137, Tel.: 0732/73 30 05, Fax: 73 30 05-4). **Der neue Vogelkäfig** in der Nähe des Brucknerhauses wiederum lockt mit intimer Atmosphäre und einer atemberaubenden Weinkarte (Holzstraße 8, Tel.: 0732/77 01 93, Fax: 77 01 93-2). Dass diese beiden Restaurants aber längst nicht die einzigen sind, wo es sich gut essen lässt, und dass man sich auch weit preisgünstigerer und bodenständigerer Ernährung hingeben kann, ist selbstverständlich: Linz ist eine Stadt, die zu genießen versteht. Und es gibt ein ausführliches **Gastronomieverzeichnis**, das bei der Tourist Information anzufordern ist (Information s. o.).

VERANSTALTUNGEN: Vom **Prix Ars Electronica** mit den begleitenden Ausstellungen und Veranstaltungen sowie vom **Brucknerfest** – das immer mit der berühmten **Klangwolke** eröffnet wird – war bereits die Rede (Informationen s. o.). Doch die genannten Theater brauchen vielleicht noch die eine oder andere Erklärung: Das **Landestheater Linz** bespielt mit einem abwechslungsreichen Programm vier Bühnen: das Große Haus, die Kammerspiele, den u/hof und die Eisenhand. Der **Posthof** zählt zu den innovativsten Bühnen des Landes, und das **Theater Phönix** bringt virtuos kritisch-ironisches Zeitgenössisches zur Aufführung.

NATUR & FREIZEIT: Ein Vergnügen für die ganze Familie ist der **Linzer Tiergarten**, wo nicht nur Groß- und Kleinvögel herumfliegen, sondern auch Reptilien und vielerlei Wirbeltiere aus aller Herren Ländern zu sehen sind (Windflachweg 1, Tel.: 0732/23 71 80). Wer nach Linz kommt, muss einmal auf den Pöstlingberg, und zwar nur mit der **Pöstlingbergbahn**, die auf einer Streckenlänge von knapp 3 km 255 Höhenmeter und an der steilsten Stelle eine Steigung von 10,5 Prozent überwindet (Tel.: 0732/78 01-74 03 oder -75 06). Wenn Sie mit Kindern unterwegs sind, wird Ihnen, oben angelangt, gar nichts anderes übrig bleiben, als eine Fahrt mit der **Grottenbahn** durch eine verzaubernde Märchenwelt zu unternehmen.

ANREISE: A1 Abfahrt Linz

Berühmt & Berüchtigt

In Oberösterreich gab es nicht nur die großen, berühmten Menschen, die im Land geboren wurden, Kurzzeitgäste waren oder zumindest eine Zeit lang hier lebten, es gab auch die andere Seite der Medaille: Personen, die man grundsätzlich lieber woanders wüsste.

Eigentlich hatte er ja Theologie studiert, und zwar in Tübingen, wo er dem Stadtsenat aber so unbequem geworden war, dass man ihn sozusagen weglobte: Er kam nach Graz, erhielt hier eine Professur, und er wandelte sich vom philosophischen Theologen zum Naturwissenschaftler. Die Rede ist von **Johannes Kepler**, der im Jahr 1612 – nachdem auch die Situation in Prag, wo er nach seinem Grazer Aufenthalt in Diensten Kaiser Rudolfs II. stand, unerträglich geworden war – nach Linz kam, wo er bis 1626 lebte und wirkte.

Kepler, der nicht nur Naturwissenschaftler, und hier vor allem Astronom, war, machte sich um die Verbindung der gespaltenen christlichen Konfessionen verdient. Seine liberale Sichtweise brachte ihm allerdings die Exkommunikation ein. In Linz, wo er als Mathematiker im Dienst der Landesstände wirkte, schuf er einige seiner berühmtesten Werke, darunter die *Harmonices mundi* und seine Gesetze des Planetenumlaufs, die *Rudolfinischen Tafeln* – jenes Werk also, das ihn für die Nachwelt unsterblich gemacht hat. Dass die Linzer Universität den Namen Alma Mater Kepleriana trägt, versteht sich damit von selbst.

Wolfgang Amadeus Mozarts »Linzer Sinfonie« gehört zum Standardrepertoire internationaler Orchester, und sie ist eines seiner berühmtesten Werke. Im Jahr 1762 war Mozart mit seinen Eltern und seiner Schwester in Linz, wo er im Gasthof Zur Dreifaltigkeit nicht nur übernachtete, sondern auch eines der berühmten Wunderkind-Konzerte gab (er war damals sechs Jahre alt). Noch zweimal kehrte er wieder – bis es 1783 zur nachhaltigsten Begegnung mit Linz kam: Mozart war bereits verheiratet, hatte eine erfolgreiche Opernpremiere in Wien hinter sich (*Die Entführung aus dem Serail*) und war nun bemüht, sich mit seinem Vater auszusöhnen. Das misslang, und das Ehepaar Wolfgang und Constanze Mozart machte sich wieder auf die Reise: über Lambach, Vöcklabruck und Linz zurück nach Wien. In Linz waren sie Gäste des Grafen **Johann Anton Thun-Hohenstein**, der im Linzer Theater eine Akademie für den 4. November arrangiert hatte: »... und weil ich keine einzige Simphonie bey mir habe, so schreibe ich über hals und kopf an einer Neuen ...« – die Sinfonie Nr. 36, KV 425, entstand Ende Oktober 1783 und wurde am Tag nach der Fertigstellung uraufgeführt.

Unglücklich war in Linz Ludwig van Beethoven, der wegen eines Streits mit seinem Bruder, dem Linzer Apotheker Johann van Beethoven, 1812 in die Stadt kam. Grund für den Streit war ein Liebesverhältnis, das Johann mit seiner Haushälterin hatte, die er allerdings bald darauf heiratete. Interessant für die Musikgeschichte ist, dass Beethoven während dieses (einmaligen) Linzer Aufenthaltes seine 8. Sinfonie vollendete.

Unter »berüchtigt« fällt ein unliebsamer Gast der Stadt Linz: Joseph Fouché, verhasst und gefürchtet während der Französischen Revolution schon unter Robespierre, nach dessen Sturz Polizeiminister in der Regierung von Barras, was er interessanterweise auch unter Napoleon und nach dessen Untergang sogar unter Ludwig XVIII. – immerhin hatte er 1793 für die Hinrichtung von dessen Bruder Ludwig XVI. gestimmt – war: eine erstaunliche politische Karriere, der Stefan Zweig einen hervorragenden Roman gewidmet hat, die trotzdem zu Ende ging und Fouché – als Millionär allerdings – ins Exil trieb. Fürst Metternich setzte sich für den französischen Wendehals mit der mörderischen Vergangenheit (während seiner Amtszeit, egal unter welcher Regierung, waren Hinrichtungen, die er befahl, an der Tagesordnung) ein, bot ihm vorerst Quartier in Prag, ab 1818 jedoch in Linz. Heute ist es die Adresse Hauptplatz 26/27, an der Joseph Fouché logierte, bis er von der Gesellschaft so sehr ignoriert wurde, dass er aufgab und nach Triest zog, wo er 1820 starb.

Sittliches Betragen: entsprechend, Fleiß: ungleichmäßig, Mathematik: nicht genügend, Naturgeschichte: nicht genügend. Diesen nicht gerade überwältigenden Schulerfolg hatte im Jahr 1900/01 in der Klasse 1b der Linzer Staats-Realschule in der Steingasse Adolf Hitler.

1889 in Braunau am Inn geboren, wurde dieser Schüler, über den es im Linzer Landesarchiv noch Konferenzprotokolle gibt, weil die Gestapo nach dem »Anschluss« vergessen hatte, sie zu vernichten, zum personifizierten Untergang des Abendlandes. Nach seinem Werdegang vom verhinderten Kunstmaler, der eine Zeit lang im Wiener Männerasyl in der Meldemanngasse wohnte, über den einfachen Soldaten der bayerischen Armee im Ersten Weltkrieg zum Herrscher der Herrenmenschen in seinem zwölf Jahre dauernden Tausendjährigen Reich, war nichts mehr wie zuvor. Europa lag in Schutt und Asche, der Genozid hatte durch seine Industrialisierung eine unfassbare Dimension erreicht, Angst, Schrecken, Denunziantentum selbst innerhalb der Familien – das war das Leben und der Tod, den der Fanatismus des einstigen Schülers in Linz zum Alltag werden ließ. – Noch im Führerbunker, als Berlin bereits in Trümmern lag, hatte Hitler ein Modell Speers für die Neugestaltung von Linz stehen, das er Tag für Tag hingebungsvoll studierte.

Linz-Land

Traun · Pucking · Stift Wilhering · Pöstlingberg · Kirchschlag bei Linz · Hellmonsödt · Ansfelden · St. Florian

Im Umkreis der Landeshauptstadt: Man trifft auf Schlösser, Stifte, Kirchen und ein Freilichtmuseum, bevor es zum grandiosen Finale kommt, denn in Ansfelden und St. Florian dreht sich (fast) alles um Anton Bruckner.

Die Rundreise beginnt im Süden von Linz, in Traun, und zwar mit dem gleichnamigen ehemaligen Wasserschloss. Usprünglich aus der Mitte des 16. Jahrhunderts stammend, fiel **Schloss Traun** während der Bauernkriege einem Brand zum Opfer. Nachdem man es relativ schnell wieder instand gesetzt hatte, erfolgte um 1725 eine Barockisierung des gesamten Komplexes. Heute ist vor allem das Herrenhaus – es ist das Hauptgebäude, markant durch seine Ecktürmchen und das gebrochene Mansardenwalmdach – ein schön renovierter Bau, der der Stadtgemeinde Traun als Ausstellungs- und Veranstaltungszentrum dient: Hier sind Gedenkräume für die Donauschwaben und Siebenbürger (besonders viele Protestanten aus Traun waren gezwungen, ihre Heimat zu verlassen, weil sie dem »falschen« Glauben anhingen) untergebracht, im großen Saal im Obergeschoß hingegen werden Konzerte veranstaltet. Moderne Kunst gibt es im Trauner Rathaus zu sehen: In der **Städtischen Galerie** kuratiert eine engagierte Galerieleiterin kenntnisreich Ausstellungen zeitgenössischer Maler, Bildhauer und Fotografen.

Von Traun ein Stück weiter Richtung Wels gelangt man nach **Pucking**, das mit einem Sakralbau der Extraklasse lockt: Die gotische **Filialkirche hl. Leonhard** ist ein kleiner, bescheidener Bau mit einem grandiosen Inneren. Denn die dem Schutzheiligen der Schmiede und Metallfertiger geweihte Kirche birgt Fresken aus der Zeit zwischen 1440 und 1450. Wobei »Fresken« hier nicht ganz richtig ist, denn die Wand- und Gewölbebilder wurden nicht feucht, sondern al secco, trocken, aufgetragen. Deshalb ist es umso verwunderlicher, dass der Erhaltungszustand der Bilder derart einwandfrei ist. Besonders schön: der Sternenhimmel des Langhauses mit den acht Medaillons mit Brustbildern der Evangelisten und der Kirchenväter.

Geografisch gesehen unternehmen wir nun einen Sprung in nördlicher Richtung, zur Donau hin: Hier liegt am Fuß des Kürnberger Walds das

Die Kirche des Zisterzienserstifts Wilhering: Sie gilt als eine der bedeutendsten Rokoko-Kirchen des Landes.

Zisterzienserstift Wilhering mit seiner berühmten Rokokokirche. Die Geschichte Wilherings beginnt im 12. Jahrhundert, als die Burgherren von Wilhering Grund und Feste den Zisterziensern des steirischen Klosters Rein überließen. Sie zogen von hier jedoch nach ein paar Jahrzehnten wieder ab, was eine neuerliche Besiedelung durch das fränkische Ebrach nach sich zog. Zwischen 1195 und 1254 wurden nun Kirche und Konventsgebäude gebaut, wovon heute nur noch das Kirchenportal sowie Teile der Chor- und Querhauswände und des Kreuzgangs zu sehen sind. Die mittelalterlichen Bauten wurden um 1620 durch eine barocke Anlage ersetzt, die allerdings 1733 ein Brand, den eine Magd gelegt hatte, zerstörte. Ungeheuer schnell nahm man den Wiederaufbau in Angriff: Innerhalb von zwanzig Jahren errichtete der Linzer Baumeister Johann Haslinger Stift Wilhering, wie wir es heute kennen. Eine Sonderstellung nimmt dabei die Stiftskirche ein, die sich als ein ausgesprochen harmonisches Zusammenspiel von Architektur, Malerei, Stuck und Skulptur präsentiert. Beteiligt an diesem Arpeggio der bildenden Künste waren unter anderem Martino und Bartolomeo Altomonte, Franz Josef Ignaz Holzinger und Johann Üblher. »Es gibt kein

Ein Detail der Orgel in der Stiftskirche Wilhering.

zweites Bauwerk, das diese Kirche in der Fülle des Figurenschmucks übertrifft. Fülle und Farbigkeit sind die beiden ästhetischen Hauptelemente des Raumes«, urteilte der renommierte Kunsthistoriker Cornelius Gurlitt über diesen Innenraum. Als die Kirche in den 1970er Jahren einer umfassenden Restaurierung bedurfte, engagierte man dafür Fritz Fröhlich, dem auch die Gewölbefresken der Stiftskirche von Engelszell – einem Tochterkloster Wilherings – zu verdanken sind. Um ein Museum für sein Œuvre zu schaffen, wurde in Wilhering ein ehemaliges Stiftsgebäude restauriert.

Die Schul- und Internatsbauten Wilherings stammen aus der Zeit nach dem Zweiten Weltkrieg. Der Stiftspark mit exotischem Baumbestand und barockem Pavillon ist sehenswert und glücklicherweise öffentlich zugänglich. Dahinter liegen die Glashausanlagen der Stiftsgärtnerei. Die ehemalige Stiftskellerei samt Stiftsgasthof und die stillgelegte Brauerei sind durch die Bundesstraße vom Stift getrennt.

Wieder zurück auf Linzer Stadtgebiet: Das nächste Ziel ist die Wallfahrtskirche zu den Sieben Schmerzen Mariä auf dem Pöstlingberg, dessen andere Attraktionen – die Pöstlingbergbahn, die Grottenbahn und der Tiergarten – schon im Kapitel über die Landeshauptstadt selbst zur Sprache gekommen sind. Das Wahrzeichen hoch über der Stadt besticht allerdings weniger durch seine Architektur oder das Interieur als durch seine wundersame Geschichte: Im Jahr 1716 stellte Ignaz Jobst ein Gnadenbild Mariens, das er geschnitzt hatte, auf dem Pöstlingberg auf, worauf sofort Legenden von verschiedenen Wundern die Runde machten. Davon erfuhr der Grundherr Gundomer von Starhemberg, stieg zum Gnadenbild, um das mittlerweile eine Holzkapelle errichtet worden war, auf und erbat Heilung von einer schweren Krankheit. Aus Dankbarkeit, dass er tatsächlich gesund wurde, ließ er im Jahr 1738 nach Plänen von Johann Matthias Krinner die Wallfahrtskirche bauen. Und obwohl die Kirche zweimal von verheerenden Bränden verwüstet wurde: Das geschnitzte Gnadenbild der Muttergottes steht unversehrt im Zentrum des Altars.

Eindrucksvolles Tor zum Mühlviertel: Die Marien-Wallfahrtskirche am Pöstlingberg bei Linz.

Vom Pöstlingberg geht es nun ins untere Mühlviertel: Im Jahr 1856 wurde aus Anlass der Geburt der kaiserlichen Prinzessin Gisela am 927 Meter hohen Lichtenberg die gleichnamige Aussichtswarte errichtet.

Weiter führt der Weg durch den Haselgraben nach Kirchschlag. Im Gemeindegebiet dieses sonnigen Lieblingsausflugsziels der Linzer, das seiner guten Luft und freundlichen Umgebung wegen schon Adalbert Stifter zwischen 1865 und 1867 immer wieder hierher lockte, liegen Burgruine und Schloss Wildberg. Die Reste der gotischen Burg – Teile der Umfassungsmauern und der Kapelle sind erhalten – befinden sich ein Stück oberhalb des schlichten Schlosses, eines dreigeschoßigen Baus um einen Innenhof mit Arkadengang.

Seiner Lage auf einer Hochfläche verdankt Hellmonsödt den Beinamen »Balkon von Linz«. Frische Landluft, eine schöne Aussicht: Hellmondsödt ist ein beliebter Erholungsort und war das auch in der Vergangenheit: Erzherzog Ferdinand jagte gerne in den Wäldern ringsum, und das als Gast der Starhemberger, deren einer – Johann IV. – um 1440 die Pfarrkirche hl. Alexius errichten ließ. Ein Jahrhundert später waren dessen Nachfahren Auftraggeber für die an der Kirche angebaute Begräbnisstätte der Familie, wo nicht nur zahlreiche Denkmäler an sie erinnern, sondern auch ein Marmoraltar aus dem 16. Jahrhundert zu sehen ist. Berühmt ist die Pfarrkirche aber vor allem wegen der Maßwerkfenster, dem spätgotischen Sakristeitor und dem Tafelbild Bartolomeo Altomontes, das einen Rokokoaltar aus dem ehemaligen Kloster Pupping ziert.

Die hohe Gerichtsbarkeit übertrug Kaiser Maximilian der Herrschaft zu Wildberg um 1560, die daraufhin 1566 am Marktplatz von Hellmondsödt einen Pranger aufstellen ließen, der dort heute noch steht. Und ein Ausflug in die freundliche Umgebung sollte möglichst zum Freilichtmuseum Pelmberg führen: Ein strohgedeckter Mühlviertler Dreiseit-Bauernhof (auch wenn der spätere Anbau eines »Kastls« einen Vierseithof daraus machte) aus dem 14. Jahrhundert wurde liebevoll im Stil alter Höfe eingerichtet, was zumindest theoretisch den harten bäuerlichen Alltag vergangener Zeiten nachvollziehen lässt.

Aus dem romantischen Haselgraben mit einem Sprung zurück in die harte Wirklichkeit lauter Autobahnen: In Sicht- und Hörweite der A1 liegt Ansfelden, das eigentlich bloß voller schöner Töne sein sollte, denn hier wurde am 4. September 1824 Anton Bruckner geboren. Dieser Tatsache haben die Ansfeldener allerdings engagiert Rechnung getragen: Erstens wurde das Geburtshaus Bruckners zu einer sehenswerten Gedenkstätte des großen Sinfonikers gestaltet (nicht nur das Geburtszimmer ist zu sehen, sondern auch ein Klassenzimmer, wie es zu Lebzeiten Bruckners gang und gäbe war). Zweitens hat man ein Veranstaltungs- und Kommu-

Anton Bruckner, Sinfoniker und Organist in St. Florian.

nikationszentrum als zeitgemäßen Ort für Kunst und Kultur errichtet, das **Anton Bruckner Centrum**.

Um von Ansfelden zur großen Wirkungsstätte Bruckners zu gelangen, nimmt man am besten den **Anton Bruckner Sinfoniewanderweg**, der direkt zum **Stift St. Florian** führt. Selbst Individualisten sollten einen Besuch der Anlage dann unter keinen Umständen unterlassen: Sehen und staunen kann man über die Pracht nur im Rahmen einer Führung. Bereits der Weg von der Portierloge zur Basilika offeriert eine gekonnte Inszenierung von Architektur. Über 200 Meter lang erstreckt sich die Westfassade, nur einmal vom dreigeschoßig konzipierten Durchgang mit dem **Bläserturm** zum Klosterhof unterbrochen, direkt zu der am Nordende liegenden **Basilika**, deren Türme das Stift weit überragen. Im Inneren wird man von Pracht geradezu überfallen: Abgesehen vom großen Hochaltar aus Marmor des Giovanni Battista Colomba ist die legendäre Orgel (1770–1774) von Franz Xaver Krismann, auf der Anton Bruckner seine nicht überlieferten Improvisationen spielte, Mittelpunkt des Kirchenbaus. Darunter die **Krypta**: Hier sind nicht nur Teile des karolingischen Vorgängerbaus aus dem 9. Jahrhundert zu sehen, sondern auch das Grab Bruckners und jenes einer gewissen Valeria: Sie soll den Leichnam des hl. Florian geborgen und hier begraben haben.

Vom **Adlerbrunnen** in der Mitte des Stiftshofes aus ist der Anblick des siebenachsigen **Treppenhauses** – von Carlone begonnen, von Prandtauer vollendet und ein faszinierendes Surplus barocker Architektur, die hier ein Fest aus Pilastern und sich aufwärts bewegenden Treppen, aus Arkaden und eingestellten Säulen feiert – am besten zu genießen. Im zweiten Stock des Westflügels befinden sich die **Kaiserzimmer**: 16 an der Zahl, boten sie nicht nur den Gästen aus dem Herrscherhaus entsprechende Unterkunft, sondern auch Papst Pius VI., der 1782 in St. Florian weilte. In diesem Teil des Baus liegen auch die **Bruckner-Gedenkzimmer**: Schlicht sind die Dinge, die der Komponist im Alltag um sich hatte und die nach seinem Tod hierher gebracht wurden.

Der grandiose **Marmorsaal** – das bezieht sich sowohl auf seine Ausmaße (30 Meter lang, 15 Meter breit und ebenso hoch, damit dem barocken Harmonie-Ideal entsprechend) als auch auf seine Gestaltung – erstreckt sich über das gesamte zweite und dritte Geschoß des Südflügels. Im Ostflügel findet sich die **Stiftsbibliothek** als Zeugnis dafür, dass die Klöster der Augustiner-Chorherren ein »Hort des Glaubens und eine Pflegestätte von Kunst und Wissenschaft« sind. An die 140 000 Bände, über 1 000 Handschriften und etwa 800 Inkunabeln machen sie zu einem Dorado für Bibliophile. Das Deckengemälde von Bartolomeo Altomonte nach Entwürfen von Daniel Gran übrigens stellt in fantasievollen Allegorien den Konnex zwischen Tugend und Wissenschaft durch die Religion dar.

Das Augustiner-Chorherrenstift St. Florian: Stiftshof mit Treppenhaus und Adlerbrunnen (oben), Bibliothek (unten).

In der **Gemäldesammlung** des Stifts sind unter anderem herrausragende Beispiele spätgotischer Kunst zu bewundern, darunter die Rundscheibe »Maria mit dem Kind«, die wahrscheinlich das einzige erhaltene Werk aus der Stiftskirche der Kartause Gaming in Niederösterreich ist. Knapp hundert Tafelbilder aus dem 15. und 16. Jahrhundert sind ein weiterer Schwerpunkt, dazu kommt der spätgotische Flügelaltar des Regensburger Malers Albrecht Altdorfer aus dem frühen 16. Jahrhundert. Arbeiten von Lucas Cranach und Wolf Huber – Vertreter der Donauschule – sind weitere Beispiele gotischer Kunst. Aus den darauf folgenden Epochen beeindrucken Gemälde von Barockkünstlern, darunter Bartolomeo und Martino Altomonte und dem »Kremser Schmidt«. Aber auch Werke von Künstlern anderer europäischer Länder machen den Besuch zum Genuss: Pieter Brueghel d. J. und (der Canaletto genannte) Bernardo Bellotto. Dass in St. Florian auch moderne Kunst ausgestellt ist, ist einmal mehr Beweis für die fortdauernde Kunstsinnigkeit und Weltoffenheit des Ordens: Hans Fronius, expressionistischer Grafiker und Maler, ist dank der Sammeltätigkeit der Verantwortlichen sowie einer Schenkung der Witwe sowohl mit Gemälden als auch mit druckgrafischen Arbeiten vertreten.

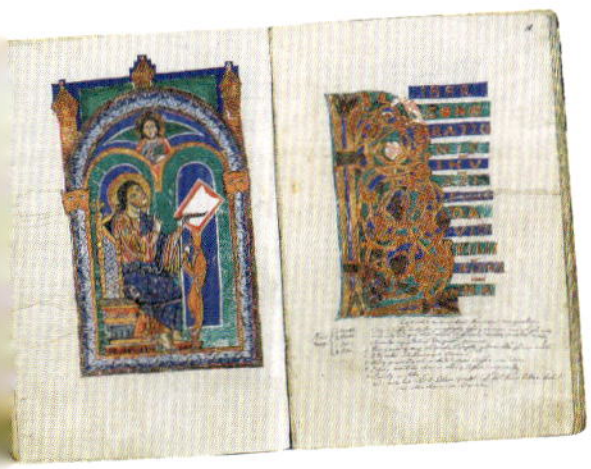

Last, but not least gilt es noch zwei Schlössern einen Besuch abzustatten: **Tillysburg** und **Hohenbrunn**, beide im Gemeindegebiet von St. Florian. Ersteres ist ein schön renovierter zweigeschoßiger Bau samt vier großen Flügeln, die sich um den Arkadenhof gruppieren. Johann Michael Prunner sind nicht nur die Arkaden zu verdanken, sondern auch das prächtige Treppenhaus, das er im Stil jenes von St. Florian baute. Aus der Zeit um 1730 stammt die opulente Stuckdekoration der Innenräume sowie die Kapelle und die hübsche Gartenanlage mit den Jahreszeiten-Skulpturen.

Schloss Hohenbrunn ist der einzige nachweisbare Schlossbau Jakob Prandtauers. Dass Hohenbrunn überhaupt noch steht, ist dem 1961 gegründeten Verein zur Erhaltung und Renovierung des Schlosses zu verdanken: Man war bereits nahe daran, den halb verfallenen Bau ganz abzureißen. In der schönen Barockanlage ist heute das Oberösterreichische Jagd- und Fischereimuseum mit einer bemerkenswerten Jagdporzellansammlung untergebracht. Sehenswert sind in St. Florian aber auch der Sumerauerhof, ein prächtiger Vierkanter, der als Freilichtmuseum oberösterreichischer Gutsbewirtschaftung eingerichtet ist, und das Historische Feuerwehrzeughaus – schließlich ist der hl. Florian der Schutzheilige der Feuerwehrleute.

Tipps und Information

- TRAUN: Stadtamt Traun, 4050 Traun, Hauptplatz 1, Tel.: 07229/688-101, Fax: 688-992 20. **Schloss Traun:** Ausstellungsräume: jeden 1. So im Monat 14–17 Uhr; Innenhof und Außenanlage sind frei zugänglich. **Städtische Galerie:** Mi–Fr 16–19, Sa, So, Fei 10–12, 14–17 Uhr, Tel.: 07229/688-117 od. 105.
  E-MAIL: buergerservice@traun.at
  INTERNET: http://www.traun.at
- PUCKING: Gemeindeamt Pucking, 4053 Pucking, Puckinger Straße 5, Tel.: 07229/889 11, Fax: 889 11-10.
  E-MAIL: holidays@oberoesterreich.at
  INTERNET: http://www.tiscover.at/pucking
- ZISTERZIENSERSTIFT WILHERING: Tel.: 07234/822 55-0, Fax 07234/842 25. Das Stift und die Fritz-Fröhlich-Sammlung sind nur nach tel. Voranmeldung zwischen 15. 5. und 15. 10. zu besichtigen.
- LINZ: Touristinformation Linz, 4010 Linz, Hauptplatz 1, Tel.: 0732/70 70-17 77, Fax: 77 28 73.
  E-MAIL: tourist.info@linz.at
  INTERNET: http://www.linz.at
- KIRCHSCHLAG: Gemeindeamt Kirchschlag, 4202 Kirchschlag 44, Tel.: 07215/22 85-0, Fax: 22 85-8.
  E-MAIL: gemeinde@kirchschlag.ooe.gv.at
  INTERNET: http://www.tiscover.at/kirchschlag-linz
- HELLMONSÖDT: Tourismusverband Hellmonsödt, 4202 Hellmonsödt, Marktplatz 5, Tel.: 07215/23 48, Fax: 22 50-50. **Freilichtmuseum Pelmberg:** 1. 3.–30. 11. tgl. 10–18 Uhr, Tel.: 07215/24 88.
  E-MAIL: hellmonsoedt@oberoesterreich.at
  INTERNET: http://www.tiscover.at/hellmonsoedt

ANSFELDEN: Stadtamt Ansfelden, 4053 Haid, Hauptplatz 41, Tel.: 07229/840-216 od. 234, Fax: 840-556. **Anton Bruckner Geburtshaus:** Anfang April bis Ende Oktober nach tel. Voranmeldung im Pfarramt, Tel.: 07229/871 28 oder bei Frau Rigolet, Tel. 07229/823 76.
E-MAIL: hellmonsoedt@oberoesterreich.at
INTERNET: http://www.tiscover.at/hellmonsoedt

ST. FLORIAN: Tourismusverband St. Florian, 4490 St. Florian, Marktplatz 2, Tel.: 07224/56 90, Fax: 67 88. **Augustiner-Chorherrenstift:** Stiftsführungen April bis Oktober tgl. 10, 11, 14, 15, 16 Uhr, für Gruppen nach tel. Voranmeldung, Tel.: 07224/89 02-10, Fax 89 02-23. **OÖ Jagd- und Fischereimuseum Schloss Hohenbrunn:** April bis Oktober Di–So 10–12, 13–17 Uhr, Tel.: 07224/89 33. **Denkmalhof Sumerauer:** März bis Oktober Di–So10–12, 13–17 Uhr, Tel. & Fax: 07224/80 31. **Historisches Feuerwehrzeughaus:** 1. 5.–31. 10. Di–So 9–12, 14–16 Uhr, Tel.: 07224/42 19.
E-MAIL: info.stflorian@netway.at
INTERNET: http://www.tiscover.at/st.florian

GASTRONOMISCHES: Der **Kirchschlagerhof** gilt bei Önologen und Gourmetkritikern als Geheimtipp (4202 Kirchschlag, Tel. 07215/26 66-0, Fax 26 66-29). Gutbürgerliche Küche und das Flair, dass hier schon Bruckner-Dirigenten wie Herbert von Karajan oder Leonard Bernstein zu Gast waren, bietet der **Gasthof Zur Kanne** in St. Florian (Marktplatz 7, Tel. 07224/42 88, 87 28-5).

VERANSTALTUNGEN: Im Schloss Tillysburg, im Ansfeldener Anton Bruckner Center und selbstverständlich in St. Florian selbst dominiert Bruckner das reichhaltige musikalische Programm. Vor allem die Veranstaltungen im Rahmen der **Oberösterreichischen Stiftskonzerte** sollte man sich nicht entgehen lassen – sie sind von besonderer Qualität (Information s. o.).

NATUR & FREIZEIT: »Je näher Lintz, desto blühender alles umher«, schrieb Joseph von Eichendorff in sein Tagebuch. **Pöstlingberg**, **Haselgraben**, aber auch der **Lichtenberg** geben ihm vollinhaltlich Recht. Rund um Schloss Tillysburg bei St. Florian dagegen lockt ein schön gelegener **Golfplatz** auf den grünen Rasen (Tel. 07223/828 73). Und wer lieber schwimmt: Der **Ausee Asten** bei St. Florian bietet unermüdlichen Wasserratten sogar einen Wasserskilift (Information s. o.).

ANREISE: A1 Abfahrt Linz

Losenstein

Ternberg · Trattenbach · Reichraming · Grossraming · Maria Neustift

Im Ennstal, dort, wo einst das Eisen geschmiedet wurde, zeugt vieles noch von der Kultur der Hammerherren. Mit dem Nationalpark Kalkalpen aber hat man auch der Zukunft eine Chance eingeräumt.

Uralt, vom der Zahn der Zeit schon ganz zerfressen, thront die Ruine Losenstein weithin sichtbar über dem gleichnamigen Ort. Sie hatte eine wesentliche Funktion, die man heute noch gut nachvollziehen kann: Denn von oben ist der Blick nicht nur faszinierend, er schweift vor allem über die Eisenstraße. Das war einst von großer Bedeutung, weil das Eisenerz, das über Hieflau die Enns entlang bis nach Steyr gebracht wurde, vor Räubern und Wegelagerern beschützt sein wollte. Die Gegend war (und ist es nach wie vor) schließlich waldreich und bot allerlei fragwürdigem Gelichter Unterschlupf. Heute ist die Ruine, die aus einer Haupt- und einer Vorburg besteht, ein höchst beliebtes Ausflugsziel. Wahrscheinlich schon im 15./16. Jahrhundert verlassen und dem Verfall preisgegeben, sind heute noch Reste des gotischen Baus aus Bruchstein zu sehen: Teile des Palas und des Wohnbaus sowie des mächtigen Turms, der allerdings bereits aus der Romanik stammt.

Es war mühselige Kleinarbeit: Aus jenem Erz, das nicht bis Steyr gebracht, sondern in Losenstein verarbeitet wurde, stellte man Nägel her. Im Heimathaus und entlang des Nagelschmiedewegs mit den informativen Schautafeln lässt sich viel über die penible Arbeit und das Sozialwesen lernen, auch wenn man heute spielerisch selbst einen Nagel schmieden kann.

Besuchenswert in Losenstein ist auch die einst gotische, nun barockisierte Pfarrkirche hl. Blasius mit den gut erhaltenen Fresken und einem Gemälde von Carl von Reslfeldt – die »Darbringung Jesu im Tempel« – am Hochaltar.

Ein buntes, gedrechseltes Holzstück und – darin verborgen – eine scharfe Klinge: Die Feiteln von Trattenbach.

Ein kleiner, manchmal liebevoll, manchmal ganz schlicht gestalteter Holzgriff mit einer schmalen Ausnehmung, aus der sich eine scharfe, doch zierliche

Im Land der »Schwarzen Grafen«: Das Ennstal bei Losenstein.

Klinge klappt: Taschenfeitel, archaischer Gegenstand aus einer Zeit, in der von Schweizermesser und Leather Man noch nicht die Rede war. 16 Hämmer, die 45 verschiedene Sorten Feitel in mehr als 40 einzelnen Arbeitsschritten herstellten – das ist die heute zwar museale, zuvor aber jahrhundertealte Tradition von Ternberg und Trattenbach. Die hübsche Gemeinde im Ennstal am Eingang zum Nationalpark Kalkalpen hat sich dieser Tradition besonnen und den Ortsteil Trattenbach zum Tal der Feitelmacher gemacht: Wie Perlen an einer Schnur liegt dieses Ensemble historischer Kleineisenverarbeitungsbetriebe entlang eines Baches. Die Eisenverarbeitung in Trattenbach hat etwas Familiäres, nichts beeindruckend Hammerherrenherrliches, denn wenngleich die Feitel- und Messerproduktion bis ins 14. Jahrhundert zurückzuverfolgen ist – der gesamte Produktionsablauf blieb innerhalb der Familie: Die Männer schmiedeten die Klingen und drechselten die Griffe, die Frauen verbanden Eisen und Holz, und die Kinder halfen beim Färben der Griffe und beim Verpacken. Mehr als 30 Betriebe hat es in Trattenbach nie gegeben, und zugezogene Meister wurden bloß dann akzeptiert, wenn sie eine Meisterswitwe heirateten oder ein Betrieb zu verwaisen drohte. Diese kluge Wirtschaftlichkeit – die sich schon früh an das Motto »Small is beautiful« gehalten hat – ist im Museumsdorf Trattenbach abwechslungsreich und vergnüglich dargestellt.

In Ternberg selbst sollte man der Pfarrkirche einen Besuch abstatten: Den prunkvollen Barockaltar schmückt ein großartiges Gemälde von Carl von Reslfeldt, die »Auferstehung Christi«.

Das Holz für die Eisenverarbeitung, ebenso wichtiger Rohstoff wie das Erz selbst, bezogen die Hammerherren der Eisenwurzen zu einem gut Teil aus Reichraming. Das Leben der Holzknechte, die im steilen Gelände schlägerten und das Holz zu Tal brachten, war hart. Wobei vor allem der Transport des Holzes ein Problem war: Auf so genannten Holzriesen – eine Art Rutsche – rollten die Stämme zu den Bächen und trifteten dann, von den Holzknechten mit langen Stangen geleitet, ins Tal. Dort wurden die Baumstämme an den aufgestauten Stellen der Bäche gesammelt, bis man zur Schneeschmelze oder nach starken Regenfällen die Klausen öffnete und das Holz mit Getöse bis Reichraming donnerte und im Schallauer Rechen aufgefangen wurde. Von dieser gefährlichen und ungemein anstrengenden Arbeit erfährt man eine Menge im Forstmuseum, das in einer ehemaligen Holzknechthütte eingerichtet ist.

Der Sammelfreude des Tischlers Franz Gruber ist ein ganz besonderes Museum in Großraming zu verdanken: Kutschen und Schlitten vorwiegend aus dem 19. Jahrhundert sind auf seinem Betriebsgelände öffentlich zugänglich. In der Pfarrkirche von Großraming trifft man nochmals auf den Maler Carl von Reslfeldt: Auch hier ziert den gotischen Altar eines seiner Gemälde, diesmal mit der Pfingstszene. Die Madonna mit Kind, die einst einen Seitenaltar schmückte, ist heute in einer Kapelle im Ortsteil Hinterstein aufgestellt. Und daran, dass hier im 19. Jahrhundert Kohle abgebaut wurde, erinnert der Knappenweg, ein kultur- und sozialhistorischer Wanderweg, an dem mit über 20 Schautafeln vom Leben der Bergknappen und dem Abbau der Glanzbraunkohle erzählt wird.

Am äußersten Rand der oberösterreichischen Eisenwurzen liegt der kleine Wallfahrtsort Maria Neustift, eine Gründung des Kloster Garsten und bereits 1124 erstmals urkundlich erwähnt. Und obwohl die Kirche in neugotischem Stil erbaut und erst 1898 geweiht wurde: Ihr Inneres ist allein wegen der schönen spätgotischen Madonnenstatue aus dem Jahr 1450 und dem barocken Altar von Hans Spindler d. J. von 1688 besuchenswert.

Tipps und Information

LOSENSTEIN: Tourismusverein Losenstein, 4460 Losenstein, Eisenstraße 45, Tel.: 07255/344. **Heimathaus:** Auskunft über die Öffnungszeiten beim Tourismusverein.
E-MAIL: gemeinde.losenstein@gemeinde-losenstein.at
INTERNET: http://www.tiscover.at/losenstein

TERNBERG: Tourismusverband Ternberg, 4452 Ternberg, Kirchenplatz 12, Tel.: 07256/60 05 od. 73 76, Fax: 60 05-80. **Museumsdorf Trattenbach:** Mai bis Oktober Mi–So 9–17 Uhr und nach tel. Voranmeldung beim Tourismusverband.
E-MAIL: info.npr.ennstal@oberoesterreich.at
INTERNET: http://www.tiscover.at/ternberg

REICHRAMING, GROSSRAMING, MARIA NEUSTIFT: Nationalparkinfo und Tourismusbüro, 4463 Großraming, Kirchenplatz 3, Tel.: 07254/841 41, Fax: 841 44. **Forstmuseum:** Jeden 2. und 4. So im Monat und nach tel. Voranmeldung bei Karl Garstenauer, Tel.: 07255/82 57. **Kutschen- und Schlittenmuseum:** Tgl. 8–17 Uhr und nach tel. Voranmeldung, Tel.: 07254/82 83.
E-MAIL: nationalparkregion@oberoesterreich.at
INTERNET: http://www.tiscover.at/reichraming u. www.tiscover.at/großraming

NATUR & FREIZEIT: Es ist das größte unbesiedelte Waldgebirge, und in ihm befindet sich das längste unversehrte Bachsystem der Ostalpen: Reichraminger Hintergebirge und Sengsengebirge, zusammengefasst und geschützt im **Nationalpark Kalkalpen** (dem auch das Tote Gebirge und die Haller Mauern eingegliedert werden sollen). Es war ein langer Kampf gegen Wirtschaftsinteressen, gefochten vor allem vom »Verein Nationalpark Kalkalpen«, der 1990 gegründet wurde und sich auch der Unterstützung des Landeshauptmanns sicher sein durfte. Wirklichkeit wurde das Projekt am 25. Juli 1997, international anerkannt wurde der Nationalpark im Jahr darauf. Dass diese herrliche Naturlandschaft ein Dorado für Wanderer ist, braucht eigentlich nicht gesondert erwähnt zu werden, dass es ein gut ausgebautes Mountainbike-Netz gibt, schon eher, besonders aber sei darauf hingewiesen, dass man mit geschulten Nationalpark-Betreuern geführte Wanderungen unternehmen kann (Information s. o.).

ANREISE: A1 Abfahrt Enns/Steyr, B309, B115

Mattighofen

Schalchen · Pischelsdorf am Engelbach · Lochen-Gebertsham · Munderfing · Eggelsberg · Ibmer Moor · Gilgenberg · Franking-Holzöster am See · Hochburg-Ach

Hier, im Hausruckviertel, begegnen Kulturreisende nicht nur sakralen Kunstwerken der Sonderklasse, sondern auch Größenwahn und dem berühmtesten Weihnachtslied der Welt.

Mattighofen, einst Pfalz der Karolinger, später im Besitz der Bayern und erst seit 1779 österreichisch, lockt mit seiner **Pfarrkirche Mariä Himmelfahrt**: Der frühklassizistische Bau des Münchner Baumeisters Franz Anton Kirchgrabner aus den Jahren 1774–1779 steht an Stelle einer gotischen Vorgängerkirche, von der bloß noch Turm und Chor erhalten sind. Allerdings ist es weniger die Sakralarchitektur an sich, die einen Besuch lohnt, als vielmehr das Interieur. Denn abgesehen von den Fresken Nepomuk della Croces aus dem Jahr 1780 fallen besonders die beiden Skulpturen am Hochaltar von Thomas Schwanthaler ins Auge. Die Figuren des Petrus und des Paulus schuf Schwanthaler 1676 noch für die alte Kirche. Bemerkenswert sind auch die Fresken in der Werktagskirche im alten Kreuzgang des Propsteigebäudes: Sie sind – nicht nur ungewöhnlich, sondern ganz und gar einzigartig in Oberösterreich – stark vom italienischen Manierismus geprägt. Wer sie schuf, ist unbekannt.

Nur ein Stück weiter Richtung Braunau liegt der kleine Ort **Schalchen**, wo eines der Hauptwerke Thomas Schwanthalers in der **Filialkirche hl. Jakob** zu bewundern ist: die Enthauptung der hl. Barbara (es war ihr eigener Vater, der sie wegen ihres unverbrüchlichen Bekenntnisses zum Christentum ermordete) aus dem Jahr 1672.

Nicht weit davon entfernt liegt der kleine Ort **Pischelsdorf am Engelbach**, der den Besucher mit einem weiteren Surplus sakraler Baukunst erwartet: Die **Pfarrkirche Mariä Himmelfahrt** wurde an der Wende vom 14. zum 15. Jahrhundert errichtet. Die großzügig angelegte Kirche mit Vorhallen sowohl beim Nord- als auch beim Südportal weist in der Ölbergkapelle Fresken von außergewöhnlich guter Qualität aus der Bauzeit auf. Die Statuen am Hochaltar stammen übrigens vom alten Hochaltar in Hart, und zwar aus dem Jahr 1626.

Gewissermaßen italophil ist auch die Pfarrkirche Mariä Himmelfahrt in **Lochen**. Der Hauptaltar des Meinrad Guggenbichler aus dem Jahr 1709

Von Meinrad Guggenbichler stammt der Hochaltar der Pfarrkirche Mariä Himmelfahrt in Lochen.

nämlich birgt eine figurale Mittelgruppe, bestehend aus Maria mit dem Kind auf einer Mondsichel, zu ihren Füßen kniend die Heiligen Barbara und Katharina, an den Seiten Georg, Florian, Sebastian, Rochus und Bartholomäus. »Sacra conversazione« werden diese in erster Linie im Italien der Renaissance und des Barock überaus beliebten Figurengruppen um Maria genannt. Doch abgesehen von dieser durchaus heiteren Gruppe sind in dieser Pfarrkirche noch weitere Werke von Guggenbichler zu sehen, darunter eine wunderschöne Schmerzhafte Muttergottes.

Nur ein Katzensprung ist es nach Gebertsham, wo ebenfalls ein Sakralbau im Zentrum der Aufmerksamkeit steht (sofern man sich vom wunderbaren Alpen-Panorama, das man vor der Kirche hat, losreißen kann). Aller Wahrscheinlichkeit nach eine Salzburger Arbeit von Gorian Gluckh aus der ersten Hälfte des 15. Jahrhunderts ist der große Flügelaltar in der gotischen Kirche. Er hat die Passion Christi zum Thema und stammt – weil es ungewöhnlich ist, in dieser kleinen Kirche ein solches Prachtwerk zu finden – möglicherweise aus einer der barockisierten Kirchen der Umgebung.

Genuss und Verderben in Munderfing: Nicht nur eine der ältesten Schnapsbrennereien (sie zählt stolze 200 Jahre) ist hier anzutreffen, sondern auch die Fliehburg: eine Wallanlage, die bereits im 10. Jahrhundert, zur Zeit der Awaren- und Magyareneinfälle, entstanden sein dürfte und dazu diente, Mensch und Tier samt Hab und Gut in Momenten der Gefahr schnell Zuflucht zu bieten. In der Pfarrkirche hl. Martin wiederum ist ein weiteres Werk Meinrad Guggenbichlers zu sehen: In der Kerscher-Kapelle stehen auf dem Pestaltar Statuen aus dem Jahr 1714. Und auch der Schmerzensmann sowie die Schmerzhafte Muttergottes in der Munderfinger Filialkirche Valentinhaft stammen von Guggenbichler.

Mit Eggelsberg befinden wir uns sozusagen mitten drin im Ibmer Moor, das mit seiner Ausdehnung von 25 Quadratkilometern zu einem der größten Hochmoore Europas zählt. Erschließen kann man das Natur- und Vogelschutzgebiet auf einem Moorlehrpfad und einem Moorwanderweg.

Die am höchsten Punkt des Ortes gelegene Pfarrkirche Mariä Himmelfahrt ist jedoch ebenfalls ein lohnenswertes Ziel. Die in den Jahren 1420–1436 erbaute und von einer starken Wehrmauer umgebene spätgotische Kirche hat eine besonders reiche Ausstattung. Dazu gehören die Gewölbefresken aus der Zeit um 1440, vor allem aber das barocke Interieur: Der Hochaltar (1661) hat nicht nur reiches Knorpelwerk und gedrehte Säulen zu bieten, auch die Seitenaltäre, die Kanzel, das Chorgestühl und die Beichtstühle sind in opulenter barocker Formensprache ausgeführt. Und das Kruzifix sowie die Skulpturen stammen von Martin Zürn.

Nahe Gilgenberg am Weilhart ist vom eingangs erwähnten Größenwahn die Rede. Denn hier steht der Meier-Helmbrecht-Hof, berühmt durch ein großes Stück Literatur aus dem 13. Jahrhundert, das sich erstmals nicht mit dem Adel auseinandersetzt, sondern mit den Bauern und dem Volk. Auf diesem Hof hat Wernher der Gartenaere sein Epos *Meier Helmbrecht* angesiedelt. Es erzählt von einem, der auszog, weil er nicht mehr Bauer, sondern Ritter sein wollte. Die Sache ging gründlich schief, um es einmal salopp auszudrücken, denn Helmbrecht wird als Raubritter festgenommen und geblendet, will wieder nach Hause, wo ihm die Türen jedoch verschlossen bleiben und zu allem Überfluss die von ihm einst gedemütigten Bauern schreckliche Rache an ihm nehmen. Sein Ende sind ein Strick und ein Baum – was ihm sein Vater von allem Anfang an prophezeit hat.

Ebenfalls in die Welt bäuerlichen Lebens entführt das Bauern- und Heimatmuseum in Franking-Holzöster am See. Untergebracht in einem der längst selten gewordenen Bundwerkstadel sind Geräte, Werkzeuge, Einrichtungen, wie sie die Bauern früherer Jahrhunderte verwendet haben. Das Erstaunliche daran: Die Gerätschaften sind völlig intakt, und mit den Acker- und Erntegeräten, den Werkzeugen und Webstühlen könnte man sofort wieder ans Werk gehen.

Dass Hochburg-Ach an der Salzach in seiner Pfarrkirche Mariä Himmelfahrt eine gotische Sechseckkirche mit schön gearbeitetem Netzrippengewölbe besitzt, die als älteste des Landes gilt (sie stammt aus dem frühen 15. Jahrhundert), ist schon etwas Besonderes und vor allem höchst Sehenswertes. Was aber Scharen musikalischer Menschen anzieht, ist jenes Haus, in dem am 25. November 1787 Franz Xaver Gruber zur Welt kam. Er wurde Volksschullehrer, später Organist in Oberndorf und komponierte mit *Stille Nacht, heilige Nacht* das wahrscheinlich berühmteste Weihnachtslied der Welt. In seinem Geburtshaus ist nicht nur eine Gedenkstätte eingerichtet, sondern auch ein kleines Heimatmuseum mit bäuerlichem Kulturgut der Region.

Besuchen sollte man auch die kleine Wallfahrtskirche Mariä Heimsuchung in Ach, die um 1404 vollendet, 1630 mit Stuck versehen und 1770 barock erweitert wurde. Das Gnadenbild, Ziel der Wallfahrer, datiert aus 1480/90, die Dreifaltigkeitsgruppe aus 1771.

Doch um zu guter Letzt nochmals auf *Meier Helmbrecht* zurückzukommen: Das sich in Privatbesitz befindende Schloss Wanghausen bei Hochburg-Ach wird im Epos bereits genannt, trägt da jedoch den Namen *Wanchusen*.

Tipps und Information

MUNDERFING, MATTIGHOFEN, LOCHEN: Tourismusamt Munderfing, 5222 Munderfing 91, Tel.: 07744/62 55, Fax 62 55-5. **Schnapsbrennerei:** Achtal 2, Tel.: 07744/63 33, Fax 63 33-35, office@andrechriston.at, http://www. andrechriston.at.
E-MAIL: gemeinde@munderfing.ooe.gv.at
INTERNET: http://www.tiscover.at/munderfing

FRANKING-HOLZÖSTER: Tourismusverband Franking, 5131 Franking 26, Tel.: 06277/81 19, Fax: 84 00. **Bauern- und Heimatmuseum:** Sa 13–17, Di 18–20 Uhr und nach tel. Voranmeldung, Tel.: 06277/85 48.
E-MAIL: info.franking@netway.at
INTERNET: http://www.tiscover.at/franking

GASTRONOMISCHES: Nein, kein Witz: In Bier kann man baden. Zumindest im **Landhotel Moorhof**, das nicht nur Kurbäder in Bier, Heusprudelbäder und – geradezu normal – einen modernen Wellness-Bereich anbietet, sondern außerdem hervorragende regionale Speisen zuzubereiten versteht (5131 Franking Dorfibm 2, Tel.: 06277/81 88, Fax 81 88-75, moorhof@landhotels.at, http://landhotels.at/moorhof).

NATUR & FREIZEIT: Bekassine, den scheuen Sumpfvogel, Brachvögel, Waldeidechsen, Libellen und dazu die ungewöhnliche Flora eines Moorgebiets: Das **Naturschutzgebiet Pfeiferanger** im Ibmer Moor erschließt sich erst mit einer geführten Wanderung in all seinen faszinierenden Facetten (Tel.: 07748/29 68). Wer das Moor lieber zu Heilzwecken benützt, sollte die **Moorbauernhöfe** aufsuchen, die Bade-Einrichtungen anbieten, in denen einem das Moor so richtig zu Leibe rückt (Tel.: 07748/29 68).
Wer lieber im klaren Wasser schwimmt, wird in **Franking-Holzöster** das Seine finden: Ein beschaulicher kleiner See, dicht umstanden von Wäldern – hier kann man sie lernen, die Kunst des Müßiggangs. Sportlicher geht es da schon am **Reitergut Lasser** zu, wo man nicht nur Wanderritte unternehmen kann, sondern auch Reitkurse und – für alle, die den Adrenalinspiegel wieder heben möchten – eine so genannte Cross-Country-Tour: Mit einer eigens fürs Gelände ausgerüsteten Kutsche geht es rasant durch die Oberinnviertler Moor- und Seenregion (Tel.: 06277/82 06, Fax 87 59, reitergutlasser@nextra.at, http://members.nextra.at/reitergutlasser).

ANREISE: A1 bis Knoten A1/A25, A25 bis Wels, A8 bis Ried, B141, 142

Molln

Steinbach an der Steyr · Leonstein

Dass in den Schmieden an der Eisenstraße nicht nur Messer und Sensen erzeugt werden, sei in diesem Kapitel verraten, wo es auch um ein ungewöhnliches Musikinstrument und um Hollywood geht.

Brummeisen oder Maultrommel – bloß eine Frage der Formulierung.

»Brummeisen« wird es auch genannt, weit bekannter ist es aber unter der Bezeichnung Maultrommel. Das seltsame kleine Instrument, das aus einem Rahmen und einer zungenförmigen Vorrichtung besteht, die der Spieler zwischen die Zähne nimmt und zum Schwingen bringt, wird gerade noch von zwei Handwerkern in **Molln** hergestellt.

Einer davon ist Karl Schwarz, dessen Werkstatt seit dem Jahr 1679 ununterbrochen im Besitz seiner Familie ist. Und nicht nur das: Die **Werkstatt Schwarz** ist die älteste und auch die größte Erzeugungsstätte für Maultrommeln. Deshalb findet der Besucher hier, in dieser Schauwerkstatt samt angeschlossenem Schmiedemuseum, auch wirkliche Raritäten an Werkzeugen für die Maultrommelerzeugung.

Die andere, ebenso namhafte Werkstatt gehört Franz Wimmer, dessen Betrieb nur um ein knappes Jahrhundert jünger ist als jener von Karl Schwarz: Seit 1770 besteht die **Werkstatt Wimmer**, ebenfalls ein Schaubetrieb, wo noch die Erzeugung von Maultrommeln nach alter Tradition mit altem Werkzeug gezeigt wird und wo Sie die Möglichkeit haben, sich selbst in der Kunst der Maultrommelherstellung zu versuchen.

An dieser Stelle sei auch gleich ein Vorurteil ausgeräumt: Wer nämlich dachte, Maultrommeln kämen gerade noch in der Volksmusik vor, irrt gewaltig. Johann Georg Albrechtsberger, seines Zeichens Theorielehrer Ludwig van Beethovens, komponierte immerhin sieben Konzerte für Orchester, Maultrommel und Mandola.

Warum die Maultrommelerzeugung gerade in Molln Fuß gefasst hat, ist nicht geklärt. Sicher hingegen ist, dass sie ab dem späten 17. Jahrhundert eine eigene Handwerksordnung samt Zunftzeichen hatte und dass es im Molln des 18. Jahrhunderts 29 Werkstätten gab, die pro Jahr an die zweieinhalb Millionen Maultrommeln herstellten. Die Produktion ist bis heute natürlich stark zurückgegangen, und Karl Schwarz etwa hat sich einen hervorragenden Namen auch mit der Herstellung von Mundharmonika, Okarina, Flexaton und Panflöte gemacht. Insgesamt entstehen in Molln jährlich immer noch rund 350000 Maultrommeln. Und damit die Tradition nicht ganz vergessen wird: Die **Mollner Maultrommler** – ein Ensemble aus Maultrommel, Tuba und Gitarre –, gegründet von Manfred Rußmann, treten seit 1992 regelmäßig auf.

Molln goes Hollywood: Auf Eisenverarbeitung ganz anderer Art hat sich der Mollner **Johann Schmidberger** verlegt. Der Kunst- und Waffenschmied erzeugt alles, was es an schwerem Gerät für Bühne und Film gibt. Ob das nun ein kleidsames Kettenhemd ist, eine veritable Ritterrüstung oder ein gewichtiger Bihänder, Johann Schmidberger, nach eigener Aussage dem Mittelalter aufs Engste verbunden, versteht sich auf diese Arbeiten. So stand bereits Placido Domingo in Verdis *Otello* in einer Schmidberger'schen Arbeit auf der Bühne, ebenso Bruno Ganz in München oder Paulus Manker als Shakespeares *Richard III*. Und der Bihänder? Nun, den schwang höchst virtuos Superstar Mel Gibson im oscarprämierten Hollywood-Epos *Braveheart*. In Johann Schmidbergers Privatmuseum **Alte Schmiedekunst** ist übrigens die original erhaltene Zeug-, Huf- und Hackenschmiede »Schmidten bei der Lacken« von 1600 zu sehen.

Seit der oberösterreichischen Landesausstellung des Jahres 1998 »Land der Hämmer – Heimat Eisenwurzen« besteht in Molln das **Museum im Dorf**, das man im Wirtschaftstrakt der ehemaligen Forsthube Molln, dem heutigen Wirt im Dorf, einrichtete. Die drei Schwerpunkte dieses kulturhistorisch höchst ergiebigen Museums sind natürlich die Geschichte der Maultrommelerzeugung, aber auch die Tradition des Schaufler- und Wagnerhandwerks (einst eine florierende Sparte in Molln) sowie die Geschichte des Ortsteils Gstadt, wo sich früher eine Reihe Eisen verarbeitender Handwerksbetriebe befand.

Nach so viel Eisen sei ein Ausflug zur **Pfarrkirche** empfohlen: Hier befindet sich ein großes Altarbild des Biedermeier-Malers Leopold Kupelwieser. Und der **Pfarrhof** präsentiert sich mit einer schönen stuckverzierten Fassade.

In Steinbach an der Steyr wirkt so manches Gebäude richtiggehend italienisch. Das liegt einfach daran, dass Steinbach einst das Zentrum der Messerer war, jener Schmiede, die Messer aller Arten erzeugten. In den großen und kleinen Klingenschmiedwerken (so der richtige, zunftgemäße Begriff) wurden Tafelmesser und Tranchiermesser, Jagdmesser und Stechmesser, Taschenfeitel und Federmesser hergestellt. Die Produktpalette war so groß und die Qualität der Erzeugnisse so hoch, dass die Steinbacher Messerer nahezu in alle Welt exportierten: Deutschland, Ungarn, die Länder am Balkan und Russland waren in den Auftragsbüchern verzeichnet. Vor allem aber Venedig, mit dem die intensivste Handelsbeziehung bestand. Und das ist der Grund dafür, warum in Steinbach manches an Italien erinnert, denn die Bewohner fanden Gefallen an der Ästhetik der Seerepublik und übernahmen deren Art und Weise, Häuser zu schmücken. So nimmt es nicht weiter wunder, an den ehemaligen Häusern reicher Handelsherren, Messerer, aber auch wohlhabender Bauern für die Gegend an sich ungewöhnlichen Sgraffito- und anderen Schmuck zu entdecken. Sie konnten sich den Schmuck auch leisten: Nicht umsonst wurde der Ort der reichen Messerer wegen einst »Goldenes Steinbach« genannt.

Auf die historischen Spuren der Klingenschmiede kann man sich zum einen auf dem Messererweg machen, zum anderen im Messerermuseum, das sich direkt an der Steyr in den ehemaligen Werkstätten der Messerer-Innung befindet und ganz der Geschichte der Messerschmiede widmet. Und wer einen Spaziergang durch den Ort macht: Der Alte Pfarrhof ist ein ausgesprochen sehenswerter barocker Prunkbau mit einem mächtigen, dreigeschoßigen Mansardenwalmdach, einem Katzenkopffußboden und Wandmalereien im Bischofszimmer.

Von den wirklich reichen Schwarzen Grafen der Eisenwurzen berichtet das wohl eindrucksvollste Sensenschmiedensemble der Region: die Schmiedleithen, gelegen in Leonstein an einem kleinen Seitenbach der Steyr. Hier wurden Sensen erzeugt, und bereits im Jahr 1603 wurde der Sensenhammer »auf der Leithen« erstmals urkundlich erwähnt. Ein kurzer, etwa zwei Kilometer langer Themenweg Auf den Spuren der Schwarzen Grafen führt durch die Schmiedleithen: Vom Schloss Leonstein über die Versorgungsgebäude, das neue und das alte Herrenhaus bis zum Mühlhanslhammer und zum ehemaligen Sensenwerk Furth. Das geschlossene Ensemble ist ein hervorragendes Beispiel nicht nur für die Geschichte der Eisenverarbeitung in dieser Gegend, sondern auch für die Fähigkeit der einstigen Besitzer, den Zeitläuften flexibel zu folgen: Der letzte Sensenherr, Rudolf Zeitlinger, produzierte sein Gut immerhin bis ins Jahr 1967. Erst dann war die Schmiede unrentabel geworden.

Schloss Leonstein übrigens ist eine vierflügelige Anlage, um einen Hof gruppiert, die unterhalb der alten Burg errichtet worden war, welche im 17. Jahrhundert verfiel. 1724 erbaut, ist das Schloss heute im Besitz des Landes Oberösterreich und beherbergt ein Landeskinderheim.

Tipps und Information

MOLLN: Tourismusverband: s. Steinbach a. d. Steyr. **Maultrommelerzeugung & Harmonikabau Schwarz:** 4591 Molln, Waldeggstraße 1, Tel.: 07584/240 70, Fax: 240 72-1, Mai bis Oktober Di–Fr 8–12, 14–18, Sa 9–12 Uhr. **Maultrommelwerkstatt Wimmer:** 4591 Molln, Im Sperrboden 1, Tel.: 07584/28 31, Di, Do, Fr 9–12, 14–17, Sa 9–12 Uhr und nach tel. Vereinbarung. **Schwertschmiede & Harnischmacherei Schmidberger:** 4591 Molln, Schmiedstraße 16, Tel.: 07584/30 73, nur nach tel. Vereinbarung. **Museum im Dorf:** 4591 Molln, Im Dorf 1, Tel.: 07584/39 39-1, Mai bis Oktober So, Fei 9–12, 14–17 und nach tel. Vereinbarung.

STEINBACH AN DER STEYR: Tourismusverband Steyrtal, 4594 Steinbach a. d. Steyr, Pfarrhofstraße 1, Tel.: 07257/841 11-3, Fax: 841 12-0. **Messerermuseum:** 1. 5.–26. 10. Sa 13–17, So, Fei 10–12, 13–17 Uhr und nach tel. Vereinbarung, Tel.: 07257/841 11-3 oder 79 11.
E-MAIL: steyrtal@oberoesterreich.at
INTERNET: http://www.tiscover.at/steinbach

LEONSTEIN: Gemeinde Grünburg, 4594 Grünburg, Hauptstraße 34, Tel.: 07257/72 55-19, Fax: 72 55-16. **Schmiedleithen – Auf den Spuren der Schwarzen Grafen:** Ganzjährig nach tel. Vereinbarung, Tel.: 0663/917 20 17.
E-MAIL: martin.skerlan@gruenburg.ooe.gv.at
INTERNET: http://www.tiscover.at/gruenburg

NATUR & FREIZEIT: Unterwegs in unberührter Natur: Der **Naturpfad Steyrschlucht** beginnt am Ortseingang von Molln, führt zur Steyr, die sich im Lauf der Zeiten hier eine tiefe Schlucht gegraben hat, und entlang dieser bis zur **Rinnenden Mauer**: 50 Meter breit und fünf bis sieben Meter hoch fließt hier das Wasser aus unzähligen Öffnungen der Mauer unter einer überhängenden Konglomeratwand. Ein feiner Vorhang aus unzähligen Wassertröpfchen, manchmal stärker, manchmal schwächer, verzaubert, weil sich dahinter nicht bloß kahler Fels, sondern eine widerstandsfähige Vegetation aus Moosen, Farnen und Sumpfdotterblumen angesiedelt hat. Es ist ein faszinierendes Schauspiel der Natur, das hier Grundwasser und poröses Konglomeratgestein gemeinsam inszenieren. Am Weg von Molln zur Rinnenden Mauer kommt man an der Mündung der Steyrling in die Steyr vorbei: Schotterbänke laden zum Ausruhen, Schwimmen und Bootfahren ein.

ANREISE: A1 Abfahrt Enns/Steyr, B309, B115, B140

Mondsee

St. Lorenz · Oberhofen am Irrsee · Oberwang · Zell am Moos

In die zauberhafte Landschaft zwischen Mond- und Irrsee geht die Reise nun, und erzählt wird von Pfahlbauten, Kirchen und einem großen Bildhauer, der einst in Mondsee zu Hause war.

In den hektischen Zeiten von heute wäre diese Karriere wahrscheinlich nicht mehr möglich: Ein Privatgelehrter ohne akademischen Titel führt Ausgrabungen durch, deren Ergebnisse heute als Sensationsmeldung durch die Medien flirren würde, legt eine beachtliche Sammlung an und wird so zum eigentlichen Begründer des Instituts für Ur- und Frühgeschichte an der Wiener Universität. Die Rede ist von Matthäus Much, geboren 1832, gestorben 1909, dem Mondsee das Wissen um seine lange Geschichte verdankt. Denn Much war es, der 1872 eine Pfahlhaussiedlung am See entdeckte und damit belegen konnte, dass die Gegend bereits in prähistorischer Zeit besiedelt war. Viele jener Relikte, die er gefunden hat und die heute als Beweise der so genannten Mondseekultur hohen Wert haben, sind im **Museum Mondseeland und Pfahlbaumuseum** ausgestellt.

Dieses Museum widmet sich aber noch zwei anderen Schwerpunkten, die für Mondsee große Bedeutung haben: dem ehemaligen Kloster und dem großen Bildhauer des Barock, **Meinrad Guggenbichler**, der 1649 zwar in der Schweiz geboren wurde, sich nach Lehrjahren unter anderem in der Lombardei aber 1679 in Mondsee niederließ, wo er bis zu seinem Tod 1723 lebte. Dass hier, im Land um den Mondsee, besonders grandiose Beispiele seines reichen Œuvres zu finden sind, verwundert also nicht weiter. Das gilt vor allem für die ehemalige Stiftskirche und heutige Pfarrkirche von Mondsee. Das einstige Stift wurde bereits im Jahr 748 (also fast 30 Jahre vor Kremsmünster) als Benediktinerkloster *Maninseo* gegründet und hatte mit der Mondseer Schreibschule im 12./13. Jahrhundert seine Blütezeit. Ein erster Umbau von Kloster und Kirche erfolgte im späten 15. Jahrhundert, das barocke Erscheinungsbild entstand im 17. Jahrhundert. Im Jahr 1748 feierte man in der prachtvollen Kirche noch das Millennium des ältesten Stifts Österreichs, doch 1774 brannte Mondsee und mit ihm Kloster und Kirche. Zum Wiederaufbau kam es kaum, denn während des josephinischen Reformeifers wurde das Kloster aufgehoben und die Stiftskirche zur Pfarrkirche. Der imposante Bau, dem das Feuer glücklicherweise weniger schadete, stammt aus der Spätgotik, in erster Linie beeindru-

Das Sakristeiportal in der ehemaligen Stiftskirche von Mondsee.

ckend allerdings ist seine barocke Ausstattung und hier vor allem die fünf Altäre Meinrad Guggenbichlers: Hier sind sein berühmter Wolfgang-Altar, der Heiliggeistaltar und – ein Höhepunkt in seinem Schaffen – der Corpus-Christi-Altar im nördlichen Seitenschiff. Im Grunde sind lange Beschreibungen nicht notwendig, angebracht ist bloß ausnahmsweise ein guter Rat: Man sollte sich viel Zeit nehmen, Guggenbichlers Arbeiten zu betrachten, seine Eigenart (und Innovation in der sakralen Bildhauerkunst), die Figuren miteinander in Korrespondenz treten zu lassen, sie sogar auf die Gemälde in den Altären zu beziehen. Und man sollte sich seine so genannten »Kinderln« ansehen, Putten und Engel, deren Gesichter bis heute hinreißend für den Betrachter sind. Deshalb zahlt es sich auch unbedingt aus, der **Wallfahrtskirche Maria Hilf** auf einem Hügel über dem Mondsee einen Besuch abzustatten: Auch ihr Hochaltar stammt aus Guggenbichlers Werkstatt.

Eine weitere Arbeit Guggenbichlers ist in der **Filialkirche St. Lorenz**, einem Ortsteil Mondsees, zu sehen. Die kleine Kirche liegt am Fuß der Drachenwand, ist in barockem Stil erbaut und birgt im Chor einen Schmerzensmann sowie eine Schmerzhafte Madonna des Mondseer Meisters.

Charakteristisch für den Stil des alt gewordenen Meinrad Guggenbichler sind die drei Altäre in der **Pfarrkirche hl. 14 Nothelfer** von **Oberhofen am Irrsee**. Sie entstanden 1712, und besonders sehenswert ist der Hochaltar.

Doch von Guggenbichler nochmals zurück nach Mondsee, das, abgesehen von einer höchst abwechslungsreichen Infrastruktur für die vielen Sommerfrische-Gäste, noch eine Reihe sehenswerter Museen zu bieten hat. Da ist beispielsweise das **Mondseer Rauchhaus**, das diese bis ins 19., ja sogar frühe 20. Jahrhundert weit verbreitete spezielle Gehöftform samt dazugehörigen Nebengebäuden und allerlei bäuerliche Gerätschaften präsentiert. Das Besondere an einem Rauchhaus: Bei diesem in Holzblockbauweise errichteten Bauernhof sind Wohnhaus, Stall und Stadel unter einem Dach vereinigt. Was sichtbar fehlt, ist ein Rauchfang, denn der Rauch zieht hier frei durch das Dach ab, um solcherart das im Obergeschoß gelagerte Getreide zu trocknen.

An die Schmalspurbahn, die einst – immerhin bis 1957 – Bad Ischl mit Salzburg verband, erinnert das **Salzkammergut-Lokalbahnmuseum**, das in einem originalen Heizhaus untergebracht ist. Und allen Vätern und Söhnen sei verraten: Nicht nur Pläne und alte Fotografien erzählen von der dampfend-fauchenden Bahnvergangenheit, sondern auch alte Lokomotiven und Wagons.

Aber selbstverständlich sollten Kulturreisende sich auch die Zeit nehmen, einfach durch Mondsee zu schlendern: Das ehemalige **Stift** wird heute Schloss genannt, wurde 1994 von Grund auf renoviert und zu einem multifunktionalen Veranstaltungszentrum ausgebaut und birgt im Fürstenzimmer fünf Deckenfresken von Ernst Klimt, dem Bruder des großen Gründers der Wiener Secession. Und auf dem Marktplatz gibt es einige prachtvolle **Bürgerhäuser** aus dem 16. bis 18. Jahrhundert, wobei besonders auf das Haus Nr. 114 hingewiesen sei, das eine schöne barocke Fassade hat.

Einem ganz besonderen Sakralbau gilt es in Oberwang zwischen Mond- und Attersee einen Besuch abzustatten: der **Konradkirche**. Erstens zählt sie zu den ältesten Kirchen des Landes, zweitens werden in ihr die sterblichen Überreste des Abtes Konrad Bosinlother von Mondsee aus dem Jahr 1145 aufbewahrt: Der Abt war in den rauen Zeiten des Mittelalters erschlagen und auf

Vom Schafberg aus hat man einen prachtvollen Blick auf den Mondsee.

ein Brett gebunden worden, mit dem er verbrannt werden sollte. Wunderbarerweise fing der Leichnam angeblich nicht Feuer. Verifizieren lässt sich das heute nicht mehr, denn unter dem Gitter ist bloß ein leeres Brett zu sehen. Und ob das 900 Jahr alt ist? Was sicher ist, ist die Qualität der Glasfenster, die von der bis zu ihrem Tod in Oberwang lebenden Künstlerin Lydia Roppolt stammen. Ihr Werk ist weit über die regionalen Grenzen hinaus bekannt, und wer mehr sehen möchte: Ihr ehemaliges Atelier befindet sich in nächster Nähe der Kirche.

Moderne Kunst auch in Zell am Moos: Hier hat der Bildhauer und Maler Hans Mairhofer-Irrsee das **Irrsee'r Heimathaus** errichtet. Die gekonnte Mischung aus Alt und Neu präsentiert im Inneren die bäuerliche Lebensweise, das Brauchtum und das alte Handwerk der Region. Hier gibt es eine Rauchküche aus dem frühen 18. Jahrhundert, eine Schnapsbrennerei, Backofen und Hausmühle sowie eine Reihe kleiner, liebenswerter Dinge, die die Menschen längst vergangener Zeiten täglich um sich hatten. Das Haus mit dieser umfassenden volkskundlichen Sammlung steht in der **Gartengalerie**, einem begehbaren Gesamtkunstwerk, in dem Reliefs, Plastiken und Bauten von Hans Mairhofer-Irrsee zu sehen sind. Ebenfalls zu sehen ist die **Irrsee Keramik**, Arbeiten von Monika E. Mayrhofer: kunsthandwerkliche Gebrauchsgegenstände ebenso wie Figurales.

Einen Abstecher lohnt auch die **Kolomanskirche** in Zell am Moos: Hoch über dem Irrsee auf dem Kolomansberg gelegen, ist sie nur zu Fuß erreichbar, was sich jedoch auszahlt, gilt sie doch als die älteste Holzkirche Österreichs.

Tipps und Information

ⓘ MONDSEE: Tourismusverband Mondseeland, 5310 Mondsee, Dr.-Franz-Müller-Straße 3, Tel.: 06232/22 70, Fax 44 70. **Museum Mondseeland mit Pfahlbaumuseum:** 1. 5.–9. 9. Di–So 10–18 Uhr, 11. 9.–7. 10. Di–So 10–17 Uhr, 8. 10.–28. 10. Sa, So, Fei 10–17 Uhr und nach tel. Voranmeldung (s. o.). **Freilichtmuseum Mondseer Rauchhaus:** 1.–29. 4. Sa, So, Fei 10–18 Uhr, 1. 5.–9. 9. Di–So 10–18 Uhr, 11. 9.–7. 10. Di–So 10–17 Uhr, 8.–28. 10. Sa, So, Fei 10–17 Uhr und nach tel. Voranmeldung (s. o.). **Salzkammergut-Lokalbahnmuseum:** 2. 6.–16. 9. Sa, So, Fei 10–12, 14–17 Uhr, 29. 6.–14. 9. auch Fr 14–17 Uhr und nach tel. Voranmeldung (s. o.).

E-MAIL: info@mondsee.org

INTERNET: http://www.tiscover.at/mondsee u. www.mondsee.org

OBERHOFEN AM IRRSEE: Tourismusverband Oberhofen, 4894 Oberhofen 12, Tel.: 06213/535 94 71, Fax: 82 15-4.
E-MAIL: tourismus.oberhofen@netway.at
INTERNET: http://www.tiscover.at/oberhofen.irrsee

OBERWANG: Tourismusverband Oberwang, 4882 Oberwang 90, Tel.: 06233/82 17, Fax: 82 17-4. **Forstmuseum:** Jeden 2. und 4. So im Monat und nach tel. Voranmeldung bei Karl Garstenauer, Tel.: 07255/82 57. **Kutschen- und Schlittenmuseum:** Tgl. 8–17 Uhr und nach tel. Voranmeldung, Tel.: 07254/82 83.
E-MAIL: oberwang@netway.at
INTERNET: http://www.tiscover.at/oberwang

ZELL AM MOOS: Tourismusverband Zell am Moos, 4893 Zell am Moos, Kirchenplatz 1, Tel.: 06234/82 15, Fax: 82 15-4. **Irrsee'r Heimathaus:** 1. 5.–31. 10 Fr, Sa, So, Mo 14–18 Uhr und nach tel. Voranmeldung, Tel.: 06234/70 25. **Irrsee-Keramik:** ganzjährig Mo–Fr 9–12, 14–18 Uhr.
E-MAIL: info@zellammoos.at
INTERNET: http://www.tiscover.at/zell-am-moos

GASTRONOMISCHES: Im Mondseer Ortsteil St. Lorenz, am Fuß des gleichnamigen Felsens, steht der **Gasthof Drachenwand** und lockt mit regionaltypischen Speisen und täglich frisch hausgemachten Mehlspeisen (St. Lorenz 32, Tel.: 06232/33 56, Fax: 33 56-10). »Bürger, Bauer, Arbeiter und Knecht, uns sind alle Gäste recht« – derart demokratisch empfängt der **Seewirt** in Zell am Moos seine Gäste, und die genießen dann ihre Forellen, Wildgerichte und Backhendln mit Aussicht auf den Irrsee (Zellhofweg 1, Tel.: 06234/82 10, Fax: 82 10-30).

VERANSTALTUNGEN: Das Kontrastprogramm zu den Salzburger Festspielen: der **Mondseer Jedermann** – Hugo von Hofmannsthals Spiel vom Leben und Sterben des reichen Mannes, virtuos in Szene gesetzt, allerdings in Mondseer Mundart (Information s. o.)!

NATUR & FREIZEIT: Eine herrliche Landschaft und zwei Seen: Hier Einzelnes zu empfehlen, hieße Eulen nach Athen tragen. Am besten ist: Sie fahren hin und entdecken Ihr eigenes oberösterreichisches Salzkammergut in all seinen entspannenden Facetten – zwischen Wandern, Spazierengehen, Schwimmen, Wasserskifahren und und und.

ANREISE: A1 Abfahrt Mondsee

Neufelden

Burg Pürnstein · Schloss Neuhaus · Altenfelden

Die Geschichte Neufeldens begann früh, und sie war schmerzhaft – vielleicht ist das der Grund, warum der Markt heute fast so etwas wie Altersweisheit ausstrahlt.

Im Jahr 1277 wurde es erstmals urkundlich erwähnt, trug damals aber noch den Namen »Velden«. Die Bürger waren wohlhabend, denn der Ort lag an der »Via Regia« genannten Handelsstraße, die von der Donau nach Böhmen führte. Und weil Velden so günstig lag, wurde hier eifrig Handel betrieben, und zwar mit Salz. Das ging so lange gut, bis sich die Mächtigen uneins wurden, wem das »Mühelland« nun zugesprochen werden sollte: Bayern? Den Herzögen von Österreich? Dem Erzbistum Passau? Ein Tauziehen begann, das dem Markt viel mehr schadete als nützte. Ruhe, zumindest für kurze Zeit, kehrte erst wieder ein, als Velden endgültig an Österreich fiel. Reformation und Gegenreformation zogen Velden in schlimme Kämpfe, die noch grausamer wurden, als Kaiser Ferdinand II. – die ständige Geldnot der Habsburger war der Grund – das Mühlviertel wieder an Bayern verpfändete, die die Restauration des Katholizismus mit ungeheurer Härte vorantrieben. Das späte 17. Jahrhundert ließ dann wieder blühenden Wohlstand einkehren, der Handel mit Leinen ersetzte das Salz, das Handwerk hatte buchstäblich goldenen Boden – an den Bauten dieser Epoche lässt sich die gute Zeit ablesen: Die Neufeldener barocken und klassizistischen Fassaden mit den Blendgiebeln, den Glockenfenstern und den Erkern wurden im Jahr 1994 vom Bundesdenkmalamt unter Ensembleschutz gestellt.

Die Schicksalsschläge des 18. und 19. Jahrhunderts hießen: Maria Theresias Kriege gegen Bayern, Preußen und Frankreich und dann Napoleon, dessen Soldaten fast jedes Neufeldner Haus belegten. Außerdem war der Leinenhandel eingebrochen, und Neufelden musste sich – bei all den Unbilden – etwas Neues einfallen lassen. Das Neue war der Hopfen, der um die vorletzte Jahrhundertwende dem Ort eine neue Blüte bescherte, was jedoch Erster Weltkrieg und nachfolgende Wirtschaftsdepression wieder zunichte machten. »Anschluss«, Zweiter Weltkrieg und die Besetzung durch die Russen forderten ihren Zoll, und der Aufbau ging – wie in ganz Österreich – nur langsam voran. Mittlerweile ist Neufelden zur Ruhe gekommen, es gilt heute als einer der schönsten historischen Märkte des Mühlviertels, und ein Rundgang durch den Markt lässt kaum noch etwas von seiner aufregenden Geschichte ahnen. Wie ein Mosaik reihen sich die bunten Fassaden der Häuser aneinan-

Domenico d'Allio und Bartholomä von Bellemy erbauten das Burgschloss Neuhaus.

der. Und wer sich ganz genau mit dem Werden Neufeldens befassen will, sei in das Heimathaus verwiesen, das in der so genannten Fronfeste, einem ehemaligen Gefängnis, untergebracht ist.

In der Pfarrkirche hll. Philipp und Jakob kann man noch die Grabsteine reicher Bürger und Leinwandhändler aus dem 18. Jahrhundert sehen, und auch die prächtige Orgel stammt aus dem Barock. Die 19 Flachreliefs auf der Empore, die auf Initiative von Adalbert Stifter vergoldet wurden, hingegen erzählen vom Reichtum Neufeldens in gotischer Zeit.

Wegen ihrer hervorragenden Akustik ist die Kirche St. Anna in Steinbruch, die 1509–1514 erbaut wurde, heute ein beliebter Veranstaltungsort für Konzerte. Wenngleich prachtvoll barockisiert, stammen die Votivgruppe im Hochaltar, die zwölf Kreuzwegreliefs sowie Glocke und – über dem Südportal – die Anna-selbdritt-Gruppe aus der Bauzeit der Kirche.

Im oberen Mühlviertel war sie lange Zeit hindurch die stärkste Wehrburg: **Pürnstein**, heute zu Neufelden gehörig, zählte bis ins späte 16. Jahrhundert zu den wichtigsten Fluchtburgen des Landes. Die Mauer mit einer Stärke von stellenweise sechs Metern widerstand schließlich selbst Kanonenkugeln. Im 19. Jahrhundert kam die Burg an die kaiserliche Hofkammer, wurde Oberamtsgericht und der ehemalige Hungerturm als Gefängnis verwendet. Brandstiftung war der Grund, dass Pürnstein 1866 fast völlig zerstört wurde, und 1945 verursachten die letzten Kämpfe des Zweiten Weltkriegs weitere schwere Schäden. Seit 1958 wird laufend renoviert, und im Hungerturm ist mittlerweile ein kleines Museum eingerichtet, in dem vor allem alte Werkzeuge zur »Rechtssprechung« gezeigt werden: Foltergerät aller Art, aber auch Waffen aus den Bauernkriegen.

Auch **Schloss Neuhaus**, das ein Stück weiter südlich, im Gemeindegebiet von St. Martin, liegt und sich heute wie Pürnstein in Privatbesitz befindet (weshalb es auch nur von außen zu besichtigen ist), galt als verteidigungsfähige Fluchtburg. Erst in der Epoche des Barock wurde die Verteidigung zugunsten der Ästhetik aufgegeben: Die östlichen und südlichen Wehranlagen wurden abgetragen, man barockisierte die Kapelle und errichtete einen Uhrturm. Neben dem **Alten Schloss** aus dem 15. Jahrhundert und dem **Neuen Schloss**, das an Stelle der Wehranlage im 17. Jahrhundert errichtet worden war und zur Donau hin von einem schönen Garten begrenzt wird, ist vor allem der frühgotische **Keilturm** das baulich beherrschende Element der gesamten Anlage.

Am Rand des Böhmerwalds, zwischen Großer und Kleiner Mühl, liegt **Altenfelden**, das durch seine Lage auf nahezu 600 Metern Seehöhe von vielen Stellen herrliche Ausblicke ins Land bietet. Abgesehen vom Wildpark (siehe *Tipps & Information*) ist die **Wallfahrtskapelle Maria Pötsch**, die man bei einer Quelle errichtete, der besondere Heilkraft zugesprochen wird, einer der Hauptanziehungspunkte Altenfeldens.

Dort, wo die Kleine Mühl in die Donau mündet – nicht weit von Altenfelden und Neufelden –, liegt **Obermühl**: Hier wuchs der ehemalige Präsident der Republik Österreich, Rudolf Kirchschläger, auf. An der Mündung der Großen Mühl in die Donau, in unmittelbarer Nähe zu Schloss Neuhaus, befindet sich der **Grillparzerhof**: ein Veranstaltungszentrum mit einem mehr als fantasiereichen Programm.

Tipps und Information

NEUFELDEN: Tourismusverband Neufelden, 4120 Neufelden, Markt 22, Tel.: 07282/62 55-0, Fax 62 55-8. **Heimathaus Neufelden:** Nur nach tel. Voranmeldung (s. o.). **Burg Pürnstein:** Nur nach tel. Voranmeldung (s. o.).
E-MAIL: gemeinde@neufelden.ooe.gv.at
INTERNET: http://www.tiscover.at/neufelden

ALTENFELDEN: Tourismusverband Altenfelden, 4121 Altenfelden, Veldenstraße 3, Tel.: 07282/55 55, Fax: 55 55-22. **Wildpark Altenfelden:** Ganzjährig tgl. 8–17 Uhr, **Greifvogelschau** Di–So 11 und 15 Uhr, **Gepardenfütterung** tgl. 16 Uhr. Führungen für Gruppen nach tel. Voranmeldung, Tel.: 07282/55 90-0.
E-MAIL: gemeindeamt@altenfelden.at
INTERNET: http://www.tiscover.at/altenfelden

GASTRONOMISCHES: Der **Mühltalhof** in Neufelden liegt direkt am Stausee, stammt aus dem Jahr 1698 und ist eine wahre Idylle. Auch was Küche und Keller betrifft (Unternberg 4, Tel.: 07282/62 58, Fax: 62 58-3).

VERANSTALTUNGEN: Das vielfältige, einfallsreiche Programm, das am **Grillparzerhof** (unterstützt durch den Kulturverein »Freunde des Theaters am Grillparzerhof«) ganzjährig veranstaltet wird, ist einen Ausflug ins an sich schon schöne Mühltal wert (Tel.: 07812/660 76, susanna.goedhart@utanet.at, Fr. Goedhart). Auf der **Burg Pürnstein** wird jedes Jahr ein ausgelassenes **Burgfest** gefeiert (Information s. o.)

NATUR & FREIZEIT: 80 Hektar, 700 Tiere und jährlich 50 000 Besucher: Der **Wildpark Altenfelden**, der mit dem Slogan »Natur zum Anfassen« lockt, ist eine Sensation. Allein 15 Hirscharten sind vertreten, darunter so exotische Exemplare wie Sika-, Axis- und Davidshirsche, und chinesische Wasserrehe, Wisente, Auerochsen oder Vierhornschafe sieht man schließlich auch nicht alle Tage. Spektakulär sind auch die **Greifvogelvorführungen**, bei denen Jagdsimulationen mit Fluggeschwindigkeiten von bis zu 300 Kilometern pro Stunde gezeigt werden (Information s. o.).

ANREISE: A1 bis Knoten Linz, A7, B127

Adalbert Stifter

Sein Name und sein Werk sind untrennbar mit Oberösterreich verbunden. Und wenngleich sein Werk nicht unumstritten ist, zählt er doch zu einer der zentralen Erscheinungen der österreichischen Kulturgeschichte des 19. Jahrhunderts.

Als Kind einer südböhmischen Leinenweber- und Kleinbauernfamilie wurde Adalbert Stifter am 23. Oktober 1805 in Oberplan geboren. Früh geprägt von der einfachen, aber genau geregelten Lebens- und Arbeitswelt der Handwerker und Bauern, kam er im Alter von 13 Jahren als hoch begabter Schüler nach Kremsmünster, wo seine ersten Dichtungen und Malereien entstanden.

Nachdem er 1826 in Wien mit dem Studium der Rechtswissenschaften begonnen hatte, wechselte er die Studienrichtung und wandte sich der Mathematik, den Naturwissenschaften und der Astronomie zu. In dieser Zeit entstand ein gut Teil seiner Genrebilder, die ihn als Zeitgenossen des Biedermeier ausweisen: Landschaftsansichten des Böhmerwalds und der Alpen, Natur- und Wolkenstudien sowie romantische Mondszenerien. Seinen Lebensunterhalt verdiente er sich als Hauslehrer – darunter sogar einmal bei einem Sohn Metternichs.

Erste Erfolge als Dichter hatte er mit Erzählungen, die vor allem in Zeitschriften erschienen und später als sechsbändige Sammlung *Studien 1844–1850* publiziert wurden: Stifter, der in den späten 1830er Jahren vergeblich um eine junge Frau warb und – weil die ihn nicht erhörte – schließlich eine andere heiratete, verarbeitete in diesen Erzählungen sein Schicksal. Transformation und Sublimierung eigener Erfahrung in der Literatur waren zwar nichts Neues, neu aber waren die akribisch genauen Naturdarstellungen, die vor allem das urbane Lesepublikum ansprachen. Stifter wurde berühmt.

Stifters gemäßigte liberale Ideen ließen ihn die Revolution von 1848 mit Schrecken erleben: Er war der Ansicht, dass eine Verfassung, die auf der Mitbestimmung des Volkes gründet, den mündigen Bürger voraussetzt. Mündigkeit aber war ausschließlich durch Bildung zu erreichen. Gewaltsame Aufstände hatten in diesem Gedankenbild keinen Platz, wohl aber das pädagogische Wirken Stifters, das sowohl in seinem Werk als auch in seiner Tätigkeit als Lehrer, Volksschulinspektor und Landeskonservator zum Tragen kam.

In diesem Zusammenhang ist auch sein Œuvre nach 1848 zu verstehen: Es liegt ihm ein erzieherisches Programm zugrunde, das Bildung und Sittlichkeit als wesentliche Eigenschaften, die es zu erringen gilt, betont. Zwischen 1853 und 1856 entstanden vor dem Hintergrund dieser

Ideenwelt einige seiner berühmtesten Erzählungen: *Bunte Steine, Granit, Katzensilber, Bergkristall, Turmalin* und *Kalkstein* – samt und sonders tief empfundene Lebensbilder, die von Errettung und Demut, von tragischen Familienverhältnissen und Kinderschicksalen erzählen.

Erziehung und Bildung sind auch das Thema seines wohl bekanntesten Werks: In *Der Nachsommer* aus dem Jahr 1857 beschreibt er den Werdegang eines jungen Mannes in einer Sphäre vollkommener Harmonie – die Utopie des Adalbert Stifter. Als unglaubliches Missverständnis, als persönliche Kränkung empfand der Dichter die vehemente Kritik – vor allem von Friedrich Hebbel – an diesem Werk, das er als Antithese zum Realismus der Zeit verstanden wissen wollte. Vom ethisch richtigen politischen Handeln schrieb Stifter in einem seiner letzten Werke: *Witiko,* entstanden in den Jahren 1865–1867.

Stifters letzte Jahre waren unglücklich: Sein künstlerisches Werk fand nicht die Anerkennung, die er sich erhofft hatte, Frustration und Krankheit prägten diese Zeit. Seine letzte Novelle – *Aus dem bairischen Walde,* 1868 – beschreibt eine schreckliche Schneekatastrophe und wirkt wie eine symbolische Darstellung seiner seelischen Verfassung. In der Nacht vom 25. auf den 26. Jänner 1868 fügte sich Stifter mit einem Rasiermesser einen tiefen Schnitt am Hals zu. Er lebte – angeblich im Zustand der Bewusstlosigkeit – noch bis zum 28. Jänner 1868.

Adalbert Stifters Bedeutung für Oberösterreich ist vielfältig: Er war um den kulturellen Aufbau des Landes und seiner Menschen zeit seines Lebens in höchstem Maß bemüht. Als **Landesschulinspektor** arbeitete er an der Verbesserung des Schulwesens, wollte den Wissensstandard – auch die pädagogischen Fähigkeiten – der Lehrer kontinuierlich heben und war bestimmend an der Gründung der ersten Realschule in Linz beteiligt. Einen Misserfolg musste er mit seinem *Lesebuch zur Förderung humaner Bildung* einstecken, das als Schulbuch abgelehnt wurde. In seiner Eigenschaft als **Landeskonservator** hingegen ist ihm die Erhaltung zentraler kunsthistorischer Werke Oberösterreichs zu verdanken – und hier vor allem die Rettung des Kefermarkter Altars. Auch die Landesgalerie am Landesmuseum wurde wesentlich von Stifter angeregt, und dank seiner Rezensionen in der *Linzer Zeitung* hatten die Ausstellungen zeitgenössischer Künstler einige Resonanz.

»Die herrlichste Baumblüte von weit und breit schaut bei meinen Fenstern herein.« – Adalbert Stifter lebte ab 1848 bis zu seinem Tod zwanzig Jahre später an der Unteren Donaulände in Linz und fühlte sich ganz offensichtlich wohl hier. Am heutigen **Adalbert-Stifter-Platz 1** wurde dieses Wohnhaus, ausgestattet mit Möbeln und Gemälden aus dem Besitz des Dichters, zum weithin berühmten **Stifter-Institut**.

Perg

Schwertberg · Allerheiligen · Windhaag bei Perg · Altenburg · Münzbach · Arbing · Baumgartenberg · Mitterkirchen

Ein Bogen von der Donau in Richtung Norden und wieder zurück an den Strom – dabei zu sehen: Schlösser und Burgen, eine Wallfahrtskirche, eine ehemalige Klosterkirche und ein Keltendorf.

Die Bezirkshauptstadt Perg hat im und rund um das Stadtzentrum einige besonders lohnenswerte Kunst- und Kulturdenkmäler zu bieten. Das beginnt bereits mit der **Pfarrkirche St. Jakob d. Ä.** mitten im Ort: Um das Jahr 1410 entstand der Chor, dem man um 1500 ein dreischiffiges Langhaus anfügte, das sich vor allem durch das Sternrippengewölbe des Mittelschiffs sowie eine Madonnenstatue aus dem frühen 16. Jahrhundert auszeichnet. Am Stadtplatz wiederum steht der **Pranger**, dessen volkstümliche Ornamente so selten wie reizvoll sind. Besonders beeindruckend aber ist – in der Herrenstraße 1 – das **Seifensiederhaus**, ein Bau aus dem Jahr 1671, der erst kürzlich mustergültig renoviert wurde. Empfehlenswert auch ein ausgiebiger Besuch des **Heimathauses und Stadtmuseums**, das nicht nur vom hier ansässigen Mühlsteinhandwerk berichtet, sondern mit Gräberfunden aus der Jungsteinzeit auch die lange Siedlungsgeschichte von Perg belegt.

Ein kuppelgekrönter Rundbau aus dem Jahr 1754 ist die **Kalvarienbergkapelle**, die es aber noch aus einem anderen Grund dringend aufzusuchen gilt: Von ihrer erhöhten Lage aus hat man an klaren Tagen einen atemberaubenden Rundblick, der sich bis zum Ötscher und zum Traunstein erstrecken kann.

Nur wenige Kilometer nordwestlich von Perg liegt der Ort **Schwertberg**, der Besucher gleich mit zwei Feudalbauten lockt: mit der Ruine Windegg und mit dem zauberhaften Wasserschloss Schwertberg.

Burg Windegg wurde 1208 erstmals urkundlich genannt, und noch im späten 16. Jahrhundert war die Anlage als Fluchtburg gedacht und in einem guten Bauzustand, aber schon 1695 geht aus den Annalen hervor, dass Windegg nicht mehr zu bewohnen war. Und obgleich sie noch bis etwa 1745 als Getreidespeicher und Wohnung für herrschaftliche Jäger benutzt wurde, ließ man sie ab 1848 verfallen. Erst seit den 1980er Jahren bemüht man sich um eine Revitalisierung – sie ist so weit gediehen, dass der Bergfried wieder errichtet ist und die **Galerie im Turm** eröffnet werden konnte. Am Fuß der Ruine ist das **Kulturhaus Lichtenwagner**, in

Am Ufer der Waldaist liegt idyllisch die Wasserburg Schwertberg, ausgebaut von Antonio Canevale.

dem nicht nur die Geschichte der Burg dokumentiert wird, sondern auch eine gute zeitgeschichtliche Ausstellung zu sehen ist.

Ganz anders das Wasserschloss Schwertberg, das aus einer alten Burg und in der Epoche der Renaissance errichteten Zubauten besteht. Vollendet wurden diese Erweiterungen von Antonio Canevale im Jahr 1708, durch dessen grandioses Portal das Schloss heute auch zu betreten ist. Im Inneren sind besonders die Rokokobibliothek und der chinesische Salon mit den Wandmalereien und den kassettierten beziehungsweise mit Stuck dekorierten Decken zu erwähnen. Auf einem Felsvorsprung über der Aist liegen die Reste der alten Burg mit dem Hof, in dem man noch einen mittelalterlichen Falkenkäfig sehen kann.

Beide – Burg Windegg und Schloss Schwertberg – gehörten übrigens im 16. Jahrhundert Christoph von Tschernembl, dem Führer der oberösterreichischen Protestanten, der in seinem Kampf gegen die Katholische Liga alles verlor und verarmt im Genfer Exil starb. Seit 1911 stehen beide Anlagen im Besitz der Familie Hoyos, die sich um Erhaltung und Pflege von Burg und Schloss mit Akribie kümmert.

Der schwarze Tod hatte zahlreiche Opfer gefordert in den Jahren kurz vor der Wende zum 16. Jahrhundert. Und es war der letzte Wunsch eines von der Pest befallenen Bauern, dem wir heute die **Wallfahrtskirche hl. Maria** in **Allerheiligen** verdanken: Er wollte, dass man seinen Leichnam auf einen einfachen, von Rindern gezogenen Karren lege und dass man dort, wo das Vieh anhielt, eine Andachtsstätte errichte. Wildnis war dort, wo der Karren stehen blieb, aber der Ort war bald ein derart beliebtes Ziel auch wohlhabender Pilger, dass man schon im Jahr 1492 mit dem Bau der Kirche beginnen konnte. Der an sich schlichte Bau weist eine große Besonderheit auf: An seiner Westecke befindet sich der so genannte **Schneckenturm**, in dem eine spindellose Wendeltreppe nach oben führt. Und die kann man heute noch besteigen, um dann von oben einen grandiosen Ausblick zu genießen. Der schönen Renaissanceorgel im Inneren zollt man mit den jährlich stattfindenden **Allerheiligener Orgeltagen** Respekt, und ein spätgotisches Zellengewölbe sieht man selten in solch hervorragender Qualität.

Vor rund 700 Jahren wurde sie in eine Mulde nahe dem Ortskern gebaut: die heutige **Schloss- und Burgruine Windhaag bei Perg** in der gleichnamigen Gemeinde. Die spärlichen Reste von Burg und Schloss sind verbunden mit der Geschichte einer offenbar ganz besonderen Vater-Tochter-Beziehung: Joachim Enzmillner, Rechtsgelehrter und beim Kaiser so hoch im Ansehen, dass er zuerst in den Ritter-, dann in den Reichsfreiherren- und zuletzt noch in den Reichsgrafenstand erhoben wurde, hatte nur ein Kind, Eva Magdalena. Sie trat gegen den Willen des Vaters in das Dominikanerinnenkloster Tulln ein, obwohl der alte Enzmillner im nahen Münzbach ein Kloster hatte erbauen lassen und in Windhaag ein Spital. 1642 ließ Joachim Enzmillner neben der Burg ein Schloss errichten – mit hohem Kosteneinsatz, denn er verpflichtete einen italienischen Baumeister. 1644 kam seine Tochter zurück nach Windhaag und wurde Priorin in Münzbach. Nach dem Tod des Vaters 1678 erbte sie die gesamte Herrschaft, ließ das Schloss sofort abbrechen und verwendete das solcherart gewonnene Baumaterial zum Bau eines neuen Klosters und einer Kirche. Sie selbst starb 1700 und wurde in der Gruft des neuen Klosters bestattet. Noch im Juni desselben Jahres wurde alles nach einem Blitzschlag ein Raub der Flammen. Was glücklicherweise erhalten blieb, sind die 20000 Bände, die Enzmillners Schlossbibliothek umfasste: Er hatte sie testamentarisch dem Wiener Dominikanerkonvent vererbt, von wo sie später an die Wiener Universitätsbibliothek gelangten. Und die heutige **Pfarrkirche** von Windhaag ist die ehemalige Klosterkirche.

Ein besonderes sakrales Kleinod aber ist die **Filialkirche hl. Bartholomäus** in **Altenburg**. Auch sie wurde an Stelle einer Burg errichtet, was

an den umgebenden Mauern abzulesen ist. Ihr Inneres zeichnet sich nicht nur durch Reste prächtiger gotischer Glasfenster, die barocke Einrichtung der Annenkapelle und die 300 Jahre alte Orgel aus, sondern vor allem durch die Fresken aus dem Jahr 1512, die in der Gruft zu sehen sind.

Altenburg: Filialkirche hl. Bartholomäus (oben) und die Gruft derer von Pragthal unter der Annenkapelle (unten).

Ein paar Kilometer südöstlich von Windhaag liegt **Münzbach** mit der dem hl. Laurentius geweihten **Pfarrkirche**, die einst als Klosterkirche fungierte. Nachdem die Kirche ab dem Jahr 1664 völlig umgebaut worden war, präsentiert sich das Mittelschiff mit einem Tonnengewölbe, während die Seitenschiffe ihr Kreuzrippengewölbe behalten haben. Hier steht das 1954 restaurierte barocke Grab des Joachim Enzmillner.

Arbing, am Eingang zum Machland an der Donau, nennt eine höchst wehrhaft anmutende **Pfarrkirche** ihr Eigen: Aus dem Umbau einer Burg entstand der spätgotische Sakralbau mit dem viereckigen Turm samt Zinnen und Ecktürmchen.

Es war das kinderlos gebliebene Ehepaar Otto von Machland und Jeuta von Peilstein, die ihre Burg samt umliegenden Ortschaften den Zisterziensern stifteten. Im selben Jahr – 1141 – wurde **Stift Baumgartenberg** von zwölf Mönchen aus Heiligenkreuz und dem französischen Morimond gegründet. Im 15. Jahrhundert von den Hussiten überfallen und geplündert und im 16. Jahrhundert abermals in seiner Existenz bedroht, wurde das Stift 1784 unter Joseph II. aufgehoben. Die ehemalige Stiftskirche, »Dom zu Machland« genannt, ist heute **Pfarrkirche Mariä Himmelfahrt** und präsentiert sich in einer atemberaubend großartigen Symbiose aus drei Baustilen. Romanisch sind Langhaus und Querschiff, sie stammen aus dem 13. Jahrhundert; der Hallenchor aus der ersten Hälfte des 15. Jahrhunderts ist spätgotisch. Umgestaltet – aber im Kern der Bausubstanz unverletzt geblieben – wurde die Kirche 1660–1697 durch Carlo Antonio Carlone: Die reiche Stuckverzierung, die farbenkräftigen Fresken, die barocken Altäre, die Kanzel und das Chorgestühl harmonieren perfekt mit dem romanisch-gotischen Ursprungsbau. Lebendig wird der Kirchenraum nicht nur aufgrund seiner freundlichen Helligkeit, sondern auch, weil der Schmuck nie statisch wirkt: Kein Bogen oder Feld gleicht dem anderen, immer wieder gibt es neue Ornamente zu entdecken.

In die Zeit um 700 v. Chr. schließlich führt die letzte Station auf der Rundreise: **Mitterkirchen** im fruchtbaren Machland ist – das haben archäologische Grabungen längst bewiesen – uraltes Siedlungsgebiet: 80 Gräber und über 900 unterschiedliche Gefäße wurden gefunden, nachdem einem Bauern im Jahr 1980 bei der Feldarbeit zufällig ein Bronzehohlring in die Hände gefallen war. Aufgrund dessen hat man ein **urgeschichtliches Freilichtmuseum** errichtet, in dem sich der Alltag der keltischen Vorfahren nachvollziehen lässt. Stroh- und schilfgedeckte Hütten wurden errichtet und alte Handwerkstechniken wiederbelebt. Und im Informationshaus am Eingang ins Keltendorf kann man sich mittels eines Films über die Arbeit der Archäologen genau informieren.

Tipps und Information

PERG: Stadtmarketing Perg, 4320 Perg, Hauptplatz 8, Tel.: 07262/53 15 00, Fax 53 15 01-6. **Heimathaus & Stadtmuseum:** 1. 5.–3. 11. tgl. 14–18 Uhr, 4. 11.–30. 4. Sa, So 14–17 Uhr und nach tel. Voranmeldung (s. o.).
E-MAIL: tourist@perg.at
INTERNET: http://www.tiscover.at/perg

WINDEGG/SCHWERTBERG: Arbeitskreis Windegg, Schwertberger Kulturkreis, 4311 Schwertberg, Hafnerstraße 12, Tel.: 07262/627 35 sowie Gemeindeamt Schwertberg, Tel.: 07262/611 55-0, Fax: 627 75. **Galerie im Turm:** 1. 5.–26. 10 So, Fei 14–18 Uhr. **Kulturhaus Lichtenwagner:** So, Fei 14–18 Uhr.
E-MAIL: gemeinde@schwertberg.at
INTERNET: http://www.schwertberg.at

ALLERHEILIGEN: Gemeindeamt Allerheiligen, 4320 Allerheiligen 2, Tel.: 07262/580 12, Fax 580 12-14.
E-MAIL: gemeinde@allerheiligen.ooe.gv.at
INTERNET: http://www.tiscover.at/allerheiligen

WINDHAAG BEI PERG: Gemeinde Windhaag bei Perg, 4322 Windhaag 5, Tel.: 07264/42 55, Fax 42 55-22. **Ruine Windhaag:** Nur nach tel. Voranmeldung, Tel.: 07264/43 34.
E-MAIL: gemeinde@windhaag-perg.at
INTERNET: http://www.tiscover.at/windhaag-perg

MITTERKIRCHEN: Gemeindeamt Mitterkirchen, 4343 Mitterkirchen 50, Tel.: 07269/82 55-0, Fax 82 55-25. **Urgeschichtliches Freilichtmuseum:** 15. 4.–31. 10. tgl. 9–17 Uhr, Tel.: 07269/66 11, freilichtmuseum@mitterkirchen.at.
E-MAIL: gemeinde@mitterkirchen.at
INTERNET: http://www.tiscover.at/mitterkirchen

VERANSTALTUNGEN: Das Programm der **Allerheiligener Orgeltage**, genossen in der perfekten Akustik der Wallfahrtskirche, hat viel selten Gehörtes anzubieten (Informationen s. o.). Im Mitterkirchner **Keltenmuseum** kann man auf traditionelle Weise töpfern, backen oder Schmuck herstellen (Informationen s. o.).

NATUR & FREIZEIT: Unbedingt: Ein Ausflug in die **Urlandschaft an der Mündung der Naarn** in die Donau!

ANREISE: A1 bis Enns/Steyr, B123, B3

Pregarten

Ruine Reichenstein · Hagenberg · Wartberg ob der Aist · Gutau

Natur- und Kulturlandschaft als schöne Symbiose: Kaum sonst wo ist sie so gelungen wie in diesem Teil des Mühlviertels. Ruhe strahlt hier alles aus, wenngleich die Burg wehrhaft war und Gutau vor allem wegen eines ganz speziellen Handwerks weithin berühmt ist.

Pregarten, im Jahr 1230 erstmals urkundlich erwähnt und seit 1459 Markt, liegt direkt an der kürzesten Verbindung zwischen Adria und Böhmen, was dem Markt an diesem wichtigen Handelsweg schon früh Wohlstand gebracht hat. Heute ist Pregarten ein ruhiger Ort, eine typische Wohn- und Siedlungsgemeinde, die dank einer wunderschönen Landschaft, die sie umgibt, hervorragende Lebensqualität – auch für Besucher – bietet.

Im Zentrum Pregartens steht die neugotische Pfarrkirche hl. Anna, die in den Jahren 1893–1897 nach Plänen Otto Schirmers errichtet wurde. Die gelungene historistische Innenausstattung macht aus dem Sakralbau ein der Erbauungszeit entsprechendes Gesamtkunstwerk: Architektur und Einrichtung als Einheit. Die Vorgängerkirche stand ebenfalls am Marktplatz, woran noch heute eine Mariensäule erinnert.

An der gleichen Adresse findet man auch das Pregartener Heimathaus, untergebracht in einem ehemaligen Gasthaus, das von der Siedlungsgeschichte seit der Steinzeit ebenso erzählt wie vom Handwerk und vom Brauchtum. Zeitgenössische Kunst, Lesungen und Vorträge hingegen präsentiert und veranstaltet der Kunstverein Cart, und die Bruckmühle ist ein Kulturzentrum samt integrierter Musikschule.

Auf einem Felsriegel über der Waldaist erhebt sich wahrscheinlich bereits seit dem 12. Jahrhundert die Ruine Reichenstein. Im 16. Jahrhundert ließ Christoph Haym, zu dieser Zeit Herr auf Reichenstein, neben der kleinen Burg das Renaissanceschloss erbauen. Feudale Zeiten: Um die dafür nötigen Geldmittel aufzutreiben, legte Haym den Bauern hohe finanzielle Belastungen auf, was diese sich nicht gefallen ließen. Die Bauern schlossen sich zusammen, gingen in den Widerstand und überfielen die Burg im Jahr 1569. Nach einem mühsam errungenen Vertragsabschluss zwischen Haym und den Bauern schien sich die Situation zu beruhigen – bis die sich immer noch düpiert und ausgenutzt fühlenden Bauern Haym erschossen. Trotzdem blieb Reichenstein für weitere zweihundert Jahre im Besitz dieser Familie, bis es

ins Eigentum der Starhemberger überging, in deren Besitz die Burgruine Reichenstein heute noch ist.

Zentrum moderner Technologien: Schloss Hagenberg.

Die arg ruinöse Anlage – 1989 war der südwestliche Teil eingestürzt – wird seit den 1990er Jahren kontinuierlich renoviert. So finden im bereits restaurierten Rittersaal heute Ausstellungen und Veranstaltungen statt. Grundstock für das kleine private Burgmuseum waren Funde aus den 1960er Jahren: Keramikscherben und Gebrauchsgegenstände, die auf den Standort der Burgküche hinweisen. Besichtigen sollte man auch die Burgkapelle mit dem Rokokoaltar, einer Wachsbüste der Muttergottes in einem gläsernen Schrein und dem Renaissance-Epitaph des allzu feudalen Christoph Haym.

Der »Vöste im Machland«, wie sie im Jahr 1139 in einer Quelle genannt wurde, verdankt der Ort Hagenberg seine Entstehung. Die Feste veränderte sich nachhaltig im Lauf der Zeit: Aus der kleinen gotischen Burg wurde ein stattlicher Renaissancebau, woraus die heute schön renovierte Barockanlage mit Kapelle und drei Höfen entstand. Dabei war Hagenberg Mitte der 1980er Jahre ein völlig desolates Gemäuer, das aber dank der Gemeinde, die es pachtete, und dem Land Oberösterreich, das finanzielle Mittel zuschoss, vor dem Verfall gerettet

Das besonders besuchenswerte Färbereimuseum in Gutau: Es ist das einzige seiner Art in ganz Österreich.

wurde. Heute logiert im Schloss Hagenberg ein Institut der Universität Linz, Besucher des Parks sind jedoch herzlich willkommen: Es wäre auch wirklich schade, würden die uralten Winterlinden, Stieleichen, Robinien, Gingkobäume und Tulpenbäume unter Ausschluss der Öffentlichkeit gedeihen.

Im Jahr 1111 wurde der in erster Linie gotische Bau der Pfarrkirche Mariä Himmelfahrt in Wartberg erstmals genannt, wann sie jedoch wirklich errichtet wurde, lässt sich nicht mehr eruieren. Die Einfälle der Hussiten setzten dem Bau schlimm zu, sodass das Langhaus um die Wende vom 15. zum 16. Jahrhundert neu erbaut werden musste. Trotz der neugotischen Einrichtung besitzt die Kirche noch ein paar Kleinodien aus dem 16. Jahrhundert, darunter ein Sakramentshäuschen von 1508 und ein Relief »Schweißtuch der Veronika« von 1500. Nahe der Pfarrkirche befindet sich die Michaelskapelle, deren Nordhälfte einst ein Beinhaus war. Heute ist diese Kapelle der Eingang zur Starhemberg'schen Gruft.

Wahrscheinlich schon als heidnische Kultstätte hat jener Ort gedient, an dem die spätgotische Wenzelskirche steht. Das schöne Sternrippengewölbe stammt aus dem 16. Jahrhundert. Seit der Renovierung der Wenzelskirche in den 1960er Jahren ist sie die Gedächtnisstätte für die Gefallenen der beiden Weltkriege des Bezirks Freistadt.

Auf die Spuren der Kunst, Stoff zu färben, kann man sich in Gutau – und in Österreich kann man es ausschließlich hier – begeben: Seit dem 17. Jahrhundert ist in diesem Ort das Handwerk angesiedelt, das beispielsweise jenen Stoffen, die in der Textilstadt Haslach erzeugt wurden, Farbe gab.

In einem ländlichen Barockbau, dessen Grundriss auf das 14. Jahrhundert zurückgeht, mit mächtigem Schopfwalmdach ist das Färbermuseum untergebracht. Hier kann man noch die riesigen Tonflaschen sehen, in denen die Säure für den heiklen Blaudruck aufbewahrt wurde. Und der Wortschatz wird erweitert: In Küpen wurde die Leinwand im Indigobad gefärbt, im Mangelraum dann der gefärbte Stoff so lange durch mit Granitsteinen beschwerte Holzwalzen gerollt, bis der Stoff den so sehr begehrten Seidenglanz annahm. Und der Blaudruck erfolgte mit zumeist aus Lindenholz geschnitzten Modeln, die – um die ornamentalen, höchst kunstvollen Muster zu erhalten – mit unzähligen Messingstiften und -stegen versehen waren. Dieses fast vergessene »Kunsthandwerk« – im wahrsten Sinn des Wortes – wird hier heute noch praktiziert und auch in Schauvorführungen präsentiert. Dass Färbermeister Entspannung vom anstrengenden Alltag brauchten, beweist die dem Färbermuseum angeschlossene Leihbibliothek des Michael Zöttl, seines Zeichens Färbermeister mit Freude an Trivialliteratur des 18. und 19. Jahrhunderts.

Empfehlenswert ist in Gutau auch noch der Besuch der Pfarrkirche hl. Ägidius: Die dreischiffige romanisch-gotische Hallenkirche mit Sternrippengewölbe und gotischem Turm, auf dem ein spätklassizistischer Helm sitzt, birgt einen schönen barocken Hochaltar mit Bildern von hoher Qualität.

Tipps und Information

PREGARTEN: Marktgemeindeamt Pregarten, 4230 Pregarten, Marktplatz 12, Tel.: 07236/22 55-0, Fax 22 55-27. **Heimathaus Pregarten:** Nur nach tel. Voranmeldung (s. o.). **Kunstverein Cart, Buckmühle:** Programminformationen gibt das Marktgemeindeamt. **Ruine Reichenstein mit Waldaist-Stöckl:** Nur nach tel. Voranmeldung, Tel.: 07263/885 43 (Hr. Huber) **Burgmuseum Reichenstein:** Nur nach tel. Voranmeldung, Tel.: 07236/32 77 (Hr. Höllhuber).
E-MAIL: gemeinde@pregarten.ooe.gv.at
INTERNET: http://www.tiscover.at/pregarten

WARTBERG: Marktgemeindeamt Wartberg ob der Aist, 4224 Wartberg, Hauptstraße 5, Tel.: 07236/37 00, Fax: 37 00-37.
E-MAIL: marktgemeindeamt@wartberg-aist.ooe.gv.at
INTERNET: http://www.wartberg-aist.at

GUTAU: Marktgemeindeamt Gutau, 4293 Gutau, St.-Oswald-Straße 2, Tel.: 07946/62 55, Fax: 67 55. **Färbermuseum:** 1. 5.–31. 10. Mi 9–11, Fr 15–17 Uhr und nach tel. Vereinbarung (Marktgemeindeamt).
E-MAIL: mgde.gutau@netway.at
INTERNET: http://www.tiscover.at/gutau

GASTRONOMISCHES: Der **Strohsack** ist ein schönes, altes Wirtshaus in Gutau, dessen Wirt sich ganz auf die Produkte seiner eigenen Landwirtschaft spezialisiert hat – es ist alles frisch, was sommers unter der uralten Linde im Gastgarten auf den Tisch kommt (Lehen 30, Tel.: 07946/64 79).

VERANSTALTUNGEN: Auf dem Areal der **Ruine Reichenstein** gibt es immer wieder Theateraufführungen, Ausstellungen und vieles mehr (Information s. o.).

NATUR & FREIZEIT: Geschichten von Singdrossel, Mönchsgrasmücke, Rotkehlchen & Co: 30 Schautafeln auf einem rund 2,5 Kilometer langen Waldrundweg. Am Weg: 20 hohle Baumstämme, die auf Knopfdruck Vogelstimmen zum Klingen bringen, und ein Schauraum mit einer langen Vitrine, in der heimische Vogelarten ausgestellt sind: Der **Mühlviertler Vogelkundeweg** in Gutau ist landschaftlich reizvoll – und zu allem Überfluss lernt man auch noch eine ganze Menge.

ANREISE: A1 bis Knoten Linz, A7 Ausfahrt Unterweitersdorf

Putzleinsdorf

Niederkappel · Pfarrkirchen · Hofkirchen · Neustift

Eine veritable Schlösser- und Burgentour lässt sich am linken Donauufer, zwischen Schlögener Schlinge und bayerischer Grenze, unternehmen. Das ist aber nicht der einzige Grund dafür, diesen Teil des Mühlviertels Kulturreisenden wärmstens zu empfehlen.

Angeblich war es ein von Gicht geplagter Adliger aus Wien, dem Engelszungen im Traum zuflüsterten, sich nach **Putzleinsdorf** im Land ob der Enns zu begeben. Dort würde er eine Quelle finden, die ihn von seinen Schmerzen befreite. Eine schöne Geschichte, aber wie das Legenden so an sich haben, von zweifelhaftem Wahrheitsgehalt. Trotzdem: Rund zehn Meter von der **Wallfahrtskirche Maria Bründl** entfernt sprudelt noch heute ein Quelle, deren Wasser zumindest bis zum Ersten Weltkrieg zahllose Kranke anzog – vom Bauernstand bis zum Hochadel, alle schworen auf die Heilkraft der Putzleinsdorfer Quelle. Der Badebetrieb, vor allem im ausgehenden 17. Jahrhundert, jedenfalls war so erfolgreich, dass sich die Putzleinsdorfer anstatt des ursprünglichen Holzkirchleins bald ein steinernes bauen konnten: Die schlichte kleine Wallfahrtskirche stammt aus dem Jahr 1712, und das Altarbild ist das Werk eines Marktrichters mit offensichtlich vielfältigen Talenten: Johann Philipp Ruckenbauer aus dem nahen Sarleinsbach malte das Bild, das dem Passauer Mariahilf-Bild nachempfunden ist.

Überhaupt scheint Putzleinsdorf Mehrfachbegabungen geradezu angezogen zu haben: Zwischen 1874 bis 1913 war der Pfarrer des Orts kein Geringerer als Norbert Hanrieder, der mit Franz Stelzhamer bedeutendste Mundartdichter Oberösterreichs. Im Marktgemeindehaus ist die **Hanriederstube** zu sehen: Ein liebevoll als Museum adaptierter Raum mit zahlreichen Fotografien und Ausstellungsstücken sowohl zu Norbert Hanrieder als auch zur Gemeindegeschichte. Als besonders inspirativ dürfte Hanrieder den etwa acht Kilometer langen Weg von Putzleinsdorf auf den **Ameisberg** empfunden haben: In der sanften Ebene bietet dieser Hügel einem Balkon gleich eine wunderbare Aussicht über die Donau hinweg bis zu den Alpen. Damit das Panorama noch grandioser sei, ließ Hanrieder gemeinsam mit Moritz Scheibl im Jahr 1903 eine **Aussichtswarte** am Ameisberg errichten. Sie steht noch heute, und es nimmt nicht wunder, dass sie als Ausflugsziel ausgesprochen beliebt ist.

Die Schlögener Schlinge – hier beschreibt die Donau fast einen Kreis.

Am Steilabfall zur Schlögener Schlinge liegt die Gemeinde Niederkappel, die sich rühmen darf, die oft als »Mühlviertler Dom« bezeichnete Pfarrkirche St. Andreas zu besitzen. Die Pläne für den gründerzeitlichen Bau im Stil der Neorenaissance stammen vom Linzer Dombaumeister Raimund Jeblinger, der allerdings keinen Neubau errichtete, sondern die alte gotische Kirche aus dem frühen 15. Jahrhundert so wesentlich vergrößerte, dass von der ursprünglichen Bausubstanz kaum noch etwas zu erkennen ist. Auch die Innenausstattung ist zur Gänze der Neorenaissance verpflichtet.

Bevor man in Pfarrkirchen zum ersten Objekt der versprochenen Schlössertour kommt, steht auch hier zunächst die Pfarrkirche im Zentrum des Interesses: Zwar stammt das Gebäude aus der ersten Hälfte des 13. Jahrhunderts und wurde im 15. in gotischem Stil erweitert, doch die große kunstgeschichtliche Bedeutung erhält sie wegen ihrer barocken Innenausstattung. Es waren Giovanni und Giovanni Battista Carlone, die die Fresken und die Stuckdekoration schufen. Besonders bemerkenswert sind dabei die Fresken: Im Lauf der Zeit immer wieder übermalt, wurden sie erst 1992 wieder freigelegt – und da entdeckte man den wahren Schatz, denn es ist wahrscheinlich der einzige Sakralbau des Landes, der tatsächlich vollständig und ausschließlich mit Fresken Giovanni Carlones ausgestattet ist.

Von großer Bedeutung für die Geschichte Oberösterreichs ist die Ruine Falkenstein (sie liegt bereits im Gemeindegebiet von Hofkirchen), die etwa drei Kilometer von der Donau entfernt im Rannatal liegt: Von hier aus gründete Chalhoch von Falkenstein Stift Schlägl. Erst als man die Herrschaft Falkenstein mit jener von Schloss Altenhof zusammenlegte, verfiel Falkenstein. Zuerst wohnte noch Jagdpersonal in der Burg, dann brach im Jahr 1860 der Palas ein, und 1911 zerstörte ein wilder Sturm, was vom einstigen Dach noch übrig war. Schloss Altenhof – es liegt ein Stück oberhalb der Ruine Falkenstein und auf dem Gemeindegebiet von Pfarrkirchen – ist ein hübscher zweigeschoßiger Barockbau mit Elementen aus der Renaissance. Beide Bauwerke, die Ruine wie das Schloss, gingen im Lauf der Geschichte in den Besitz der Grafen von Salburg über, deren Nachkommen sie heute noch gehören.

Den schönsten Blick auf die Schlögener Schlinge hat man von einer weiteren Burgruine in Hofkirchen: Haichenbach, um das sich viele Sagen ranken und das nach dem nahe gelegenen Kerschbaumergut oft auch Kerschbaumerschlössl genannt wurde, ist eine Ruine, die man zu einer Aussichtsplattform umbaute.

Leider nur von außen zu besichtigen, aber für die Mühlviertler Historie von weit größerer Bedeutung ist Schloss Marsbach in Hofkirchen. Ab dem Jahr 1529 nämlich logierten hier die Verwaltungsbeamten des Bistums Passau für dessen Mühlviertler Besitzungen. Sogar das Landgericht tagte hier. Erst als Passau säkularisiert wurde, kam Schloss Marsbach, das im späten 16. Jahrhundert erbaut worden war, unter österreichische Kuratel, wurde Hofkammergut und im Jahr 1824 öffentlich versteigert.

Eines der umkämpften Zentren des Bauernkriegs: Schloss Marsbach.

Nochmals zurück nach Pfarrkirchen, diesmal auf den Spuren großartiger Industriearchitektur, die im Verband mit den Kräften der Natur in höchstem Maß beeindruckt: Die Rannatalsperre wurde in den Jahren 1947–1950 von der damaligen Oberösterreichischen Kraftwerke AG erbaut, und der hinter der Sperre liegende Stausee dient bis heute als Wasserreservoir des Kraftwerks Kramesau. Es ist ein gewaltiges Schauspiel, das anhebt, wenn nach starken Regenfällen oder während der Schneeschmelze im Frühjahr die Wasser der Ranna über die Staumauer tosen. Denn das enge Rannatal verstärkt akustisch das fallende Wasser – man hat ein wenig das Gefühl, Niagara wäre ins Mühlviertel gezogen.

Mitten in der heiter-freundlichen Landschaft des Mühlviertels: Die Burg Rannariedl, hoch oberhalb der Ranna.

»Traum einer Landschaft« nannte Adalbert Stifter das hügelige Land des heutigen Mühlkreises – und traumhaft liegt **Neustift** auf einem Höhenrücken über den Tälern der Ranna und der Donau. Unweit der Rannamündung in die Donau thront die wohl wesentlichste Burg dieser Gegend, **Rannariedl**, immer noch mächtig scheinend auf einem Felsgrat. Die im 13. Jahrhundert erbaute Wehranlage war ebenso wie die anderen Feudalbauten des Umlandes im Besitz des Bistums Passau und Chalhochs von Falkenstein. Zahlreiche Um- und Ausbauten haben das Aussehen der Burg im Lauf der Jahrhunderte stark verändert. Was man heute noch sehen kann (die Burg befindet sich in Privatbesitz und ist ausschließlich von außen zu sehen), ist ein mittelalterlicher Rundturm mit Kegeldach. Unter Ausschluss der Öffentlichkeit bleiben die schöne, barockisierte Kapelle mit einer Kanzel, Statuen und Gemälden aus dem 18. Jahrhundert sowie der Burggarten mit dem Brunnen.

In **Kleinmollsberg**, einem Ortsteil von Neustift, wollte Herr Stadler eines Tages im Jahr 1988 nichts weiter, als den Fußboden in seiner Stube reparieren. Doch als er einen Pflock einschlug, der der Nivellierung dienen sollte, versank dieser. Herr Stadler vergrößerte das Loch – und stieß auf einen **Erdstall**, wie man ihn sonst eher aus dem niederösterreichischen Weinviertel kennt. Denn die niedrige, verzweigte Höhlenanlage mit den zahlreichen Nischen diente der Bevölkerung bei herannahender Kriegsgefahr (besonders in den Zeiten der Hussitenstürme) als zwar enge, aber relativ sichere Zuflucht, weil ein Hineinkommen nur einzeln und kriechend möglich war. Diesen Erdstall hat Herr Stadler abgesichert, und wer nicht unter Klaustrophobie leidet, kann sich mit dem Neustifter Erdstall ein ganz besonderes kulturhistorisches Phänomen von innen ansehen.

Tipps und Information

PUTZLEINSDORF: Marktgemeinde Putzleinsdorf, 4134 Putzleinsdorf, Tel.: 07286/82 76-0, Fax 82 76-9. **Hanriederstube & Heimathaus:** Nur nach tel. Voranmeldung, Tel.: 07286/84 26 (Hr. Höfler).
E-MAIL: holidays@oberoesterreich.at
INTERNET: http://www.tiscover.at/putzleinsdorf

PFARRKIRCHEN: Tourismusverband Pfarrkirchen, 4141 Pfarrkirchen 13, Tel.: 07285/415, Fax: 415-4. **Schloss Altenhof:** Nur nach tel. Voranmeldung, Tel.: 07285/262, Fax: 262-477, hsalburg@hotmail.com (Hr. Salburg).
E-MAIL: pfarrkirchen@oberoesterreich.at
INTERNET: http://www.tiscover.at/pfarrkirchen

NEUSTIFT: Tourismusverband Neustift, 4143 Neustift 1, Tel.: 07284/81 55, Fax: 81 55-14. **Erdstall in Kleinmollsberg:** Nur nach tel. Voranmeldung beim Tourismusverband.
E-MAIL: gemeinde.neustift@resi.at
INTERNET: http://www.tiscover.at/neustift.ooe u. www.neustift-muehlviertel.at

NATUR & FREIZEIT: Seit dem Schengener Abkommen braucht man hier keinen Reisepass mehr: Das **Naturschutzgebiet Bärnloch** beim Grenzort **Oberkappel** entlang des Osterbaches ist für Kinder und Erwachsene gleichermaßen schön. Für Schreibtischmenschen, denen vor allem Bewegung und frische Luft fehlt, ist der **Kneippweg Rannatal** am Rannasee bei Oberkappel genau das richtige Alternativprogramm zum Computerscreen. Apropos **Rannasee**: Dass es sich hier im Sommer prächtig schwimmen lässt, soll auf keinen Fall verschwiegen werden. Am Ameisberg bei Putzleinsdorf warten langmütige Haflinger und Isländer Pferde auf ihre Reiter: Der **Robustpferdehof Ameisberg** bietet Unterricht, geführte Ausritte, Tages- und ganze Wanderritte (Tel.: 07283/85 21, Hr. und Fr. Fuchs). Die wohl »aussichtsreichste« **Golfanlage** – ein 9-Holes-Platz – befindet sich in prächtiger Höhenlage in **Pfarrkirchen** (Information s. o.). Die spektakulärste Attraktion der Gegend ist selbstredend die Schlögener Schlinge. Ihrem linken Ufer entlang wurde der **Naturlehrpfad Donauschlinge** eingerichtet (Gemeinde Niederkappel, Tel.: 07286/85 55).

ANREISE: A1 bis Knoten Linz, A7, B129 bis Eferding, B130

Ried im Innkreis

Pramet · Pram · Reichersberg · Obernberg · Schloss Aurolzmünster

Zwei großen Namen aus Oberösterreichs Kulturgeschichte begegnet man auf der Spurensuche rund um Ried: der Bildhauerdynastie Schwanthaler in Ried und Franz Stelzhamer in Pramet.

Angeblich hatte er sich während des dritten Kreuzzugs bei der Belagerung von Jerusalem hervorgetan: Dietmar der Anhanger, legendärer Gründer Rieds, der für seinen Mut mit einem Flecken Land – eben Ried – belohnt wurde. Durch Quellen belegt ist die Geschichte nicht, doch im Zentrum Rieds prangt Dietmar bis heute als barocke Statue von Veit Adam Vogel am Hauptplatz.

Die tatsächliche Geschichte der Handelsstadt ist jedoch um nichts weniger aufregend: Die ununterbrochenen Grenzstreitigkeiten zwischen Bayern und Österreich ließen die Rieder einmal zu diesem, einmal zu jenem gehören. Erst seit 1816 ist Ried endgültig österreichisch geworden.

Heute ist Ried eine hübsche Stadt mit mehreren ineinander greifenden Plätzen und einer Reihe schöner alter Häuser. Von der einst mächtigen Stadtbefestigung sind noch zwei Stadttore erhalten, das Schärdinger und – am Stelzhamerplatz – das Braunauer Tor.

Vom Stelzhamerplatz führt die Schwanthalergasse zum Kirchplatz. In der heutigen Schwanthalergasse 11 steht jenes Wohnhaus, in dem die große Bildhauerfamilie, in der sich 21 Künstler über sieben Generationen nachweisen lassen, lebte. Begründer war Hans Schwabenthaler – so der ursprüngliche Name, der aus Altötting gekommen war, in Ried durch die Heirat mit einer Bürgerstochter 1633 ansässig wurde und eine Werkstatt gründete. Sein erstgeborener Sohn Thomas (1634–1707) übernahm schon in jungen Jahren die Werkstatt des Vaters. Thomas Schwanthalers Genie wurde früh offenbar: Sein unverkennbarer Stil, beeinflusst durch die Gotik einerseits und die italienische Kunst seiner Zeit andererseits, prägte den oberösterreichischen Barock. Höhepunkte seiner Kunst sind vor allem in Zell am Pettenfirst, in Schalchen, vor allem aber im Doppelaltar von St. Wolfgang zu sehen. Thomas Schwanthalers Nachkommen waren begabte Handwerker, aber keine genialen Künstler mehr. Erst in der sechsten und vorletzten Generation der Familie schuf Ludwig Michael Schwanthaler nochmals Großes: Er wurde an den Hof König Ludwigs I. nach München berufen, fertigte für die-

Reizvoll locken die Hausfassaden am Hauptplatz von Ried. Im Bild das Rathaus.

sen unter anderem das Monumentalstandbild der Bavaria auf der Theresienwiese an und wurde zum Hauptmeister der klassizistischen Plastik in Süddeutschland.

Im Innviertler Volkskundehaus, am Kirchplatz und nur wenige Schritte von der Schwanthalergasse entfernt, wird anhand ausgewählter Werke im Figurensaal die Arbeit der Bildhauerfamilie präsentiert. Werke von Hans bis Johann Peter d. Ä., also etwa von der Mitte des 17. bis ins späte 18. Jahrhundert, lassen die Genialität der Bildhauer und die Veränderungen im Zeitgeschmack nachvollziehen. Das Volkskundehaus beherbergt allerdings noch eine Reihe weiterer sehenswerter Sammlungen, darunter eine volkskundliche, eine, die sich religiöser Volkskunst widmet und unter anderem die berühmte Oberndorfer »Stille-Nacht-Krippe« zeigt, vor allem aber die Galerie der Stadt Ried: Hier sind nicht nur ausgewählte Werke von Margret Bilger zu sehen, die als Glasmalerin an der Ausstattung zahlreicher Kirchen beteiligt war, sondern auch Radierungszyklen von Alfred Kubin. Er war Mitglied jener 1923 gegründeten Innviertler Künstlergilde, von deren Initiativen die Galerie stark geprägt ist.

Werke der Familie Schwanthaler, aber auch der Brüder Michael und Martin Zürn sind in der Pfarrkirche St. Peter und Paul am Rieder Kirchplatz zu sehen. Als erste mit Sicherheit Thomas Schwanthaler zuzuordnende Skulpturen gelten die Heiligen Georg und Florian, die an den beiden Seiten des Hochaltars stehen. Die Pietà in der Weber-Kapelle hingegen stammt von Johann Peter Schwanthaler d. Ä. und wurde 1785 geschaffen. Als Spätwerk Thomas Schwanthalers wiederum gilt das Opus magnum der Kirche, die Ölberggruppe in der Elend-Kapelle. Der Martinaltar in der Schuhmacherkapelle hingegen ist ein Werk der Brüder Zürn.

Bis heute ist er in vielen Straßennamen Oberösterreichs präsent, und nicht nur das: Schließlich ist er auch der Textdichter der Landeshymne. Die Rede ist von Franz Stelzhamer, der in Pramet, genauer im Ortsteil Piesenham, am 29. November 1802 geboren wurde. Abgebrochene Universitätsstudien und ein ruheloses Wanderleben, geprägt von ständiger Geldnot, sind die äußeren biografischen Kennzeichen. Die substanziellen sehen anders aus: Der Dichter begann früh, seine poetischen Arbeiten in der oberösterreichischen Mundart zu verfassen. Das und die literarische Qualität seines Werks brachten ihm nicht nur die Anerkennung von Adalbert Stifter oder Peter Rosegger, sondern vor allem eine große allgemeine Beliebtheit. Sein schönes Geburtshaus, in dem im Rahmen viefältiger Veranstaltungen immer wieder auch aus seinem Werk gelesen wird, ist noch heute zu besichtigen.

Ein Hauptwerk Thomas Schwanthalers: Die große Krippe aus Altmünster.

Sakrale und moderne Kunst, Volkskultur und Handwerksgeschichte – genügend Gründe, um Pram einen Besuch abzustatten. Der erste Weg sollte in die Pfarrkirche St. Stephan führen, wo nicht nur der schöne Frauen- oder Marienaltar von Johann Franz Schwanthaler aus den Jahren 1710–1720 zu sehen ist, sondern, im Pfarrhof, auch die Pramer Krippe, ein siebenteiliges Wunderwerk aus rund hundert Figuren, die vom Stall zu Betlehem bis zur Flucht nach Ägypten die Weihnachtsgeschichte erzählen. Sie ist ein Werk Johann Peter Schwanthalers d. Ä. und wird in das Jahr 1777 datiert.

Direkt an der bayerisch-österreichischen Grenze liegt die kleine Filialkirche St. Nikola, die zwar einen barocken Zwiebelhelm trägt, aber aus dem 13. Jahrhundert stammen dürfte. Sie wurde in den 1970er Jahren von Grund auf renoviert und ist heute vor allem wegen des alljährlich hier »veranstalteten« Sonderpostamts beliebt: Briefmarken, gestaltet von renommierten Künstlern und deshalb auch von Philatelisten heiß begehrt, werden zum Fest des hl. Nikolaus von hier in alle Welt versandt. Nicht Briefmarken, sondern Medaillen sind in **Schloss Feldegg** zu sehen, das zauberhaft in einem Park und an einem Teich liegt und dessen Obergeschoß die Sammlung des Medailleurs Gustav Gurschner birgt.

Moderne Kunst präsentiert sich in Pram im Ortsteil **Gerhartsbrunn** durch den Maler und Bildhauer **Meinrad Mayrhofer**, der seit 1979 als freischaffender Künstler mit vielerlei Materialen – darunter Holz, Bronze und Eisen – arbeitet.

Volkskultur und Handwerksgeschichte werden sowohl in der **Furthmühle und -säge** sowie in der **Schmiede z'Gries** gezeigt. Vor allem Erstere lohnt den Besuch: Das hervorragend renovierte Gebäude-Ensemble bietet eine vollständige Ausstattung alter Mühlen- und Sägegeräte, wie Walzenstühle, historische Dieselmotoren, Wasserrad und Sägegatter. Ein authentisches Bild vergangenen Handwerks zeigt auch die Schmiede zu Gries, deren Einrichtung in nahezu jedem Detail original ist.

.Der Turm der Stiftskirche des Augustiner-Chorherrenstifts Reichersberg am Inn

Wo heute das Augustiner-Chorherrenstift Reichersberg steht, befand sich einst eine Burg: Werner von Reichersberg jedoch ließ aufgrund tragischer Erlebnisse seine Burg schleifen und an ihrer Stelle 1084 ein Kloster erbauen, das 1624 aber so vollständig einem Brand zum Opfer fiel, dass der heute bestehende Stiftskomplex in reinem Barock erstrahlt. Betritt man den **Stiftshof** durch das westliche Tor, ist man sofort von der Großzügigkeit der Anlage beeindruckt. Fast scheint es, als würde man sich in einem Schlosshof befinden. Integriert in die gesamte Bausubstanz ist die **Stiftskirche** mit ihren schönen Deckenfresken, der Rubens-Kopie (»Michael stürzt Satan in die Hölle«) von Karl Rahl aus dem Jahr 1834 und dem Grabstein aus Rotmarmor des Stifters Werner von Reichersberg, der gemeinsam mit seiner Ehefrau Dietburga und dem früh verstorbenen Sohn Gebhard dargestellt ist. Die Stiftsgeschichte lässt sich in den Fresken der um den **Kreuzganghof** angelegten **Bibliothek** nachvollziehen. Sehenswert im **Großen Hof** sind der Marmorbrunnen aus den 1690er Jahren sowie eine erzerne Michaelsstatue von Thomas Schwanthaler.

»Mit Freude leben«, lautet das Motto des Stifts Reichersberg – die Gastfreundschaft der Augustiner-Chorherren ist dementsprechend weithin berühmt: Ein **Bildungszentrum** mit Übernachtungsmöglichkeit, ein

Klosterladen, die Vinothek und das Restaurant mit dem Gastgarten, in dem uralte Linden sommers geradezu balsamischen Schatten spenden, belegen sie.

Eine Burg und ein Schloss beschließen die Rundfahrt durch das Innviertel um Ried: Obernberg am Inn war einst ein bedeutender Hafen, als die Inn-Schifffahrt noch Hauptverkehrsmittel für den Handel war. Der Fluss wird an dieser Stelle seit dem späten 12. Jahrhundert von der einst wehrhaften Burg Obernberg überragt. Zu sehen ist davon nur noch wenig, denn abgesehen davon, dass die Burg ab dem 16. Jahrhundert langsam zu verfallen begann, schleiften die Soldaten Napoleons im Jahr 1809 den größten Teil der Wehranlage. Übrig blieben Reste der ehemaligen Stallungen, ein Gebäude, in dem seit dem 19. Jahrhundert das Bezirksgericht logiert und der Schüttkasten. Lohnenswert ist der Besuch der Burg Obernberg allerdings aus mehreren Gründen: Die Falknervorführungen im Bereich der Burg sind faszinierend, und im Getreidespeicher (dem Schüttkasten also) ist das Kunsthaus Obernberg untergebracht, in dem sowohl Lesungen als auch Ausstellungen, Workshops und Vorträge stattfinden.

Wenngleich an der Renovierung gearbeitet wird: Das Wasserschloss Aurolzmünster befindet sich in einem erbarmungswürdigen Zustand. Oftmalige Besitzerwechsel haben dem Barockbau, der an die Schlösser Nymphenburg und Schleißheim erinnert und auf den Plänen des Münchner Architekten Johann Kaspar Zuccali beruht, stark zugesetzt. Und dass es im 19. Jahrhundert als Zuckerfabrik adaptiert wurde, war der Bausubstanz mit den Fresken und der gemalten Scheinarchitektur ebenfalls nicht gerade zuträglich. Erst seit es im Privatbesitz eines deutschen Kaufmanns ist, wird effizient restauriert.

Tipps und Information

ⓘ RIED IM INNKREIS: Tourismusverband Ried, 4910 Ried im Innkreis, Kapuzinerberg 8, Tel.: 07752/851 80, Fax 851 80-20 (Informationen auch zu PRAMET). **Innviertler Volkskundehaus & Galerie der Stadt Ried:** Di–Fr 9–12, 14–17, Sa 14–17 Uhr und nach tel. Voranmeldung, Tel.: 07752/901-244.
E-MAIL: tourismus@ried.com
INTERNET: http://www.tiscover.at/ried u. www.ried.at

ⓘ PRAM: Marktgemeindeamt Pram, 4742 Pram 8, Tel.: 07736/62 55. **Furthmühle & -säge:** Ganzjährig tgl. 10–12, 13–17 Uhr und nach tel. Voranmeldung, Tel.: 07736/64 57 (Hr. Mayrhofer) od. 64 03 (Hr. Steinböck). **Schmiede z'Gries:** Nur nach tel. Voranmeldung im

Marktgemeindeamt. **Schloss Feldegg & Gurschner-Museum:** Fr–So 10–16 Uhr und nach tel. Voranmeldung, Tel.: 07736/626 11. **Atelier Meinrad Mayrhofer:** ganzjährig tgl. 9–12, 14–19 Uhr nach tel. Voranmeldung, Tel.: 07736/64 57.

E-MAIL: tourismus@ried.com

INTERNET: http://www.tiscover.at/ried u. www.ried.at

STIFT REICHERSBERG: Anmeldung für Gruppenführungen, Informationen zum Klosterladen, zur Vinothek, zum Restaurant und zum Bildungszentrum: Tel.: 07758/23 13-0, Fax: 23 13-32.

E-MAIL: verwaltung@stift-reichersberg.co.at

INTERNET: http://www.stift-reichersberg.co.at

OBERNBERG: Tourismusbüro Obernberg, 4982 Obernberg am Inn, Marktplatz 1, Tel. & Fax: 07758/36 00. **Burg Obernberg:** Tgl. Falknervorführungen um 15 Uhr und nach tel. Voranmeldung im Tourismusbüro. **Kunsthaus Burg Obernberg:** Programminformation Tel.: 07758/40 10.

E-MAIL: info@obernberg.at

INTERNET: http://www.tiscover.at/obernberg.inn u. www.obernberg.at

VERANSTALTUNGEN: Jedes Jahr am Dienstag nach Ostern findet am Hauptplatz von Ried der traditionelle große **Pferdemarkt** statt. Begleitet wird er von vielerlei Veranstaltungen, u. a. einem **Festzug**. Ob Plastik oder Malerei, Installationen oder Grafik: Die Innviertler **Kooperative Kunststraße** gibt zeitgenössischen Künstlern eine Plattform und Publikum (http://ww.kunststrasse.at). Im Rahmen des **Reichersberger Sommers** gibt es eine Reihe von Veranstaltungen für viele Geschmäcker: Konzerte, Bikerwallfahrten, Erntedankfest (Information s. o.).

NATUR & FREIZEIT: Wandern in der Hügellandschaft des Innviertels ist ein besonderes Vergnügen. Dabei kann man auch etwas für den Kopf tun: **Themenwanderwege** gibt es zum Beispiel in Obernberg, wo man den Spuren des Mittelalters folgen kann, in Pramet den **Kulturweg der Mundartdichter** Franz Stelzhamer und Hans Schatzdorfer, und eine geführte Themenwanderung wird auch im **Europareservat »Unterer Inn«** angeboten (Tel.: 08573/13 60 u. in den Tourismus- bzw. Gemeindeämtern, s. o.). Der Kulturweg der Mundartdichter führt übrigens geradewegs zum **Prameter Badesee**, wo man wiederum nichts anderes tun kann, als mit der Seele zu baumeln.

ANREISE: A1 bis Knoten A1/A25 bis Knoten Wels, A8 bis Abfahrt Ried

Schärding am Inn

Wernstein · Schloss Zwickledt · Suben

Sie gilt als die schönste Barockstadt Österreichs: Schärding am Inn mit der berühmten Silberzeile im Stadtzentrum. Aber auch ihre Umgebung braucht keinerlei Vergleiche zu scheuen: darunter Wernstein, an der Grenze zu Bayern, und Zwickledt, einst Wohnort des großen Malers, Grafikers und Dichters Alfred Kubin.

Als Wirtschaftshof der Passauer Domkirche taucht »Scardinga« im Jahr 804 erstmals in den Annalen auf. Es war eine Burg mit angeschlossener Siedlung, die ständig wuchs und sich bis 1779 – mit kurzen Unterbrechungen – in bayerischem Besitz befand. Schärding war Grenzstadt und als solche umkämpft, weshalb sie im 15. Jahrhundert befestigt wurde. Wie groß Schärding zu dieser Zeit gewesen sein muss, kann man noch heute an den Resten der Wehranlage erkennen: das **Wasser-** oder **Götztor** im Westen, das **Passauertor** im Norden und das **Linzertor** im Süden sowie Reste der Stadtmauer und des ehemaligen Stadtgrabens geben einen guten Eindruck von der einstigen Ausdehnung. Nur noch in Resten vorhanden ist auch die **Burg**, von der bloß noch der äußere **Torturm** erhalten ist, der heute als Schärdinger **Heimatmuseum** dient.

Wenngleich Schärding als Grenzstadt zahlreichen kriegerischen Angriffen ausgesetzt war, konnte die alte Bausubstanz in großen Teilen erhalten werden. Zentrum dessen ist der **Stadtplatz**, einzigartig und unverkennbar mit seinem denkmalgeschützten Ensemble aus bunt getünchten Bürgerhäusern des 16. bis 19. Jahrhunderts, unter denen die spätbarocken, geschwungenen Fassadengiebel bei weitem dominieren. **Silberzeile** wird die östliche Häuserfront des **Oberen Stadtplatzes** genannt, wahrscheinlich wegen der wohlhabenden Kaufleute, die hier Wohn- und Handelssitz hatten, als der Inn noch ein bedeutender Handelsweg war. Die Grenze zwischen Oberem und Unterem Stadtplatz ist das Sparkassengebäude, das einst als Getreidespeicher diente, 1809 aber abbrannte und 1824 neu errichtet wurde. Das Fresko auf der Fassade stammt von Fritz Fröhlich. Weit älter – wahrscheinlich aus dem 16. Jahrhundert – ist das **Fresko** auf dem **Unteren Stadtplatz**: »Heuchler, zieh' zuvor den Balken aus deinem Auge, dann magst du sehen, wie du die Splitter aus deines Bruders Auge ziehst.« Der Satz aus dem Lukas-Evangelium auf dem Fresko bezieht sich wahrscheinlich auf den damaligen Besitzer des Hauses, der wohl mit einem Rechtsspruch nicht ganz einverstanden war und seinen Unmut solcherart kundtat.

Etwas außerhalb, am Rand des ehemaligen Stadtgrabens, steht Schär-

Fast unwirklich wirken die bunten Fassaden am Hauptplatz von Schärding.

dings Stadtpfarrkirche St. Georg. Der ursprüngliche Kirchenbau stammt aus der Zeit um 1310, und nachdem er 1703 schwer beschädigt worden war, begann man 1720 mit dem barocken Neu- und Umbau. Das Glück der neuen Kirche währte kurz, denn schon 1809 legten die Truppen Napoleons die Kirche wiederum in Schutt und Asche, so dass sie erst fünf Jahre später wieder aufgebaut werden konnte. Dass sie heute in barockem Glanz erstrahlt, ist der umfassenden Renovierung in den 1970er Jahren zu verdanken.

Ein sehenswerter Sakralbau ist auch die so genannte Kirche am Stein in der Sebastian-Kneipp-Gasse, die hier an einem offenen Granitfelsen im Frühbarock errichtet wurde. Sie ist den Seuchenheiligen Sebastian und Rochus geweiht und wurde zur Abwendung der Pest, die die Gegend in den Jahren 1628 und 1634 heimsuchte, gebaut. Aus der Wiener Rochuskirche hingegen stammen die lebensgroßen Skulpturen der Evangelisten sowie der Heiligen Florian und Augustus in der Kurhauskirche neben dem Kurhaus im Ortsteil Eichbüchl. Das ehemalige Kapuzinerkloster entstand zwischen 1635 und 1638, wurde 1784 aufgehoben und 1928 vom Konvent der Barmherzigen Brüder gekauft und neu gestaltet. Die Ausstattung der Kirche jedoch zeigt sich immer noch in schönem Barock.

Eine eigenständige Burg als Sitz einer Adelsfamilie war die **Burg Wernstein** nie: Sie diente als so genanntes Vorwerk der gegenüber liegenden bayerischen Burg Neuburg. Und nachdem die Burg – vom Turm beim Toreingang sowie vom dreigeschoßigen Nordost-Trakt mit der Jahreszahl 1666 ist ein Großteil erhalten, vom Wohntrakt sind es bloß noch Teile –, weil sie in Privatbesitz ist, nur von außen zu besichtigen ist, sollte man sein Augenmerk einem anderen Bauwerk widmen: In der Nähe der Burg, am Ufer des Inns, steht eine der schönsten barocken **Mariensäulen** des Landes. Sie datiert aus dem Jahr 1647, ist 17 Meter hoch und wurde aus Sandstein und Granit gefertigt. Ursprünglich stand die Mariensäule in Wien (Am Hof), wurde aber, als Kaiser Leopold I. sie Graf Sinzendorf schenkte, nach Wernstein gebracht.

Alfred Kubins Zeichentisch im Schloss Zwickledt.

Zu besichtigen ist – und man sollte das keineswegs unterlassen! – der Edelsitz **Schloss Zwickledt**: Im Jahr 1906 kauften Alfred und Hedwig Kubin den gut erhaltenen Bau aus dem 16. Jahrhundert. Kubin lebte und arbeitete hier bis zu seinem Tod im Jahr 1959. Der größte Teil seiner Zeichnungen und Radierungen, aber auch sein Roman *Die andere Seite* entstanden hier. Nach Kubins Tod übernahm das Land Oberösterreich das Anwesen samt Inventar und eröffnete – nach einer grundlegenden Renovierung – 1997 das **Kubin-Museum**.

Ein der Öffentlichkeit leider verschlossener Bau ist das ehemalige **Kloster** von **Suben**, in dem ein Gefängnis untergebracht ist. Die Gründung des Klosters geht auf die Mitte des 11. Jahrhunderts zurück, der Neubau der Konventsgebäude auf die Wende vom 17. zum 18. Jahrhundert. Doch als Suben 1778/79 an Österreich kam, wurde es im Zuge der josephinischen Reformen aufgehoben und bereits seit der Mitte des 19. Jahrhunderts als Gefängnis genutzt. Besichtigen aber kann man die im Stil des Rokoko errichtete ehemalige **Klosterkirche**, die 1766–1770 gebaut wurde, an der die romanische Vergangenheit aber durch den Glockenturm unübersehbar ist.

Tipps und Information

SCHÄRDING AM INN: Tourismusverband Schärding am Inn, 4780 Schärding, Unterer Stadtplatz 19, Tel.: 07712/43 00-0, Fax 43 20. **Heimatmuseum:** Nur nach tel. Voranmeldung beim Tourismusverband.
E-MAIL: info.schaerding@oberoesterreich.at
INTERNET: http://www.tiscover.at/schaerding

WERNSTEIN AM INN: Tourismusverband Wernstein am Inn, 4783 Wernstein 39, Tel. & Fax: 07713/69 63. **Schloss Zwickledt mit Kubin-Museum:** Di, Mi, Do 10–12, 14–16 Uhr, Fr 9–12, 17–19 Uhr, Sa, So, Fei 14–17 Uhr und nach tel. Voranmeldung, Tel.: 07713/66 03.
E-MAIL: holidays@oberoesterreich.at
INTERNET: http://www.tiscover.at/wernstein-am-inn

GASTRONOMISCHES: In Schärding, am Unteren Stadtplatz 3, in einem wunderhübschen Barockhaus, wird in **Forstingers Wirtshaus** – das voll ist mit herrlichen Antiquitäten – gutbürgerliche Küche aufgetischt, deren Genuss sich mit den Kreszenzen aus dem wohlsortierten Weinkeller noch intensivieren lässt (Tel.: 07712/23 02-0, Fax: 23 02-3). Einen eigenen Biobauernhof betreibt Andreas Pöttler auf der Haid 39 in Schärding. Und im Dachgeschoß des Einfamilienhauses hat er ein intimes Restaurant namens **Holzschlößl** eröffnet, in dem er zwar wenige Gäste, die aber perfekt, verwöhnt (Tel.: 07712/41 96). Und weil aller guten Dinge drei sind: **Zur Stiege** ist ein Gasthof mitten in Schärding, der bereits im Jahr 1610 gegründet wurde (Schloßgasse 2, Tel.: 07212/30 70, Fax: 30 70-84).

NATUR & FREIZEIT: An sich hat der Inn in seinem Bett überall genug Platz – nur nicht beim ehemaligen Benediktinerstift Vornbach, wo sich der breit gewordene Fluss unvermittelt in ein enges Durchbruchstal zwängen muss. Beiderseits des Inns wurden an dieser Stelle die seltene Flora und Fauna unter Naturschutz gestellt und hat man schöne Wanderwege, die meist absolut familientauglich sind, angelegt. Wer durch das **Naturschutzgebiet Vornbacher Enge** nicht wandern will, kann das Naturschauspiel auch vom Schiff aus bestaunen (Tel.: 07713/69 63).

ANREISE: A1 bis Knoten A1/A25, A25 bis Knoten Wels, A8 bis Suben

Scharnstein

Grünau im Almtal

Es ist die Schnittstelle zwischen Eisenwurzen und Salzkammergut und liegt wie ein Vorgarten zwischen beidem: das Almtal, zauberhafte Landschaft mit einst blühender Eisenindustrie, berühmt geworden aber durch eine Schar von Gänsen.

Manchmal erweisen sich geografische Gegebenheiten als wahrer Segen: Das **Almtal** hat bloß einen Eingang, der gleichzeitig Ausgang ist. Durchzugsverkehr ist deswegen keiner möglich, was zur Folge hat, dass trotz Industrie, trotz Fremdenverkehr das Almtal schön und ruhig und sauber blieb. Die Alm, der Fluss also, der dem Tal, das er durchfließt, den Namen gab, zählt zu den saubersten Gewässern des Landes und der Almsee ebenfalls: Trinkwasserqualität als Tatsache, nicht als Worthülse zur Lockung großstadtmüder Sommerfrischegäste.

Die Geschichte dieses verzauberten Märchentals begann früh, was archäologische Funde in Mühldorf, einem Ortsteil von **Scharnstein** direkt an der Alm, belegen: Schon um 1200 v. Chr. muss die Gegend besiedelt gewesen sein. Und sie war es ununterbrochen, bis Herzog Tassilo III. im Jahr 777 Stift Kremsmünster gründete, viel Land rundum von den Slawen zurückgewann und sie den Klosterbesitzungen einverleibte. Das ist der Grund, warum hier immer noch einiges zu Kremsmünster gehört – darunter auch das **Schloss Scharnstein**. Oder Neuscharnstein, denn vor dem Schloss gab es eine Burg gleichen Namens, von der heute bloß noch Ruinen bestehen. Errichtet wurde das alte Gemäuer, von dessen Resten aus man einen herrlichen Blick über das Tal hat, im 12. Jahrhundert von den Grafen von Rebgau (Regau), die allerdings ausstarben, weswegen **Burg Scharnstein** einige Besitzerwechsel hinnehmen musste. Sozusagen als Entschädigung dafür kann sie sich rühmen, einmal sogar im Besitz Kaiser Maximilians I. gewesen zu sein. 1538 bei einem Brand ziemlich verheert, kam die ganze Anlage schließlich in den Besitz der Jörger, ihres Zeichens kaiserliche Hofkammerpräsidenten, also eine Art Landeshauptleute mit großer Macht. Sie bauten Schloss (Neu-)Scharnstein aus, das als Gebäude eine Metamorphose von einer kleinen Taverne zu einem veritablen Schlossbau durchgemacht hat. 1584 zogen die Jörger hier ein, statteten das Schloss mit allen Finessen, die die Kunst der Renaissance zu bieten hatte, aus und errichteten hier das unabhängige Landgericht. Erst als sich die Jörger in den Zeiten der Reformation auf die Seite der Protestanten schlugen, wurden sie entmachtet, und die Herrschaft Scharnstein ging in Krems-

Hier waren die Graugänse von Konrad Lorenz zu Hause: Der Almsee im Almtal.

münster'schen Besitz über. Will man heute die Renaissance-Ausstattung von Schloss Scharnstein sehen, muss man sich auf ein, zwei Reisen begeben: Eine führt nach Gmunden ins Seeschloss Orth, wohin sich Erzherzog Johann Salvator einiges an Fenstergittern, Holzdecken und geschnitzten Türen bringen hat lassen, die andere in das Schloss Laxenburg bei Wien. Denn auch Kaiser Franz II./I. betrachtete Scharnstein als Selbstbedienungsladen für Interieur, das er zur Ausstattung seines romantischen Anwesens brauchte.

Zu bieten hat Schloss Scharnstein dem Besucher heute trotzdem allerlei, nicht zuletzt Gänsehaut: Denn im Schloss ist das Österreichische Kriminalmuseum untergebracht, Folter- und Hinrichtungswerkzeuge inklusive. Dass wir froh sein können, die Prämissen Montesquieus – Legislative, Exekutive und Justiz als voneinander getrennte und unabhängige staatliche Grundpfeiler – als Basis unserer Staatsverfassung zu haben, wird hier anschaulich dargestellt: Regierung, Gesetz und Strafvollzug in einer Hand, in Österreich glücklicherweise Vergangenheit, ist fatal.

Einem ganz anderen Thema ist das zweite Museum, das in Schloss Scharnstein eingerichtet ist, gewidmet: der Geschichte des 20. Jahrhunderts. Das Museum der Österreichischen Zeitgeschichte spannt einen sehenswerten Bogen von der blühenden ersten Dekade über den Ersten Weltkrieg, den Zusammenbruch der Monarchie, die Zwischenkriegszeit, den Zweiten Weltkrieg, Wiederaufbau und Staatsvertrag bis in die letzten Jahre des vergangenen Jahrhunderts.

Den Jörgern verdankte Scharnstein einst auch seinen Wohlstand: Sie waren es, die hier die Eisenverarbeitung im 16. Jahrhundert heimisch machten und zur Blüte brachten. Der **Geyerhammer**, in dem immerhin bis 1987 Sensen erzeugt wurden, führt die Wirtschaftsgeschichte Scharnsteins lebhaft vor Augen. Schauschmieden inklusive. Das große Freilichtmuseum ist allerdings ein Beispiel gründerzeitlicher Industriearchitektur, denn Simon Redtenbacher, ein später »Schwarzer Graf«, vereinigte um die vorletzte Jahrhundertwende immerhin drei Hammerwerke, darunter eben auch den Geyerhammer.

Ein kleiner Abstecher sei allen Bewunderern von Typografie und Grafik ins nahe **Pettenbach** empfohlen: Im **Heimat- und Schriftenmuseum Bartlhaus** dreht sich fast alles um Schriftkunst und Exlibris-Gestaltung. Ausgesprochen anschaulich wird hier vermittelt, wie viel Kunst(-fertigkeit) hinter dem Schneiden einer Schrift, dem Einsatz verschiedener Schriften für unterschiedliche Gelegenheiten und der Gestaltung und Technik diverser Exlibris steckt.

Das Holz für die Scharnsteiner Hämmer – und nicht nur für sie – kam vom Ende des Tals, aus **Grünau**. Das Leben der Grünauer als Flößer änderte sich nachhaltig mit einem deutschen Adligen: Georg von Hannover, Kombattant der Österreicher in Königgrätz, kaufte viel Land im Salzkammergut. Nicht nur bei Gmunden, sondern auch um Grünau, womit dieser stille Talschluss für die bessere Gesellschaft anziehend wurde. Ein immerhin 60 Hektar großes Gebiet dieser herzoglichen Besitzungen wurde allerdings höchst demokratisch umgewidmet: Im **Cumberland-Wildpark** sind auf schönen Wanderwegen Wisente, Mufflons, Wildschweine, Elche und viele Tierarten mehr in freier Wildbahn zu beobachten. Und in unmittelbarer Nähe des Wildparks trifft man auf jene Spezies, die Grünau in aller (Wissenschafts-)Welt berühmt gemacht hat: auf die Graugänse, deren Verhalten Nobelpreisträger **Konrad Lorenz** hier über viele Jahre studiert hat.

Grünau sei allerdings nicht nur Naturhungrigen ans Herz gelegt, sondern auch Kulturliebhabern: Die **Pfarrkirche hl. Jakobus** nämlich birgt einen Hochaltar, der eine erstaunliche Geschichte hat. Denn das schöne Werk stammt nicht von einem Meister, geschweige denn aus einer Epoche. Vielmehr ist es die gelungene Zusammensetzung aus mehreren Kunstwerken verschiedener Jahrhunderte: die Skulptur des Jakobus stammt aus dem 18., die den Tabernakel flankierenden Figuren aus dem 17., Christus sowie die Heiligen Benedikt und Agapius aus dem 16. Jahrhundert. Und der Altar wurde auch nicht für diese Pfarrkirche geschaffen, sondern war der Dreifaltigkeitsaltar der Stiftskirche von Kremsmünster, von wo er im Jahr 1712 nach Grünau verbracht wurde.

Tipps und Information

SCHARNSTEIN: Tourismusverband Scharnstein, 4644 Scharnstein, Hauptstraße 13, Tel.: 07615/23 40 oder 22 55, Fax 22 55-30. **Österreichisches Kriminalmuseum & Reptilienzoo:** 1. 5.–15. 10. Di–So 9–12, 13–17 Uhr. **Museum für Österreichische Zeitgeschichte:** 1. 7.–15. 10. Di–So 9–12, 13–17 Uhr. **Freilichtmuseum Geyerhammer:** 1. 5.–31. 10. So, Fei 9–12, 14–17 Uhr und nach tel. Voranmeldung (Schauschmieden!), Tel.: 07615/23 65 oder 22 55. **Heimat- und Schriftenmuseum Bartlhaus:** Nur nach tel. Voranmeldung, Tel.: 07586/74 55 (Hr. Braunegger) oder 72 74 (Hr. Staudinger).
E-MAIL: info.scharnstein@scharnstein.ooe.gv.at
INTERNET: http://www.tiscover.at/scharnstein

GRÜNAU IM ALMTAL: Tourismusverband Grünau im Almtal, 4645 Grünau im Almtal 299, Tel.: 07616/82 68, Fax: 88 95. **Wildpark Cumberland:** April bis Oktober tgl. 9–18 Uhr, November bis März Mo–Fr 11–16, Sa, So, Fei 9–16 Uhr. **Konrad-Lorenz-Forschungsstelle:** Nur nach tel. Voranmeldung, Tel.: 07616/82 05, Fax 82 05-7.
E-MAIL: gruenau.almtal@upperaustria.or.at
INTERNET: http://www.tiscover.at/gruenau u. www.gruenau.at

GASTRONOMISCHES: Direkt am Ufer des Almsees, vor der wilden Kulisse des Toten Gebirges, liegt das **Seehaus**. Bereits 1652 von Benediktinermönchen Kremsmünsters erbaut, dient es heute als Meierhof, Forstverwaltung und eben als Gasthof, der vor allem mit Fangfrischem aus dem Almsee lockt – sommers auch in einen schönen Gastgarten (Tel. & Fax: 07616/83 66).

NATUR & FREIZEIT: So ungefähr stellen sich Kinder wohl Schlaraffenland und Paradies in einem vor: ein Kinderspielplatz, der keinen Wunsch offen lässt, ein kleiner See mit Elektrobooten, die nur Kinder lenken dürfen, ein Märchenwald, wo Schneewittchen samt Zwergen und Froschkönig (und noch viele mehr) auf Besucher warten, ein Sagenwanderweg, wo sogar das langweilige Wandern zum vergnüglichen Abenteuer wird. Damit man gut von einer Station zur nächsten kommt, gibt es einen Kinderlandexpress, und wer schon früh zum Individualismus tendiert, kann mit einem Elektroauto herumdüsen: Das **Kinderland Schindlbach** nennt sich mit Fug und Recht »Freizeit- und Märchenparadies« (Tel. & Fax: 07616/60 39).

ANREISE: A1 bis Knoten Voralpenkreuz, A9, B120

St. Wolfgang

Schafberg · Attersee · Schloss Kammer · Steinbach am Attersee

Zuerst geht es hier selbstredend um eine der zentralen Sehenswürdigkeiten des Landes. Dann aber führt uns dieses Kapitel zu Zielen, wo sich die Großen des Fin de Siècle Sommer für Sommer Inspiration holten.

Der kleine Ort ist in kurzer Zeit durchschritten: St. Wolfgang ist überschaubar, wirkt ein wenig wie aus der Backstube eines Patissiers und hat, für den Neuankömmling unübersehbar, doch den Anschluss an das 21. Jahrhundert geschafft: Ein Tunnel führt von der Bundesstraße, die von Strobl kommt, mehr oder weniger direkt in eine hässliche Garage am Ortseingang. Und gegenüber erhebt sich an der Stelle des alten Hotels Schloss Wolfgangsee ein Hotelkomplex, der sonderbar postpostmodern an eine Raubritterburg aus Science-fiction-Fantasien erinnert. Das ist das touristische St. Wolfgang. Das freundlichere, durchaus operettenselige, ist zu finden, wenn man die Schritte nach links, in Richtung altes Zentrum und Marktplatz lenkt. Hier findet sich, abgesehen vom **Weißen Rössl**, das als Namenspatron von Ralph Benatzkys Operette den Ruhm St. Wolfgangs in die weite Welt getragen hat, hoch über dem See die **Pfarr- und Wallfahrtskirche hl. Wolfgang**. Fünf Meisterwerke sakraler Kunst vom 15. bis zum 18. Jahrhundert machen diese Kirche zu einem Pilgerziel ersten Ranges – und das bei weitem nicht nur für Gläubige.

Der berühmte Flügelaltar von Michael Pacher in St. Wolfgang.

Von außen nicht weiter aufregend – die Kirche ist spätgotisch mit einigen frühgotischen Resten und einer barocken Turmhaube –, offenbart dieser Sakralbau all seine Schätze im Inneren: Zuallererst natürlich der **Pacher-Altar** – positioniert wie für eine perfekte Rauminszenierung im hellen Chor des sonst eher dämmrig-dunklen Kirchenraums. Seit dem Jahr 1481 befindet sich dieses Wunderwerk spätgotischer Schnitzkunst des Südtiroler Meisters Michael Pacher in St. Wolfgang. Heute steht bei diesem Opus magnum, das im Auftrag des Abtes von Stift Mondsee entstanden war, die kunstgeschichtliche Bedeutung vor der sakralen. Was nichts anderes heißt, als dass jeder Tag zum

Heiter präsentiert sich St. Wolfgang vom See aus gesehen.

Festtag wird. Denn früher gab es eine Werktagsseite (wenn der Flügelaltar geschlossen war), eine Feiertagsansicht (wenn die beiden äußeren Flügel geöffnet wurden) und die Ansicht für hohe Festtage (wenn auch die Ansicht der inneren Flügel den Blicken preisgegeben wurden). Szenen aus dem Leben des hl. Wolfgang – es sind Malereien Friedrich Pachers – zeigt die Werktagsseite, die Feiertagsansicht in acht Bildern Szenen aus dem Leben und Wirken Christi von der Taufe bis zur Erweckung des Lazarus. Sämtliche zentralen Glaubensthemen der christlichen Religion sind im gesamten Bildprogramm des Altars, der in der Höhe 10,1 und in der Breite 6,5 Meter misst, vereinigt: Menschwerdung, Kreuzigung, Weltenrichter, Maria als Himmelskönigin und als Fürbitterin der Menschen, Gottvater über der Kreuzigungsszene und die symbolische Taube zur Vervollständigung der Trinität. Die ganze Pracht zeigt sich, wenn alle Flügel geöffnet sind und der Schrein mit seinen fast lebensgroßen Figuren offenbar wird: Ein filigranes Spinnwerk aus Türmchen und Ornamenten überwölbt Maria und Christus, den hl. Wolfgang mit dem Kirchenmodell und den hl. Benedikt.

Als es in der zweiten Hälfte des 17. Jahrhunderts – nach überstandener Reformation und siegreicher Gegenreformation – en vogue wurde, Gotisches durch Barockes zu ersetzen, sollte auch der Pacher-Altar aus der Kirche entfernt werden. Glücklicherweise hatte man Thomas Schwanthaler den Auftrag erteilt, einen barocken Altar zu schaffen – er erkannte das Meisterliche am Werk Pachers, überredete den Abt von Stift Mondsee, es zu lassen, wo es war, und stattdessen einen zweiten Altar aufzustellen: Es entstand der **Schwanthaler'sche Doppelaltar** als zweites großes Werk in der Pfarrkirche, am nördlichen Pfeiler des Mittelschiffs. Drei weitere Altäre – **Antonius-**, **Kreuz-** und **Rosenkranzaltar** – entstanden in der ersten Dekade des 18. Jahrhunderts, und der Künstler war kein Geringerer als Meinrad Guggenbichler, in Mondsee ansässiger Meisterbildhauer.

Seit hundert Jahren unverändert: Die Schafbergbahn.

Hoch über St. Wolfgang erhebt sich ein Kalkgipfel mit markanter Nasenspitze: der Schafberg. Um ihn zu erklimmen, bedarf es weniger einer gut konditionierten Beinmuskulatur als Muße, denn auf seinen Gipfel führt seit über hundert Jahren gemächlich die berühmte Schafbergbahn. Oben angelangt, breitet sich ein herrliches Panorama aus: Wolfgang-, Mond- und Attersee – und man selbst wie auf einer Insel in der Mitte.

Die Ufer des Attersees – er ist mit 46,7 Quadratkilometern der größte der Salzkammergutseen – waren schon früh besiedelt: Die ersten menschlichen Spuren stammen aus der Zeit um 2500 v. Chr. – Pfahlbauten dienten als Behausungen, Fischfang und die Jagd sicherten das Überleben. Aber auch Ackerbau wurde betrieben, und archäologische Funde erzählen von einem relativ hohen Lebensstandard in einer wahrscheinlich ziemlich friedlichen Zeit – kriegerisches Material wurde nämlich keines gefunden, weshalb die Forscher vom so genannten »Goldenen Zeitalter der Urgeschichte« sprechen. Und bei ruhigem Wetter, wenn der See ganz still liegt, kann man bei Weyregg Pfahlreste auf dem Seeboden erkennen. Berühmt gemacht aber haben den Attersee zwei Künstler der Jahrhundertwende mit identischem Vornamen: Klimt und Mahler.

In den späten siebziger Jahren des 19. Jahrhunderts baute sich der Wiener Hoftischlermeister Friedrich Paulick eine Villa in Seewalchen am Attersee, die mit ihrem Turm, den Balkonen und Giebeln eher einem verwunschenen Märchenschloss denn einer Sommerfrischevilla ähnelt. Paulicks Tochter Therese war mit Hermann Flöge verheiratet, dessen Schwester – eine von dreien – Emilie eng mit Gustav Klimt befreundet war. So kam Klimt nach Seewalchen, wo er mit Ausnahme des Jahres 1913 zwischen 1900 und 1916 jeden Sommer in der Villa Paulick verbrachte. Insgesamt 54 Gemälde, vor allem Klimts wunderbare Landschaftsbilder, sind das Ergebnis dieser Zeit. Eines seiner Lieblingsmotive war dabei Schloss Kammer in Schörfling, das sich heute zwar in Privatbesitz befindet, im Rahmen von Schlosskonzerten sommers aber besuchen lässt.

Einige Jahre zuvor – zwischen 1893 und 1896 – hat Gustav Mahler die Sommer am Attersee verbracht. Er logierte im Gasthof Föttinger in Steinbach. Zum Gasthof gehörte ein kleines Häuschen, still gelegen am Ufer, das zu Mahlers berühmtem Komponierhäusl wurde. Schlachthaus, Waschküche und zuletzt Toilettenanlage des rund um das Häuschen entstandenen Campingplatzes – dem Entstehungsort von Mahlers großen Sinfonien Nr. 2 und 3 hat man wenig Respekt gezollt. Das änderte sich vorerst auch nicht mit der Wiederentdeckung seiner Musik durch Leonard Bernstein in den 1960er Jahren. Erst in letzter Zeit – auch dank der Umtriebigkeit und finanziellen Potenz des New Yorker Mahler-Forschers und -Dirigenten Gilbert Kaplan – wurde das Komponierhäusl wieder zur Gedenkstätte an den großen Komponisten der vorletzten Jahrhundertwende. Den Schlüssel erhält man übrigens wie zu Mahlers Zeiten im Gasthof Föttinger. Wer Muße hat, sollte weniger in Ehrfurcht vor dem Werk des Künstlers erschauern, als sich jenem Panorama von See und Höllengebirge widmen, das Mahler beim Komponieren hier vor sich hatte: Sein an Bruno Walter gerichteter Satz »Sie brauchen sich das gar nicht anschauen, ist alles schon wegkomponiert« wird zum Programm, zur Metapher und zur logischen Schlussfolgerung vor allem der 3. Sinfonie, die den schönen Titel *Ein Sommermorgentraum* trägt.

Im Ort Unterach am Attersee – genauer im Haus seines Gönners Friedrich Eckstein – hat Hugo Wolf den Sommer 1888 verbracht und an seinen berühmten Vertonungen von Möricke- und Eichendorff-Gedichten gearbeitet.

Verlässt man am Attersee die Spuren der Fin-de-Siècle-Künstler und begibt sich auf jene herausragender sakraler Kunstwerke, stößt man unversehens auf den spätgotischen Baumeister Stefan Wultinger, dessen Arbeiten sich durch schlankes, elegantes in die Höhe Streben auszeichnet: Die Pfarrkirchen von Schörfling, St. Georgen und Weißenkirchen sind Werke des großen Steinmetzes. In der Pfarrkirche hl. Laurentius im zum Ort Attersee gehörigen Abtsdorf hingegen trifft man wieder auf Meinrad Guggenbichler, von dem die barocke Ausstattung des Baus stammt. Attersee darf sich auch rühmen, eine evangelische Pfarrkirche aus dem 16. Jahrhundert zu besitzen – wiewohl die bis ins 19. Jahrhundert katholisch war, bevor sie 1813 an die Protestanten verkauft wurde. Ganz in der Nähe dieses Sakralbaus ist das Fromingerhaus sehenswert: Es ist das letzte erhaltene alte Holzhaus in Attersee.

Der Preßburger Maler und mehrfach prämierte ehemalige Segelsportler Christian Ludwig hat dem Attersee sozusagen sein persönliches Denkmal gesetzt und sich nach ihm benannt: Christian Ludwig Attersee zählt gemeinsam mit nur wenigen anderen österreichischen Künstlern zu Österreichs internationalen Aushängeschildern zeitgenössischer Kunst. Ob die Atterseehalle nach ihm, nach dem See oder nach dem Ort – oder nach allen zusammen – benannt ist, ist daher unerheblich. Wichtig ist bloß, dass sie mittlerweile zu einer Institution in Sachen moderner Kunst geworden ist und dass jährlich vielbeachtete Ausstellungen internationales Publikum anziehen.

Tipps und Information

ST. WOLFGANG: Kurdirektion St. Wolfgang, 5360 St. Wolfgang, Au 140, Tel.: 06138/22 39, Fax 22 39-81.
E-MAIL: info@wolfgangsee.at
INTERNET: http://www.wolfgangsee.at

ATTERSEE: Ferienregion Attersee, 4864 Attersee, Tel.: 07666/77 19, Fax: 77 19-19.
E-MAIL: info.attersee@netway.at
INTERNET: http://www.attersee.at

GASTRONOMISCHES: Es liegt direkt am Ufer, hat eine herrliche Terrasse und bietet Feines aus dem See und von den umliegenden Weiden: Das **1er Beisl** in Attersee zeichnet sich durch frische Fischküche ebenso aus wie durch Regionales von Kalb, Rind und Schwein (Tel.: 07666/ 78 77). Attersee-Fische gibt es u. a. auch bei Gustav Mahlers einstigem Gastgeber **Föttinger** (Tel.: 07663/342) in Steinbach und beim **Fischer Sepp** (Tel.: 07662/24 32) in Seewalchen. Und in St. Wolfgang ist ein Besuch des **Weißen Rössl** schlicht Pflicht, die aber sofort zur genussvollen Kür wird, wenn die ersten Köstlichkeiten auf den Tisch kommen (Tel.: 06138/23 06-0, Fax 23 06-41, hpeter@weisses-roessl. co.at).

VERANSTALTUNGEN: In **Schörfling, Seewalchen, Steinbach** und **Unterach am Attersee** werden sommers regelmäßig Konzerte veranstaltet. Wo was in welcher Besetzung aufgeführt wird, erkunden Sie am besten bei der Tourismusinformation (s. o.). Und **Kirchenmusik** angesichts des Pacher-Altars sollte man sich ebenfalls nicht entgehen lassen – Näheres bei der Kulturdirektion St. Wolfgang (s. o.).

NATUR & FREIZEIT: **Segeln** am Attersee gehört zu den famosesten Sommervergnügungen. Man muss deshalb auch nicht lange nach Segelschulen und Bootsverleihen suchen: Attersee, Nussdorf, Steinbach, Weyregg und Seewalchen haben je eine. Wer sich lieber einen Überblick von oben verschaffen will, sollte sich in die Lüfte begeben: **Paragleiten** ist höchst beliebt, in Weyregg und Steinbach gibt es entsprechende Ausrüstungen zu leihen. Dass aber weder am Wolfgangsee noch am Attersee Freizeitvergnügungen auch nur irgendeine Grenze gesetzt wird, sei der Vollständigkeit halber angemerkt.

ANREISE: A1 Abfahrt Mondsee, B154, 158; A1 Abfahrt Seewalchen

Steyr

Christkindl · Garsten · Gleink · Dietach

Tausend Jahre Geschichte am Zusammenfluss von Enns und Steyr, der schönste Stadtplatz weit und breit, ein Stift, das zum Gefängnis wurde, und ein kleiner, verträumter Ort, in dessen Postamt zu Weihnachten unzählige Briefe in alle Welt verschickt werden: Steyr und seine Umgebung ist eine Reise wert.

Es waren die Traungauer Grafen, denen Steyr zu verdanken ist: Die »stirapurch« an jener Stelle, wo sich heute **Schloss Lamberg** wie ein Schiffsbug in den Zusammenfluss von Enns und Steyr schiebt, war der Sitz der nachmaligen Herzöge der Steiermark (das ist der Grund, weswegen das Wappen der Stadt dasselbe ist wie jenes der Steiermark). Den Namen aber hatten die Traungauer nicht erfunden, denn schon die Kelten hatten den Fluss »styr« genannt.

Die große Industriegeschichte der Stadt setzt mit der Übernahme des Landes ob der Enns durch die Babenberger ein: Geografische Gegebenheiten und kluges ökonomisches Kalkül machten die Stadt zum Dreh- und Angelpunkt der Eisenstraße: Die Enns war die Hauptverbindung zwischen dem Erzberg und der Donau, sämtliche Transporte führten also durch Steyr; das Stapelrecht, das sich Steyr zu sichern wusste, bedeutete wiederum nichts anderes, als dass alle Güter und Rohstoffe für drei Tage in Steyr gela-

Wie eine Vedute vergangener Zeiten: Der Stadtkern von Steyr.

gert und zum Verkauf angeboten werden mussten – was den Steyrer Gewerken die Möglichkeit gab, kostengünstig zu kaufen, zu produzieren und mit Verve Handel zu treiben. Steyr jedenfalls wurde im Lauf der Zeit nach Wien zur reichsten und damit wichtigsten Stadt Österreichs.

Erst die Gegenreformation setzte dem blühenden Kommunalwesen ihre Grenzen: Die Reformation brachte den Steyrern eine Befreiung vom herrschenden katholischen Adel, die nachfolgende Restauration hingegen bedingte den ersten Niedergang der Stadt. Erholt hat sich Steyr im 18. Jahrhundert, um an der Wende zum 19. neuerlich in die Bredouille zu geraten: Die napoleonischen Kriege forderten ihren Tribut, als die französischen Truppen Steyr immerhin dreimal besetzten.

Die Wiedererlangung des wirtschaftlichen Status ging Hand in Hand mit der Industrialisierung: Das Handwerk wurde langsam unwichtiger, und Josef Werndl, Spross einer alten Nagelschmiedfamilie, erkannte die Zeichen der Zeit: Er baute das alte Handwerksunternehmen seines Vaters innerhalb kurzer Zeit zur größten Waffenfabrik Europas aus. Erst als sich auch dieser – an sich durch alle Zeitläufte prosperierende – Wirtschaftszweig als unsicher erwies, fand man andere Wege, Geld zu verdienen: Ab 1894 wurden die heute bereits legendären Steyrer »Waffenräder« (schlicht ein Fahrrad) hergestellt.

Mit dem Ausbruch des Ersten Weltkriegs stieg die Produktivität der Waffenerzeugung nochmals sprunghaft an: Werndls Fabrik – die Steyr-Werke – zählte damals 15 000 Beschäftigte. Das durch die Friedensverträge von Versailles und Saint-Germain diktierte Verbot der Rüstungsindustrie jedoch brachte einen neuerlichen, diesmal fatalen Niedergang. Man sattelte auf die Fahrzeugindustrie um, was jedoch nicht von Erfolg gekrönt war: Es war die Zeit der großen Wirtschaftskrise der Zwischenkriegszeit. Und Steyr hatte – wie zur Zeit von Reformation und Gegenreformation – ein politisches Problem, denn selbstverständlich war die Industriestadt eine Hochburg der Sozialdemokratie. Im Bürgerkriegsjahr 1934 war Steyr zentraler Schauplatz, um dann unter dem Austrofaschismus besonders zu leiden, als man die Partei der Arbeiter verbot.

Dass in dieser Stadt mit ihrer immensen Arbeitslosigkeit und Armut die Nationalsozialisten mit ihren gefährlichen Versprechungen leichtes Spiel hatten, klingt leider logisch, geriet aber wie überall zum Verhängnis: Zuerst hatten zwar viele wieder Arbeit und Lohn, weil die Steyr-Werke zu einem Teil der Linzer Hermann-Göring-Werke wurden und die Rüstungsindustrie ab 1938 florierte, dann aber kam das Ende des Krieges, und Steyr litt furchtbar unter den Bombardements der Alliierten. Bemerkenswert schnell erholte sich die Stadt nach 1945 wieder, die Steyr-Werke wurden erneut zum beherrschenden Unternehmen (man baute nun Lastkraftwagen, Landwirtschaftsmaschinen und Traktoren), die Stadt geradezu vorbildhaft wieder aufgebaut.

Unternimmt man heute einen Spaziergang durch Steyr, ist es vor allem die Vergangenheit der Stadt, die in jedem einzelnen Bauwerk lebendig wird. Der Stadtplatz gilt als einer der schönsten Plätze der Welt: Rathaus, Bummerl-, Meditz- und Sternhaus bilden ein geradezu unglaubliches Ensemble aus Rokoko, Gotik und Barock, das trotz – oder wegen? – seiner Unterschiede harmoniert. Begrenzt wird der Stadtplatz an seinem südlichen Ende durch die ehemalige Klosterkirche der Dominikaner, wobei heute im einstigen Kloster ein Postamt untergebracht ist. An den Stadtplatz schließt der Grünmarkt an, den der Innerberger Stadel beherrscht: In dem bemerkenswerten Renaissancebau mit den Doppelgiebeln und dem Sgraffitoschmuck aus dem Jahr 1612 – einst Lebensmittel- und Getreidespeicher, später Sitz der mächtigen »Innerberger Eisengewerkschaft« – ist heute das Stadtmuseum von Steyr untergebracht. Hier sind auch die etwa 30 Zentimeter hohen Stabpuppen des »Steyrer Kripperls« aufgehoben, mit denen jedes Jahr im Advent das Weihnachtsspiel inszeniert wird. Ebenfalls am Grünmarkt das Eisenuhrenmuseum Schmollgruber, wo vom Handwerk des Eisenuhrenmachers vom 14. bis ins 20. Jahrhundert erzählt wird.

Mittelalterliches Steyr: Das Bummerlhaus (oben), Hausgiebel (unten).

Die Stadtpfarrkirche am Brucknerplatz zeichnet sich allein schon durch seinen Architekten aus: Kein Geringerer als der Dombaumeister zu St. Stephan in Wien, Hans Puchsbaum, wirkte hier. Und dass der Bau bis heute als einer der wenigen ohne barocke Veränderungen dasteht, ist Adalbert Stifter zu verdanken: Der Landeskonservator, der schon den Kefermarkter Altar rettete, setzte sich vehement dafür ein, dass das barockisierte Bauwerk wieder in seinen ursprünglichen, gotischen Zustand versetzt wurde. Kostbarstes Ausstattungsstück der Stadtpfarrkirche ist ein filigranes, spätgotisches Sakramentshäuschen, das von Puchsbaum entworfen worden war.

Schloss Lamberg, an der Spitze der Landzunge zwischen Enns und Steyr gelegen und an der Stelle der »stirapurch« errichtet, ruht auf den alten Grundmauern aus dem 10. Jahrhundert, wurde jedoch im Lauf der Zeit immer wieder umgebaut: Wesentliche Teile stammen aus dem 17. Jahrhundert (darunter auch das Gartenhaus im Hofgarten), aber erst nach dem großen Stadtbrand von 1727 entstand unter der Federführung des Linzer Architekten Johann Michael Prunner der heute noch bestehende Barockbau. Umfangreiche Restaurierungsarbeiten waren auch nach den Kriegsschäden von 1945 notwendig. Heute befindet sich das Schloss im Besitz der Republik Österreich, und wenngleich nicht alle Räume frei zugänglich sind: den Innenhof sollte man gesehen haben und ebenso die große Bibliothek mit ihren rund 12 000 Bänden.

Über **Zwischenbrücken** und **Enge-Gasse** geht es ans andere Steyrufer. Abgesehen von den alten Bauten, die das Auge des Architektur-Connaisseurs erwarten: Genießen Sie von hier den schönen Blick auf den Ortskai und die Altstadt. Markant erhebt sich am linken Ufer der Steyr die Fassade der **Michaelerkirche**, ebenso wie die gegenüber liegende **Bürgerspitalskirche** ein Zentrum gegenreformatorischer Predigten, mit dem großen Erzengel-Michael-Fresko im Giebelfeld. Ein Stück weiter, in der Kirchengasse, schließlich der **Dunkl-Hof** aus dem Jahr 1520, der, mit den Säulen, Ornamenten und nicht zuletzt wildem Wein, zu einem Wahrzeichen Steyrs geworden ist. Das sgraffitogeschmückte **Schnallentor** in der Gleinkergasse ist ein altes Mautgebäude. Auf der höchsten Terrassenstufe am linken Steyrufer liegt der **Tabor** mit dem ehemaligen Feuerwachturm, wo heute ein Restaurant untergebracht ist. Der Tabor allerdings sei deshalb allen Steyr-Besuchern nachdrücklich ans Herz gelegt, weil der Blick auf die Stadt von hier aus grandios ist.

Einen ganz anderen Blick auf Steyr bekommt, wer sich in den Stadtteil Steyrdorf, genauer in die Wehrgrabengasse, begibt: Hier schlug das Herz des industriellen Steyr, hier am künstlichen Kanal arbeiteten schon im 12. Jahrhundert die Schmiede, hier stand Josef Werndls Fabrik und später jene von Josef Hack, der das Weltpatent für Wellenschliffmesser besaß. Um einen wirklichen Eindruck von den Lebens- und Arbeitsbedingungen der Arbeiter durch die Zeitläufte zu bekommen, sollte man sich das neu gestaltete **Museum Arbeitswelt** ansehen, das seit 1987 in einer der alten Fabrikshallen untergebracht ist.

Die Umgebung von Steyr ist geprägt von drei Namen: Christkindl, Garsten und Gleink. **Christkindl** ist der in aller Welt wohl bekannteste Name der drei, denn über das Postamt des Orts gehen Jahr für Jahr zu Weihnachten Briefe in alle Welt – versehen mit einem Stempel vom Christkindl. Im Zentrum steht allerdings die **Wallfahrtskirche**, 1706 von Carlo Antonio Carlone begonnen und nach dessen Tod von Jakob Prandtauer vollendet, die mit ihren beiden Türmen und der Kuppel das Ortsbild beherrscht. Ihr prächtiger Rokoko-Altar umspielt immer noch jenen Baumstamm mit dem wächsernen Christus, aufgrund dessen Christkindl zum Wallfahrtsort wurde: Im 17. Jahrhundert stellte ein Ferdinand Sertl den Wachschristus in eine Höhle des Baums, betete davor und

Ein Postamt wie aus dem Märchenbuch: Der kleine Ort Christkindl bei Steyr

wurde daraufhin angeblich von schwerer Krankheit geheilt.

Das ehemalige Augustiner-Chorherren- und später Benediktinerstift Garsten liegt am südlichen Ortsrand Steyrs. 1082 errichtet und bereits 1108 mit Benediktinern besiedelt, erreichte das Kloster im 12. Jahrhundert seine erste große Blüte. In diese Zeit fällt auch der romanische Kirchenbau, der 1677 vollständig abgebrochen wurde. An seiner Stelle entstand in nur sechs Jahren Bauzeit jene Kirche Mariä Himmelfahrt, wie sie bis heute vor uns steht. Beauftragte Baumeister waren Vater und Söhne Carlone, vollendet wurde der Bau allerdings – wie die Wallfahrtskirche von Christkindl – von Jakob Prandtauer. So vergleichsweise zurückhaltend der Bau von außen erscheint, so reich ist er in seinem Inneren ausgestattet: opulent mit Stuck dekoriert, der dennoch genügend Platz lässt für die großzügig angelegten Fresken von Michael Georg und Johann Bernhard Grabenberger beziehungsweise Carl von Reslfeldt. Hochaltar und Seitenaltäre sind ebenfalls in das Gesamtkonzept der Kirche einbezogen und zeigen Gemälde von Frans de Neve (Hochaltar), Peter Strudel (Kunigundenaltar), Joachim Sandrart (Benediktineraltar) und anderen. Das Kloster jedoch wurde 1787 aufgehoben, dann Militärspital der Franzosen und ab 1850 Strafvollzugsanstalt.

Auf der entgegengesetzten Seite, am nördlichen Rand von Steyr, liegt Gleink, ebenfalls ehemaliges Benediktinerkloster und eine Tochtergründung von Garsten aus dem Jahr 1125. Unter der Regentschaft Josephs II. 1784 aufgehoben, wurde das Kloster 1832 noch einmal – dieses Mal von Coelestinerinnen aus Wien – besiedelt, um 1977 mangels geistlichen Nachwuchses endgültig geschlossen zu werden. Die Stiftskirche hl. Andreas war ursprünglich ein romanischer Bau, der 1436 gotisch und im 17. Jahrhundert barock umgestaltet wurde. Bemerkenswert ist vor allem der Hochaltar von Sebastian Gründler im Knorpelwerkstil.

Einen Ausflug sollte man ins nahe gelegene Dietach unternehmen: Hier gilt es, einerseits im Ortsteil Stadlkirchen die Filialkirche hl. Margarete mit den erst 1988–1993 freigelegten Fresken aus dem 14. Jahrhundert zu besichtigen und andererseits das Bauern-Technik-Museum Gallhuberhof, in dem man eine ganze Menge interessanter Details über die Technisierung der Landwirtschaft erfährt – alte PKWs und Motorräder aus den Steyr-Werkstätten inklusive.

Tipps und Information

STEYR: Tourismusverband Steyr, 4402 Steyr, Stadtplatz 27, Tel.: 07252/532 29-0, Fax 532 29-15. **Stadtmuseum »Innerberger Stadel«:** November bis März Mi–So 10–16 Uhr, April bis Oktober Di–So 10–16 Uhr, Dezember tgl. 10–16 Uhr. **Eisenuhrenmuseum Schmollgruber:** Nur nach tel. Voranmeldung, Tel.: 07252/530 91, Friedrich Schmollgruber. **Schloss Lamberg (Bibliothek):** Im Rahmen von Stadtführungen Mai bis September Sa 14 Uhr vor dem Rathaus oder nacht tel. Voranmeldung beim Tourismusverband (s. o.). **Museum Arbeitswelt:** März bis Dezember Di–So 9–17 Uhr (gilt für 2002, allfällige Änderungen tel. erfragen, Tel.: 07252/773 51). **Bauern-Technik-Museum Gallhuberhof:** März bis Oktober Sa, So, Fei 13–17 Uhr und nach tel. Voranmeldung, Tel.: 07252/382 94.
E-MAIL: info@tourism-steyr.at
INTERNET: http://www.tourism-steyr.at

GASTRONOMISCHES: Dem Vernehmen und der Erfahrung nach ist er immer noch der beste Koch in Steyr: Georg **Rahofer**, der in gotischen Stadtplatzgewölben feinste mediterrane Küche auf den Tisch bringt (Stadtplatz 9, Tel. & Fax: 07252/546 06).

VERANSTALTUNGEN: Das Steyrer **Musikfestival** widmet sich hauptsächlich dem Musical. Klassikfans müssen deshalb aber nicht darben: Ein **Kirchenmusikfestival** um Ostern und **Musik der Gotik** befriedigen auch ihren Geschmack (Information s. o.). Besonders schön ist die Atmosphäre des weithin berühmten **Adventmarkts** am Steyrer Stadtplatz.

NATUR & FREIZEIT: Im alten Dampfbummelzug bei einer Schienenspurweite von schmalen 760 Millimetern: Die **Museumsbahn** von Steyr nach Grünberg zockelt gemächlich die Steyr entlang, durchquert dabei eine heitere Landschaft – und das immerhin seit hundert Jahren (Steyrtal-Museumsbahn, Tel.: 07257/71 01, Fax 71 02). Wer jedoch lieber selbst Bewegung macht, kann das schöne Steyrtal auch auf dem Drahtesel erkunden: Der **Steyrtalradweg** führt von Steyr über Christkindl bis nach Steinbach und Klaus. Und die dazu notwendigen Räder kann man sich in Steyr auch ausborgen (Laufrad Lindlgruber, Tel.: 07252/487 01).

ANREISE: A1 Abfahrt Haag

Steyregg

Ried in der Riedermark · Mauthausen · St. Georgen an der Gusen

Von schönen Sakralbauten ist hier die Rede und von einem Schloss, vor allem aber vom schwärzesten Kapitel aus Oberösterreichs Geschichte: dem KZ in Mauthausen und seinem Nebenlager in St. Georgen.

Die Stadt Steyregg – das ist sie seit dem 15. Jahrhundert – liegt direkt neben Linz. Kein Wunder also, dass die Geschichte Steyreggs eng mit der Hauptstadt Oberösterreichs verbunden ist. So wurden auch hier bei archäologischen Grabungen Funde entdeckt, die eine uralte Besiedlung bis in die Jungsteinzeit zurück belegen. Eine eigenständige Handelstätigkeit (und damit wirtschaftliche Entwicklung) entstand durch eine Brücke, die wahrscheinlich schon die Bajuwaren über die Donau bei Tauersheim – so der ursprüngliche Name Steyreggs – spannten: Hier verliefen die Saumpfade mit so kostbaren Gütern wie Eisen aus der Eisenwurzen und Salz aus dem Salzkammergut. Vor allem das Salz wurde zum zentralen Handelsgut, denn Steyregg liegt an der Mündung der Traun in die Donau. Im 14. Jahrhundert ein wehrhaft befestigter Ort, ist von der ehemaligen Verteidigungsanlage heute noch das Seilertor erhalten. Und alle, die sich mit Muße der Geschichte Steyreggs widmen wollen, seien in das Stadtturm-Museum verwiesen. Attraktives Ziel eines Stadtrundgangs ist auch die Pfarrkirche St. Stephan, deren gotische Passionsfresken ein kulturhistorischer Schatz sind.

Auf dem Pfennigberg an der Donau liegt das Alte Schloss Steyregg, das im Jahr 1150 erstmals als »castrum Steyrheke« genannt und als Lehenssitz der Liechtensteiner – ab 1580 – wesentlich aus- und umgebaut wurde. Zwei Brände im 18. Jahrhundert zerstörten Teile des Schlosses, die nicht mehr erneuert wurden. So ist vom alten Bau lediglich noch ein Torso erhalten, vom Hochschloss die viergeschoßige, im Kern gotische Anlage mit Walmdach und toskanischen Pilastern. Besonders sehenswert im Inneren ist die zweigeschoßige Kapelle, deren Chor mit Stuck verziert ist und wo man in den 1950er Jahren zwar bemerkenswerte, aber bloß fragmentarische Fresken aus dem 14. Jahrhundert freilegte. Das Neue Schloss lag etwas unterhalb des Alten Schlosses, wurde aber im Zweiten Weltkrieg dem Erdboden gleichgemacht, danach ganz abgetragen und durch eine Villa ersetzt.

Am Fuß des Pfenningbergs liegt das ehemalige Kloster Pulgarn, das im Jahr 1303 als Spital für Arme gegründet wurde. Noch heute ist die profanierte Anlage sehenswert, vor allem auch deshalb, weil das Programm, das die Kulturinitiative Pro Pulgarn hier organisiert, ausgezeichnet ist: Jazz, Theater, Kindertheater und Konzerte des Kultursommers Oberösterreich finden in Pulgarn statt. Die einstige Klosterkirche, heute wird sie Kapelle genannt, ist ein spätgotischer Bau aus dem Jahr 1512 und birgt einen schönen Schnitzaltar.

Den Spuren des Minnesangs kann man in Ried in der Riedermark folgen: Das Wenige, das von der Burg auf dem Altaistberg übrig ist, ist der Rest des Sitzes jenes Ritters Dietmar von Aist, der als einer der ersten Minnesänger des deutschen Sprachraums gilt. Auch wenn man über ihn wenig weiß und die Burg um 1800 abgetragen wurde, seine Lieder sind teilweise erhalten und erzählen von Frühling und Liebe, von Abschied und Sehnsucht.

Sehenswert im Markt, dessen Name sich aus dem althochdeutschen »Reoda«, Riede, entwickelt hat, ist die gotische Pfarrkirche hl. Remigius mit einem Taufstein aus dem 14. Jahrhundert. Der Pfarrhof hingegen ist reiner Barock und ein Werk von Carlo Antonio Carlone.

Mauthausen an der Donau ist ein reizvoller Markt: Der dreieckige Hauptplatz ist von hübschen Bürgerhäusern vorwiegend aus dem 17. Jahrhundert gesäumt, die Pfarrkirche hl. Nikolaus sehenswert: Die spätgotische Hallenkirche, die um 1500 erbaut wurde, hat nicht nur ein fein profiliertes Südportal, sondern neben einem schönen Netzrippengewölbe auch einen prächtigen Hochaltar mit Bildern von Martin Johann Schmidt, dem »Kremser Schmidt«, aus dem Jahr 1708. Prägnant ist auch der romanische, mit einem frühgotischen achteckigen Aufsatz versehene Karner, der in seinem Inneren Reste von Fresken aus der Bauzeit trägt. Besonders auffallend sind die hinreißenden Medaillons mit den Vogeldarstellungen: Vögel galten bereits in vorchristlicher Zeit als Sinnbild menschlicher Seelen.

Von der Bedeutung Mauthausens als Mautstelle und Handelsplatz erzählt das Heimatmuseum auf Schloss Pragstein, das ursprünglich auf einer Donauinsel errichtet wurde, heute aber wegen der Flussregulierung im 19. Jahrhundert am linken Ufer des Stroms liegt. Der viergeschoßige Bau stammt aus der Wende vom 15. zum 16. Jahrhundert. Aus dieser Zeit sind auch die schönen Renaissancestuckrahmen in den Räumen, ebenso die Verankerung für die Rollfähre und die Lager für die Ketten der Zugbrücke an der Außenseite des Schlosses.

Was man aber in erster Linie mit Mauthausen assoziiert, ist jenes Konzentrationslager, das die SS bereits im August 1938, also bloß fünf Monate nach dem »Anschluss«, bei den Granitsteinbrüchen errichtete: Granit wurde als Baumaterial dringend gebraucht, denn der Führer und sein erster Architekt, Albert Speer, hatten viel vor im »Tausendjährigen

Gedenkstätte des Grauens: Mauthausen (Wachzaun und Todesstiege).

Reich«: Führerstädte sollten entstehen und in ihnen Monumentalbauten von nie gesehener Großartigkeit. Für Arbeitskräfte brauchte nicht viel ausgegeben zu werden, es gab genügend »minderwertiges Leben«, das man einsetzen, ausbeuten, vernichten konnte. – Mauthausen wurde zu einem der schrecklichsten Konzentrationslager: Die Bedingungen, unter denen die Häftlinge arbeiten mussten, sind unbeschreiblich und in ihrer Grausamkeit nicht nachvollziehbar. Der »Alltag« im Lager, das waren Misshandlungen, Schikanen, Terror, Hunger, Krankheit und Tod. Wer nicht funktionierte, den Forderungen der »Herrenmenschen« nicht entsprach, wurde geschlagen, erschlagen, erhängt. Wen die Kraft zum Arbeiten verlassen hatte, erfror oder verhungerte gnadenlos. Herzinjektionen und Giftgas wurden eingesetzt, um die Häftlinge zu ermorden. – Etwa 200 000 Menschen waren im KZ Mauthausen gefangen, rund die Hälfte davon wurde umgebracht.

Als eines der wichtigsten zeitgeschichtlichen »Museen« Österreichs ist heute die **Gedenkstätte Mauthausen** eingerichtet. Originale Lagerbauten, Fotografien und ein stündlich gezeigter Film geben ein bedrückendes Zeugnis jener sieben Jahre, in denen in Mauthausen das Grauen wütete.

22 Nebenlager wurden errichtet, um den Arbeitskräftebedarf in allen Landesteilen zu befriedigen. Im Jahr 1939 wurde zwischen **St. Georgen an der Gusen** und Langenstein das **Nebenlager Gusen** eingerichtet, wo man die Häftlinge unter anderem für die Rüstungsproduktion der Firmen Steyr-Daimler-Puch und Messerschmitt AG einsetzte. Hier gab es zwei besonders perfide Einrichtungen: zum einen das Lagerbordell, in dem Lagerinsassinen zur Prostitution für andere Häftlinge gezwungen wurden (es waren vor allem Frauen aus dem KZ Ravensbrück, denen versprochen wurde, dass sie nach sechsmonatiger »Arbeit« im Bordell entlassen werden würden; das war selbstverständlich Lüge), zum anderen gab es drei Lagerärzte – Kiesewetter, Richter und Vetter mit Namen –, die von besonderem Sadismus geprägt waren: Sie experimentierten mit Herzinjektionen, präparierten Leichenteile und die Haut toter Häftlinge, die sie im lagereigenen »Anatomie-Museum« ausstellten. Die Haut jedoch wurde nicht nur ausgestellt, sondern auch tätowiert und für Lampenschirme, Handtaschen der SS-Gattinnen und dergleichen mehr verwendet.

Am 5. Mai 1945 befreiten amerikanische Truppen das Lager Gusen, ein paar Tage zuvor wurden in der Baracke 31 noch mehr als 800 Häftlinge mit Zyklon-B vergast, im Lager **Gusen II** (direkt in St. Georgen gelegen) rund 600 invalide Häftlinge mit Hämmern und Äxten erschlagen.

Tipps und Information

STEYREGG: Stadtamt Steyregg, 4221 Steyregg, Weißenwolfstraße 3, Tel.: 0732/64 01 55, Fax: 64 05 55. **Schloss Steyregg:** Nur nach tel. Voranmeldung, Tel.: 0732/64 06 77 (Fr. Derntl) oder Tel.: 0732/64 00 54-0 (Hr. Salm-Reifferscheidt). **Stadtturm-Museum:** Mai bis September jeden Sa 10–12 Uhr und nach tel. Voranmeldung, Tel.: 0732/64 00 39. **Ehemaliges Kloster Pulgarn:** Informationen im Stift St. Florian, Tel.: 07224/89 02-14 (Hr. Reisinger) und bei der Kulturinitiative Pro Pulgarn (Stadtamt).
E-MAIL: office@steyregg.at
INTERNET: http://www.tiscover.at/steyregg u. www.steyregg.at

MAUTHAUSEN: Tourismusverband Mauthausen, 4310 Mauthausen, Heindlkai 13, Tel.: 07238/22 43, Fax: 20 23-51. **Heimatmuseum Schloss Pragstein:** Mo–Mi 17–19 Uhr und nach tel. Vereinbarung, Tel.: 07238/38 60. **Gedenkstätte Mauthausen:** 1. 2.–31. 3., 1. 10.–15. 12. tgl. 8–16 Uhr, 1. 4.–30. 9. tgl. 8–18 Uhr. Führungen nach tel. Voranmeldung, Tel.: 07238/22 69 od. 36 96, Fax: 48 89, mauthausen-memorial@mail.bmi.gv.at, http://www.mauthausen-memorial.gv.at.
E-MAIL: mauthausen@oberoesterreich.or.at
INTERNET: http://www.tiscover.at/mauthausen

NATUR & FREIZEIT: Steyregg bietet mit dem **Pleschinger See** ein veritables Naturparadies: Schwimmen im Sommer und – wenn der See gut zufriert – Schlittschuh laufen im Winter. Dem Freizeitvergnügen jedenfalls wird das ganze Jahr über höchstens eine witterungsbedingte Grenze gesetzt. An Mauthausen führt der **Donauradweg Passau-Wien** vorüber – man muss die weite Strecke aber gar nicht unternehmen, um herrliche Radtouren im Donautal genießen zu können.

ANREISE: A1 Abfahrt Linz

Nationalsozialismus

»Oberdonau« hieß Oberösterreich ab dem 12. März 1938, als Österreich aufhörte zu bestehen: Der »Anschluss« war kampflos vollzogen, Hitler wurde in Braunau jubelnd begrüßt, und ein paar Stunden später in Linz. Der Untergang hatte begonnen.

»Mein Führer! Von 576.533 Stimmberechtigten Oberösterreichs stimmten mit Ja 574.141 und mit Nein 627. Oberösterreich begrüßt den Führer Großdeutschlands mit immer gleicher Treue.« Das schrieb August Eigruber, Gauleiter von **Oberdonau** und Nationalsozialist der ersten Stunde, am 11. April 1938 in einem Telegramm an den Führer. Adolf Hitler hatte Österreich kampflos seinem Tausendjährigen Reich einverleibt. Oberösterreich, seinem Geburtsland, schenkte er besondere Aufmerksamkeit. Schon am 13. März 1938 erklärte er seine Patenschaft für **Linz**, die er seine Heimatstadt und die Stadt seiner Jugend nennt. »Diese Stadt bedeutet mir viel« – Linz sollte zur »Hitlerstadt« werden, zur Kunststadt mit einem neuen Opernhaus, einem neuen Bahnhof, einem Turm an der Donau, der den Wiener Stephansdom weit überragen, und Boulevards, die die Ringstraße Wiens in den Schatten stellen sollten. Vervollständigt werden sollte das Ganze durch ein Mausoleum für Hitlers Eltern und ein monumentales Museum für die Gemäldesammlung des Führers: »Machen Sie aus Linz die schönste Stadt an der Donau«, lautete sein Auftrag an den Architekten Albert Speer und den Städteplaner Hermann Giesler.

In direktem kausalem Zusammenhang mit diesen Bauvorhaben steht die Errichtung des **Konzentrationslagers Mauthausen**: Hitler brauchte Granit als Baumaterial für seine Linzer Pläne, die Arbeit in den Granitsteinbrüchen an der Donau sollten Häftlinge übernehmen. Mauthausen war kein Vernichtungslager von der Art wie Auschwitz, aber es war berüchtigt: Minimale Verpflegung bei maximaler Arbeitsleistung – die Vernichtung geschah durch Arbeit, durch perfide Befehle wie Steine schleppen im Laufschritt. »Schweigen ist Gold, reden ist Mauthausen«, lautete ein Sprichwort in diesen Jahren.

Den traurigen Rekord hielt Oberösterreich auch mit den **Nebenlagern**: Von insgesamt 48, die allerdings nicht gleichzeitig eingerichtet wurden, lagen allein 20 im Gau Oberdonau – so viele wie nirgendwo sonst. Das größte Nebenlager befand sich in Ebensee, weitere in Gunskirchen, Lenzing, Gusen, Linz (hier waren es die Reichswerke Hermann Göring), Steyr, Enns, Vöcklabruck, Redl-Zipf, Ternberg, Dippoldsau und Großraming.

Eines der schrecklichsten Vorkommnisse im Zusammenhang mit dem KZ Mauthausen war die zynisch von der SS so genannte **Mühlviertler Hasenjagd** (sie wird noch heute so bezeichnet): In der Nacht zum 2. Februar 1945 flohen etwa 500 KZ-Häftlinge, gefangene Sowjetoffiziere, aus dem Lager. Schergen der SS, Mitglieder der Feuerwehr, der Gendarmerie und der Hitlerjugend sowie Teile der Bevölkerung machten sich buchstäblich auf die Jagd nach den Flüchtlingen: Drei Wochen dauerte die Menschenhatz, elf Flüchtlinge überlebten, weil sie sich verstecken konnten oder von dem einen oder anderen Bauern verborgen wurden. Alle anderen wurden erschossen, erstochen, erschlagen und die Leichen in Ried in der Riedermark gesammelt und auf einen Haufen geworfen. Andreas Gruber, Regisseur aus Wels, hat einen Film über diese Tage im Februar gedreht – *Mühlviertler Hasenjagd: Vor lauter Feigheit gibt es kein Erbarmen* sah sich vielen Angriffen ausgesetzt. Ein aufgearbeitetes Thema der Zeitgeschichte? Wohl nicht.

Von trauriger Berühmtheit wurde auch der Fall Jägerstätter: Franz Jägerstätter war Bauer in St. Radegund bei Braunau und bekam, wie viele, seine Einberufung zur Wehrmacht. Jägerstätter, der seiner Aufgabe als Messner mit fast fanatischer Gläubigkeit nachging, verweigerte den Dienst als Soldat aus Gewissensgründen, wurde verhaftet, nach Brandenburg ins Gefängnis verbracht und dort am 9. August 1943 hingerichtet.

Noch am 7. April 1945 erklärte der Gauleiter von Oberdonau, August Eigruber, im Radio: »Oberdonau wird gehalten!« Es war die Parole, die ausgegeben worden war: Kämpfen bis zum letzten Atemzug. Dabei waren bereits im Jänner 61 Betriebe gesperrt worden, hatte im Februar der Unterricht in den Schulen geendet, waren am 4. April sogar schon sowjetische Bomben auf Linz gefallen. Noch bis zum 9. Mai – Hitler hatte sich in seinem Berliner Bunker bereits am 30. April das Leben genommen – wurde verbissen gekämpft, wurden Todesurteile gegen Widerstandskämpfer ausgesprochen und vollstreckt. Die 3. Panzerdivision der SS in Königswiesen war die unverbesserlichste: Erst zwei Tage nach der Gesamtkapitulation vom 7. Mai im französischen Reims gab auch sie auf.

August Eigruber, der bis zuletzt für den »Endsieg« kämpfte, wurde am 10. August 1945 im Gebiet der Pyhrn verhaftet. Am 13. Mai 1946 verurteilte man ihn zum Tode, am 27. Mai 1947 wurde er in Landsberg am Lech hingerichtet.

Oberdonau aber hieß wieder Oberösterreich und war bis zum Staatsvertrag im Mai 1955 von den Alliierten besetzt: südlich der Donau von den Amerikanern, nördlich des Stroms von den Sowjetrussen.

Vöcklabruck

Vöcklamarkt · Neukirchen an den Vöckla · Gampern · Frankenmarkt · Redl-Zipf

Am Eingang zum Salzkammergut, nur wenige Kilometer nördlich des Attersees gelegen, ist diese landschaftlich so reizvolle Gegend eine Fundgrube für Kulturreisende.

Der Name sagt es schon: In Vöcklabruck geht es wesentlich um eine Brücke, und zwar jene über die Vöckla, derentwegen die heutige Stadt 1134 erstmals in den Annalen der Geschichte erschienen ist. Der Genauigkeit halber muss man dem aber hinzufügen, dass der Vöcklabrucker Ortsteil Schöndorf bereits 824 erwähnt wird. Nach den Babenbergern und Ottokar von Böhmen kamen die Habsburger und wurden zu großen Gönnern der Stadt: Im Stadtwappen sind deshalb auch Herzog Albrecht II. und sein Sohn Rudolf IV., der Stifter, zu sehen – beide hielten sich nachweislich mehr als einmal in der Stadt auf. Wie nahezu alle Orte Oberösterreichs wurde auch Vöcklabruck von den Religionskriegen des 16. und 17. Jahrhunderts arg in Mitleidenschaft gezogen, kam sogar für einige Zeit an Bayern, bis es nach dem Wiener Kongress wieder zu Österreich gehörte. Starken Anteil hatte Vöcklabruck an der Industrialisierung, die im 19. Jahrhundert einsetzte und die Vöckla-Ager-Senke zu einem der wichtigsten Wirtschaftsräume Oberösterreichs machte. Heute sieht man diesen Fortschritt nicht mehr lediglich positiv: Die einstige Asbest-Belastung durch die hier ansässigen Eternit-Werke ist im Augenblick umstrittenes Thema in der ökologischen Auseinandersetzung.

Von der einst wehrhaften Stadtbefestigung sind heute noch zwei Stadttürme erhalten, die ihresgleichen jedoch lange suchen müssten: Kaiser Maximilian I. ließ die beiden mit Wappenfresken schmücken (die erst in den späten 1950er Jahren wieder entdeckt wurden), die damit die einzigen noch erhaltenen Wappentürme des »Letzten Ritters« in Österreich sind. Am **Unteren Stadtturm** sieht man neben dem Doppelkopfadler ein Porträt des Kaisers sowie die Wappen der habsburgischen Erbländer und jenes von Burgund: Maximilian war in erster Ehe mit Maria von Burgund verheiratet gewesen. Der **Obere Stadtturm** hingegen ist mit dem Stadtwappen von Vöcklabruck – Albrecht und Rudolf in voller Rüstung, wie sie über die Brücke in die Stadt reiten – geschmückt.

Von der Geschichte Vöcklabrucks und seiner Umgebung wird im **Heimathaus** in der Hinterstadt erzählt: In dem Bürgerhaus aus der Zeit um 1500 befindet sich nicht nur eine volkskundliche Sammlung, son-

Aus der Epoche Kaiser Maximilians I. stammt das Fresko am Torturm in Vöcklabruck.

dern auch eine urgeschichtliche, und die Pfahlbausammlung des Atterseegebiets, die hier gezeigt wird, ist berühmt. Vom Stadtrundgang erholen sollte man sich unbedingt im **Arkadenhof**, im Haus Nr. 14 am Stadtplatz: Wo früher eine Poststation untergebracht war, werden heute zwischen Laubengängen und dem barocken Brunnen Kaffee und Kuchen serviert.

Besonders lohnenswerte Ziele sind jedoch auch die Kirchen von Vöcklabruck. Zuerst die **Pfarrkirche hl. Ulrich**, eine spätgotische, zweischiffige Hallenkirche mit netz- und kreuzrippengewölbtem Chor und einer beeindruckenden Westempore mit reichem Maßwerk, die wahrscheinlich ein Werk Stefan Wultingers aus dem späten 15. Jahrhundert ist.

Aus dem 12. Jahrhundert stammt die **St.-Ägydius-Kirche**, die auch Dörflkirche genannt wird. Sie wurde jedoch ab 1688 von Carlo Antonio Carlone vollständig und höchst kunstreich barockisiert, sodass sie heute als ein besonders schönes Beispiel der Sakralbaukunst dieser Epoche gilt: Carlone hat zwar den Grundriss nicht verändert, darüber aber eine Kreuzkuppelkirche errichtet. Bei 1980 durchgeführten Renovierungsarbeiten in der Kirche wurden vergoldete Kupferplatten mit Christusbildnissen gefunden, die wahrscheinlich einst als Buchbeschläge gedient haben. Einen Besuch wert ist auch der nebenan stehende Pfarrhof, ebenfalls ein Beweis für die Kunst Carlones, mit vorhandener Bausubstanz ebenso pfleglich wie kreativ umzugehen.

Vom Stadtplatz aus gesehen südlich liegt im Stadtteil Schöndorf die Friedhofskirche Mariä Schöndorf, die wegen ihrer unterschiedlich hohen, hintereinander angeordneten Westtürme schon von ferne auffällt. Dass die Türme ungleich sind, hat mit den Wirren des 16., 17. Jahrhunderts zu tun, denn als man begann, die Kirche zu erweitern, befand man sich unversehens in den Auseinandersetzungen zwischen Reformation und Restauration, weshalb die Lücke zwischen gerade begonnenem Hauptschiff und noch bestehendem Turm einfach mit einem kleineren Turm geschlossen wurde. Die Kirche gilt als erstes Werk Stefan Wultingers, ihr größter Schatz aber sind eine Schöne Madonna aus der Zeit um 1440 und die barocken Statuen von Johann Georg Schwanthaler.

Nach Vöcklamarkt sollte man einer Kirche und eines Schlosses wegen: Die Pfarrkirche Mariä Himmelfahrt ist wieder ein Werk Stefan Wultingers, der hier das dreifach geknickte Emporenthema nach Maria Schöndorf wiederholt hat. Allerdings ist sein Werk hier derartig kunstreich und mit Rundpfeilern, Spitzbögen und aufwendigem Blendmaßwerk fein ausgearbeitet, dass er im Admonter Hüttenbuch (er war später in der Bauhütte des Stifts beschäftigt) als »Steffan Wultingen von Vegklenmargk« bezeichnet wird.

Es war im Jahr 1979, als der damalige Bundespräsident im ehemaligen Meierhof des Schlosses Walchen in Vöcklamarkt ein ganz besonderes Museum eröffnen durfte: Das Kinderwelt-Museum, das nicht nur Erwachsenen bisher Unbekanntes vor Augen führen, sondern auch Kindern von Kindern erzählen sollte: von der Geburt über das Aufwachsen, das Leben von Kindern in verschiedenen soziokulturellen Umgebungen bis zum Schulalltag. Dass dabei auch Vergnügliches zu entdecken ist, das Kindern den Museumsbesuch versüßt, ist ein Verdienst der Kuratoren. Kinder können hier Musik machen und einen Kräutergarten erforschen, wie vor hundert Jahren Wäsche im Zuber waschen und in einem alten Klassenzimmer je nach Temperament Lehrer oder Schüler spielen.

Ein lebendiges Museum kann man auch in Neukirchen an der Vöckla besuchen: Das Freilichtmuseum Stehrerhof ist ein typischer Bauernhof aus der Zeit um 1850, wie man ihn früher im Hausruck überall antraf, wie er heute aus der Kulturlandschaft aber nahezu verschwunden ist. Bauernmöbel aus aus fast drei Jahrhunderten (1600–1880), alter Hausrat, landwirtschaftliches Gerät, ein »Troadkasten« genannter Getreidespeicher und ein Dörrhäusl, wo man Früchte für den Winter trocknete, lassen das Leben der Bauern vor Generationen lebendig werden.

Zu einem sakralen Kunstwerk der Sonderklasse führt ein Abstecher nach Gampern: Zwischen 1486 und 1515 wurde die Pfarrkirche hl. Remigius wahrscheinlich ebenfalls von Stefan Wultinger erbaut. Doch es ist nicht der Bau der zweischiffigen Halle, der im Zentrum des Interesses steht, sondern der dritte der drei großen Flügelaltäre Oberösterreichs. Denn gemeinsam mit dem Pacher-Altar in St. Wolfgang und dem Kefermarkter Altar zählt der **Flügelaltar** von Gampern zu den schönsten und gleichzeitig hervorragend erhaltenen derartigen sakralen Kunstwerken in Österreich.

Leonhard (oder Lienhart, wie er in Quellen ebenfalls genannt wird) Astl, der auch den Hallstätter Altar schuf, gilt als Schöpfer dieses außergewöhnlichen Werks, das in das ausgehende 15. Jahrhundert datiert wird und damit als ein Frühwerk Astls gelten muss. Der gotische Altar, dessen Werktagsseite gemalt, dessen Festtagsseite jedoch eine filigrane Schnitzarbeit ist, trägt im Schrein eine gekrönte Madonna, die vom Kirchenpatron Remigius und vom hl. Pantaleon flankiert wird. Zu ihren Füßen interessanterweise ein Türkenkopf. Das Bildprogramm der geschnitzten Seiten der Flügel folgt dem herkömmlichen Schema und zeigt mehr oder weniger die gesamte Heilsgeschichte, von der Verkündigung bis zur Kreuzigung. Hinter dem Altar befindet sich die »Gamperer Hölle«, eine Darstellung des Jüngsten Gerichts aus dem Jahr 1515.

Die »Piesendorfer Madonna« auf dem einen Seitenaltar und das spätgotische Kruzifix am anderen sind weitere Kunstwerke in der Pfarrkirche von Gampern.

Schon im Jahr 1236 erhielt Frankenmarkt das Marktrecht, was den Ort zu einem der ältesten Märkte des Landes macht. Und weil dieser hart an der ehemaligen Grenze zu Bayern lag, war er nicht nur durch die Zeitläufte gefährdet, sondern beherbergte immer wieder auch Kaiser und Könige, die sich auf der Durchreise befanden. Ein Rundgang durch den wohlgepflegten Markt mit seinen alten Häusern erzählt viel über die Geschichte Frankenmarkts, denn an den Häusern sind Tafeln angebracht, die von Geschichte und Bedeutung der Bauten berichten.

Nicht vorbeischlendern, sondern Zeit nehmen sollte man sich für einen Besuch der **Pfarrkirche hl. Nikolaus**, einem Wultinger-Bau aus dem frühen 16. Jahrhundert, der im 18. Jahrhundert jedoch barockisiert und dessen Gewölbe später mit reizvollem Rokoko-Stuck überzogen wurde. Anlässlich von Restaurierungsarbeiten im Jahr 1959 hat man im Chor der Kirche seltene spätgotische Fresken freigelegt, die nach Art der Armenbibeln Szenen aus den Zehn Geboten und der Liturgie zeigen. Bemerkenswert ist auch der Hochaltar von 1727, dessen zentrales Gemälde Martino Altomonte schuf.

Ein wahres Kleinod aber findet man im so genannten **Kaplanstöckl** neben dem Pfarrhof: eine Barockkrippe mit 60 Gelenkfiguren, die Meinrad Guggenbichler gemeinsam mit seinem Schüler Anton Koch geschaffen hat.

Tipps und Information

VÖCKLABRUCK: Tourismusverband Vöcklabruck (Informationen auch zu Neukirchen), 4840 Vöcklabruck, Lebzelterhaus Hinterstadt 14, Tel.: 07672/266 44, Fax 756 44 (Informationen auch zu Gampern und Neukirchen a. d. Vöckla). **Heimathaus:** Mi 9.30–11 Uhr und nach tel. Voranmeldung beim Tourismusverband. **Freilichtmuseum Stehrerhof:** 1. 4.–30. 6. tgl. 10–12, 13–17 Uhr, 1. 7.–3. 10. 10–17 Uhr und nach tel. Voranmeldung, Tel.: 07682/70 33 od. 72 01.

E-MAIL: tourist.voe@asak.at

INTERNET: http://www.tiscover.at/voecklabruck u. www.voecklabruck.com

VÖCKLAMARKT: Tourismusverband Vöcklamarkt, 4870 Vöcklamarkt, Dr.-Scheiber-Straße 8, Tel. & Fax: 07682/63 85. **Kinderwelt-Museum in Schloss Walchen:** 1. 5.–1. 10. tgl. 10–18 Uhr, 1. 10.–30. 4. nach tel. Voranmeldung, Tel.: 07682/62 46.

E-MAIL: tourismus.humer@voecklamarkt.ooe.gv.at

INTERNET: http://www.tiscover.at/voecklamarkt u. www.voecklatal.at

FRANKENMARKT: Tourismusverband Frankenmarkt, 4890 Frankenmarkt, Hauptstraße 83, Tel.: 07684/62 55, Fax: 62 55-21. **Kaplanstöckl:** Besichtigung der Barockkrippe nach tel. Voranmeldung im Marktgemeindeamt.

E-MAIL: office@frankenmarkt.net

INTERNET: http://www.tiscover.at/frankenmarkt u. www.frankenmarkt.net

VERANSTALTUNGEN: Im Rahmen des **Attergauer Kultursommers** gibt es immer auch Konzerte in Vöcklamarkt, bei denen vor allem die wunderbare Akustik der Pfarrkirche genutzt wird (Informationen s. o.).

NATUR & FREIZEIT: Wissenschaftlich analysiert und mit dem Prädikat »Außergewöhnlich gute Qualität« versehen ist das Frankenmarkter Wasser, das hier allerorts aus Brunnen sprudelt. Empfohlen sei deswegen nicht nur der sommers erfrischende Besuch des **Erlebnisbades Frankenmarkt**, sondern auch die entspannende Wanderung zum **Heilig' Bründl**, wo man sich der Legende nach mit dem frischen, kalten Quellwasser die Augen waschen sollte, um solcherart die Sehkraft zu erhalten. Beim Radfahren Tarock lernen: Der **Tarockradweg** im Attergau, der von Oberwang nach Vöcklamarkt führt, macht es möglich, an den gut beschilderten Stationen unter fachkundiger Anleitung dieses traditionsreiche Kartenspiel zu lernen.

ANREISE: A1 Abfahrt Regau, B145

Wels

Schloss Puchberg · Thalheim

Die Stadt an der Traun blickt auf eine ebenso lange wie abwechslungsreiche Geschichte zurück. Aber eines hat sich in all den Jahrhunderten nicht verändert: Wels beherrscht die Gratwanderung zwischen Innovation und Tradition, zwischen Großstadt und überschaubarem Ort perfekt.

Den Namen haben nicht die Römer erfunden: »vilesos« nannten schon die Kelten jenen Ort, der an den Windungen der Traun gelegen ist. Die Römer gaben ihm dann um die Zeitenwende den Namen »Ovilava«, und mit den Römern begann auch der Aufstieg: zuerst mit römischen Bürgerrechten versehenes *municipium*, später *colonia*, also Großstadt, um schließlich – um 300 unter Kaiser Diokletian – zur Hauptstadt von Ufernoricum

Prächtig leuchtet das ehemalige Salburgische Freihaus am Kaiser-Joseph-Platz in Wels.

zu werden. Der Einbruch kam mit der Völkerwanderung um 500, als Wels einfach zu verkommen drohte. Siebenhundert Jahre währte die Durststrecke, bis die Babenberger den Ort kauften und ihm im Jahr 1222 das Stadtrecht verliehen. Aus dieser Zeit stammt die Welser Befestigungsanlage, die in Resten noch erhalten ist. Und es entstanden die beiden beherrschenden Plätze der Stadt, die sich in den Proportionen bis heute kaum verändert haben: Stadtplatz und (heutiger) Franz-Josef-Platz.

Mittelalter und beginnende Neuzeit sind geprägt vom Aufstieg der Stadt: Markt-, Handels- und Stapelrechte, Steuererleichterungen und eine Reihe weiterer Privilegien ließen Wels florieren. Bis heute bestehendes Indiz dafür sind die prächtigen Bürgerhäuser, die in der ganzen Stadt entstanden. Besonders wohlgefällig legte ein Habsburger sein Augenmerk auf Wels: Maximilian I., enger Freund des Grafen Wolfgang von Polheimer, dem Landesverweser des Landes ob der Enns, weilte oft in Wels, brach von hier zu Jagden auf – und verstarb in der Welser Burg am 12. Jänner 1519, als er sich auf einer Reise von Innsbruck nach Wiener Neustadt befand.

Reformation, Bauernkriege, Gegenreformation – wie viele andere Orte Oberösterreichs auch hatte Wels stark unter den heiklen Zeitläuften zu leiden. Doch im Gegensatz zu vielen anderen erholte sich die Stadt schnell und breitete sich weiter aus. Übergangslos schaffte Wels den Sprung in die moderne Zeit: Der Anschluss an das Westbahnnetz im Jahr 1859 gab dem Handel Kontinuität, und schon 1878 fand die erste Landwirtschaftsmesse statt, womit Wels zu einer der wichtigsten Messestädte Österreichs wurde.

Detail des Hoffmann'schen Freihauses, wo Salome Alt um Wolf Dietrich von Raitenau trauerte.

Eine Stadterkundung von Wels muss am Stadtplatz anfangen: 64 Bürgerhäuser aus allen Stilepochen, von der Gotik bis zum Jugendstil, säumen den Straßenplatz und machen ihn zu einem der schönsten des Landes. Der Ledererturm (1) an der westlichen Schmalseite ist nicht nur das Wahrzeichen von Wels, er ist ein letzter Rest der einst mächtigen Befestigungsanlage aus dem 13. Jahrhundert. Nur ein paar Meter weiter erhebt sich das Rathaus (2) am Stadtplatz Nr. 1 im Stil des Rokoko: Johann Michael Prunner, vielbeschäftigter Linzer Bau-

Das prachtvolle, kaisergelbe Rathaus von Wels.

meister, vereinte in der ersten Hälfte des 18. Jahrhunderts zwei gotische Bürgerhäuser hinter einer Rokoko-Fassade und schuf damit einen der augenfälligsten Bauten der Stadt. Den Stadtplatz Nr. 24 nimmt ein ganz besonderes Gebäude ein: Nicht nur seine Architektur ist ungewöhnlich, auch seine Geschichte ist es. Das **Hoffmann'sche Freihaus** (3) hat einen spätgotischen Erker, der auf Konsolen ruht, und – über die gesamte Fassade der beiden oberen Geschoße – farbenfrohe Renaissancemalereien. Ihr guter Erhaltungszustand hat damit zu tun, dass die Fresken bis in die 1950er Jahre übermalt gewesen waren, erst 1956 freigelegt und restauriert wurden. Die Geschichte des Hoffmann'schen Freihauses ist ungewöhnlich, weil es das Wohnhaus der Salome Alt war: Über 22 Jahre lang hatte sie eine zwar natürlich nie legitimierte, aber offenbar glückliche Beziehung zum Salzburger Fürsterzbischof Wolf Dietrich von Raitenau. 15 Kinder – die der Vater im Übrigen ohne Geheimnistuerei immer als seine anerkannte – waren das Ergebnis dieser Liebe, die unglücklich endete, als Wolf Dietrich im Gefängnis landete: Er war schon die längste Zeit ein Dorn im Auge der bayerischen Landesfürsten, die ihn 1612 stürzten. Sein Nachfolger Marcus Sitticus setzte ihn auf der Festung Hohensalzburg hinter Schloss und Riegel, wo er 1617 starb. Salome Alt aber, der Wolf Dietrich in Salzburg Schloss Altenau, besser bekannt als Schloss Mirabell, hatte bauen lassen, floh zu ihrer Kusine Felicitas nach Wels und lebte in deren Haus bis zu ihrem Tod 1633.

Wie das Hoffmann'sche, so stammt auch das **Weiß'sche Freihaus** (4) am Stadtplatz Nr. 39 aus der Renaissance: Dunkle Diamantquader und weiße Fläche kontrastieren attraktiv und machen das Gebäude zu einem besonders schönen Beispiel für diesen Stil. 1589 im Auftrag von Christoph Weiß errichtet, erbte es später sein Enkel Johann Christoph Weiß, der ob seiner Verdienste (und seines Wohlstands wegen) in den Stand eines Freiherrn erhoben wurde: Der niedere Adelsstand sicherte der Familie ein gutes Maß an Steuer- und Zollvorteilen, was ihr den Handel in ihrem nunmehrigen »Freihaus« in vielerlei Hinsicht erleichterte.

Parallel zum Stadtplatz verläuft die Minoritengasse, in der sich **Minoritenkloster** und **-kirche** (5) befinden. In den nach ihrer Profanierung im Jahr 1784 vielfach veränderten Gebäuden werden seit den späten 1980er Jahren archäologische Ausgrabungen durchgeführt, deren Ergebnisse viel über die Welser Stadtgeschichte vom Imperium Romanum bis ins 18. Jahrhundert erzählen. Nach einem Architekturwettbewerb wurde die Anlage ab 1997 umgebaut und revitalisiert. Heute sind Kirche und Kloster zu besichtigen, was man auch unbedingt in Anspruch nehmen sollte, denn die Reste gotischer Fresken an der Südmauer der Kirche, die barocke Stuckdecke in der Wolfgangkapelle, die gotischen Wandmalereien im Kreuzgang und auch der zweigeschoßige Arkadengang im Osttrakt des Klosters sind sehenswert. Und in absehbarer Zukunft, nämlich ab Herbst 2002, wird das ehemalige Minoritenkloster zudem das **Archäologische Museum** der Stadt Wels beherbergen.

Vorbei am Hoffmann'schen Freihaus, durch die Burggasse, gelangt man zur **Ehemaligen Kaiserlichen Burg** (6), die urkundlich bereits im 8. Jahrhundert genannt und zur Zeit der Stadterhebung, 1222, erweitert und modernisiert wurde. Heute erkennt man nur noch am Erker und an den Arkaden das gotische Bauwerk, denn im 19. Jahrhundert wurde der Ostteil wesentlich ausgebaut und verändert. Anfänglich im Besitz der Grafen von Wels-Lambach, kam die Burg dann an die Babenberger und später an die Habsburger, bis im 15. Jahrhundert die Polheimer die Pfandherrschaft über die Burg erhielten. Im 16. Jahrhundert verwaltet von den Jörgern, schenkte der Habsburger Ferdinand IV. die Burg seinem Obersthofmeister Johann Fürst Auersperg, in dessen Familienbesitz sie blieb, bis Ludwig Hinterschweiger die Kaiserliche Burg erwarb und im Osttrakt eine Fabrik einrichtete. Erst seit 1937 gehört die Ehemalige Kaiserliche Burg der Stadt Wels, die 1954 hier ihr erstes Stadtmuseum einrichtete. Nach Renovierungs- und Adaptierungsarbeiten wird der Bau, der von einem schönen Garten umgeben ist, seit 1983 als **Kultur- und Museumszentrum** genutzt. Im

Sommer finden im Garten und in den Arkadenhöfen Konzerte und Theateraufführungen statt.

Zwischen Mühlbach und Stadtmauer verläuft der Weg Am Zwinger, der – vorbei an der barocken Nepomuk-Kapelle – zum **Wasserturm** (7) führt: Der Renaissancebau, der den oberen Stadtbrunnen zu speisen hatte, stammt aus dem Jahr 1577 und ist also echt. Die Renaissancemalereien um die Fenster und der Wappenfries sind es nicht: Sie sind Rekonstruktionen aus den Jahren 1927 und 1954.

Zurück auf den Stadtplatz, am Ledererturm vorbei, gelangt man zur Pollheimerstraße und hier zum **Stadtmuseum**: Schon im Jahr 1904 wurde die Sammlung des Museums in dem historistischen Gebäude angelegt, deren Schwerpunkt auf vorgeschichtlichen und römerzeitlichen Exponaten liegt. Unter ihnen befinden sich zwei höchst bemerkenswerte Stücke: Erstens die »Venus von Wels«, eine anmutige Statuette aus dem 1. oder 2. Jahrhundert, die 1913 von einem Bauern aus Gunskirchen, auf halbem Weg zwischen Wels und Lambach, beim Pflügen zufällig gefunden wurde; und zweitens der Grabstein der Ursa. Dabei handelt es sich um eine Grabplatte, die ein römischer Soldat für seine im Kindbett verstorbene Ehefrau um 370 anfertigen ließ. Das Außergewöhnliche daran ist, dass es das bislang erste Dokument aus Noricum ist, das einen bekennenden Christen namentlich nennt. Mit der Galerie im Stadtmuseum spannt Wels den Bogen der Kunst jedoch bis in die Gegenwart.

Nicht weit vom Stadtmuseum entfernt liegt **Schloss Polheim** (9), der ehemalige Wohnsitz des Vertrauten Kaiser Maximilians I. Von der ursprünglich gotischen Anlage ist heute kaum noch etwas zu erkennen, aber eine Tafel am Eingang zur jetzt hier untergebrachten Musikschule erinnert an einen berühmten Gast: Hans Sachs, der Nürnberger Meistersinger, hat sich hier im Jahr 1513 aufgehalten.

Den Stadtspaziergang beschließt man am besten so, wie man ihn begonnen hat, auf einem Platz: Außerhalb der Stadtmauer liegt der **Franz-Josef-Platz** (10), ebenfalls im Mittelalter angelegt und heute eine Augenweide wegen der schönen Bürgerhäuser aus dem 17. und 18. Jahrhundert.

In einer großzügigen Parkanlage, nur ein paar Kilometer von Wels entfernt, liegt **Schloss Puchberg**, das 1618 als vierflügelige Anlage mit Ecktürmen errichtet worden war. Einen vehementen Eingriff in die alte Bausubstanz erfuhr das Schloss im 19. Jahrhundert, als man einen Flügel schlicht abriss, dafür aber die restlichen drei mit Sgraffiti versah. Im 20. Jahrhundert kamen Erweiterungsbauten hinzu, in denen sich ein Bildungshaus befindet. Besichtigen lässt sich das Schloss am besten im Rahmen der Konzerte, die immer wieder im Spiegelsaal stattfinden.

Nach **Thalheim** sollte man aus zwei Gründen: Wegen der **Wallfahrtskirche Maria Schauensberg**. Graf Sigismund von Polheim soll hier nach einer Schlacht gegen die Türken von einer bösen Beinwunde genesen sein. Allerdings ist die Weihe der Kirche bereits für das Jahr 1493 überliefert, der erste Türkensturm aber war im Jahr 1532. Doch das verstäbte Portal, das Netzrippengewölbe, die gut erhaltene Westempore und der schöne Hochaltar von Johann Seitz aus dem Jahr 1661 lassen legendenhafte Geschichtsklitterungen unwichtig erscheinen. Der zweite Grund liegt in der **Marienwarte**: Von ihrem Turm aus hat man einen wunderbaren Blick über die Stadt Wels.

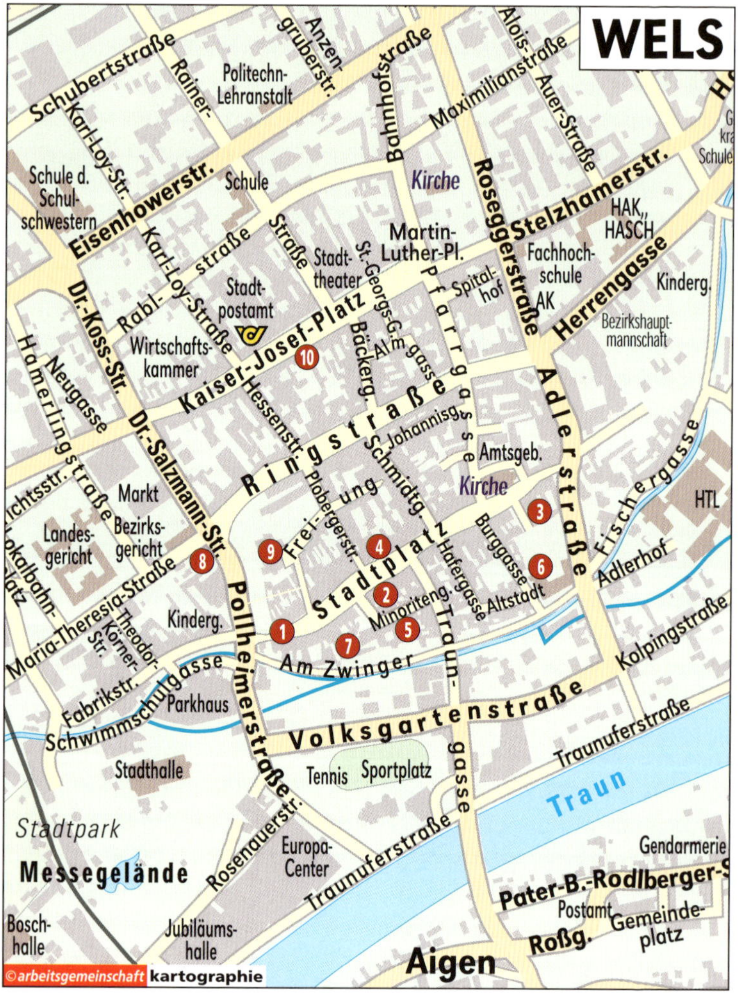

Tipps und Information

WELS: Tourismusverband Wels, 4600 Wels, Kaiser-Josef-Platz 22, Tel.: 07242/434 95, Fax 479 04. **Ehemalige Kaiserliche Burg:** Di–Fr 10–17, Sa 14–17, So, Fei 10–12, 14–17 Uhr. **Stadtmuseum:** Di–Fr 10–12, 14–17, So, Fei 10–16 Uhr. **Minoritenkloster und -kirche:** Eröffnung der archäologischen Sammlung im Herbst 2002, Information beim Tourismusverband. **Lebensspuren – Museum der Stempel und Siegel:** tgl. 10–18 Uhr.
E-MAIL: office@tourism-wels.at
INTERNET: http://www.tiscover.at/wels

GASTRONOMISCHES: In der Salzburger Straße 227 liegt der **Wirt am Berg**, was man nicht wörtlich nehmen sollte. Hin sollte man trotzdem, weil das, was er auftischt, hungrige Stadtspaziergänger nicht nur satt macht, sondern wahrscheinlich sogar höchst zufrieden stimmt (Tel.: 07242/443 81 od. 450 59).

VERANSTALTUNGEN: Die Messestadt Wels offeriert eine Reihe von Veranstaltungen für jeden Geschmack: **Volksfeste** ebenso wie den **Welser Porträtsommer**, wenn Künstler öffentlich konterfeien; der **Mittelalterliche Markt** entführt im August in die Zeit des Minnesanges und der wilden Reiterei. **Sonnenblumenfest**, **Figurentheaterfestival** und zahlreiche **musikalische Veranstaltungen** runden das vielfältige Programm ab (Informationen s. o.).

NATUR & FREIZEIT: Wels hat ein großes Herz für Kinder: Da gibt es das Puppenträume- und Bärenmuseum von Monika Parzer (Tel. & Fax: 07242/713 93) und das ebenfalls private Käthe-Kruse-Puppenmuseum der Familie Ecker (Tel.: 07242/446 31). Besonders aufregend aber ist der **Zoologische Garten Vogelpark Schmiding**: Koritrappen, Kronenkraniche, Straußenvögel, aber auch Zebras, Antilopen, Giraffen, Gibonaffen und Lemuren aus Madagaskar bevölkern das Areal, auf dem sich außer einem wunderbaren Spielplatz auch noch – im Meierhof von Schloss Schmiding, mitten im Park – das **Museum der Begegnung** befindet, das auf einer Ausstellungsfläche von 2000 Quadratmetern über das Verbindende zwischen den Völkern und nicht über die Unterschiede erzählt (März bis November tgl. 9–17 Uhr, Tel.: 07242/462 72 od. 434 95-36).

ANREISE: A1 bis Knoten A1/A25, A25 bis Abfahrt Wels

Weyer

Kastenreith · Gaflenz

Einst war Weyer dem nahen Steyr ein durchaus ernst zu nehmender Konkurrent in Sachen Eisenverarbeitung. Heute ist der beschauliche Luftkurort vor allem für seine schöne Naturlandschaft und seine große Geschichte bekannt.

»Weyer an der Enns, was, was verdanke ich dir alles.« Es muss einiges gewesen sein, wenn sich ein Literat wie Peter Altenberg – von ihm stammt der Satz – in die Natur gewagt hat, wo er doch sonst die Kaffeehausluft vorgezogen hat. Was genau es war, das Altenberg zu derart lyrischen Dankesbezeugungen hingerissen hat, wissen wir nicht. Was wir wissen: Weyer ist tatsächlich ein so ausnehmend hübscher Ort, dass man ihn auf einer oberösterreichischen Kulturreise keineswegs vernachlässigen sollte.

Das »güldene Märktl« wie Weyer wegen seines Wohlstands einstens genannt wurde, war ab dem 14. Jahrhundert der Sitz mächtiger Gewerkenfamilien und Handelsherren. Und erst als im Jahr 1532 die Türken bis Weyer vordrangen und es niederbrannten, verlor der Markt seine gleichrangige Stellung mit Steyr. Der Lauf der Zeit brachte die Industrialisierung und damit den Niedergang der Gewerken, dafür kamen um die Wende vom 19. zum 20. Jahrhundert Sommerfrischler – und mit ihnen, siehe oben, Peter Altenberg.

Ein Rundgang durch Weyer vermittelt noch heute das Flair der alten Eisenstadt: alte Bürgerhäuser, das **Egerer Schloss** am **Marktplatz** mit seinen Giebeln und Erkern, der **Marktbrunnen** mit dem Biber, den Weyer auch im Wappen führt, die **Sebastiankapelle** mit dem leicht schiefen Turm. Nicht zu übersehen ist auch das Renaissanceportal des **Prevenhueberhauses**, einst Verwaltungssitz, und – am Oberen Markt – das **Hotel Post**, ein ungewöhnlicher Fachwerkbau.

Von den Gewerkenfamilien erzählen auch die zahlreichen Grabsteine an der Außenseite der **Pfarrkirche**, eines Baus aus dem 12. Jahrhundert, der im 19. neugotisch erweitert wurde und in seinem Inneren eine Muttergottes mit Kind von Hans Spindler aus der Zeit um 1630 sowie eine Anna selbdritt aus 1535 birgt.

Am Unteren Markt steht der **Innerberger Stadel**, ein markanter barocker Bau und wie in Steyr einst Sitz der Gewerkschaft, später jedoch Getreide- und Proviantspeicher. Seit der Landesausstellung 1998 »Land der Hämmer« wird er als Ausstellungs- und Veranstaltungsort benutzt. Ganz in seiner Nähe das **Balgsetzerhaus**: In dem gut erhaltenen Bau –

Türmchengeschmückte Dachlandschaft in Weyer.

wahrscheinlich aus dem 15. Jahrhundert – mit dem Holzschindeldach waren früher jene Werkstätten untergebracht, die die für die Hämmer notwendigen riesigen Blasbälge herstellten und notfalls reparierten. Von diesem längst vergangenen Handwerk und dem Leben der Handwerker und Bauern in und um Weyer berichten die liebevoll zusammengestellten Exponate in diesem Gebäude.

Ohne Flößer ging gar nichts: Sie waren es, die unter Einsatz ihrer ganzen Körperkraft – und oft genug ihres Lebens – Holz und Eisen auf der Enns transportierten. Der Wasserweg war nämlich schneller, weshalb man ihn ab dem Mittelalter den herkömmlichen Fuhrwerken vorzog. Bei den großen Holzrechen, wo sich das geschlägerte Holz nach dem Triften sammelte, wurden die Flöße zusammengebaut: Fünf bis sieben Meter breit und rund dreißig Meter lang, war es möglich, auf ihnen bis zu sechs Tonnen Eisen zu transportieren. Diese schwer beladenen Gefährte dann durchs oft gar nicht ruhige Wasser zu steuern, war Geschick, Glück und Können gleichermaßen. Unfälle passierten trotzdem oft genug, und sie verliefen meist tödlich: Die Ladungen waren teures Gut, und der Zynismus der Besitzer ließ fast nur Nichtschwimmer als Flößer zu. Solcherart konnten sie sichergehen, dass die Flößer im Augenblick der Gefahr nicht einfach ins Wasser sprangen. Das änderte sich erst mit dem 17. Jahrhundert, als man begann, das Eisen auf Schiffen zu transportieren: Sie waren sicherer und konnten zudem mehr Fracht aufnehmen. Flussaufwärts brachte man die Schiffe nach dem

Zum Gedenken an einen höchst gefährlichen Beruf: Das Flößermuseum in Kastenreith.

Löschen der Ladung, indem sie in einem so genannten Treidelzug von Pferden gezogen wurden.

Der wichtigste Stützpunkt zwischen Hieflau und Steyr war der Kasten an der Enns im heutigen Ortsteil Kastenreith, ein Getreidespeicher mit Taverne und Herberge. Nachgewiesen ist der Kasten bereits für das 14. Jahrhundert, in seiner heutigen Gestalt besteht er seit dem 17. Jahrhundert, als man ihn nach einem Brand neu erbauen musste. In diesem Kasten ist das Ennsmuseum untergebracht: Wirtschafts- und Volkskultur wie -geschichte werden hier anhand zahlreicher Ausstellungsstücke eindrucksvoll präsentiert. Im Mittelpunkt aber stehen die Flößerei und die Schifffahrt auf der Enns.

Nur ein paar Minuten sind es dann bis zum Freilichtmuseum Katzensteiner-Mühle am Gaflenzbach, einer Bauernmühle, die heute durchaus noch betriebsfähig ist.

In Gaflenz, dem letzten oberösterreichischen Ort vor der Grenze zu Niederösterreich, erhebt sich seit dem 15. Jahrhundert auf einem steilen Bergrücken die Wallfahrtskirche hl. Sebald. Der spätgotische Sakralbau wurde wahrscheinlich an der Stelle eines weit älteren, heidnischen Kultplatzes errichtet und war schon zu katholischen Zeiten Anlaufpunkt für junge Frauen: In einer Kapelle unterhalb der Kirche befindet sich die liegende Steinfigur des Heiligen. Konnten die jungen Frauen diese anheben, so der Aberglaube, durften sie damit rechnen, in absehbarer Zukunft zu heiraten. Erheiterndes Detail am Rande: Sebald selbst hat seine Frau angeblich in der Hochzeitsnacht verlassen, um fortan als Eremit zu leben ...

Zu erreichen ist die Wallfahrtskirche im Übrigen über einen schönen Wanderweg, der kurz vor der Kirche an fünf Kreuzwegkapellen vorbeiführt.

Tipps und Information

WEYER: Tourismusverband Weyer, 3335 Steyr, Marktplatz 8, Tel.: 07355/87 68, Fax 87 66-4. **Balgsetzerhaus:** ganzjährig Fr 14–18 Uhr und nach tel. Voranmeldung, Tel. 07355/74 70 oder 07445/225 28 Hr. Klaffner. **Ennsmuseum Kastenreith:** 1. 5.–31. 10. Di–So 10–12, 14–17 Uhr und nach tel. Voranmeldung, Tel.: 07355/73 05 od. 62 55. **Freilichtmuseum Katzensteiner-Mühle:** 1. 5.–31. 10. So, Fei 13–17 Uhr und nach tel. Voranmeldung, Tel.: 07355/65 93, 73 05 od. 62 55.

E-MAIL: weyer@upperaustria.or.at

INTERNET: http://www.tiscover.at/weyer

GASTRONOMISCHES: Hier hat angeblich bereits Kronprinz Rudolf logiert, was aber vielleicht weniger Anziehungspunkt ist als der schöne überdachte Innenhof aus dem 16. Jahrhundert und der ganze Fachwerkbau an sich: Im **Hotel Post** lässt es sich so gut schlafen wie essen (Oberer Markt 2, Tel.: 07355/78 71, Fax 63 84).

NATUR & FREIZEIT: Sie bewirtschafteten die Almen, während ihre Männer mit der gefährlichen Flößerei für den anderen Teil des Lebensunterhalts sorgten: die »Schwoagerinnen«, die es schon längst nicht mehr gibt. Auf ihre Spuren führt der Themen-Wanderweg **Die Schwoagerinnen von der Bodenwies** von der Niglalm zur Schüttbauernalm. Ein anderer Themenweg – **Auf den Spuren von Handel und Transport** – führt mit einer Gehzeit von etwa drei Stunden durch die reizvolle Landschaft entlang der Enns. Das Ganze lässt sich auch mit dem Fahrrad bewerkstelligen, und den kann man sogar ungeheuer ausdehnen: Der **Enns-Radweg** führt in seinem gesamten Streckenverlauf nämlich von der Ennsquelle im Salzburger Flachgau bis zur Mündung der Enns in die Donau, womit der Radweg 250 km ausmacht und durch die Bundesländer Salzburg, Steiermark und Oberösterreich führt.
Wer im Winter nach Weyer kommt, hat mit der **Viehtaleralm** ein schönes Schigebiet und auf der Bodenwies eine herrliche Höhenloipe.

ANREISE: A1 Abfahrt Amstetten, B121

Windischgarsten

Rossleithen · Spital am Pyhrn · Vorderstoder · Hinterstoder

Hammerherren, ein ehemaliges Stift mit einer berühmten Kirche, ein verborgener See und eine wildromantische Klamm mit klangvollem Namen – im südöstlichen Teil Oberösterreichs liegen Kultur und Natur nahe beieinander.

Windischgarsten im Garstner Becken, umgeben von Sengsengebirge, Reichraminger Hintergebirge, Haller Mauern und Totem Gebirge, ist zwar eine kleine Gemeinde, hat aber eine große Geschichte als Handelszentrum. Im Windischgarstner **Heimathaus**, das im ehemaligen Hammerherrenhaus untergebracht ist, liegen die Beweise: Seit der Zeit der Römer war das einstige »Gabromagus« die erste Station der Säumer, nachdem sie den Pyhrnpass, eine der wichtigsten Nord-Süd-Verbindungen, überquert hatten. Hier wurden sie versorgt, hier standen die Herbergen, hier gab es Proviant für die Weiterreise. Dass Windischgarsten vor allem in jener Zeit, als die Eisenverarbeitung florierte, im 16. Jahrhundert also, besonders große Bedeutung als Handels- und Versorgungsplatz der Eisenwurzen errang, versteht sich fast von selbst. Dass die hübschen Bürgerhäuser mit den kunstreichen Schildern und den schmiedeeisernen Fensterkörben dennoch kaum älter als hundert Jahre sind, erklärt sich aus einem verheerenden Brand, der im Jahr 1885 einen Großteil Windischgarstens in Schutt und Asche gelegt hat. Im Heimathaus sind jedoch noch ältere Stücke zu sehen, die von der Hammerherrenherrlichkeit ebenso erzählen wie vom Handwerk selbst, vom Brauchtum, von den Trachten und von der bäuerlichen Volkskunst. Wen auch die geologische Geschichte der Gegend interessiert: Im **Kurpark**, der im ehemaligen Garten des Sensenwerks eingerichtet wurde, gibt es einen Lehrpfad mit 48 Steinblöcken, die alle erdgeschichtlichen Epochen repräsentieren.

Die Kunst des Schmiedehandwerks kann man sich auch in der **Pfarrkirche hl. Jakob** ansehen, wo Schmiedemeister Andreas Ferdinand Lindemayr um 1720 ein schönes Grabkreuz für die Familie Schoiswohl geschaffen hat. Die beiden Seitenaltarbilder werden übrigens Johann Martin Schmidt, dem »Kremser Schmidt«, zugeschrieben. Und wer den Spuren alten Handwerks auf besonders anschauliche Weise folgen möchte, sei zur **Ramitscheder Mühle** verwiesen.

Industriearchäologen werden im kleinen Tal der Pießling, beim Windischgarstner Ortsteil **Roßleithen**, ihre reine Freude haben. Das

Fast trotzig steht sie vor dem Fels: Die ehemalige Stiftskirche in Spital.

von drei Sensen- und zwei Hammerschmieden noch bestehende Werk, der Schröckenfuxhammer, erzeugt heute die Sensen zwar auf ganz moderne Weise, die Fabriksgebäude jedoch stammen aus dem 19. Jahrhundert. Etwas abseits, geradezu idyllisch zwischen Bäumen, liegt der alte so genannte Waldhammer, wo damals wie heute die Endfertigung der Sensen vorgenommen wird. Spaziert man an der Pießling weiter, gelangt man zur Stummermühle, eine von wenigen erhaltenen Bauernmühlen aus dem späten 19. Jahrhundert.

Ab hier wird die Kulturlandschaft zur puren Naturlandschaft: Die Pießling hat Trinkwasserqualität und plätschert freundlich über Steine, die von Moosen bewachsen sind, die es in Österreich sonst nirgendwo gibt, bis man zu ihrem Ursprung kommt: In ein ruhiges Quellbecken strömt aus den Tiefen glasklares Wasser – rund 300 Liter pro Sekunde unter normalen Umständen, rund 3 000 Liter pro Sekunde nach der Schneeschmelze oder bei starken Regenfällen. Es ist ein immens weit verzweigtes Höhlensystem im Warscheneck, wo sich Regen- und Schmelzwasser sammeln, um dann als größte Karstquelle Oberösterreichs ans Tageslicht zu sprudeln.

Wenn Windischgarsten das Handelszentrum des Garstner Tals war, so war **Spital am Pyhrn** sein geistliches. Das ist auch unübersehbar, wenn man in den Ort gelangt, den die ehemalige **Stifts-** (und heutige **Pfarr-**) **kirche Mariä Himmelfahrt** an erhöhter Stelle dominiert.

Seinen Namen trägt Spital aufgrund des Hospizes, das der Bamberger Bischof Otto II. – zu seinem Bistum gehörte das Garstner Becken – im 12. Jahrhundert hier errichten ließ: Von hier aus kam man problemlos über den an allen anderen Stellen so gut wie unüberwindlichen Bosruck, weshalb die Gegend Stützpunkt aller Durchreisenden wurde. Pilger, Kaufleute, Säumer und auch Kreuzfahrer hatten mit dem Hospiz nun die Möglichkeit, auszuruhen, Wunden versorgen zu lassen, sich von den Strapazen zu erholen. Umgewandelt wurde das Hospiz in ein Kollegiatsstift weltlicher Chorherren im Jahr 1418, 1605 wurde es zur Propstei erhoben und im Zug der siegreichen Gegenreformation ab 1642 völlig neu erbaut. Der Neubau der Basilika, einer ehemals gotischen Kirche, erfolgte ab 1714.

Architekt der ungewöhnlichen Kirche – ihre Fassade ist, entgegen der gängigen Regel, nach Osten ausgerichtet – war Johann Michael Prunner, der den Bau 1730 fertig gestellt hatte. Erst 1737 begann dann Bartolomeo Altomonte mit seiner grandiosen Freskierung, die fast verloren gegangen wäre, als große Teile des Orts und auch Türme und Dachstuhl, und damit das Langhaus, der Kirche Opfer des großen Brands von 1841 wurden. Erst die Restaurierung in den Jahren zwischen 1977 und 1980 versetzte die Stiftskirche in ihren ursprünglichen Zustand. Gleich im Vorraum dieses Barockjuwels trifft der Besucher wieder auf Andreas Ferdinand Lindemayr, der für die Spitaler Stiftskirche ein besonders fein geschmiedetes Abschlussgitter schuf. Als Meisterwerk Altomontes schließlich gilt das Fresko mit der Darstellung von der Himmelfahrt Mariens in der Apsis. Der Hochaltar stammt von 1769, und in den Seitenkapellen sind vier Altargemälde von Martin Johann Schmidt, des »Kremser Schmidt«, zu bewundern, der wahrscheinlich auf Empfehlung Bartolomeo Altomontes zu diesen Arbeiten verpflichtet worden war.

Zwei weitere Gemälde Martin Johann Schmidts kann man in der **Filialkirche St. Leonhard** sehen, die am südlichen Ortsausgang von Spital am Pyhrn steht. Reizvoll an der spätgotischen Kirche ist aber auch, dass sie aus einer Unter- und einer Oberkirche besteht, weil sie zum Teil auf einem Felsen errichtet wurde, der in der Unterkirche in die Innenarchitektur einbezogen ist. Die Ölberg- und Kreuzigungsgruppe aus dem Barock sind hier ebenso sehenswert wie das Tabernakelgitter von Lindemayr.

Links vom Portal der Stiftskirche geht es zum **Felsbildermuseum**, wo in zahlreichen Funden, Landkarten und Abgüssen bronzezeitlicher Felsritzungen aus heute oberösterreichischen sowie europäischen Gebieten über die Frühzeit der Menschheit erzählt wird.

Ebenfalls im Ortszentrum die Huf- und Hackenschmiede der Familie Lindemayr samt Schauschmiede und Ausstellungsräumen im ersten Stock. Und wer Lust auf zeitgenössische Kunst hat: Maria und Thomas Mark präsentieren in ihrer Galerie an der Fabrik immer wieder interessante Ausstellungen.

Die Filzmoser-Kapelle mit der uralten Linde am östlichen Ortsende von Vorderstoder sieht heute unschuldig, ja idyllisch aus. Dabei hat sie eine schreckliche Geschichte: Das Stodertal stand ebenso wie das Garstner Tal unter Kuratel von Stift Spital am Pyhrn. Unzufrieden mit dem ausbeuterischen Feudalismus des katholischen Klerus und Adels, erhoben sich die Bauern im Zug der Reformation. Als im Jahr 1596 kaiserliche Truppen in das damals unwegsame Gebiet eindrangen, henkten sie die Aufständischen an jener Linde neben der Kapelle und vernichteten danach deren Höfe. Trotz dieser entsetzlichen Geschichte: Man sollte sich von der Kapelle nicht mit Grauen abwenden, sondern sich in ihrem Inneren das Abschlussgitter ansehen, ein weiteres Werk von Andreas Ferdinand Lindemayr.

Einen Besuch wert ist auch die Pfarrkirche St. Leopold, deren Inneres von einem barocken Hochaltar mit einem Gemälde Martin Johann Schmidts beherrscht wird.

Bis ins 19. Jahrhundert war es ein relativ abgeschieden gelegenes Bauerndorf und hieß Innerstoder. Und noch als es bereits Hinterstoder genannt wurde und nicht nur adelige Jagd-, sondern auch bürgerliche Sommerfrischegäste kamen, war die wirtschaftliche Basis neben der Landwirtschaft auch die Holzgewinnung, die hier eine große Tradition hat. Denn nicht nur das nahe Salzkammergut brauchte für die Sudhäuser viel Brennholz, sondern auch die Hammerwerke der Eisenwurzen zur Befeuerung der Schmie-

Mächtig beherrschen sie das Panorama von Hinterstoder: Großer Priel und Spitzmauer im Toten Gebirge.

dewerkstätten. Heute ist Hinterstoder in erster Linie Fremdenverkehrsgemeinde, die vor allem winters zahlreichen Schifahrern ein Dorado an Pisten bietet.

Das im Zusammenhang mit der einst bäuerlichen, heute alpin-touristischen Gegend architektonisch gesehen ungewöhnlichste Gebäude Hinterstoders ist das **Alpineum**, das sich als moderne Holz-Glas-Konstrukion mitten im Ortszentrum erhebt. Auf 500 Quadratmetern Ausstellungsfläche, verteilt auf fünf Ebenen, wird eine alpine Erlebnisschau der Extraklasse geboten: Der Entwicklung des Bergsteigens und des Schisports ist ebenso breiter Raum eingeräumt wie der Geschichte von der Erschließung des Toten Gebirges. Respekt vor der Natur und der pflegliche Umgang mit dieser stehen dabei im Mittelpunkt. Zudem verfügt das Alpineum über mehr als fünfzig Bilder des englischen Landschaftsmalers Edward Theodor Compton, der um die vorletzte Jahrhundertwende besonders gerne ins Stodertal kam und hier auch malte: Vorwiegend in Grisaille- und Aquarelltechnik sind eine Reihe von Motiven aus Hinterstoder und der umgebenden Bergwelt im Alpineum zu sehen.

Tipps und Information

ⓘ WINDISCHGARSTEN: DMC Tourismus-GmbH Pyhrn-Priel, 4580 Windischgarsten, Hauptstraße 56, Tel.: 07562/52 66, Fax 71 01. **Heimathaus:** Mai bis September nach tel. Voranmeldung im Tourismusbüro. **Ramitscheder Mühle & Stummermühle:** Nur nach tel. Voranmeldung im Tourismusbüro. **Schröckenfuxhammer:** Nur nach tel. Voranmeldung im Tourismusbüro.
E-MAIL: windischgarsten@egoland.at
INTERNET: http://www.tiscover.at/windischgarsten u. www.egoland.at

ⓘ SPITAL AM PYHRN: Tourismusverband Spital am Pyhrn, 4582 Spital am Pyhrn Nr. 350, Tel.: 07563/70 07, Fax 70 07-6. **Felsbildermuseum:** 1. 5.–15. 10. Di–So 10–12, 14–17 Uhr, 1. 12.–30. 4. Mi 10–12, So 14–17 Uhr und nach tel. Voranmeldung, Tel.: 07563/318. **Huf- und Hackenschmiede Lindemayr:** Nur nach tel. Voranmeldung, Tel.: 07563/318. **Galerie an der Fabrik:** Nur nach tel. Voranmeldung, Tel.: 07563/80 02.
E-MAIL: spital@egoland.at
INTERNET: http://www.tiscover.at/spital.pyhrn u. www.egoland.at

ⓘ HINTERSTODER (& VORDERSTODER): DMC Tourismus-GmbH Pyhrn-Priel, 4580 Windischgarsten, Hauptstr. 56, Tel.: 07562/52 66, Fax 71 01.

Alpineum: 1. 5.–2. 11. Di–So 9–18 Uhr und nach tel. Voranmeldung, Tel.: 07564/52 63-18, Fax: 55 44.
E-MAIL: hinterstoder@egoland.at
INTERNET: http://www.tiscover.at/hinterstoder u. www.egoland.at

GASTRONOMISCHES: In vergangenen Jahrhunderten versorgten sich die Säumer hier mit Proviant und holten sich die Handwerker der Schmieden ihren Lohn ab. Heute kann man sich in der **Blauen Sense** in Windischgarsten gemütlich niederlassen und an Rahmnudeln mit Flusskrebsen oder gebratenem Schweinssurbauch delektieren (Windischgarsten 59, Tel. & Fax: 07562/53 29).

VERANSTALTUNGEN: In der Windischgarstner Bahnhofstraße liegt ein schönes Gebäude mit einem mediterran anmutenden Arkadenhof. Hier werden Konzerte veranstaltet und Theaterstücke aufgeführt, und das alles im Rahmen des **Windischgarstner Kultursommers** (Informationen s. o.). Wer es lieber zünftig hat: Im August findet in Windischgarsten immer das **Internationale Lederhosenfest** statt (Informationen s. o.).

NATUR & FREIZEIT: Ein Erlebnis für Kinder und Erwachsene ist der **Wildpark Enghagen** in Roßleithen: 70 Wildarten, ein Unterwasseraquarium, Spielplatz, Ponyreiten und ein Bummelzug, der die Müden durch den Wildpark chauffiert (Tel.: 07562/52 91).
In der Nähe der Pießlingquelle liegt der **Gleinker See**: Bis zu 120 Meter tief, herrlich kühlender Badespaß im Sommer, Schlittschuh-Paradies im Winter, vor allem aber eine Landschaft – sie steht unter Naturschutz – zum Niederknien. Ein idyllisch gelegener Teich am Fuß des Klinserkogels nahe Hinterstoder ist der **Schiederweiher**: Von dieser »Perle des Stodertals« aus genießt man herrliche Blicke auf die Spitzmauer und den Großen Priel.
Er war nicht nur Gemeindearzt in Spital am Pyhrn, sondern auch Obmann des örtlichen Verschönerungsvereins: Dr. Moritz Vogelgesang bemühte sich um die Begehbarmachung einer nahe gelegenen Klamm: Die heute nach ihm benannte **Vogelgesang-Klamm** ist eine wildromantische Felsschlucht mit steil abfallenden Wänden und wildem Wasser, die zweitlängste Österreichs und familienfreundlich zu durchwandern, weil Treppen und Stege gut angelegt wurden und bestens instand gehalten sind.

ANREISE: A1 Abfahrt Enns/Steyr, B309, B115, B140, B138

Zeittafel

Die Geschichte Oberösterreichs in Stichworten

Vor Christi Geburt

250 000 (Altsteinzeit) Erste menschliche Spuren: Werkzeugfunde in St. Georgen a. d. Gusen

65 000–40 000 Artefakten-Funde in der Ramesch-Knochenhöhle (Warscheneck)

5000–2000 (Jungsteinzeit) Pfahlbauten (Mondseekultur)

2000–800 (Bronzezeit) Hügelgräber und Urnenfelder (Atterseekultur)

800–400 (Ältere Eisenzeit) Zahlreiche Funde (Hallstattkultur)

15 (Zeit des Imperium Romanum) Die Römer besetzen Noricum.

Nach Christi Geburt

212 *Lauriacum* (Lorch) und *Ovilava* (Wels) werden zu römischen Städten erhoben.

284–305 *Ovilava* ist Hauptstadt von Ufernoricum.

6. Jh. Es beginnt die bayerische Besiedelung bis zur Enns.

7. Jh. Slawische Stämme im Osten des Landes; Herrschaft der Agilolfinger

Um 800 Das Stammesherzogtum der Agilolfinger wird unter Karl dem Großen Provinz des fränkisch-karolingischen Reichs.

1035 Die Grafen von Lambach werden Markgrafen.

Um 1060 Die Otakare lösen die Lambacher ab.

1186 Vereinbarung zwischen dem (kinderlosen) Herzog Otakar IV. und den Babenbergern: Letztgenannte erhalten nach dem Tod Otakars das Land (*Georgenberger Handfeste*).

1281 Albrecht I. von Habsburg bildet einen Gerichts- und Verwaltungssprengel im Land ob der Enns.

1390 Albrecht III. verleiht dem Land ob der Enns das heute noch gültige Wappen.

1484–1493 Linz ist Sitz Erzherzog Albrechts IV., der als eigenständiger Landesherr das *Fürstentum ob der Enns* regiert.

1484–1493 Linz ist Residenzstadt Kaiser Friedrichs III.

1532 Erstmals überschreitet das türkische Heer die Enns (Verwüstung von Weyer und Steyrer Land).

1620–1628 Kaiser Ferdinand II. verpfändet das Land ob der Enns an die Bayern.

1626 Bauernkrieg

1734/35 und 1752–1756 Unter Kaiser Karl VI. bzw. unter Maria Theresia Zwangsaussiedlung der Protestanten nach Siebenbürgen

1781 Toleranzpatent Kaiser Josephs II.: Protestantische Gemeinden entstehen.

Ab 1782 Aufhebung zahlreicher Klöster im Zuge der Reformen Kaiser Josephs II.

Ab 1800 Bis zur Niederlage Napoleons wird das Land ob der Enns immer wieder von den Franzosen besetzt.

1832 Die Pferdeeisenbahn Linz–Budweis wird feierlich eröffnet.

1848 Revolution: Aufhebung der Grundherrschaft (was die Situation der Bauern wesentlich erleichtert)

1861 Landesordnung für das *Erzherzogtum Österreich ob der Enns* durch Kaiser Franz Joseph; damit ist es gegenüber dem Land unter der Enns (Niederösterreich) endgültig selbstständig.

1914–1918 Erster Weltkrieg. Oberösterreich beklagt 22 500 Gefallene und Vermisste.

1918 Unruhen im Zug des Zusammenbruchs der Monarchie

12. Februar 1934 Kämpfe zwischen Heimwehr und Schutzbund in Linz; Beginn des Bürgerkriegs in Österreich.

12. März 1938 »Anschluss« an das Großdeutsche Reich (Adolf Hitler); Oberösterreich wird *Gau Oberdonau*, Gauleiter ist August Eigruber.

5. Mai 1945 Einmarsch der amerikanischen Truppen in Linz; Oberösterreich wird von den Alliierten besetzt (Amerikaner südlich der Donau, Russen nördlich der Donau). Rund 40 000 Oberösterreicher sind als Wehrmachtssoldaten gefallen, bei Bombenangriffen kamen rund 3 000 zivile Opfer ums Leben.

1953 Das Gedicht *Hoamatgsang* von Franz Stelzhamer wird oberösterreichische Landeshymne.

15. Mai 1955 Unterzeichnung des *Österreichischen Staatsvertrags*

1966 Eröffnung der *Linzer Hochschule* (später: Johannes-Kepler-Universität), des *Schlossmuseums* und des *Wirtschaftsförderungsinstituts*

23. Juni 1974 Der Oberösterreicher Dr. Rudolf Kirchschläger wird Bundespräsident.

18. September 1979 Die erste *Linzer Klangwolke* ertönt.

1981 Die VÖEST schreibt Verluste von über einer Milliarde Schilling.

1983 Eröffnung der BMW-Werke in Steyr.

1988 Die VÖEST wird privatisiert, *Noricum*, einer der neuen Teilbetriebe, schlittert in einen veritablen Waffenlieferungsskandal.

1991 Hochwasserkatastrophe in den Städten und Orten an der Donau

1994 Eröffnung des *Design Centers* in Linz

7. Dezember 1995 Michail Gorbatschow und seine Frau Raissa besuchen Linz.

25. Juli 1997 Der *Nationalpark Kalkalpen* wird eröffnet.

23. April 1998 Eröffnung von *OK* in Linz, dem Zentrum für Gegenwartskunst im ehemaligen Gebäude der Ursulinen.

Apsis (Presbyterium) Altarnische, die das Ende des Chors bildet; meist halbrund, manchmal auch polygonal (vieleckig).

Attika Wandzone über dem Hauptgesims eines Bauwerks (zur Verdeckung des Dachs); im Barock: Attika-Geschoß = niedriges Obergeschoß.

Arkade Über Säulen oder Pfeiler verlaufende Bögen.

Empore Offene Galerie im Obergeschoß einer Kirche zum Längsschiff hin.

Fresko Wandmalerei, die auf noch feuchten Putz aufgetragen wird (im Gegensatz zu *al secco*) und die durch den Trocknungsprozess und die dabei entstehende chemische Verbindung ihre Farb- und Leuchtkraft über Jahrhunderte behält.

Gaden Fensterzonen über der Attika.

Hallenkirche Sakralbau mit drei gleich hohen Schiffen.

Inkunabeln Frühe Druckwerke (*Wiegendruck*), die seit Gutenberg bis ca. 1500 hergestellt wurden.

Kapitell Oberer Abschluss von Säulen und Pfeilern.

Knorpelwerk Im 17. Jh. beliebte Ornamentform aus sich verdickenden Gebilden in Fantasieformen.

Krypta Keller im Ostteil einer Kirche.

Palas Haupttrakt, Herrenhaus im mittelalterlichen Burgbau.

Pilaster Meist eckiger, mit der Wand verbundener, nur zum Teil hervorspringender Pfeiler mit Basis, Schaft und Kapitell.

Risalit In ganzer Fassadenhöhe vorspringender Teil eines Gebäudes.

Sgraffito Meist Fassadendekoration, bei der Zeichnungen und Ornamente in verschieden gefärbte, noch feuchte Putzschichten eingekratzt werden, sodass der darunter liegende, andersfarbige Putz zum Vorschein kommt.

Stuck Masse aus Gips, Kalk, Sand, Farbstoffen und Leim zur plastischen Bearbeitung der Wände von Innenräumen. Die Masse erhärtet schnell und wird daher sofort geformt oder bereits in Formen gegossen aufgebracht. Stuck mit glänzender Oberfläche wird *stucco lustro* genannt.

Die Buchstaben/Zahlen-Kombinationen verweisen auf die Suchfelder der Übersichtskarte auf der Innenseite der vorderen Buchklappe.

Bildnachweis

Umschlag Vorderseite, v.o.: Schloss Weinberg, Aigen Stadtbrunnen (Gerhard Trumler)
Umschlag Rückseite, v.o.: Attersee (Kurt-Michael Westermann), Skulptur Europa (Werkstatt Kollerschlag), Kulinarisches aus Oberösterreich (Gerhard Trumler)

Ali Andreß, Wien: Seiten 25, 28, 54 o., 73 u., 88 o., 122 u., 155, 185, 195, 205, 239, 240, 243
Austrian Archives, Wien: Seiten 20, 27 o., 30, 79, 99 u., 115, 137, 150
Austrian Archives/Franz Hubmann, Wien: Seiten 29 o., 45, 53, 57, 81, 82, 103, 125, 126, 127, 132 (2), 140, 141, 151 o., 159, 196, 202, 227
Austrian Archives/Bruno Reiffenstein: Seiten 26, 129 (2)
Austrian Archives/Gerhard Trumler, Wien: Seiten 8, 9, 10 (2), 12, 15, 17, 27 u., 37, 38, 39, 43, 44, 54 u., 58, 62, 66, 69, 70 (2), 73 o., 72 (2), 74 (2), 78, 87, 88 u., 89, 97, 109, 110, 111, 117, 118, 121, 122 o., 133, 138, 147, 148 (2), 151 u. & li., 154, 161, 168, 173, 179, 181 (2), 186, 191, 192, 197, 201, 208, 213, 215 (2), 221, 231, 232, 245
Bildagentur Austria Pictures, Puchenau b. Linz: Seite 92
Manfred Horvath, Wien: Seite 233
Österreich Werbung, Wien: Seiten 21, 29 u., 64, 99 o., 169, 190, 209, 217
Werkstatt Kollerschlag, Kollerschlag: Seite 14
Kurt-Michael Westermann, Wien: Seiten 49, 98 o., 136, 210

FLECK WEG
ohne Gift

HERTHA GRÜNACKER

FLECK WEG ohne Gift

WELTBILD VERLAG

Genehmigte Lizenzausgabe für
Weltbild Verlag GmbH, Augsburg 1996

Umschlaggestaltung: Adolf Bachmann, Reischach
Gesamtherstellung: Wiener Verlag, Himberg bei Wien
Printed in Austria
ISBN 3-89350-204-1

INHALTSVERZEICHNIS

EINLEITUNG

Wenn man eine Zeitlang Seife oder biologische Waschmittel zum Waschen benützt hat, weiß man, daß die Wäsche nicht immer „blitze-blank“ oder „weißer als weiß“ wird. Um erfolgreich „biologisch“ waschen zu können, muß man auch etwas von der biologischen Fleckentfernung wissen. Es ist gar nicht so schwer, diese Kunst zu erlernen.

Der Aufbau des Buches

Auf den folgenden Seiten sind zunächst einige Grundsätze und allgemeine Tips und Tricks zur Fleckentfernung angeführt. Daran schließt eine Liste jener Fleckputzmittel an, die in jedem Haushalt vorhanden sein sollten. Der Hauptteil des Buches schließlich beschreibt, wie man Flecken auf verschiedenen Stoffen mit umweltfreundlichen Mitteln am effektivsten zu Leibe rückt. Die Fleckarten sind alphabetisch gereiht, so daß man in akuten Fällen rasch nachschlagen kann. Soweit möglich, wurde billigen, ungiftigen Mitteln, die in jedem Haushalt zu finden sind, der Vorzug gegeben. Für hartnäckige Flecken sind einige wirksamere, aber auch gefährlichere Produkte angeführt. Auf jeden Fall muß von herkömmlichen Fleckwässerchen gewarnt werden: Sie sind nicht bei allen Flecken wirksam (ein Universal-Fleckentfernungsmittel gibt es trotz aller Reklame nicht) und belasten unnötig unsere Umwelt. Auf keinen Fall sollten sie ins Grundwasser gelangen.

Es ist auch eine Überlegung wert, ob alle Flecken unbedingt entfernt werden müssen. An unsichtbaren Stellen stören sie nicht. Kleinkinder haben meist nicht das Bedürfnis, tip-top-fleckenfreie Spielkleider zu haben, manche Flecken können auch hübsch bestickt werden.

Die wichtigsten Grundsätze der biologischen Fleckentfernung lauten daher:

1. Flecken nur entfernen, wenn es nötig ist
2. Zuerst immer mit milden Mitteln versuchen
3. Rasch arbeiten

Mit milden Reinigungsmitteln und etwas Geduld hat man meist genauso viel Erfolg wie mit schärferen Mitteln, und die Wäschestücke werden noch dazu geschont, die Hände leiden nicht unnötig, und die Umwelt wird dabei so wenig wie möglich belastet.

Wer rasch handelt und frische Flecken sofort behandelt, kann sich viel Arbeit (und Lösungsmittel)

Die wichtigsten Grundsätze

sparen. Flecken fressen sich mit der Zeit regelrecht in das Gewebe ein und sind dann kaum noch zu entfernen. Wenn zum Beispiel Eiweißflecken zuerst mit heißem Wasser behandelt werden, setzen sie sich so fest, daß dann nur noch aggressive Mittel Erfolg versprechen. Spült man sie dagegen sofort mit kaltem Wasser, verschwindet der Fleck im Nu. Es sollte selbstverständlich sein, gröberen Schmutz vor der Fleckentfernung auszuklopfen, oder zum Beispiel Teer zunächst vorsichtig mit einem Messerrücken zu entfernen.
Empfehlenswert ist es auch, vor der Fleckentfernung eine Probe auf einem Stoffrest oder an einer unsichtbaren Stelle des Kleidungsstückes zu machen. Bei teurer Seide und bei Samt kann man nicht vorsichtig genug sein, und auch Kunststoffe sind sehr empfindlich gegen Lösungsmittel. Rayon wird durch Zitronen- oder Weinsteinsäure angegriffen, farbige Stoffe durch Salz oder Terpentin beeinträchtigt. Durch solche Proben kann man unliebsame Überraschungen vermeiden.
Wenn man mit flüssigen Mitteln arbeitet, sollte man den Stoff auf eine saugende Unterlage legen, damit man den Fleck nicht von einer Seite des Kleidungsstückes auf die andere überträgt. Auch sollte man Flüssigkeiten grundsätzlich immer sparsam auf den Fleck auftragen und den Fleck wiederholt abtupfen. Erst wenn der meiste Schmutz entfernt ist, darf man mit dem Reiben beginnen.

Hier noch einige Tips zur Fleckentfernung:

■ Gestärkte Stoffe nehmen Flecken nicht so leicht an. Reisstärke verleiht den meisten Kleidern Halt, macht die Wäsche zusätzlich weiß und verhindert kleinere Flecken.

■ Kleine Flecken kann man in einem Teller einweichen. Man legt den Stoff auf den Teller und gießt Wasser darüber. Weiße Stoffe und Kleidungsstücke können vor dem Einweichen mit Borax bestaubt werden.

■ Einen milden, vielseitigen Fleckentferner für farbechte Wäsche erhält man aus 15 Gramm Salz, das man in einem halben Liter Weingeist auflöst.

- Borax und Salmiakgeist neutralisieren Säureflecken. Salmiakgeist sollte verdünnt und in einem gut durchlüfteten Raum angewendet werden. Gut ausspülen. Salmiakgeist kann ein Auslaufen der Farben verursachen, daher sollte man das Mittel vorher unbedingt an einer unsichtbaren Stelle ausprobieren. Anschließend spült man die Kleidungsstücke in einer schwachen Essiglösung, damit sie nicht fleckig werden.
- Klarer Essig (oder Essigessenz) ist für die Fleckentfernung am besten geeignet. Er kann basische Lösungen neutralisieren und wird zum Aufhellen von Farben verwendet.
- Ein mildes Fleckputzmittel für Fettflecken ist Kölnisch Wasser.
- Das ungesalzene Kochwasser von Kartoffeln oder weißen Bohnen ist bei den meisten Stoffen zum Entfernen von Obstflecken, Kakao- und Weinflecken geeignet.
- Farbflecken lassen sich entfernen, wenn der Stoff in frischer, roher Milch eingeweicht wird, bis die Milch dick und sauer ist. Dann muß man den Stoff gründlich ausspülen. Spitzen und gelb gewordene Stoffe werden wieder weiß, wenn sie so lange in Buttermilch oder in frischer Milch eingeweicht werden, bis die Milch sauer ist.
- Schnee und Spucke sind ebenfalls gute Fleckentferner. Sie können auf allen waschbaren Stoffen, sogar Wolle und Seide angewendet werden. Wenn der Schnee zu schmelzen beginnt, legt man den gewaschenen, aber noch nicht gespülten Stoff in die Sonne und überdeckt ihn mit einer Lage reinem Schnee. Dieser zieht, während er schmilzt, den Fleck heraus. Spucke hilft manchmal, wenn nichts anderes mehr nützt: Man reibt den Fleck immer wieder mit der angefeuchteten Fingerspitze und wäscht ihn dann anschließend aus.
- Billige und ungiftige Bleichmittel sind Borax, Frost (für Baumwolle und Leinen) und die milde Frühlingssonne.
- Wenn kein Lösungsmittel hilft und der Fleck jeglicher Behandlung widersteht, bleibt als letzte Rettung nur die Möglichkeit, den Stoff mit einem farblich passenden Faden zu flicken.

FLECKENTFERNUNGSMITTEL

die im Haushalt zu finden sind

Brot weiches, entfernt Ruß und Staub, ohne den Fleck zu verwischen. Es wird meistens auf Samt und Seide benützt.

Butter ist relativ leicht zu entfernen, deswegen wird sie auf hartnäckige Fett- und Teerflecken gestrichen, um sie aufzuweichen. Falls Butter nicht zur Hand ist, ist Sesamöl ein guter Ersatz.

Buttermilch oder saure Milch wird als Einweichmittel verwendet, um Obst- und Farbflecken zu entfernen. Sie muß mit kaltem oder lauwarmem und danach mit heißem Wasser ausgespült werden.

Eigelb wird entweder allein oder zusammen mit Glyzerin aufgetragen, um alte Flecken auf empfindlichen Stoffen aufzuweichen. Man läßt es mindestens 30 Minuten einwirken und spült es dann mit kaltem Wasser aus.

Erdbeeren werden wie Rharbarbersaft als Fleckputzmittel bei Tintenflecken eingesetzt, nur ist die Wirkung schwächer.

Essig neutralisiert basische Fleckentfernungsmittel wie Seife oder Salmiakgeist. Er hilft auch, bunte Farben aufzufrischen beziehungsweise das „Auslaufen" der Farben zu verhindern. Klarer Essig oder Essigessenz wird dem Spülwasser beigegeben.

Frost ist ein billiges, wirksames Bleichmittel. Robuste Leinen- und Baumwollstoffe an einem kalten Wintertag im Freien so lange aufhängen, bis sie steif werden; im Haus auftauen und trocknen lassen.

Hafermehl, Roggenmehl und Maismehl werden sofort auf Fettflecken gestreut, damit sie sich nicht festsetzen.

Hirschhornsalz wird nicht nur für die Weihnachtsbäckerei benützt, sondern auch als Putzmittel für Leder und zum Entfernen von Fettflecken gebraucht.

Holzasche ist nicht mehr in jedem Haushalt zu finden. Wer sie aber hat, kann sie in Säckchen füllen und mit den Säckchen Fettflecken ausreiben.

Kartoffeln werden in Wasser ohne Salz gekocht, das Kochwasser ist dann als Fleckputzmittel für Wolle und Seide geeignet. Rohe Kartoffeln helfen bei Jodflecken.

Kölnisch Wasser steht in vielen Badezimmern. Damit kann man, besonders bei Fettflecken, erstaunliche Erfolge erzielen.

Maisstärke kann anstelle von Kartoffelmehl auf frische Flecken gestreut werden.

Milch wird oft benützt, um Flecken einzuweichen. Die Wirkung von saurer Milch auf Obstflecken ist manchmal verblüffend. Frische Vorzugsmilch eignet sich am besten für die Fleckentfernung.

Molke ist als erste Hilfe für Eiweißflecken unübertroffen. Sie ist allerdings nicht in jedem Haushalt vorhanden.

Natron kann anstelle von Kartoffelmehl als saugendes Mittel auf ölige Flecken gestreut werden. Es wirkt besonders geruchsbindend.

Pottasche kann bei übermäßiger Verwendung den Stoff brüchig machen. Deswegen wird sie nur selten angewendet.

Rharbarbersaft enthält Oxalsäure, die ein sehr starkes Fleckentfernungsmittel ist. Reine Oxalsäure darf nur im Notfall auf die Wäsche kommen. Rharbarbersaft ist den chemischen Mitteln vorzuziehen.

Roggenmehl wird wie Hafermehl verwendet.

Salz in Weingeist aufgelöst, ist ein billiges und vielseitig anwendbares Fleckwasser. Trockenes Salz saugt Fett-, Rotwein- und Rußflecken auf.

Sand in Leinensäcken gefüllt, saugt er Fettflecken aus empfindlichen Stoffen auf.

Seife ist das wichtigste Mittel im Kampf gegen Flecken. Für die Fleckentfernung werden Gallseife, Marseillerseife und Terpentinseife bevorzugt.

Seifenschaum kann genauso gut mit Seifenflocken, Wasser und einem Schneebesen erzeugt werden wie mit einem teuren Teppich-Shampoo-Gerät. Die Wirksamkeit wird erhöht, wenn dem Schaum etwas Salmiakgeist zugesetzt wird.

Schmalz kann wie Butter eingesetzt werden, um hartnäckige Fettflecken aufzuweichen.

Sonne entfernt die meisten Obstflecken und erhöht die Wirksamkeit von Salz und Zitronensaft als Bleichmittel.

Speichel wird meist als Fleckentfernungsmittel übersehen. Er enthält, wie viele Wasch- und Einweichpulver, Enzyme.

Talkpuder sofort auf Fettflecken aufgetragen, erspart er viel Ärger beim Waschen.

Tomatensaft löst Tintenflecken auf sanfte Weise.

Weiße Bohnen werden gemahlen oder in Wasser ohne Salz gekocht und gegen hartnäckige Rotwein- und Obstflecken auf empfindliche Stoffe aufgetragen. Dieses Mittel mag modernen Hausfrauen ungewöhnlich erscheinen, wird aber seit Jahrhunderten benützt. (Vorsicht: Farbige Bohnen sind zur Fleckentfernung nicht geeignet.)

Zitronensaft ist der Zitronensäure vorzuziehen. Tintenflecken verschwinden, wenn sie sofort mit Zitronensaft behandelt und dann dem Sonnenlicht ausgesetzt werden.

Zwiebelsaft ist ein hervorragendes Mittel, um Brandflecken zu entfernen.

DIE FLECK-WEG-APOTHEKE

Folgende Fleckentfernungsmittel sind nicht in jedem Haushalt vorhanden. Spiritus, Borax und eventuell Salmiakgeist sollten Sie in Ihrer Fleckenapotheke auf jeden Fall bereithalten. Dabei dürfen Sie aber nicht vergessen, daß selbst diese milden Mittel schädlich sein können und daß sie nicht in Kinderhände gehören.

Alkohol

siehe Spiritus

Alaun

ist in Apotheken erhältlich. Er wird zusammen mit Weinsteinsäure benützt, um hartnäckige Tintenflecken zu entfernen. Außerhalb der Reichweite von Kindern aufbewahren.

Borax

ist ein mildes Bleich- und Reinigungsmittel. Er kann ohne Bedenken zum Einweichen von fleckigen hellen Stoffen verwendet werden. Borax kann man in Drogerien, Apotheken und manchen Lebensmittelhandlungen kaufen.

Efeublätter

wurden früher als billiges Woll- und Feinwaschmittel viel gesammelt. Der Efeublätterabsud reinigt gründlich und außerordentlich mild.

Eukalyptusöl

in Drogerien und Apotheken erhältlich, weicht alte oder feste Flecken wie Teer auf. Die zurückbleibenden Ölränder lassen sich leicht mit Alkohol entfernen.

Feuerzeugbenzin

sollte wegen seiner Feuergefährlichkeit und der entstehenden Dämpfe nur im äußersten Notfall verwendet werden.

Glyzerin

wird genauso wie Eukalyptusöl zum Einweichen alter Flecken eingesetzt. Seine Wirksamkeit wird erhöht, wenn es zusammen mit Eigelb aufgetragen wird. Es ist in jeder Drogerie erhältlich.

Kristallsoda in Wasser gelöst, ist es ein Einweichmittel für stark verschmutzte, strapazierfähige Wäsche. Die Lauge ist scharf und greift — in zu starker Konzentration — Gewebe und Hände an. Deswegen gut verschlossen aufbewahren und nicht unnötig benützen. Kristallsoda, auch Wäschesoda genannt, ist in Drogerien und manchen Lebensmittelhandlungen erhältlich.

Oxalsäure ist ein sehr scharfes Mittel und sollte nur im Notfall eingesetzt werden. Rharbarbersaft oder auch frische Erdbeeren sind natürliche Mittel, die Oxalsäure enthalten. Reine Oxalsäure unter Verschluß aufbewahren. Sie ist in Apotheken erhältlich.

Panama-Rinde wurde früher als Waschmittelersatz in Drogerien und Apotheken angeboten. Heute ist sie nur vereinzelt in Drogerien und Kräuterläden zu finden.

Salmiakgeist ist ein scharfes, sogar ätzendes Lösungsmittel. Deswegen sollte er nur verdünnt angewendet und sicher außerhalb der Reichweite von Kindern aufbewahrt werden. Salmiakgeist soll gezielt als hochwirksames Fleckentfernungsmittel und als weniger giftiger Ersatz für herkömmliche Produkte Verwendung finden.

Schlämmkreide auch Wiener Kalk genannt, wird wie Ton oder Kartoffelmehl benützt, um Flecken aufzusaugen.

Spiritus ist eines der wichtigsten Hilfsmittel im Kampf gegen Flecken und dient zur Entfernung von Fetten, Harzen und Seifenrückständen, besonders bei empfindlichen Stoffen. Sogar Gummi und Gummistoffe vertragen Spiritus. Brennspiritus eignet sich nicht zur Fleckentfernung. Seifenspiritus wird verwendet, wenn der Stoff hinterher gewaschen oder abgewischt wird. Zur letzten Spülung eignet sich reiner Spiritus am besten. Beim Kauf von Spiritus verlangt man in Drogerien und Apotheken „reinen Spiritus zur Fleckentfernung" oder „Seifenspiritus". Falls kein Spiritus im Haus ist, sind Weingeist oder klarer Schnaps gute Ersatzmittel. Alle alkoholischen Flüssigkeiten sollten selbstverständlich dort aufbewahrt werden, wo keine neugierigen Kinderhände hinlangen können.

Terpentingeist

löst viele hartnäckige Flecken wie Ölfarbe, Harz oder Pech. Terpentinersatz sollte für diese Zwecke nicht benützt werden, sondern nur reiner Terpentingeist. Er ist in Drogerien erhältlich. Weil Farben von Terpentingeist angegriffen werden können, ist es immer ratsam, vor der Fleckentfernung eine Probe an einer unsichtbaren Stelle vorzunehmen. Terpentinprodukte sind feuergefährlich und riechen stark, deshalb sollte man damit möglichst im Freien arbeiten und die Flasche an einem sicheren Ort aufbewahren.

Terpentinöl

weicht alte, hartnäckige Flecken auf strapazierfähigen Stoffen auf. Die zurückbleibenden Ölränder müssen mit Spiritus oder Terpentingeist nachträglich entfernt werden.

Weinsteinsäure

ist in Apotheken erhältlich. Sie entfernt mühelos Obst-, Tinten- und Pflanzenfarbenflecken. Obwohl relativ mild, ist mit Weinsteinsäure wie mit allen Säuren Vorsicht geboten: Das Gewebe und die Hände müssen nach der Behandlung sorgfältig gespült werden.

Zitronensäure

falls vorhanden, kann sie anstatt Zitronensaft auf frische Flecken gestreut werden. Auch Hände, die beispielsweise beim Obsteinkochen gefärbt worden sind, reinigt man am besten mit Zitronensäure oder einer halben Zitrone.

ALKOHOL

Weiße, kochfeste Stoffe Klaren Alkohol in lauwarmem Wasser ausspülen. Alte Flecken mit warmem Weingeist oder verdünntem Salmiakgeist abreiben. Gut ausspülen, dann waschen. Stoff mit Likörflecken in Milch einlegen, einige Stunden darin liegen lassen, dann mit Wasser oder verdünntem Weingeist abreiben.

Weiße, waschbare Stoffe Mit lauwarmem Wasser ausspülen. Sektflecken mit klarem Wasser abreiben. Bowleflecken mit warmer Seifenlauge auswaschen; alte Flecken mit verdünntem Salmiakgeist abreiben.

Farbige, waschbare Stoffe Zuerst mit lauwarmem Wasser ausspülen, wenn nötig mit warmem Weingeist reiben. In klarem Wasser schwemmen, dann waschen.

Wolle Mit verdünntem Weingeist betupfen, dann mit lauwarmem Wasser nachwaschen.

Seide Kognakflecken mit einem mit verdünntem Weingeist oder erhitztem Alkohol befeuchteten Stück Seide reiben. Sektflecken mit einem feuchten Schwamm abtupfen.

ALKOHOL

Samt

Mit lauwarmem, abgekochtem Wasser betupfen, die Flüssigkeit dann mit einem Tuch absaugen. Ein Bügeleisen an die Rückseite des Stoffes halten und mit einer mit verdünntem Salmiakgeist befeuchteten Bürste sanft über die Vorderseite streichen.

Empfindliche Stoffe

Mit verdünntem Weingeist reiben, bis der Fleck ganz verschwunden ist.

Kunstfasern

Rayon mit klarem Wasser reiben, sonst mit klarem Wasser ausspülen.

Nicht waschbare Stoffe

Mit warmem Wasser abwischen, trockenreiben, wenn nötig Seifenschaum verwenden.

Teppiche und Polstermöbel

Mit warmem Wasser abwischen, wenn nötig Seifenschaum verwenden.

BIER

Weiße, kochfeste Stoffe Alte Flecken mit Weingeist reiben oder mit verdünntem Salmiakgeist einweichen und dann waschen. Hartnäckige Flecken mit dem ungesalzenen Kochwasser von weißen Bohnen und etwas Salmiakgeist behandeln.

Weiße, waschbare Stoffe Frische Flecken mit lauwarmem Wasser oder mit Seifenwasser spülen. Flecken von dunklem Bier mit Talkpuder bestreuen oder mit Glyzerin einreiben. Einwirken lassen und dann den Fleck zwischen zwei Blättern Löschpapier ausbügeln.

Farbige, waschbare Stoffe Mit warmem, verdünntem Essig einreiben und dann waschen. Alte Flecken vor dem Waschen mit Glyzerin aufweichen.

Wolle Den Fleck in Salzwasser einweichen und dann mit warmem Wasser spülen oder mit Glyzerin einreiben und waschen.
Andere Methode: zuerst mit verdünntem Salmiakgeist und dann mit klarem Wasser spülen.

Seide Mit einer Mischung aus einem Teil Weingeist und einem Teil Wasser reiben oder den Stoff darin einweichen und, wenn nötig, waschen.

BIER

Samt

Sofort mit einem mit Weingeist oder verdünntem Salmiakgeist befeuchteten Tuch abreiben. Den Stoff hochheben und ein Dampfbügeleisen an die Rückseite halten, um die Fasern zu trocknen.

Empfindliche Stoffe

Flecken auf Anzügen mit warmem Seifenwasser und dann mit klarem Wasser entfernen. Trockenreiben. Dunkle Anzüge mit verdünntem Salmiakgeist reinigen und dann mit klarem Wasser nachbehandeln und schließlich trocknen.

Kunstfasern

Azetat nur mit klarem Wasser reiben. Andere Stoffe in warmem Wasser oder Boraxwasser ausdrücken. Waschen. Rayon mit Glyzerin und Talkpuder behandeln, einige Stunden einwirken lassen und zwischen Löschpapier bügeln.

Nicht waschbare Stoffe

Das Bier gut aufsaugen, dann den Stoff mit einem mit verdünntem Essig befeuchteten Tuch wischen.

Teppiche und Polstermöbel

Mit lauwarmem Wasser gut abreiben und trocknen, wenn nötig die Behandlung wiederholen.

BLUT

Weiße, kochfeste Stoffe Sofort mit kaltem Wasser spülen. Vor dem Waschen in einer stark verdünnten Kristallsodalösung oder in kaltem Salzwasser einweichen. Alte Flecken mit verdünntem Salmiakgeist betupfen. Gut spülen, dann waschen und an der Sonne bleichen.

Weiße, waschbare Stoffe Sofort mit kaltem Wasser spülen. Vor dem Waschen in einer stark verdünnten Kristallsodalösung oder in kaltem Salzwasser einweichen. Alte Flecken mit verdünntem Salmiakgeist betupfen. Gut spülen, dann waschen und an der Sonne bleichen.

Farbige, waschbare Stoffe Sofort in kaltem Wasser spülen und über Nacht in kaltem Salzwasser einweichen, waschen und anschließend trocknen lassen.

Wolle Mit kaltem Wasser abspülen und dann vor dem Waschen in kaltem Wasser einweichen.
Andere Methode: Mit kaltem Borax-Wasser oder Natron-Wasser befeuchten, zwischen den Fingern reiben, mit kaltem Wasser nachspülen. Bunte Wollstoffe mit einer Kochsalzlösung befeuchten, reiben und mit kaltem Wasser nachwischen.

Seide Den frischen Fleck mit einem in Alkohol getränkten Tuch reiben und mit Löschpapier einige Male absaugen. Wiederholen.
Andere Methode: Mit einer Panama-Rinde-Lösung behandeln.
Waschbare Seide kann vor dem Waschen in kaltem Salzwasser eingeweicht werden.

BLUT

Samt

Frische Flecken mit einem mit Alkohol, verdünntem Essig oder Salmiakgeist befeuchteten Tuch reiben. Ein Dampfbügeleisen dicht an die Rückseite des Stoffes halten, damit die Fasern sich wieder aufrichten. Trocknen lassen.

Empfindliche Stoffe

Sofort mit kaltem Wasser abwischen. Kartoffelmehl oder Maisstärke auf den Fleck streuen. Trocknen lassen und dann ausbürsten.

Kunstfasern

Sofort in kaltem und dann in warmem Wasser spülen, die Behandlung so oft wie nötig wiederholen.

Nicht waschbare Stoffe

Mit einem mit kaltem Wasser befeuchteten Tuch reinigen; man kann dem Wasser auch einige Tropfen Salmiakgeist beifügen. Mit klarem Wasser abreiben und dann trocknen.
Andere Methode: Den Fleck mit einer Paste aus feuchtem Mais- oder Weizenmehl bestreichen. Trocknen lassen und ausbürsten.

Teppiche und Polstermöbel

Gut mit kaltem Wasser reinigen oder mit Mineralwasser ansprühen. Den Fleck gut abtupfen. Anschließend mit verdünntem Salmiakgeist behandeln und mit Veloursleder trockenreiben.

BRAND- UND SENGFLECKEN

Weiße, kochfeste Stoffe Die Behandlung hilft nur, wenn die Fasern nicht verbrannt sind. Vor der Behandlung die Stärke aus gestärkten Stoffen entfernen. Den feuchten Stoff mit Salz und Zitronensaft, Essigwasser, Borax oder auch Puderzucker bestreuen. Kurze Zeit in der Sonne einwirken lassen und dann ausspülen. Gut durchwaschen und wieder in der Sonne bleichen.

Weiße, waschbare Stoffe Sofort mit einer Mischung aus Wasser und Spiritus einreiben oder vor dem Waschen über Nacht in einer Boraxlösung einweichen. In der Sonne bleichen.
Andere Methode: Mit einer Zwiebelhälfte einreiben, etwa 15 Minuten einwirken lassen, gut ausspülen.

Farbige, waschbare Stoffe Ausbürsten, mit Boraxwasser abwischen, mit Glyzerin einreiben und dann waschen. Wenn nötig, die Behandlung wiederholen.

Wolle Eine Paste aus Ton, Zucker, Stärke und Wasser auf den Fleck auftragen. Eintrocknen lassen und ausbürsten.
Weiße Wolle: Mit Zitronensaft reiben, die befleckte Stelle über Dampf halten und dann mit klarem Wasser nachspülen.

Seide Helle Seide: Den Fleck mit einem dünnen Brei aus Natron und Wasser bestreichen, in der Sonne trocknen lassen und vorsichtig ausbürsten.
Dunkle Seide: Sofort mit einer Mischung aus Wasser und Spiritus abreiben.

BRAND- UND SENGFLECKEN

Samt

Sofort mit einer Mischung aus Wasser und Spiritus abreiben, bis der Fleck verschwunden ist.

Empfindliche Stoffe

Mit einer Glyzerinlösung einschmieren, etwa eine Stunde einwirken lassen und dann so warm wie möglich waschen.

Kunstfasern

Mit einer Glyzerinlösung einschmieren, etwa eine Stunde einwirken lassen und dann so warm wie möglich waschen.

Nicht waschbare Stoffe

Mit einer Glyzerinlösung einschmieren und dann mit warmem Wasser abwischen.
Andere Methode: Ein Tuch mit einer Boraxlösung befeuchten und den Fleck damit reiben. Mit einem feuchten Tuch sauberwischen und dann trocknen.

Teppiche und Polstermöbel

Wie einen nicht waschbaren Stoff behandeln. Brand- oder Zigarettenlöcher vorsichtig säubern, etwas Klebstoff in das Loch geben und einige Fasern oder ein kleines Stück Teppich hineindrücken. Andere Löcher müssen gestopft werden.

EI

Weiße, kochfeste Stoffe Eintrocknen lassen und ausbürsten. Immer zuerst mit klarem kaltem Wasser oder kaltem Salzwasser ausspülen. Dann waschen. Alte Flecken mit Glyzerin aufweichen und dann waschen.
Andere Methode: Mit einer 10 : 1-Mischung aus Wasser und Salmiakgeist behandeln.

Weiße, waschbare Stoffe Eintrocknen lassen. Den Stoff reiben oder ausbürsten. Andere Methode: Den frischen Fleck mit feuchtem Salz reiben. Mit warmem Wasser waschen.

Farbige, waschbare Stoffe Eintrocknen lassen. Den Stoff reiben oder ausbürsten. Mit kaltem, stark verdünntem Salmiakgeist spülen oder mit Weingeist reiben und waschen. Eigelbflecken in Seifenwasser einweichen und warm auswaschen.

Wolle Trocknen lassen und ausbürsten. Wenn nötig, zuerst mit kaltem und dann mit warmem Wasser waschen. Alte Flecken mit Glyzerin einweichen und anschließend waschen.

Seide Trocknen lassen und ausbürsten. Mit einem mit stark verdünntem Salmiakgeist befeuchteten Stoffstück behandeln. Mit einem feuchten Tuch nachwischen.

EI

Samt

Trocknen lassen, ausbürsten. Alte Flecken mit einem mit stark verdünntem Salmiakgeist befeuchteten Stoffstück behandeln. Mit einem feuchten Tuch nachreiben.

Empfindliche Stoffe

Trocknen lassen, ausbürsten. Mit kaltem Wasser spülen, dann mit Seife waschen.

Kunstfasern

Trocknen lassen, ausbürsten. Mit feuchtem Salz einreiben, dann mit warmem Wasser waschen.

Nicht waschbare Stoffe

Nach dem Eintrocknen abkratzen. Den Fleck mit Seifenschaum reiben und mit einem feuchten Tuch abwischen.

Teppiche und Polstermöbel

Nach dem Eintrocknen ausbürsten. Den Fleck mit Seifenschaum oder verdünntem Salmiakgeist reiben, mit einem feuchten Tuch abwischen.

GEMÜSEFLECKEN

Weiße, kochfeste Stoffe In kaltem Wasser gründlich schwemmen und dann in einer Boraxlösung einweichen, waschen und in der Sonne bleichen.
Tomatenflecken mit warmem Seifenwasser behandeln. Es ist wichtig, die Flecken sofort zu behandeln.

Weiße, waschbare Stoffe Mit kaltem Wasser reiben oder mit Borax bestreuen und waschen. In der Sonne bleichen.
Spinatflecken mit einer rohen Kartoffelscheibe reiben, dann mit Seifenwasser waschen.

Farbige, waschbare Stoffe Mit kaltem Wasser reiben und vor dem Waschen in einer Boraxlösung einweichen. Wenn nötig, die Behandlung wiederholen.

Wolle Sofort mit kaltem Wasser spülen, wenn nötig, in einer Boraxlösung einweichen und wie üblich waschen. Nicht in der Sonne bleichen.

Seide Sobald wie möglich mit kaltem Wasser abwischen.
Alte Flecken auf heller Seide mit Zitronensaft betupfen und sofort mit reinem Alkohol abreiben.
Andere Methode: den Fleck mit einem Tuch behandeln, das mit einer Mischung aus drei Teilen Weingeist und einem Teil Salmiakgeist befeuchtet wurde. Sofort mit reinem Wasser nachreiben.

GEMÜSEFLECKEN

Samt

Sofort mit kaltem Wasser abreiben und anschließend trocknen lassen.

Empfindliche Stoffe

In kaltem Wasser gründlich spülen. Die Behandlung wiederholen, bis der Fleck verschwunden ist.

Kunstfasern

Mit kaltem Wasser spülen. Vor dem Waschen in einer Boraxlösung einweichen.

Nicht waschbare Stoffe

Sofort mit einem feuchten Lappen abwischen. Hartnäckige Flecken mit einer Boraxlösung betupfen und nachwischen.

Teppiche und Polstermöbel

Nicht mit Salz bestreuen, da sich die Farbe verändern könnte, sondern mit reinem, kaltem Wasser abreiben. Hartnäckige Flecken mit einer verdünnten Boraxlösung behandeln und mit kaltem Wasser nachwischen.

GRAS

Weiße, kochfeste Stoffe Mit Weingeist einreiben (nicht mit Wasser!) und dann heiß waschen.
Andere Methode: Mit Zitronensaft oder verdünntem Salmiakgeist reiben, gut ausspülen und in der Sonne bleichen. Alte Flecken in Sauermilch einweichen und in frischer Milch spülen.

Weiße, waschbare Stoffe Nicht mit Wasser behandeln, sonst ist der Fleck noch schwerer zu entfernen. Zuerst mit Zitronensaft oder verdünntem Salmiakgeist beträufeln, dann heiß waschen und in der Sonne bleichen.

Farbige, waschbare Stoffe Nicht mit Wasser behandeln, sonst ist der Fleck noch schwerer zu entfernen. Mit Weingeist oder verdünntem Salmiakgeist reiben, ausspülen und so heiß wie möglich waschen.

Wolle Mit verdünntem Salmiakgeist beträufeln, mit einem kleinen Leinentuch nachreiben, mit kaltem Wasser nachspülen.

Seide Mit einer Mischung aus drei Teilen Seifenspiritus und einem Teil Samiakgeist reiben und danach sofort mit kaltem Wasser ausreiben.

GRAS

Samt

Mit einer Mischung aus drei Teilen Seifenspiritus und einem Teil Salmiakgeist reiben und danach sofort mit klarem Wasser ausreiben.

Empfindliche Stoffe

Mit Weingeist oder verdünntem Salmiakgeist betupfen. Flanell mit einer Mischung aus gleichen Teilen Eiweiß und Glyzerin einreiben und dann kalt und schließlich warm waschen.
Helle Sommerkleider mit Weingeist reiben.

Kunstfasern

Mit Salzwasser entfernen, so heiß wie möglich waschen.

Nicht waschbare Stoffe

Mit verdünntem Salmiakgeist oder Weingeist reiben, mit warmem Seifenwasser abwischen, mit klarem, warmem Wasser nachbehandeln.

Teppiche und Polstermöbel

Mit verdünntem Salmiakgeist oder Weingeist reiben, mit warmem Seifenwasser abwischen, mit klarem Wasser nachbehandeln.

HARZ, PECH

Weiße, kochfeste Stoffe Pechflecken sofort abkratzen und dann mit reinem Alkohol, Spiritus, Seifenspiritus oder Terpentinöl abreiben. Diese Lösungsmittel wirken wesentlich besser als jedes Fleckwasser. Den Fleck mit Löschpapier wiederholt aufsaugen und dann mit Terpentinöl nachreiben. Größere Flecken mit einer Mischung aus Eigelb (oder auch Sesamöl) und Terpentinöl aufweichen. Mindestens eine Stunde einwirken lassen, mit Terpentingeist ausreiben und mit heißem Seifenwasser nachwaschen.

Weiße, waschbare Stoffe Einige Tropfen Seifenspiritus auf ein kleines Tuch träufeln und den Fleck damit einreiben. Waschen.

Farbige, waschbare Stoffe Mit Spiritus oder Weingeist einreiben, waschen. Die Reste auf Löschpapier ausbügeln.
Alte Flecken mit Butter aufweichen, das aufgelöste Harz mit einem Messer entfernen und den zurückbleibenden Fleck mit Seifenspiritus abreiben.

Wolle Abkratzen, mit Schmalz und dann mit Seife einreiben. Einwirken lassen. Mit heißem Wasser, dem man einige Tropfen Terpentinöl beigibt, waschen.
Weiße Wolle mit einem Brei aus Eigelb und Terpentinöl bestreichen und die Mischung trocknen lassen. Mit einem Messer vorsichtig entfernen. Die Fleckenränder mit verdünntem Salmiakgeist, dem man einige Tropfen Terpentinöl beigibt, abreiben. Dann mit warmem Seifenwasser nachwaschen.

Seide Den Fleck mit Butter bestreichen. Mit einem Messer entfernen. Den Butterfleck nun mit einer Mischung aus Kartoffelmehl und Alkohol bestreichen. Eintrocknen lassen, vorsichtig abbürsten oder auf Löschpapier ausbügeln. Die Behandlung so oft wie nötig wiederholen.

HARZ, PECH

Samt

Wenn es der Stoff erlaubt, mit Terpentingeist befeuchten und die Rückseite des Stoffes auf Löschpapier bügeln. Die Vorderseite mit Weingeist aufweichen und leicht abbürsten.
Empfindlichere Stoffe können wie Seide behandelt werden. Vorgang so oft wie nötig wiederholen.

Empfindliche Stoffe

Mit Weingeist, Seifenspiritus oder reinem Alkohol sofort betupfen. Mit Löschpapier aufsaugen. Den zurückbleibenden Fleck mit Butter bestreichen, mit einem Messer entfernen und den Butterfleck mit einer Paste aus Maismehl und Alkohol bestreichen. Eintrocknen lassen und ausbürsten. Falls nötig, die Behandlung wiederholen.

Kunstfasern

Abkratzen. Den Fleck mit Butter aufweichen und mit einem Messer entfernen. Wiederholen. Die Fleckränder mit stark verdünntem Salmiakgeist oder Spiritus ausreiben. Warm auswaschen.

Nicht waschbare Stoffe

Mit Weingeist, Seifenspiritus oder, wenn es der Stoff erlaubt, mit Terpentinöl betupfen. Mit Löschpapier aufsaugen. Den Vorgang wiederholen, bis das Harz entfernt ist. Die Ränder mit einer Paste aus Maismehl und Seifenspiritus bestreichen, eintrocknen lassen und ausbürsten.

Teppiche und Polstermöbel

Mit Weingeist, Seifenspiritus oder, wenn es der Stoff erlaubt, mit Terpentinöl betupfen. Mit Löschpapier aufsaugen. Den Vorgang wiederholen, bis das Harz entfernt ist. Die Ränder mit einer Paste aus Maismehl und Seifenspiritus bestreichen, eintrocknen lassen und abbürsten.

KAFFEE MIT MILCH

Weiße, kochfeste Stoffe Immer zuerst mit kaltem Wasser spülen, um die Milchreste zu entfernen. Dann mit warmem Glyzerin einreiben und mit warmem Wasser auswaschen.
Andere Methode: In kaltem verdünntem Salmiakgeist und dann in kaltem Salzwasser spülen.

Weiße, waschbare Stoffe In kaltem Wasser spülen. Mit Kernseife einschmieren, dann kochendes Wasser darübergießen. Waschen.
Andere Methode: Den Fleck mit lauwarmem Glyzerin einreiben und mit Boraxwasser auswaschen. Bei alten Flecken die Behandlung so oft wie nötig wiederholen.

Farbige, waschbare Stoffe Mit kaltem Wasser spülen, dann waschen. Eingetrocknete Flecken mit lauwarmem Glyzerin einreiben und mit Seifenwasser auswaschen. So oft wie nötig wiederholen.
Andere Methode: Den Fleck mit kaltem Wasser ausspülen und in frische Milch einlegen. Liegen lassen, bis die Milch sauer wird, dann lauwarm auswaschen.

Wolle Immer zuerst mit kaltem Wasser spülen. Dann mit warmem Glyzerin einreiben und mit lauwarmem Wasser auswaschen.
Andere Methode: In verdünntem Salmiakgeist einweichen und in kaltem Salzwasser spülen.

Seide Den Fleck mit kaltem Wasser reiben, dann mit einer warmen Glyzerin-Lösung und schließlich mit warmem Wasser nachwischen. Die Behandlung wiederholen.

KAFFEE MIT MILCH

Samt

Den Fleck mit kaltem Wasser abwischen, mit einer warmen Glyzerin-Lösung einreiben und mit warmem Wasser nachwischen.

Empfindliche Stoffe

Wie Samt behandeln oder in frische Milch legen und die Milch sauer werden lassen. Mit kaltem und dann mit warmem Wasser gut ausspülen.

Kunstfasern

Zuerst mit kaltem Wasser spülen, dann mit warmem Glyzerin einreiben und mit lauwarmem Seifenwasser auswaschen.

Nicht waschbare Stoffe

Den Fleck mit kaltem Wasser abwischen, mit einer warmen Glyzerin-Lösung einreiben und mit warmem Wasser nachwischen.
Andere Methode: Mit verdünntem Salmiakgeist und dann mit kaltem Salzwasser abreiben.

Teppiche und Polstermöbel

Den Fleck mit kaltem Wasser abwischen, mit einer warmen Glyzerin-Lösung einreiben und mit warmem Wasser nachwischen.
Andere Methode: Mit verdünntem Salmiakgeist und dann mit kaltem Salzwasser abreiben.

KAFFEE OHNE MILCH

Weiße, kochfeste Stoffe Frische Flecken sofort mit lauwarmem Seifenwasser, dem etwas Weingeist beigefügt wird, oder mit lauwarmem Salzwasser spülen und dann in heißem Seifenwasser waschen. Alte Flecken in lauwarmem Salzwasser einweichen, mit Eigelb und Glyzerin einreiben und zuerst in kaltem und dann in lauwarmem Wasser spülen. In der Sonne bleichen.

Weiße, waschbare Stoffe Den Stoff mit Schmier- oder Kernseife einreiben, über eine Schüssel spannen und dann kochendes Wasser auf den Fleck gießen. Mit Weingeist nachreiben. Waschen.
Andere Methode: Den Fleck mit warmem Glyzerin einreiben und mit Boraxwasser auswaschen. Bei alten Flecken die Behandlung so oft wie nötig wiederholen.

Farbige, waschbare Stoffe Die befleckte Stelle in Milch legen und so lange stehen lassen, bis die Milch sauer wird. Mit lauwarmem Wasser auswaschen.

Wolle Mit Eigelb und Glyzerin einreiben und in lauwarmem Wasser spülen. Waschen.
Andere Methode: Den Fleck mit Glyzerin befeuchten, in lauwarmem Wasser waschen und dann zwischen Löschpapier ausbügeln.

Seide Ein Stück Flanellstoff in warmes Seifenwasser tauchen und den Fleck damit ausreiben.
Andere Methode: Den Fleck mit Eigelb und Glyzerin einreiben, 30 Minuten einwirken lassen und dann in lauwarmem Wasser auswaschen.

KAFFEE OHNE MILCH

Samt

Frische Flecken mit lauwarmem Seifenwasser, dem etwas Weingeist zugefügt wird, reiben. Mit lauwarmem Wasser nachreiben.

Empfindliche Stoffe

Mit klarem Wasser spülen, dann mit einer Glyzerinlösung einreiben. Einwirken lassen. Mit lauwarmem Wasser spülen und den Fleck zwischen Löschpapier ausbügeln.

Kunstfasern

Mit warmem Glyzerin einreiben und mit lauwarmem Seifen- oder Boraxwasser auswaschen.

Nicht waschbare Stoffe

Mit Glyzerin einreiben, eine Stunde einwirken lassen und mit lauwarmem Wasser nachreiben.

Teppiche und Polstermöbel

Mit Glyzerin einreiben, eine Stunde einwirken lassen und mit lauwarmem Wasser nachreiben. Ränder mit Weingeist entfernen.

KAKAO

Weiße, kochfeste Stoffe Den Stoff über einer Schüssel ausbreiten, zuerst kaltes und dann heißes Wasser darübergießen. Vor dem Waschen über Nacht in Salz- oder Boraxwasser einweichen. Zurückbleibende Flecken mit dem ungesalzenen Kochwasser von weißen Bohnen oder Kartoffeln entfernen.
Andere Methode: Vor dem Waschen den Fleck mit einer Mischung aus Eigelb und Glyzerin aufweichen. Hartnäckige Flecken an der Sonne bleichen.

Weiße, waschbare Stoffe Den Stoff über einer Schüssel ausbreiten und zuerst kaltes und dann heißes Wasser darübergießen. Waschen. Zurückbleibende Flecken mit dem ungesalzenen Kochwasser von weißen Bohnen oder Kartoffeln entfernen.
Andere Methode: Den Fleck mit Glyzerin und Eigelb aufweichen. Die Mischung trocknen lassen, dann waschen.

Farbige, waschbare Stoffe Immer zuerst mit kaltem Wasser behandeln, sonst setzt sich der Fleck fest. Anschließend in Milch einlegen und liegen lassen, bis die Milch sauer geworden ist. In kaltem Wasser ausspülen und waschen.
Andere Methode: Den Fleck mit einer Marseilleseifenlösung reiben, dann waschen.

Wolle Den Fleck mit kaltem Wasser abwischen, dann mit lauwarmem Glyzerin oder mit Eigelb und Glyzerin einreiben und 30 bis 60 Minuten einwirken lassen. Mit lauwarmem Wasser nachwaschen.

Seide Den Fleck mit kaltem Wasser abwischen und anschließend mit dem ungesalzenen Kochwasser weißer Bohnen entfernen.
Andere Methode: Den Stoff mit kaltem Wasser, warmem Boraxwasser und nochmals mit kaltem Wasser behandeln.

KAKAO

Samt

Mit kaltem Wasser abwischen, dann mit warmem Boraxwasser und schließlich mit klarem Wasser nachreiben. Die Fasern mit einem Bügeleisen trocknen, indem man den Stoff hochhebt und das Bügeleisen an die Rückseite des Stoffes hält.

Empfindliche Stoffe

Den Stoff in Milch einlegen, bis die Milch sauer geworden ist. Mit kaltem Wasser auswaschen, mit warmem Wasser nachwaschen.

Kunstfasern

Den Fleck mit kaltem Wasser ausspülen und dann mit lauwarmem Glyzerin betupfen, 30 bis 60 Minuten einwirken lassen. Mit warmem Seifenwasser auswaschen.

Nicht waschbare Stoffe

Mit kaltem Wasser abwischen, dann mit warmem Boraxwasser und schließlich nochmals mit kaltem klarem Wasser behandeln. Trockenreiben.

Teppiche und Polstermöbel

Den frischen Fleck so gut wie möglich mit einem Schwamm entfernen, dann mit kaltem Wasser und schließlich mit warmem Wasser leicht abreiben. Ränder mit einer Boraxlösung aufweichen und mit warmem Wasser abreiben.

KAUGUMMI

Weiße, kochfeste Wäsche Den Stoff in einen Beutel einpacken und in der Gefriertruhe etwa eine Stunde kalt stellen, bis der Kaugummi bröckelig wird. Dann ausbürsten, mit Alkohol abreiben und waschen.

Weiße, waschbare Stoffe Den Stoff in einen Beutel einpacken und in der Gefriertruhe etwa eine Stunde kalt stellen, bis der Kaugummi bröckelig wird. Dann ausbürsten, mit Alkohol abreiben und waschen.

Farbige, waschbare Stoffe Den Stoff in einen Beutel einpacken und in der Gefriertruhe etwa eine Stunde kalt stellen, bis der Kaugummi bröckelig wird. Dann ausbürsten, mit Alkohol abreiben und waschen.

Wolle Den Stoff in einen Beutel einpacken und in der Gefriertruhe etwa eine Stunde kalt stellen. Dann den Kaugummi abkratzen.

Seide Den Stoff in einen Beutel einpacken und in der Gefriertruhe etwa eine Stunde kalt stellen, dann den Kaugummi vorsichtig abkratzen und mit Alkohol abreiben.

KAUGUMMI

Samt

Den Stoff in einen Beutel einpacken und in der Gefriertruhe etwa eine Stunde kalt stellen, dann den Kaugummi vorsichtig abkratzen und ausbürsten.

Empfindliche Stoffe

Den Stoff in einen Beutel einpacken und in der Gefriertruhe etwa eine Stunde kalt stellen, dann den Kaugummi vorsichtig abkratzen und mit Alkohol abreiben.

Kunstfasern

Den Stoff in einen Beutel einpacken und in der Gefriertruhe etwa eine Stunde kalt stellen, dann den Kaugummi abkratzen und waschen.

Nicht waschbare Stoffe

Einen mit Eiswürfeln gefüllten Plastiksack auf die befleckte Stelle legen, bis der Kaugummi bröckelig wird. Ausbürsten. Wenn es der Stoff erlaubt, zurückbleibende Flecken mit Alkohol entfernen.

Teppiche und Polstermöbel

Einen mit Eiswürfeln gefüllten Plastiksack auf die befleckte Stelle legen, bis der Kaugummi bröckelig wird. Ausbürsten. Wenn es der Stoff erlaubt, zurückbleibende Flecken mit Alkohol entfernen.

KLEBSTOFF

Weiße, kochfeste Stoffe Papierklebstoff in lauwarmem Wasser spülen oder über Nacht in Seifenwasser oder Sodawasser einweichen. Mit warmem Essig nachbehandeln. Waschen. Andere Methode: Mit Spiritus befeuchten und mit Löschpapier entfernen. Den Klebstoff von Fliegenstreifen mit Spiritus oder Salmiakgeist entfernen. Andere Klebstoffe sind sogar mit den vom Hersteller empfohlenen scharfen Lösungsmitteln schwer zu entfernen, deswegen sollte man solche Klebstoffe nur benützen, wenn es nicht anders geht — und dann mit größter Vorsicht.

Weiße, waschbare Stoffe Klebstoff vorsichtig mit einem scharfen Messer abkratzen. Dann wie einen kochfesten Stoff behandeln. Wenn diese Methoden nichts nutzen, kommt als Notlösung nur noch Feuerzeugbenzin in Frage.

Farbige, waschbare Stoffe Leim vorsichtig mit einem scharfen Messer abkratzen. Über Nacht in Seifenwasser einweichen. Mit warmem Essig nachbehandeln. Waschen. Reste können mit Spiritus entfernt werden.

Wolle Über Nacht in Seifenwasser einweichen, mit warmem Essig nachbehandeln und waschen. Im Notfall Feuerzeugbenzin benützen.

Seide Hier ist die Vorbeugung sehr einfach: Nicht in Seidenkleidern zu basteln beginnen! Falls trotzdem ein Malheur passiert ist, den Klebstoff vorsichtig mit einem Messer abkratzen, dann mit warmem Wasser abreiben und mit warmem Essig nachreiben. Notfalls mit Spiritus nachbehandeln.

KLEBSTOFF

Samt

In Samtkleidern sollte man nicht basteln! Passiert trotzdem etwas, den Klebstoff vorsichtig mit einem Messer abkratzen, dann mit warmem Wasser und mit warmem Essig nachreiben. Notfalls mit Spiritus nachbehandeln.

Empfindliche Stoffe

Den Klebstoff vorsichtig mit einem Messer abkratzen, dann mit warmem Wasser abreiben und mit warmem Essig nachreiben. Notfalls mit Spiritus nachbehandeln.

Kunstfasern

Für klaren Leim und Klebepasten lauwarmes Wasser verwenden, mit warmem Essig nachbehandeln. Scharfe Lösungsmittel können Kunststoffe auflösen, deswegen dürfen sie nur mit größter Vorsicht verwendet werden.

Nicht waschbare Stoffe

Mit lauwarmem Wasser abreiben, mit warmem Essig nachbehandeln und, wenn der Fleck noch nicht verschwunden ist, mit Spiritus nachwischen.

Teppiche und Polstermöbel

Den Fleck mit lauwarmem Wasser befeuchten und vor dem Eintrocknen mit einem mit Essig befeuchteten Tuch reiben.
Andere Methode bei kleinen Flecken auf flauschigen Teppichen: Den Klebstoff vorsichtig mit einer Schere ausschneiden und die Teppichfasern entfernen und zur Seite legen. Dann ein paar Tropfen frischen Klebstoff in das Loch geben und die abgeschnittenen Teppichfasern so geschickt in das Loch drücken, daß es bedeckt wird.

KREOSOT UND TEER

Weiße, kochfeste Stoffe Teer so bald wie möglich abkratzen und den Fleck mit Butter, Eukalyptusöl oder Eigelb einschmieren. Einige Stunden einwirken lassen, dann wie einen Ölfleck behandeln (siehe Seite 56). Zurückbleibende Flecken mit Terpentinöl oder mit Seifenwasser reiben und dann mit Weingeist entfernen oder mit Weinsteinsäure bestreuen. Mit heißem Wasser auswaschen.

Weiße, waschbare Stoffe So bald wie möglich abkratzen, mit Butter oder Eigelb einschmieren, einige Stunden einwirken lassen, den aufgelösten Teer immer wieder mit einem Messer abheben und den Stoff mit warmem oder heißem Wasser spülen. Es ist wichtig, eine saugende Unterlage unter den Fleck zu legen, damit man den Fleck nicht auf eine andere Stelle überträgt.

Farbige, waschbare Stoffe Teer sobald wie möglich abkratzen, den Fleck mit Butter oder Eigelb einschmieren, einige Stunden einwirken lassen, abkratzen, dann wie einen Ölfleck behandeln (siehe Seite 56).

Wolle Teer sobald wie möglich abkratzen, den Fleck mit Butter oder Eigelb einschmieren, einige Stunden einwirken lassen, abkratzen, dann wie einen Ölfleck behandeln (siehe Seite 56).

Seide Teer vorsichtig abkratzen, den Fleck mit kaltem Glyzerin aufweichen und ausreiben. Den Glyzerinfleck zwischen Löschpapier mit einem warmen Bügeleisen ausbügeln.
Andere Methode für helle Stoffe: Den Fleck sorgfältig mit Salz einreiben und dann mit verdünntem Essig entfernen.

KREOSOT UND TEER

Samt

Wie Seide behandeln. Hartnäckige Flecken können auch mit heißem Sand aufgeweicht werden. Den Sand wegschütten, den Fleck mit Eukalyptusöl einreiben und wiederholt mit warmem Wasser nachwischen. Nochmals mit Eukalyptusöl einreiben. Den Stoff auf eine Wäscheleine hängen, spannen, Löschpapier auf die Rückseite des Stoffes halten und den Fleck vorsichtig ausbügeln.

Empfindliche Stoffe

Teer vorsichtig abkratzen, den Fleck mit kaltem Glyzerin aufweichen und auf einer saugenden Unterlage so gut wie möglich ausreiben. Zurückbleibende Flecken zwischen Löschpapier mit einem warmen Bügeleisen ausbügeln. Bei sehr hellen Stoffen kann man den Fleck auch mit Eiweiß aufweichen.

Kunstfasern

Teer abkratzen. Der Stoff mit der Vorderseite nach unten auf eine saugende Unterlage legen und nun auf der Rückseite kräftig mit Eukalyptusöl einreiben. So oft wie nötig wiederholen, dann warm auswaschen.

Nicht waschbare Stoffe

Teer abkratzen und den Fleck mit Weingeist oder Eukalyptusöl entfernen. Alte Flecken mit Glyzerin oder — wenn es der Stoff erlaubt — mit Terpentinöl aufweichen.

Teppiche und Polstermöbel

Teer abkratzen und den Fleck mit Weingeist oder Eukalyptusöl entfernen. Alte Flecken mit Glyzerin oder — wenn es der Stoff erlaubt — mit Terpentinöl aufweichen.

LEBERTRAN UND JOD

Weiße, kochfeste Stoffe Jodflecken sind sehr schwer zu entfernen: schnell arbeiten! Den Fleck befeuchten und mit einer rohen Kartoffelscheibe einreiben. Mit klarem Wasser spülen. Der Fleck wird zunächst dunkler, trotzdem sollte man den Vorgang solange wiederholen, bis der Fleck verschwindet. Anschließend mit Seife waschen.
Lebertranflecken mit Weinsteinsäure bestreuen und über Nacht in Wasser einweichen. Am nächsten Tag warm waschen.

Weiße, waschbare Stoffe Alte Jodflecken mit verdünntem Salmiakgeist abreiben. Ausspülen und dann mit einer rohen Kartoffelscheibe einreiben. Mit klarem Wasser spülen. Der Fleck wird zunächst dunkler, trotzdem sollte man den Vorgang wiederholen, bis der Fleck verschwindet. Anschließend mit Seife waschen.
Lebertranflecken mit einer Kristallsodalösung und dann mit unverdünntem Essig abreiben, bis sich der Fleck auflöst.

Farbige, waschbare Stoffe Alte Jodflecken mit verdünntem Salmiakgeist abreiben. Ausspülen und dann mit einer rohen Kartoffelscheibe einreiben. Mit kaltem Wasser spülen. Der Fleck wird zunächst dunkler, trotzdem sollte man den Vorgang wiederholen, bis der Fleck verschwindet. Anschließend mit Seife waschen.
Lebertranflecken mit einer Kristallsodalösung und dann mit unverdünntem Essig abreiben, bis sich der Fleck auflöst.

Wolle Jodflecken sofort mit einer rohen Kartoffelscheibe einreiben, dann eine Waschlauge aus kleingeschnittenen, rohen Kartoffeln und Wasser vorbereiten. Durch ein Sieb gießen. Die Wolle in diesem Kartoffelwasser etwa eine Stunde liegen lassen, dann mit kaltem Wasser spülen. So oft wie nötig wiederholen.
Lebertranflecken mit einer Salmiakgeistlösung behandeln.

Seide Jodflecken mit einer rohen Kartoffelscheibe oder mit stark verdünntem Salmiakgeist einreiben. Gut ausspülen. Lebertranflecken mit verdünntem Salmiakgeist entfernen.

LEBERTRAN UND JOD

Samt

Jodflecken mit einer rohen Kartoffelscheibe einreiben. Mit einem mit Wasser befeuchteten Tuch nachwischen. Die Behandlung wiederholen.
Lebertranflecken mit verdünntem Salmiakgeist abwischen.

Empfindliche Stoffe

Jodflecken mit einer rohen Kartoffelscheibe einreiben. Mit einem mit Wasser befeuchteten Tuch nachwischen. Die Behandlung wiederholen.
Lebertranflecken auf sehr empfindlichen Stoffen mit Kölnisch Wasser anstatt Salmiakgeist abreiben.

Kunstfasern

Jodflecken mit einer rohen Kartoffelscheibe einreiben, mit klarem Wasser nachspülen.
Lebertranflecken nicht mit Salmiakgeist, sondern mit einer Natronlösung und Essig abwechselnd reiben. Gut spülen.

Nicht waschbare Stoffe

Jodflecken mit einer rohen Kartoffelscheibe einreiben. Mit einem mit Wasser befeuchteten Tuch nachwischen. Die Behandlung wiederholen.
Lebertranflecken mit verdünntem Salmiakgeist abwischen.

Teppiche und Polstermöbel

Jodflecken mit einer rohen Kartoffelscheibe einreiben. Mit einem mit Wasser befeuchteten Tuch nachwischen. Die Behandlung wiederholen.
Lebertranflecken mit verdünntem Salmiakgeist abwischen.

LIPPENSTIFT, PARFÜM, SCHMINKE

Weiße, kochfeste Stoffe Lippenstift- und Schminkeflecken mit Eukalyptusöl oder Glyzerin aufweichen. Verbleibende Reste mit verdünntem Salmiakgeist entfernen.
Parfümflecken mit Spiritus oder Weingeist betupfen, in Seifenwasser einweichen, waschen und dann in der Sonne bleichen.

Weiße, waschbare Stoffe Lippenstift- und Schminkeflecken mit Eukalyptusöl oder Glyzerin aufweichen. Verbleibende Reste mit verdünntem Salmiakgeist entfernen.
Parfümflecken mit Spiritus oder Weingeist betupfen, in Seifenwasser einweichen, waschen und dann in der Sonne bleichen.

Farbige, waschbare Stoffe Lippenstift- und Schminkeflecken mit Eukalyptusöl oder Glyzerin aufweichen. Verbleibende Reste mit verdünntem Salmiakgeist entfernen.
Parfümflecken mit Spiritus oder Weingeist betupfen, in Seifenwasser einweichen, waschen und dann in der Sonne bleichen.

Wolle Lippenstift- und Schminkeflecken mit Glyzerin einreiben und einige Stunden aufweichen lassen. Waschen.
Parfümflecken mit Alkohol betupfen und mit Seifenwasser waschen.
Andere Methode: Mit Glyzerin reiben und den Stoff mit klarem, warmem Wasser nachspülen.

Seide Lippenstift- und Schminkeflecken mit einer Glyzerinlösung einreiben und mit verdünntem Salmiakgeist abtupfen. Mit klarem Wasser abwischen.
Parfümflecken mit Alkohol betupfen und mit Wasser nachreiben.

LIPPENSTIFT, PARFÜM, SCHMINKE

Samt

Wie Seide behandeln, die Fasern anschließend mit einem Bügeleisen trocknen, indem man den Stoff hochhebt und das Bügeleisen nahe an die Rückseite des Stoffes hält.

Empfindliche Stoffe

Lippenstift- und Schminkeflecken mit Eukalyptusöl oder Glyzerin aufweichen, mit warmem Seifenwasser und schließlich mit kaltem Wasser abreiben.
Parfümflecken mit Glyzerin reiben, mit warmem Seifenwasser und anschließend mit klarem Wasser nachreiben.

Kunstfasern

Lippenstift- und Schminkeflecken mit Eukalyptusöl oder Glyzerin aufweichen. Waschen.
Parfümflecken mit Glyzerin reiben und mit warmem Wasser waschen.

Nicht waschbare Stoffe

Lippenstift- und Schminkeflecken mit Eukalyptusöl betupfen und dann mit Weingeist oder verdünntem Salmiakgeist entfernen. Verbleibende Ränder mit klarem Wasser wegreiben.
Parfümflecken mit Weingeist betupfen und mit klarem Wasser nachreiben.

Teppiche und Polstermöbel

Lippenstift- und Schminkeflecken mit Eukalyptusöl betupfen und dann mit Weingeist oder verdünntem Salmiakgeist entfernen. Verbleibende Ränder mit klarem Wasser wegreiben.
Parfümflecken mit Weingeist betupfen, mit klarem Wasser nachreiben.

MALERFARBEN UND FARBSTOFFE

Weiße, kochfeste Stoffe Kalkflecken sofort abwischen, ohne den Fleck zu vergrößern, und vor dem Waschen in verdünntem Essig einweichen. Andere Methode: Sofort mehrmals mit Essig oder Zitronensaft beträufeln und abkratzen. Anschließend waschen.

Ölfarbenflecken sofort mit Terpentinöl auflösen oder in verdünntem Salmiakgeist oder auch einer Mischung aus gleichen Teilen Terpentinöl, Salmiakgeist und Spiritus aufweichen. Alte Flecken mit Terpentinöl aufweichen oder mit Terpentingeist entfernen.

Lackfarbenflecken sofort mit reinem Terpentinöl oder Petroleum betupfen und mit Löschpapier aufsaugen. Ränder mit Spiritus oder Weingeist entfernen.

Acrylfarben sind sehr schwierig zu entfernen. Spiritus mit einigen Tropfen Salmiakgeist vermischen und den Fleck damit betupfen. Mit Löschpapier aufsaugen. Einige Male wiederholen, dann spülen und waschen.

Weiße, waschbare Stoffe Kalkflecken sofort abwischen und vor dem Waschen in verdünntem Essig einweichen.

Andere Flecken wie Flecken auf weißen, kochfesten Stoffen behandeln.

Farbige, waschbare Stoffe Kalkflecken sofort abwischen und vor dem Waschen in verdünntem Essig einweichen.

Alte Ölfarbenflecken mit einer Mischung aus vier Teilen Spiritus, drei Teilen Schmierseife und einem Teil Salmiakgeist behandeln. Mit Löschpapier aufsaugen. Wiederholen und anschließend heiß waschen.

Wenn Strickgarn während des Waschens auf andere Wäschestücke abfärbt, Wäsche sofort auswringen, mit Salz bestreuen, eine Stunde liegen lassen und in Salzwasser spülen. Alte Flecken sind kaum noch zu entfernen.

Wolle Kalkflecken sofort abwischen und vor dem Waschen in verdünntem Essig einweichen.

Frische Ölfarbenflecken mit Terpentinöl betupfen und mit Löschpapier aufsaugen. So oft wie nötig wiederholen. Alte Flecken mit einer Mischung aus gleichen Teilen Terpentinöl, Salmiakgeist und Seifenspiritus abreiben. Mit Löschpapier aufsaugen, sofort mit Wasser ausspülen und waschen.

MALERFARBEN UND FARBSTOFFE

Seide

Immer zuerst eine Probe an einer unsichtbaren Stelle machen. Kalkflecken sofort abwischen, mit verdünntem Essig abreiben und anschließend waschen. Ölfarbenflecken mit einer Mischung aus gleichen Teilen Terpentinöl, Salmiakgeist und Seifenspiritus einreiben, mit Löschpapier aufsaugen und waschen.

Samt

Immer zuerst eine Probe an einer unsichtbaren Stelle machen. Kalkflecken sofort abwischen, mit verdünntem Essig abreiben und anschließend mit Wasser nachwischen.
Ölfarbenflecken mit einer Mischung aus gleichen Teilen Terpentinöl, Salmiakgeist und Seifenspiritus einreiben und mit Löschpapier wiederholt aufsaugen.

Empfindliche Stoffe

Flecken auf empfindlichen Stoffen wie Flecken auf Samt behandeln.

Kunstfasern

Kalkflecken sofort abwischen und den Stoff vor dem Waschen in verdünntem Essig einweichen. Alte Flecken mit Spiritus einreiben, mit Seife einschmieren und waschen.
Ölfarbenflecken mit verdünntem Salmiakgeist aufweichen, vorsichtig abkratzen, die Behandlung wiederholen, zuletzt waschen.

Nicht waschbare Stoffe

Kalkflecken sofort mit warmem Wasser betupfen. Mit einem feuchten, in Essig getauchten Tuch reiben.
Ölfarbe abkratzen und dann mit Glyzerin aufweichen. Wenn es der Stoff erlaubt, den Fleck mit Terpentin- oder Salmiakgeist entfernen.
Lackflecken mit einer Lösung aus Spiritus, Salmiakgeist und etwas Terpentinöl betupfen und mit Löschpapier aufsaugen. Wiederholen. Mit reinem Spiritus nachbehandeln.

Teppiche und Polstermöbel

Kalkflecken sofort mit lauwarmem Wasser betupfen. Mit einem feuchten, in Essig getauchten Tuch reiben und dann trocknen. Ölfarbenflecken wie Flecken auf nicht waschbaren Stoffen behandeln. Lackflecken mit Spiritus und Glyzerin aufweichen und mit Löschpapier aufsaugen. Mit Essig oder Spiritus nachbehandeln.

MAYONNAISE, SENF, CURRY

Weiße, kochfeste Stoffe Immer zuerst mit handwarmem Wasser ausspülen, ohne den Fleck zu vergrößern. Auf eine saugende Unterlage legen, den Stoff mit Glyzerin einschmieren und waschen. Wenn nötig, mit verdünntem Salmiakgeist nachbehandeln und in der Sonne bleichen.

Weiße, waschbare Stoffe Mit lauwarmem Wasser spülen. Auf eine saugende Unterlage legen, mit Glyzerin einreiben, waschen und in der Sonne trocknen lassen.

Farbige, waschbare Stoffe Den Fleck so gut wie möglich mit einem Messer entfernen, dann mit handwarmem Wasser ausspülen, ohne den Fleck zu vergrößern. Mit Glyzerin einreiben, einwirken lassen und waschen.

Wolle Den Fleck so gut wie möglich mit einem Messer entfernen, dann mit handwarmem Wasser ausspülen, ohne den Fleck zu vergrößern. Mit Glyzerin einreiben, einwirken lassen und schließlich waschen.

MAYONNAISE, SENF, CURRY

Seide

Mit handwarmem Wasser abtupfen, ohne den Fleck zu vergrößern. Auf eine saugende Unterlage legen und mit Kölnisch Wasser, Spiritus oder Weingeist nachbehandeln.

Samt

Mit handwarmem Wasser abtupfen, ohne den Fleck zu vergrößern. Auf eine saugende Unterlage legen und mit Kölnisch Wasser, Spiritus oder Weingeist nachbehandeln.

Empfindliche Stoffe

Mit handwarmem Wasser abtupfen, ohne den Fleck zu vergrößern. Auf eine saugende Unterlage legen und mit Kölnisch Wasser, Spiritus oder Weingeist nachbehandeln.

Kunstfasern

Den Fleck so gut wie möglich mit einem Messer entfernen, dann mit lauwarmem Wasser ausspülen, ohne den Fleck zu vergrößern. Mit Glyzerin einschmieren, einwirken lassen und auswaschen.

Nicht waschbare Stoffe

Mit lauwarmem Wasser abtupfen, ohne den Fleck zu vergrößern. Dann mit Kölnisch Wasser, Spiritus oder Weingeist behandeln.

Teppiche und Polstermöbel

Mit lauwarmem Wasser abtupfen, ohne den Fleck zu vergrößern. Dann mit Kölnisch Wasser, Spiritus oder Weingeist behandeln.

MILCH, JOGHURT UND SPEISEEIS

Weiße, kochfeste Wäsche Milchflecken zuerst mit kaltem und dann mit heißem Seifenwasser auswaschen.
Frische Joghurtflecken mit lauwarmem Wasser entfernen. Andere Methode: Den Fleck eintrocknen lassen, mit einer Bürste ausreiben und die Ränder dann mit lauwarmem Wasser entfernen.
Speiseeisflecken sofort mit handwarmem Wasser und einem Tuch abtupfen. Alte Flecken mit einer Mischung aus Spiritus und Salmiakgeist oder mit verdünntem Salmiakgeist betupfen. Den Vorgang wiederholen. Gut ausspülen. Hartnäckige Flecken mit Terpentinöl betupfen und sofort mit warmem Seifenwasser ausspülen. Schokoladeeisflecken wie Kakaoflecken (siehe Seite 36) behandeln.

Weiße, waschbare Stoffe Milchflecken mit kaltem Wasser spülen und dann heiß waschen.
Joghurtflecken sofort mit lauwarmem Wasser reiben. Eingetrocknete Flecken ausbürsten. Mit warmem Wasser nachwischen.
Speiseeisflecken mit einer Lösung aus einem Teil Salz, vier Teilen Salmiakgeist und vier Teilen Alkohol reinigen. Gut spülen.

Farbige, waschbare Stoffe Milchflecken mit kaltem Wasser spülen und dann warm auswaschen.
Joghurtflecken sofort mit lauwarmem Wasser reiben. Eingetrocknete Flecken ausbürsten. Mit warmem Wasser nachwischen.
Speiseeisflecken mit einer Mischung aus Seifenspiritus und Salmiakgeist entfernen. Mit klarem Wasser spülen.

Wolle Milchflecken mit kaltem Wasser spülen und dann warm auswaschen.
Joghurtflecken sofort mit lauwarmem Wasser reiben. Eingetrocknete Flecken ausbürsten. Mit warmem Wasser nachwischen.
Speiseeisflecken mit einer Mischung aus Seifenspiritus und Salmiakgeist entfernen. Mit klarem Wasser spülen.

MILCH, JOGHURT UND SPEISEEIS

Seide

Frische Flecken mit lauwarmem Wasser abwischen. Alte Flecken mit einer Mischung aus reinem Spiritus und Salmiakgeist abreiben und mit klarem Wasser nachwischen.

Samt

Frische Flecken mit lauwarmem Wasser abwischen. Alte Flecken mit einer Mischung aus reinem Spiritus und Salmiakgeist abreiben und mit klarem Wasser nachwischen.

Empfindliche Stoffe

Frische Flecken mit lauwarmem Wasser abwischen. Alte Flecken mit einer Mischung aus reinem Spiritus und Salmiakgeist abreiben und mit klarem Wasser nachwischen.

Kunstfasern

Milchflecken zuerst mit kaltem und dann mit warmem Wasser ausspülen.
Joghurt- und Speiseeisflecken mit lauwarmem Wasser ausreiben. Alte Flecken mit einer Glyzerin-Lösung aufweichen und sie dann in warmem Seifenwasser auswaschen.

Nicht waschbare Stoffe

Milchflecken sofort mit kaltem und dann handwarmem Wasser behandeln.
Joghurtflecken mit lauwarmem Wasser ausreiben. Alte Flecken mit einer Bürste ausbürsten. Mit lauwarmem Wasser nachbehandeln.
Eisflecken sofort mit kaltem und dann mit heißem Wasser abtupfen. Alte Flecken auf farbechten Stoffen mit einem Teil Terpentinöl und zwei Teilen Zitronensaft behandeln. Mit warmem Wasser abwischen. Flecken auf anderen Stoffen mit einer Mischung aus Alkohol und Salmiakgeist ausreiben und mit lauwarmem Wasser nachbehandeln.

Teppiche und Polstermöbel

Milchflecken sofort entfernen, weil sonst der Geruch haften bleibt. Mit kaltem Wasser abwischen, dann mit Weingeist, Spiritus oder verdünntem Salmiakgeist reiben. Mit handwarmem Wasser nachreiben.

OBST

Weiße, kochfeste Stoffe Die meisten Obstflecken verschwinden, wenn der Stoff wie gewohnt gewaschen und in der Sonne gebleicht wird.
Frische Flecken: Über heißem Sodawasserdampf herauslösen. Andere Methode: mit warmem Alkohol, Zitronensaft, Essig, Salz, weißem Johannisbeersaft oder Weinsteinsäure einreiben. Waschen und in der Sonne bleichen.
Flecken von gekochtem Obst: Über Nacht in Buttermilch und Zitronensaft einweichen, dann gut spülen und waschen. In der Sonne bleichen.
Beerenflecken: Mit dem ungesalzenen Kochwasser weißer Bohnen oder Kartoffeln entfernen. Andere Methode: In Sauermilch oder Boraxwasser einweichen und dann waschen. In der Sonne bleichen.
Heidelbeerflecken: Eine Stunde in Buttermilch einweichen, anschließend mit kaltem und dann heißem klarem Wasser nachspülen. Andere Methode: Mit Zitronensaft betupfen, einwirken lassen und auswaschen. In der Sonne bleichen.
Kirschenflecken: Mit weißem Kirschensaft einreiben oder mit Zitronensaft oder Weinsteinsäure bestreuen. Waschen und in der Sonne bleichen. Andere Methode: Mit Seifenwasser waschen, mit Milch betupfen, zwei Stunden einwirken lassen, auswaschen und in der Sonne bleichen.
Pfirsich- und Orangenflecken: Mit Glyzerin aufweichen und einen Tag später gründlich auswaschen. In der Sonne bleichen. Den Vorgang wiederholen.

Weiße, waschbare Stoffe Zuerst mit warmem Alkohol einreiben. Alte Flecken in Sauermilch oder dem ungesalzenen Kochwasser von weißen Bohnen oder Kartoffeln einweichen.
Andere Methode: Den Stoff eine Stunde lang in einer Lösung aus einem Teil Salmiakgeist und drei Teilen Wasser aufweichen. Gut spülen, waschen und in der Sonne bleichen.

Farbige, waschbare Stoffe Kochendes Wasser auf den frischen Fleck gießen oder ihn mit Alkohol einreiben. Alte Flecken mit einer stark verdünnten Salmiaklösung behandeln, in Buttermilch oder heißer Milch einweichen und dann mit Salzwasser ausspülen. Hartnäckige Flecken mit dem ungesalzenen Kochwasser von weißen Bohnen oder Kartoffeln entfernen. Waschen.

OBST

Wolle

Mit Alkohol reiben; weiße Wolle mit Zitronensaft reiben. Gut spülen. Wenn nötig, in borax- oder salmiakgeisthaltigem Seifenwasser einweichen. Auswaschen.
Heidelbeerflecken: In Milch einweichen, zuerst kalt und dann warm auswaschen. Helle Stoffe in Milch einweichen, dann mit Zitronensaft besprühen. Über Nacht einwirken lassen und gründlich ausspülen.
Hartnäckige Kirschenflecken: Ein bis zwei Stunden in einer warmen Salmiakgeistlösung oder in saurer Milch einweichen, dann mit handwarmem Wasser auswaschen.

Seide

Mit Alkohol oder verdünntem Salmiakgeist reiben oder in einer lauwarmen Boraxlösung einweichen.
Obstflecken auf hellen Stoffen: Mit Zitronensaft betupfen und sofort mit Spiritus nachreiben.
Kirschenflecken: Mit verdünntem Seifenspiritus reiben und dann gut spülen.

Samt

Mit Seifenspiritus oder verdünntem Salmiakgeist reiben, mit klarem Wasser nachreiben und dann trocknen.

Empfindliche Stoffe

Mit Seifenspiritus oder verdünntem Salmiakgeist reiben, mit klarem Wasser nachreiben und dann trocknen.

Kunstfasern

Rayon und andere synthetische Stoffe mit Boraxwasser rasch auswaschen und gut durchspülen.

Nicht waschbare Stoffe

Mit kaltem Wasser aufwischen und abtupfen. Zum Entfernen der Reste Seifenspiritus verwenden.

Teppiche und Polstermöbel

Mit kaltem Wasser aufwischen und abtupfen. Zum Entfernen der Reste Seifenspiritus verwenden. Nicht mit Salz bestreuen, da die Farbe des Stoffes dadurch aufgehellt werden könnte.

ÖL, FETT

Weiße, kochfeste Stoffe Bratensaftflecken sofort mit einem Messer abkratzen und mit Kartoffelmehl, Maismehl, Roggenmehl, Talkpuder oder Ton aufsaugen. Trocknen lassen und ausbürsten. Dann mit kaltem Wasser spülen und heiß waschen.

Hartnäckige Flecken in Kristallsodawasser einweichen oder mit Seifenspiritus oder Weingeist befeuchten, dann mit Seife einschmieren, zuletzt bei hoher Temperatur waschen.

Abschmierfett (Schmiere) mit Butter bestreichen, einige Stunden einwirken lassen, abkratzen, dann mit Spiritus und Seife einschmieren. Anschließend waschen.

Maschinenöl: Mit verdünntem Salmiakgeist betupfen, mit Seife einschmieren und heiß auswaschen.

Weiße, waschbare Stoffe Sofort mit Kartoffelmehl, Maismehl, Roggenmehl, Talkpuder oder Ton bestreuen. Ausbürsten, waschen.

Andere Methode: Mit in Weingeist aufgelöstem Salz betupfen. Mit Seife einschmieren und waschen.

Alte Flecken in einer Kristallsoda- oder Hirschhornsalzlösung einweichen.

Farbige, waschbare Stoffe Mit Kartoffelmehl, Maismehl, Roggenmehl, Talkpuder oder Ton bestreuen. Ausbürsten, waschen.

Andere Methode: Mit Kölnisch Wasser oder Eukalyptusöl betupfen. So heiß wie möglich waschen oder den Fleck zwischen Löschpapier ausbügeln.

Wolle Mit Kartoffelmehl, Maismehl, Roggenmehl, Talkpuder oder Ton bestreuen. Abreiben, ausbürsten oder ausklopfen. Waschen.

Andere Methode: Mit Kölnisch Wasser oder Eukalyptusöl betupfen. So heiß wie möglich waschen.

Alte Flecken mit 1 : 5 verdünntem Salmiakgeist einweichen und anschließend waschen.

Seide Frische Flecken sofort mit Kölnisch Wasser abreiben.

Andere Methode: Den Fleck mit Kartoffelmehl bestreuen und zwischen Löschpapier ausbügeln. Anstelle von Kartoffelmehl kann auch Natron verwendet werden.

Schwarze Seide mit Salmiakgeist abreiben. Anschließend zwischen zwei Tüchern ausbügeln.

ÖL, FETT

Samt

Einen Leinensack mit heißem Sand füllen und den Fleck damit abreiben. Mit Spiritus nachreiben.
Alte Ölflecken mit ein wenig Eukalyptusöl, das man auf ein Stück Samt träufelt, Fettflecken mit ungesalzener Butter einreiben. Butter kann von farbechten Stoffen mit einem Tuch, auf das man einige Tropfen Terpentin gibt, entfernt werden. Anschließend mit Spiritus oder Weingeist nachreiben.
Samtkragen mit einer halben Zwiebel säubern, danach mit stark verdünntem Salmiakwasser abreiben.

Empfindliche Stoffe

Mit Kartoffelmehl, Maismehl, Roggenmehl, Talkpuder oder Ton bestreuen, ausbürsten und den Fleck zwischen Löschpapier ausbügeln.
Andere Methode: Den Fleck mit Kölnisch Wasser oder Eukalyptusöl betupfen, mit warmem, reinem Wasser nachreiben.
Anzüge, Kragen, Ärmel usw. mit verdünntem Salmiakgeist und dann mit Wasser abreiben.
Andere Methode: Hirschhornsalz auf den Fleck streuen und mit einem feuchten Tuch solange reiben, bis es schäumt. Dann mit lauwarmem Wasser reinigen.
Filzhüte mit einer Mischung aus Spiritus und Salmiakgeist abreiben und immer wieder mit einem sauberen Leinentuch nachreiben.

Kunstfasern

Mit Kartoffelmehl, Maismehl, Roggenmehl, Talkpuder oder Ton bestreuen, trocknen lassen, ausbürsten. Dann den Fleck vor dem Waschen mit etwas Seife einschmieren.

Nicht waschbare Stoffe

Mit Kartoffelmehl, Maismehl, Roggenmehl, Talkpuder oder Ton bestreuen, trocknen lassen und ausbürsten.
Alte Flecken mit einer Paste aus Salz, Hafermehl und Weingeist einstreichen, eine Stunde einwirken lassen und ausbürsten.

Teppiche und Polstermöbel

Mit Kartoffelmehl, Maismehl, Roggenmehl, Talkpuder oder Ton bestreuen, trocknen lassen und dann ausbürsten. Behandlung wiederholen.
Wenn nötig, den Fleck mit Weingeist, Seifenspiritus oder Kölnisch Wasser einreiben. Mit reinem Wasser nachreiben.

PETROLEUM, BENZIN, HEIZÖL

Weiße, kochfeste Stoffe Mit einer Paste aus Schlämmkreide (Wiener Kalk) und Eukalyptusöl einreiben. Im Freien trocknen lassen. Behandlung wiederholen. Verbleibende Flecken mit Seife einschmieren und waschen oder — falls nötig — mit Terpentinöl reiben und dann waschen.

Weiße, waschbare Stoffe Mit einer Paste aus Schlämmkreide (Wiener Kalk) und Eukalyptusöl einreiben. Im Freien trocknen lassen. Behandlung wiederholen. Verbleibende Flecken mit Seife einschmieren und waschen oder — falls nötig — mit Terpentinöl reiben und dann waschen.

Farbige, waschbare Stoffe Mit einer Paste aus Schlämmkreide (Wiener Kalk) oder Kartoffelmehl und Eukalyptusöl einreiben und im Freien trocknen lassen. Behandlung, wenn nötig, wiederholen. Verbleibende Flecken mit Seife einreiben und waschen.

Wolle Mit einer Paste aus Schlämmkreide (Wiener Kalk) oder Kartoffelmehl und Eukalyptusöl einreiben und im Freien trocknen lassen. Behandlung, wenn nötig, wiederholen. Verbleibende Flecken mit Seife einreiben und waschen.

Seide Mit einer Paste aus Schlämmkreide (Wiener Kalk) oder Kartoffelmehl und Eukalyptusöl einreiben und im Freien trocknen lassen. Behandlung, wenn nötig, wiederholen. Verbleibende Flecken mit Seife einreiben und waschen.

PETROLEUM, BENZIN, HEIZÖL

Samt

Den Fleck mit einer Paste aus Kartoffelmehl und Eukalyptusöl einreiben. Nach dem Trocknen ausbürsten. Wenn nötig, mit stark verdünntem Salmiakgeist nachreiben oder die Behandlung wiederholen.

Empfindliche Stoffe

Den Fleck mit einer Paste aus Kartoffelmehl und Eukalyptusöl einreiben. Nach dem Trocknen ausbürsten. Wenn nötig, mit stark verdünntem Salmiakgeist nachreiben oder die Behandlung wiederholen.

Kunstfasern

Mit Eukalyptusöl einreiben und dann mit Seife einschmieren. Waschen.

Nicht waschbare Stoffe

Den Fleck mit einer Paste aus Kartoffelmehl und Eukalyptusöl einreiben, einwirken lassen und ausbürsten. Die Behandlung so oft wie nötig wiederholen.

Teppiche und Polstermöbel

Den Fleck mit einer Paste aus Kartoffelmehl und Eukalyptusöl einreiben, einwirken lassen und ausbürsten. Die Behandlung so oft wie nötig wiederholen. Wenn der Stoff es erlaubt, Fleckränder mit reinem Terpentingeist ausreiben.

ROST

Weiße, kochfeste Stoffe Mit Salz und Zitronensaft einreiben, über Nacht einwirken lassen und dann waschen.
Andere Methode: Mit Weinsteinsäure beziehungsweise einer Mischung aus Alaun und Weinstein behandeln und dann sofort auswaschen.
Andere Methode: Mit verdünntem, heißem Zitronensaft auswaschen. Mit warmem Wasser nachspülen.
Alte Flecken: Einen Teil Oxalsäure (oder Rharbarbersaft) mit vier Teilen Glyzerin und 50 Teilen Wasser vermischen. Den Fleck damit betupfen, kurze Zeit der Sonne aussetzen, ausspülen und waschen.

Weiße, waschbare Stoffe Mit Zitronensaft abreiben und dann spülen. Keine Seife verwenden.
Andere Methode: Mit Zitronensaft einreiben und den Stoff über Wasserdampf halten. Gut ausspülen.
Frische, blasse Flecken vor dem Waschen über Nacht in Sauermilch einweichen.

Farbige, waschbare Stoffe Frische Flecken vor dem Waschen über Nacht in Butter- oder Sauermilch einweichen. Dann wie gewohnt waschen.

Wolle Helle Stoffe mit Zitronensaft beträufeln. Gut spülen, waschen.
Andere Methode: Flecken vor dem Waschen über Nacht in Butter- oder Sauermilch einweichen.

Seide Helle Stoffe mit Zitronensaft beträufeln und gut ausspülen.
Andere Methode: Den Fleck zuerst mit Seifenspiritus reiben, dann mit Zitronensaft und schließlich mit reinem Spiritus nachreiben.
Andere Methode: Den Fleck mit Essig befeuchten, Buchenholzasche daraufstreuen, 30 Minuten einwirken lassen und warm auswaschen.

ROST

Samt

Den Fleck zuerst mit Seifenspiritus reiben, dann mit Zitronensaft und schließlich mit reinem Spiritus nachreiben. Helle Stoffe mit Zitronensaft beträufeln und mit reinem Wasser nachwischen.

Empfindliche Stoffe

Den Fleck zuerst mit Seifenspiritus reiben, dann mit Zitronensaft und schließlich mit reinem Spiritus nachreiben. Helle Stoffe mit Zitronensaft beträufeln und mit reinem Wasser nachwischen.

Kunstfasern

Zuerst mit Seifenspiritus, dann mit Zitronensaft und schließlich mit reinem Spiritus reiben. Waschen.

Nicht waschbare Stoffe

Mit Seifenspiritus, dann mit Zitronensaft und anschließend mit reinem Spiritus abreiben. Mit reinem Wasser nachreiben.
Alte Flecken zuerst mit Rharbarbersaft und danach mit warmem Wasser abwischen.

Teppiche und Polstermöbel

Mit verdünnter Oxalsäure oder mit Rharbarbersaft einreiben. Mehrmals mit kaltem Wasser abwischen, trocknen.

RUSS

Weiße, kochfeste Stoffe Ruß ist kaum noch zu entfernen, wenn er sich einmal im Stoffgewebe festgesetzt hat. Deswegen darf man Rußflecken nie reiben, sondern nur ausklopfen oder die Rußteilchen wegblasen. Den verbleibenden Fleck mit Salz bestreuen. Einige Stunden einwirken lassen und ausschütteln. Anschließend waschen.

Weiße, waschbare Stoffe Ausklopfen, nicht abwischen! Mit heißem Kartoffelmehl bestreuen, einwirken lassen und ausschütteln. Wenn nötig, waschen.

Farbige, waschbare Stoffe Ausschütteln, ausklopfen oder den Ruß wegblasen und dann mit heißem Kartoffelmehl bestreuen. Einwirken lassen, ausschütteln und, wenn nötig, waschen.

Wolle Nicht abreiben, sondern ausschütteln, ausklopfen oder den Ruß wegblasen. Zurückbleibende Rußteilchen mit weichem Brot abtupfen, dann mit heißem Kartoffelmehl bestreuen. Einwirken lassen, ausschütteln und, wenn nötig, waschen.

Seide Nicht abreiben, sondern ausschütteln, ausklopfen oder den Ruß wegblasen. Zurückbleibende Rußteilchen mit weichem Brot abtupfen, dann mit heißem Kartoffelmehl bestreuen. Einwirken lassen, ausschütteln und, wenn nötig, waschen.

RUSS

Samt

Nicht abreiben, sondern ausschütteln, ausklopfen oder den Ruß wegblasen. Zurückbleibende Rußteilchen mit weichem Brot abtupfen. Ausschütteln und, wenn nötig, mit einem mit Weingeist befeuchteten Samttuch vorsichtig abreiben.

Empfindliche Stoffe

Ausklopfen, ausschütteln oder den Ruß wegblasen. Nicht reiben! Den verbleibenden Fleck mit heißem Kartoffelmehl bestreuen. Einwirken lassen, ausschütteln, wenn nötig waschen.

Kunstfasern

Ausklopfen, ausschütteln oder den Ruß wegblasen. Nicht reiben! Den verbleibenden Fleck mit heißem Kartoffelmehl bestreuen. Einwirken lassen, ausschütteln, wenn nötig waschen.

Nicht waschbare Stoffe

Mit einem Staubsauger absaugen, ohne den Fleck zu verschmieren. Trockenes Mehl (zum Beispiel Kartoffel- oder Maismehl) auftragen, einwirken lassen und wieder absaugen. Nicht reiben.

Teppiche und Polstermöbel

Mit einem Staubsauger absaugen, ohne den Fleck zu verschmieren. Trockenes Mehl (zum Beispiel Kartoffel- oder Maismehl) auftragen und wieder absaugen. Farbechte Teppiche mit Salz bestreuen und dann ausbürsten

SÄURE- UND LAUGENFLECKEN

Weiße, kochfeste Stoffe Wenn man Säureflecken nicht schnell genug behandelt, können sie Gewebe in kürzester Zeit zerstören. Deshalb sofort mit viel kaltem Wasser und anschließend mit einer konzentrierten Natron-Salmiakgeist-Lösung auswaschen. Mit verdünntem Essig spülen.
Laugenflecken sofort mit viel Wasser oder mit Essigwasser ausspülen. Mit einer Natron- oder Boraxlösung nachspülen.

Weiße, waschbare Stoffe Säureflecken sofort mit viel kaltem Wasser und anschließend mit einer konzentrierten Natron-Salmiakgeist-Lösung auswaschen. Mit verdünntem Essig spülen.
Laugenflecken sofort mit viel Wasser oder Essigwasser ausspülen. Mit einer Natron- oder Boraxlösung nachspülen.

Farbige, waschbare Stoffe Säureflecken sofort mit viel kaltem Wasser und anschließend mit einer konzentrierten Natron-Salmiakgeist-Lösung auswaschen. Mit verdünntem Essig spülen.
Laugenflecken sofort mit viel Wasser oder Essigwasser ausspülen. Mit einer Natron- oder Boraxlösung nachspülen.

Wolle Säureflecken sofort mit viel Wasser und anschließend mit einer Salmiakgeist-Lösung auswaschen. Mit verdünntem Essig nachspülen.
Laugenflecken sofort mit Wasser, dann mit Essigwasser und schließlich mit einer Boraxlösung spülen.

Seide Säureflecken sofort mit viel Wasser und anschließend mit einer Salmiakgeist-Lösung auswaschen. Mit verdünntem Essig nachspülen.
Laugenflecken sofort mit Wasser, dann mit Essigwasser und schließlich mit einer Boraxlösung spülen.

SÄURE- UND LAUGENFLECKEN

Samt

Säureflecken sofort mit Wasser und anschließend mit einer Salmiakgeist-Lösung ausreiben. Mit verdünntem Essig nachreiben.
Laugenflecken sofort mit Wasser befeuchten und mit Essigwasser nachreiben. Anschließend mit einer Natronlösung abwischen.

Empfindliche Stoffe

Säureflecken sofort mit Wasser und anschließend mit einer Salmiakgeist-Lösung auswaschen. Mit verdünntem Essig nachreiben.
Laugenflecken sofort mit Wasser ausspülen und mit Essigwasser nachspülen. Danach mit einer Natronlösung abwischen.

Kunstfasern

Säureflecken sofort mit Wasser und anschließend mit einer Salmiakgeist-Lösung auswaschen. Mit verdünntem Essig nachreiben.
Laugenflecken sofort mit Wasser ausspülen und mit Essigwasser nachspülen. Danach mit einer Natronlösung spülen.

Nicht waschbare Stoffe

Sofort mit Wasser und dann mit einer Salmiakgeist-Lösung ausreiben. Mit verdünntem Essig nachreiben.
Laugenflecken sofort mit Wasser befeuchten und mit Essigwasser und dann mit einer Natronlösung nachreiben.

Teppiche und Polstermöbel

Sofort mit Wasser und dann mit einer Salmiakgeist-Lösung ausreiben. Mit verdünntem Essig nachreiben.
Laugenflecken sofort mit Wasser befeuchten und mit Essigwasser und dann mit einer Natronlösung nachreiben.

SCHIMMEL

Weiße, kochfeste Stoffe Frische Flecken mit Butter und mit einer Paste aus Pottasche und Wasser (oder auch Schlämmkreide, Seife und Wasser) bestreichen. Einwirken lassen. Ausspülen, waschen und in der Sonne trocknen lassen.
Kleine Flecken in kochende Milch, Molke oder Buttermilch legen und über Nacht darin einweichen, dann kalt ausspülen und auskochen. Dem Waschwasser etwas Salmiakgeist oder Terpentinöl zusetzen. Andere Methode: Den Fleck mit einer Mischung aus Salmiakgeist, Salz und Wasser betupfen. Ausspülen, waschen und in der Sonne trocknen lassen.
Segeltuch: Einen Liter Rhabarbersaft (oder einen Teelöffel Oxalsäure in einem Liter Wasser) und neun Teelöffel Pottasche mischen. Das Segeltuch spannen, die Flüssigkeit darübergießen, sofort mit klarem Wasser ausspülen und in der Sonne bleichen.

Weiße, waschbare Stoffe Frische Flecken über Nacht in heißer Milch, Molke oder Buttermilch einweichen und am folgenden Tag mit verdünntem Salmiakgeist betupfen. Gut ausspülen. Unempfindliche Stoffe in Kristallsodalösung erhitzen. Waschen und in der Sonne bleichen.

Farbige, waschbare Stoffe Mit Seife einreiben, waschen und in der Sonne trocknen. Andere Methode: Den Stoff über Nacht in Essig, heißer Molke oder Buttermilch einweichen. Anschließend waschen.

Wolle Mit Seife einreiben, waschen und in der Sonne trocknen. Andere Methode: Den Stoff über Nacht in Essig, heißer Molke oder Buttermilch einweichen. Anschließend waschen.

Seide Helle Seide mit dem ungesalzenen Kochwasser weißer Bohnen auswaschen oder mit Zitronensaft betupfen. Gut mit Wasser spülen.
Andere Methode: Einen Brei aus Kartoffelmehl und Terpentinöl herstellen, auf die befleckte Stelle auftragen, eintrocknen lassen und dann ausbürsten. Mit Spiritus oder Weingeist nachreiben.
Schwarze Seide mit einer Mischung aus einem Teil Salmiakgeist und vier Teilen Wasser einreiben. Kleine Flecken mit einem mit Regenwasser befeuchteten Wolltuch entfernen.

SCHIMMEL

Samt

Helle Stoffe mit einem Brei aus Kartoffelmehl und Terpentinöl einschmieren. Den Brei trocknen lassen und mit einer Bürste ausbürsten. Mit Spiritus oder Weingeist nachreiben.
Dunkle Stoffe mit einer Mischung aus einem Teil Salmiakgeist und vier Teilen Wasser einreiben und mit klarem Wasser nachreiben.

Empfindliche Stoffe

75 Gramm Salz und 30 Gramm Natron in einem Liter Wasser auflösen und den Fleck damit behandeln. Gut spülen.
Andere Methode: Den Stoff in Molke einweichen und dann bei möglichst hoher Temperatur waschen.

Kunstfasern

75 Gramm Salz und 30 Gramm Natron in einem Liter Wasser auflösen und den Fleck damit behandeln. Gut spülen.
Andere Methode: Den Stoff in Molke einweichen und dann bei möglichst hoher Temperatur waschen.

Nicht waschbare Stoffe

Helle Stoffe mit einem Brei aus Kartoffelmehl und verdünntem Salmiakgeist oder Terpentinöl einschmieren. Den Brei trocknen lassen und ausbürsten. Mit Alkohol nachreiben.
Dunkle Stoffe mit einer Mischung aus einem Teil Salmiakgeist und vier Teilen Wasser einreiben und mit klarem Wasser nachreiben.

Teppiche und Polstermöbel

Helle Stoffe mit einem Brei aus Kartoffelmehl und verdünntem Salmiakgeist oder Terpentinöl einschmieren. Den Brei trocknen lassen und ausbürsten. Mit Alkohol nachreiben.
Dunkle Stoffe mit einer Mischung aus einem Teil Salmiakgeist und vier Teilen Wasser einreiben und mit klarem Wasser nachreiben.

SCHOKOLADE

Weiße, kochfeste Stoffe So gut wie möglich mit einem Messer entfernen. Den Fleck mit kaltem Wasser befeuchten, mit Borax bestreuen und dann in handwarmem Wasser spülen.
Andere Methode: Den Fleck mit Wasser einreiben und dann den Stoff in einer Lösung aus 10 Eßlöffeln Wasser, 1/2 Teelöffel Alaun und 1/2 Teelöffel Weinstein einweichen. Mit lauwarmem Seifenwasser spülen.

Weiße, waschbare Stoffe So gut wie möglich mit einem Messer entfernen. Den Fleck mit kaltem Wasser befeuchten, mit Borax bestreuen und dann waschen.
Andere Methode: Den Fleck mit Zitronensaft beträufeln, reiben, mit klarem Wasser nachspülen. Alte Flecken mit Glyzerin und anschließend mit Weingeist einreiben, waschen.

Farbige, waschbare Stoffe Mit einem Messer entfernen. In einer kalten Alaun-Weinstein-Lösung (siehe weiße, kochfeste Stoffe) einweichen und waschen. Alte Flecken mit Glyzerin und Weingeist behandeln.

Wolle So gut wie möglich mit einem Messer entfernen. Den Fleck mit Eigelb und Glyzerin einreiben, einwirken lassen. Zuerst mit kaltem und dann mit warmem Wasser spülen. Waschen.
Andere Methode: Mit einer Lösung aus Glyzerin, Wasser und einigen Tropfen Salmiakgeist befeuchten. Den Stoff auf eine saugende Unterlage legen und die Lösung einwirken lassen. Die verbleibende Flüssigkeit mit Löschpapier aufsaugen. Nochmals mit der Lösung betupfen und den Fleck zwischen zwei frischen Löschpapierblättern ausbügeln.

Seide So gut wie möglich mit einem Messer entfernen. Den Fleck mit Weingeist reiben und mit klarem, warmem Wasser abwischen.

SCHOKOLADE

Samt

So gut wie möglich mit einem Messer entfernen. Mit Weingeist und dann mit klarem Wasser abwischen.

Empfindliche Stoffe

So gut wie möglich mit einem Messer entfernen. Mit Weingeist und dann mit klarem Wasser abwischen.

Kunstfasern

So gut wie möglich mit einem Messer entfernen, mit kaltem Wasser abwischen. Mit lauwarmem Seifenwasser waschen. Alte Flecken mit Glyzerin aufweichen und dann waschen.

Nicht waschbare Stoffe

Mit einem Messer abkratzen. Zuerst mit kaltem und dann mit warmem Wasser abwischen und mit Borax bestreuen. Einwirken lassen und dann mit klarem Wasser abreiben.

Teppiche und Polstermöbel

So gut wie möglich mit einem Messer entfernen. Den Fleck mit einem zuerst kalt und dann warm befeuchteten Schwamm gründlich reiben.

SCHUHCREME

Weiße, kochfeste Stoffe Mit Seifenspiritus, Weingeist oder Terpentinöl einreiben. Anschließend waschen. Dem Waschwasser einen Schuß Salmiakgeist beifügen.

Weiße, waschbare Stoffe Mit Terpentinöl beträufeln und dann mit einer Mischung aus Seifenspiritus und Salmiakgeist abtupfen. Zurückbleibende Flecken wie Fettflecken (siehe Seite 56) behandeln.

Farbige, waschbare Stoffe Farbechte Stoffe mit Terpentinöl behandeln, Flecken auf anderen Stoffen mit einer Mischung aus Seifenspiritus und Salmiakgeist auswaschen. Gut mit warmem Wasser spülen.

Wolle Helle Stoffe mit Terpentinöl behandeln, dunkle dagegen mit Seifenspiritus. Anschließend mit Seifenwasser, dem etwas Salmiakgeist beigefügt wird, waschen.
Wollsocken mit verdünntem Weingeist oder erhitztem Alkohol (Vorsicht bei offenen Flammen!) abreiben. Dann mit verdünntem Salmiakgeist auswaschen.

Seide Mit Spiritus abreiben und mit stark verdünntem Salmiakgeist nachreiben.

SCHUHCREME

Samt

Mit Spiritus abreiben und mit stark verdünntem Salmiakgeist nachreiben.

Empfindliche Stoffe

Mit Spiritus abreiben und mit stark verdünntem Salmiakgeist nachreiben.

Kunstfasern

Mit Seifenspiritus gründlich abreiben, anschließend warm waschen.

Nicht waschbare Stoffe

Abkratzen; mit Seifenspiritus oder Weingeist betupfen und dann mit einem feuchten Tuch reiben.

Teppiche und Polstermöbel

Abkratzen; mit Seifenspiritus, Weingeist oder, wenn es der Stoff erlaubt, mit Terpentingeist betupfen. Mit einem feuchten Tuch reiben.

SCHWEISS

Weiße, kochfeste Stoffe Mit einer konzentrierten, warmen Boraxlösung oder mit reinem Essig, verdünntem Salmiakgeist oder reinem Spiritus betupfen. Waschen. Falls nötig, mit einer Kristallsodalösung waschen und im Freien trocknen lassen.

Weiße, waschbare Stoffe Mit einer konzentrierten, warmen Boraxlösung oder mit reinem Essig, verdünntem Salmiakgeist oder reinem Spiritus betupfen. Waschen. Falls nötig, mit einer Kristallsodalösung waschen und im Freien trocknen lassen.

Farbige, waschbare Stoffe Zuerst mit Wasser und danach mit Salmiakgeist und Wasser reiben. Empfindliche Farben mit verdünntem Essig betupfen. Anschließend waschen.

Wolle Sofort reinigen, bevor die Motten angezogen werden. Weiße Wolle mit einer starken Salzwasserlösung einreiben. Spülen.
Farbige Wolle und alte Flecken mit verdünntem Essig behandeln oder auch mit einer Mischung aus Salmiakgeist und Spiritus beziehungsweise Weingeist.
Andere Methode: Mit einer Abkochung aus Panamarinde abreiben und den Fleck danach über Dampf herauslösen.

Seide Schweiß kann Seide zerstören. Mit dem ungesalzenen Kochwasser von Kartoffeln unter Zugabe von Salmiak- oder Weingeist waschen.
Andere Methode: Sofort mit Eis behandeln, dann mit einem Brei aus Natron und Wasser einreiben. Trocknen lassen und sorgfältig ausbürsten. Falls nötig, mit reinem Spiritus abreiben und anschließend waschen.

SCHWEISS

Samt

Sofort mit Eis behandeln, dann mit einem Brei aus Natron und Wasser einreiben. Trocknen lassen und sorgfältig ausbürsten. Mit reinem Spiritus abreiben.

Empfindliche Stoffe

Mit einem Brei aus Natron und Wasser einreiben, trocknen lassen und sorgfältig ausbürsten. Mit reinem Spiritus nachreiben.
Verschwitzte Ränder von Filzhüten mit verdünntem Salmiakgeist abreiben.

Kunstfasern

In Essigwasser einweichen und dann wie gewohnt waschen.

Nicht waschbare Stoffe

Mit verdünntem Salmiakgeist, Essig oder reinem Weingeist abwischen.

Teppiche und Polstermöbel

Mit einer Essiglösung oder mit Weingeist so lange abtupfen, bis der Fleck verschwunden ist.

STAUB UND SCHMUTZ

Weiße, kochfeste Stoffe Erde- und Staubflecken trocknen lassen und ausbürsten. Dann mit warmem, salmiakgeisthaltigem Wasser abwischen. Vor dem Waschen in einer Boraxlösung einweichen. Anschließend in der Sonne bleichen. Stark verschmutzte Wäsche vor dem Waschen in einer Waschsodalösung einweichen. Anschließend in der Sonne bleichen.

Weiße, waschbare Stoffe Erde- und Staubflecken trocknen lassen und ausbürsten. Dann mit warmem, salmiakgeisthaltigem Wasser abwischen. Stark verschmutzte Stoffe vor dem Waschen in einer Waschsodalösung einweichen. Anschließend in der Sonne bleichen.

Farbige, waschbare Stoffe Erde- und Staubflecken trocknen lassen und ausbürsten. Dann mit warmem Wasser unter Zusatz von einigen Tropfen Salmiakgeist abwischen. Stark verschmutzte Stoffe vor dem Waschen in einer Boraxlösung oder einer schwachen Salmiaklösung einweichen.

Wolle Ein Eigelb in Spiritus schlagen und den Brei auf den Fleck auftragen. Trocknen lassen und ausbürsten.

Seide Mit Weingeist oder mit Eigelb und Spiritus abreiben. Trocknen lassen, abbürsten und danach mit warmem Wasser waschen.
Andere Methode: In einer essigsauren Panama-Rinde-Abkochung vorsichtig waschen und dann feucht bügeln.
Schwarze Seide mit schwarzem Kaffee ausbürsten und trockenreiben.

STAUB UND SCHMUTZ

Samt

Mit einer weichen Brotscheibe oder einem mit verdünntem Salmiakgeist befeuchteten Tuch abreiben.
Grünen Samt mit verdünntem Essig abreiben.
Andere Methode: Den Samt mit feinem, feuchtem Sand bestreuen und dann ausschütteln.

Empfindliche Stoffe

Flecken auf hellen Mänteln mit Mehl oder Talkpuder bestreuen, einige Stunden einwirken lassen und dann ausbürsten.
Erde- und Staubflecken trocknen lassen und dann ausbürsten. Mit warmem, salmiakgeisthaltigem Wasser abwischen.
Andere Methode: Mit Eigelb und Spiritus einreiben, trocknen lassen und ausbürsten.
Filzhüte mit verdünntem Salmiakgeist und dann mit klarem Wasser abreiben.

Kunstfasern

Zuerst mit stark verdünntem Salmiakgeist oder Essig und dann mit klarem Wasser spülen.

Nicht waschbare Stoffe

Mit einem Messer abkratzen, die Reste mit verdünntem Salmiakgeist oder Essig einreiben, mit klarem Wasser nachreiben und dann mit Veloursleder trockenreiben.

Teppiche und Polstermöbel

Mit einem Messer abkratzen, die Reste mit verdünntem Salmiakgeist oder Essig einreiben, mit klarem Wasser nachreiben und dann mit Veloursleder trockenreiben.

TABAK

Weiße, kochfeste Stoffe Entweder mit Glyzerin oder mit einem Eigelb, dem man etwas Spiritus oder Weingeist beifügt, einreiben. Eine Stunde einwirken lassen. Mit klarem Alkohol ausspülen. Waschen und in der Sonne bleichen.
Alte Flecken anfeuchten, mit Zitronensäure bestreuen, ausspülen, mit Glyzerin einreiben und anschließend mit Weingeist oder Spiritus ausspülen.

Weiße, waschbare Stoffe Entweder mit Glyzerin oder mit einem Eigelb, dem man etwas Spiritus oder Weingeist beifügt, einreiben. Eine Stunde einwirken lassen. Mit klarem Alkohol ausspülen. Waschen und in der Sonne bleichen.
Alte Flecken anfeuchten, mit Zitronensäure bestreuen, ausspülen, mit Glyzerin einreiben und anschließend mit Weingeist oder Spiritus ausspülen.

Farbige, waschbare Stoffe Mit Glyzerin und Eigelb einreiben, eine Stunde einwirken lassen, mit Alkohol ausspülen. Anschließend waschen.

Wolle Helle Stoffe: Den Fleck anfeuchten, mit Zitronensäure bestreuen, ausspülen, mit Glyzerin einreiben und anschließend mit Spiritus oder Weingeist auswaschen.
Andere Stoffe: Mit Glyzerin und Eigelb einreiben, eine Stunde einwirken lassen und mit Alkohol auswaschen. Anschließend mit Seifenwasser waschen.

Seide Mit Glyzerin einreiben, etwa eine Stunde einwirken lassen und dann den Fleck mit Spiritus oder Weingeist entfernen.

TABAK

Samt

Mit Glyzerin einreiben, etwa eine Stunde einwirken lassen und dann den Fleck mit Spiritus oder Weingeist entfernen.

Empfindliche Stoffe

Mit Glyzerin einreiben, etwa eine Stunde einwirken lassen und dann den Fleck mit Spiritus oder Weingeist entfernen.

Kunstfasern

Mit Glyzerin einreiben, etwa eine Stunde einwirken lassen und dann den Fleck mit Spiritus oder Weingeist entfernen.

Nicht waschbare Stoffe

Flecken auf hellen Stoffen mit Zitronensaft einreiben und sofort mit Weingeist oder Spiritus abreiben. Andere Stoffe: Mit Glyzerin aufweichen und mit Alkohol abreiben. Zum Schluß mit warmem Wasser nachwischen.

Teppiche und Polstermöbel

Flecken auf hellen Stoffen mit Zitronensaft einreiben und sofort mit Weingeist oder Spiritus abreiben. Andere Stoffe: Mit Glyzerin aufweichen und mit Alkohol abreiben. Zum Schluß mit warmem Wasser nachwischen.

TEE

Weiße, kochfeste Stoffe Alte Flecken mit Weingeist entfernen.
Andere Methode: Den Stoff vor dem Waschen in warmem Boraxwasser einweichen. In der Sonne bleichen.

Weiße, waschbare Stoffe Über ein Becken spannen und heißes Wasser über den frischen Fleck gießen, bis er verschwunden ist.

Farbige, waschbare Stoffe Alte Flecken vor dem Waschen mit einer Glyzerinlösung aufweichen, nach einigen Stunden Einwirkzeit wie gewohnt waschen.

Wolle Eigelb und Glyzerin zusammen zu Schaum schlagen, den Fleck damit einreiben, einwirken lassen und dann mit warmem Wasser ausspülen.

Seide Frische Flecken: Vor dem Waschen in kaltem Wasser einweichen. Alte Flecken mit Glyzerin aufweichen.
Andere Methode: Seifenspiritus mit Salmiakgeist vermischen und den Fleck damit abreiben, mit klarem Wasser nachreiben.

TEE

Samt

Alte Flecken mit warmem Weingeist vorsichtig betupfen, bis der Fleck verschwunden ist.

Empfindliche Stoffe

Flecken mit warmem Weingeist reiben, hartnäckige Flecken mit Glyzerin aufweichen und dann waschen.

Kunstfasern

Alte Flecken vor dem Waschen mit einer Glyzerinlösung aufweichen.

Nicht waschbare Stoffe

Frische Flecken sofort mit einem Schwamm aufsaugen, dann mit warmem Wasser reiben.
Eingetrocknete Flecken mit Glyzerin und dann mit einer warmen Boraxlösung behandeln. Mit einem feuchten Tuch reiben.

Teppiche und Postermöbel

Frische Flecken sofort mit einem Schwamm aufsaugen, dann mit warmem Wasser reiben.
Eingetrocknete Flecken mit Glyzerin und dann mit einer warmen Boraxlösung behandeln. Mit einem feuchten Tuch reiben.

TINTE

Weiße, kochfeste Stoffe Den befleckten Stoff auf eine saugende Unterlage legen und wiederholt mit in Zitronensaft gelöstem Salz, mit Seifenspiritus, reinem Alkohol, Kölnisch Wasser, Terpentinöl oder einer Weinsteinsäure-Lösung reiben. Andere Methode: Befeuchten, mit einer Mischung aus zwei Teilen Weinstein und einem Teil Alaun bestreuen und dann waschen. Wenn der Fleck immer noch sichtbar ist, mit kochendem Wasser und Zitronensäure entfernen. Hilft auch das nichts, den Stoff mit Erdbeer-, Rharbarbersaft oder Oxalsäure einreiben. Sofort waschen und spülen.
Kugelschreiberflecken und Stickereiabdrücke mit erwärmtem Zitronensaft, Seifenspiritus, Weingeist oder Kölnisch Wasser entfernen. Nachspülen.
Stempelfarbenflecken mit Glyzerin einschmieren, einwirken lassen und mit Salzwasser ausspülen oder mit reinem Spiritus abreiben.

Weiße, waschbare Stoffe Den frischen Fleck mit Buttermilch oder mit Glyzerin aufweichen. Hartnäckige Flecken einen Tag vor dem Waschen in Essig oder Milch einweichen, ausspülen, mit Erdbeer- oder Rharbarbersaft einreiben und waschen. Wenn nötig, Behandlung wiederholen.
Kugelschreiberflecken mit Alkohol oder Kölnisch Wasser entfernen. Stempelfarbenflecken mit Glyzerin einreiben, einwirken lassen und mit Salzwasser ausspülen oder mit Spiritus abreiben.

Farbige, waschbare Stoffe Den Fleck mit Buttermilch oder mit Glyzerin aufweichen.
Hartnäckige Flecken einen Tag vor dem Waschen in Essig oder Milch einweichen, ausspülen, mit Erdbeer- oder Rharbarbersaft einreiben und anschließend waschen. Wenn nötig, Behandlung wiederholen.
Kugelschreiberflecken mit Alkohol oder Kölnisch Wasser entfernen.
Stempelfarbenflecken mit Glyzerin einreiben, einwirken lassen und mit Salzwasser ausspülen oder mit Spiritus abreiben.

Wolle Mit Glyzerin aufweichen, waschen. Andere Methode: Den Fleck mit Milch betupfen, einwirken lassen, mit Löschpapier aufsaugen, kalt spülen und schließlich waschen. Kugelschreiber- und Stempelfarbenflecken mit Kölnisch Wasser oder Seifenspiritus entfernen.

TINTE

Seide

Den Fleck in Milch legen, 24 Stunden liegen lassen, mit kaltem Wasser und mit warmem Seifenwasser auswaschen.
Andere Methode: Mit dem ungesalzenen Kochwasser weißer Bohnen entfernen. Behandlung wiederholen.
Andere Methode für farbechte Stoffe: Mit Terpentinöl oder einer schwachen Lösung aus Wasser und Weinsteinsäure betupfen, mit warmem, salmiakhältigem Wasser und schließlich mit klarem Wasser reiben.
Kugelschreiberflecken mit Alkohol oder Kölnisch Wasser entfernen.

Samt

Den befleckten Stoff auf eine saugende Unterlage legen und wiederholt mit Kölnisch Wasser oder Seifenspiritus einreiben.
Andere Methode bei farbechten Stoffen: Mit in Zitronensaft gelöstem Salz abreiben. Mit klarem, warmem Wasser nachreiben.

Empfindliche Stoffe

Mehrmals mit Milch oder Buttermilch behandeln. Gut in lauwarmem Wasser spülen und dann waschen.
Kugelschreiberflecken mit Alkohol oder Kölnisch Wasser abreiben. Behandlung mehrmals wiederholen.

Kunstfasern

Sofort mit Seifenwasser ausbürsten oder mit Kölnisch Wasser betupfen und trockenreiben.
Kugelschreiberflecken sind aus Plastik und Kunstfasern nur schwer zu entfernen.

Nicht waschbare Stoffe

Mit warmer Milch beträufeln, mit einem sauberen Tuch reiben. Behandlung mehrmals wiederholen. Mit kaltem und dann mit warmem Wasser nachreiben.
Alte Flecken mit Zitronensäure bestreuen. Einwirken und trocknen lassen, ausbürsten und, wenn nötig, die Behandlung wiederholen.
Kugelschreiberflecken mit Alkohol oder Kölnisch Wasser abreiben.

Teppiche und Polstermöbel

Mit warmer Milch beträufeln und ein bis zwei Stunden einwirken lassen. Mit kaltem Seifenwasser, dem etwas Salmiak beigefügt wird, reiben.
Andere Methode für farbechte Teppiche: Mit Zitronensaft, Milch und dann mit verdünntem Salmiakgeist reiben. Trocknen.

UNBEKANNTE FLECKEN

Weiße, kochfeste Stoffe Gestärkte Stoffe vor der Behandlung mit Kölnisch Wasser, Weingeist oder Spiritus betupfen.
Unbekannte Flecken zuerst mit einer verdünnten Lösung aus Seifenflocken und Salmiakgeist einreiben. Gut spülen. Hartnäckige Flecken über Nacht in dieser Lösung einweichen.

Weiße, waschbare Stoffe Gestärkte Stoffe vor der Behandlung mit Kölnisch Wasser, Weingeist oder Spiritus betupfen.
Unbekannte Flecken zuerst mit einer verdünnten Lösung aus Seifenflocken und Salmiakgeist einreiben. Gut spülen. Hartnäckige Flecken über Nacht in dieser Lösung einweichen.

Farbige, waschbare Stoffe Wenn der Stoff nicht farbecht ist, den Fleck mit Eigelb aufweichen und mit kaltem Wasser spülen.
Andere Methode: Zwei Handvoll gehackte Efeublätter in einem Liter kochendem Wasser aufbrühen, zwei Tage ziehen lassen und dann abseihen. Mit dieser Lösung waschen.

Wolle Mit erwärmtem saugendem Material (zum Beispiel Maismehl, Kartoffelmehl) bestreuen oder mit Kartoffelstärkewasser, das mit ein wenig Essig angesäuert wird, betupfen. Die Mischung eintrocknen lassen und dann ausbürsten.
Andere Methode: Zwei Handvoll gehackte Efeublätter in einem Liter kochendem Wasser aufbrühen, zwei Tage ziehen lassen und dann abseihen. Mit dieser Lösung behandeln.

Seide Weiße Seide: Weiße Bohnen zu einem Pulver mahlen, mit Weingeist zu einer Paste anrühren und auftragen. Trocknen lassen und ausbürsten.
Andere Seidenstoffe: Heiße Holzasche in ein kleines Seidensäckchen füllen und den Fleck damit reiben.

UNBEKANNTE FLECKEN

Samt

Ein Leinentuch mit Essig oder Salmiakgeist befeuchten und den Stoff damit abreiben. Mit klarem Wasser nachreiben.

Empfindliche Stoffe

Ein Leinentuch mit Essig oder Salmiakgeist befeuchten und den Stoff damit einreiben. Mit klarem Wasser nachbehandeln.
Flecken auf Filzhüten mit sehr feinem Sandpapier abreiben.

Kunstfasern

Mit Seifenschaum einreiben, dann sofort mit stark verdünntem Essig spülen.

Nicht waschbare Stoffe

Ein Leinentuch mit Essig oder Salmiakgeist befeuchten und den Stoff damit einreiben. Mit klarem Wasser nachreiben.

Teppiche und Polstermöbel

Wenn es der Stoff erlaubt, mit Essig, Weingeist oder Zitronensaft, sonst mit Seifenschaum einreiben. Mit klarem Wasser reinigen.

URIN

Weiße, kochfeste Stoffe Zuerst mit kaltem Wasser und dann mit heißem Seifenwasser waschen. Zurückbleibende Flecken mit Zitronensaft oder Weingeist behandeln. Gründlich ausspülen und in der Sonne bleichen.

Weiße, waschbare Stoffe Zuerst mit kaltem Wasser und dann mit heißem Seifenwasser waschen. Zurückbleibende Flecken mit Zitronensaft oder Weingeist behandeln. Gründlich ausspülen und in der Sonne bleichen.

Farbige, waschbare Stoffe Zuerst mit kaltem Wasser und dann mit warmem Seifenwasser unter Zusatz von etwas verdünntem Salmiakgeist waschen. Gut spülen, an einem luftigen Ort trocknen.

Wolle Zuerst mit kaltem Wasser und dann mit warmem Seifenwasser unter Zusatz von etwas verdünntem Salmiakgeist waschen. Gut spülen, an einem luftigen Ort trocknen.

Seide Zuerst mit kaltem Wasser und dann mit Weingeist oder Spiritus abwischen. So warm wie möglich waschen. Seidene Unterwäsche zuerst mit kaltem Wasser ausspülen und dann mit warmem Wasser waschen.

URIN

Samt

Zuerst mit kaltem Wasser und dann mit Weingeist abwischen. Mit kaltem Wasser nachreiben. Im Freien trocknen und mit einem Bügeleisen, das man nahe an die Rückseite des Stoffes hält, die Fasern wieder aufrichten.

Empfindliche Stoffe

Unterwäsche mit kaltem Wasser ausspülen, dann heißes Wasser über den Fleck gießen, bis er verschwindet.

Kunstfasern

Zuerst mit kaltem Wasser ausspülen, dann so warm wie möglich auswaschen.

Nicht waschbare Stoffe

Flecken mit lauwarmem Salzwasser und dann mit klarem Wasser abwischen und mit einem Tuch trocknen.
Farbige Stoffe mit Weingeist abreiben und anschließend mit klarem Wasser wischen. Möglichst in der Sonne trocknen.

Teppiche und Polstermöbel

Zuerst mit kaltem und dann mit warmem Wasser, dem man etwas Salmiakgeist oder Spiritus zusetzt, abreiben. Mit warmem Wasser nachreiben und möglichst im Freien oder in Zugluft trocknen.

VOGELSCHMUTZ

Weiße, kochfeste Stoffe Mit warmem Salzwasser abreiben. Eingetrocknete Flecken in Salzwasser einweichen, dann waschen und, wenn nötig, in der Sonne bleichen.

Weiße, waschbare Stoffe Mit warmem Salzwasser abreiben. Eingetrocknete Flecken in Salzwasser einweichen, dann waschen und, wenn nötig, in der Sonne bleichen.

Farbige, waschbare Stoffe Mit warmem Salzwasser abreiben, mit Seifenwasser bürsten und dann waschen. Eingetrocknete Flecken in Salzwasser einweichen.

Wolle In Salzwasser einweichen, dann waschen.

Seide Mit warmem Salzwasser abreiben, mit klarem Wasser nachwischen. Zurückbleibende Flecken waschen, sofern es der Stoff erlaubt, jedoch nicht bleichen.

VOGELSCHMUTZ

Samt

Trocknen lassen, ausbürsten, mit warmem Salzwasser abwischen, mit einem feuchten Stück Samt nachreiben.

Empfindliche Stoffe

Mit warmem Salzwasser abreiben. Eingetrocknete Flecken in Salzwasser einweichen. Mit Seifenwasser waschen, mit klarem Wasser spülen und dann trocknen lassen.

Kunstfasern

Mit warmem Salzwasser abreiben. Wenn nötig, in Salzwasser einweichen und mit klarem Wasser spülen.

Nicht waschbare Stoffe

Mit warmem Salzwasser abreiben, mit klarem Wasser nachbehandeln.

Teppiche und Polstermöbel

Mit warmem Salzwasser abreiben, mit klarem Wasser nachbehandeln.

WACHS

Weiße, kochfeste Stoffe Das Wachs erst abbröckeln, dann abkratzen und den Fleck zwischen Löschpapier ausbügeln. Fleckenreste mit Spiritus entfernen.

Weiße, waschbare Stoffe In kaltes Wasser legen und reiben, bis das Wachs bricht. Reste auf Löschpapier mit einem warmen Bügeleisen ausbügeln. Waschen. Zurückbleibende Flecken mit Spiritus oder Weingeist entfernen.
Farbige Wachsflecken vor dem Waschen mit Seifenspiritus einreiben.
Bohnerwachs zwischen Löschpapier ausbügeln.

Farbige, waschbare Stoffe In kaltes Wasser legen und reiben, bis das Wachs bricht. Reste auf Löschpapier mit einem warmen Bügeleisen ausbügeln. Waschen. Zurückbleibende Flecken mit Spiritus oder Weingeist entfernen.
Farbige Wachsflecken vor dem Waschen mit Seifenspiritus einreiben.
Bohnerwachs zwischen Löschpapier ausbügeln.

Wolle Heißes Wasser auf die Rückseite des Stoffes träufeln, um das Wachs zu schmelzen. Vorsichtig mit Löschpapier oder Stoff aufsaugen. Farbige Ränder mit Weingeist oder Spiritus entfernen.

Seide Heißes Wasser auf die Rückseite des Stoffes träufeln, um das Wachs zu schmelzen. Vorsichtig mit Löschpapier oder Stoff aufsaugen. Farbige Ränder mit Weingeist oder Spiritus entfernen.

WACHS

Samt

Das Wachs abreiben, dann die Rückseite des Stoffes auf Löschpapier sorgfältig bügeln. Anschließend mit Weingeist oder Spiritus einreiben und leicht bürsten. Andere Methode: Die Stelle mit sehr feinem, heißem Sand bestreuen, den Stoff mit einer weichen Bürste ausbürsten.

Empfindliche Stoffe

Heißes Wasser auf die Rückseite des Stoffes träufeln, um das Wachs zu schmelzen. Vorsichtig mit Löschpapier oder Stoff aufsaugen. Farbige Ränder mit Weingeist oder Spiritus entfernen.

Kunstfasern

Heißes Wasser auf die Rückseite des Stoffes träufeln, um das Wachs zu schmelzen. Vorsichtig mit Löschpapier oder Stoff aufsaugen. Farbige Ränder mit Weingeist oder Spiritus entfernen.

Nicht waschbare Stoffe

Das Wachs auf Löschpapier ausbügeln. Farbreste mit Weingeist betupfen.

Teppiche und Polstermöbel

Mit einem Löffel abkratzen, dann mit Weingeist oder Spiritus einreiben. Reste mit der Spitze eines lauwarmen Bügeleisens auf Löschpapier ausbügeln.

WASSERFLECKEN

Weiße, kochfeste Stoffe Kommen kaum vor.

Weiße, waschbare Stoffe Kommen kaum vor.

Farbige, waschbare Stoffe Kommen selten vor.
Nicht farbechte Stoffe mit einem in Essigwasser befeuchteten Tuch abreiben.

Wolle Kommen selten vor.
Den Stoff auf der Rückseite mit einem feuchten Tuch bügeln. Die Stelle darf jedoch keine anderen Flecken aufweisen.

Seide Auf der Rückseite mit einem feuchten Tuch bügeln. Die Stelle darf jedoch keine anderen Flecken aufweisen.
Regenflecken mit lauwarmem Wasser abreiben, mit einer feuchten Bürste reiben, dann unter einem feuchten Tuch bügeln.

WASSERFLECKEN

Samt

Auf der Rückseite mit einem leicht befeuchteten Tuch bügeln oder über Dampf hängen und mit einem Stück Samt reiben. Die Stelle darf jedoch keine anderen Flecken aufweisen.

Empfindliche Stoffe

Taft mit einem Radiergummi abreiben, dann bürsten. Hüte mit Spiritus oder Weingeist einreiben, trocknen lassen.

Kunstfasern

Kommen kaum vor.

Nicht waschbare Stoffe

Regenflecken mit einer mit verdünntem Salmiakgeist befeuchteten Bürste ausbürsten. Mit einem feuchten Tuch nachreiben oder über Dampf halten.

Teppiche und Polstermöbel

Wasserflecken mit einer mit verdünntem Salmiakgeist oder Essig befeuchteten Bürste ausbürsten. Mit einem feuchten Tuch nachreiben.

WEIN

Weiße, kochfeste Stoffe Frische Rotweinflecken mit Salz bestreuen oder mit Schmalz einschmieren. Einwirken lassen, mit Zitronensaft beträufeln und heiß auswaschen. Alte Flecken über Nacht in Buttermilch, heißer Milch oder in einer Boraxlösung einweichen. Waschen.
Andere Methode: Den Fleck mit Borax bestreuen und kochendes Wasser darübergießen.
Hartnäckige Rotweinflecken: Mit dem ungesalzenen Kochwasser von weißen Bohnen oder Kartoffeln behandeln, dann in der Sonne bleichen.
Sektflecken mit warmem Wasser reiben und in heißem Zitronenwasser einweichen. Anschließend waschen.

Weiße, waschbare Stoffe Rotweinflecken sofort mit Salz bestreuen oder Weißwein, Sherry oder klaren Alkohol über den Fleck gießen, um ihn zu neutralisieren. Mit Seife und verdünntem Zitronensaft auswaschen.
Andere Methode: Schlämmkreide (Wiener Kalk) auf den Fleck streuen und einwirken lassen. Dann ausbürsten und mit Zitronensaft einreiben. Waschen.

Farbige, waschbare Stoffe Mit Kartoffelmehl oder Schlämmkreide bestreuen, ausbürsten, mit einer Boraxlösung abwischen. Anschließend waschen. Eingetrocknete Flecken mit Glyzerin aufweichen, mit einer Boraxlösung reiben und dann waschen.

Wolle Sofort mit Salz bestreuen, anschließend mit sehr stark verdünntem Salmiakgeist waschen und gut spülen. Falls nötig, mit dem ungesalzenen Kochwasser von weißen Bohnen oder Kartoffeln nachbehandeln und nochmals waschen.

Seide Mit saugendem Material (zum Beispiel Maismehl) bestreuen, trocknen lassen und ausbürsten. Helle Seide mit einer Seifenlösung einschmieren, etwas Pottasche darauf streuen und zwei Tage einwirken lassen. Waschen.
Weiße Seide: Ein Seidentuch mit destilliertem Wasser und einer Seifenlösung befeuchten, Borax daraufstreuen und den Fleck damit behandeln. Dann mit einem Stück trockener Seide reiben.
Andere Seidenstoffe mit verdünntem Salmiakgeist einreiben und mit reinem Wasser nachwaschen.

WEIN

Samt

Mit Maismehl bestreuen, einwirken lassen, ausbürsten. Zurückbleibende Flecken mit einem mit verdünntem Salmiakgeist, Weingeist oder Seifenspiritus befeuchteten Tuch entfernen.

Empfindliche Stoffe

Befleckte Stellen sofort mit Mais- oder Kartoffelmehl bestreuen, einwirken lassen und ausbürsten. Dann in stark verdünntem Salmiakgeist auswaschen.
Anzüge mit einem mit verdünntem Salmiakgeist befeuchteten Tuch abreiben und dann mehrere Male mit klarem Wasser abwischen.
Hartnäckige Flecken mit dem ungesalzenen Kochwasser von weißen Bohnen oder Kartoffeln auswaschen.

Kunstfasern

Rayon mit reinem Alkohol reiben. Andere Kunststoffe sofort mit Kartoffel- oder Maismehl bestreuen, einwirken lassen, ausbürsten und dann das Kleidungsstück mit stark verdünntem Salmiakgeist auswaschen.

Nicht waschbare Stoffe

Gut aufsaugen und mit warmem Wasser abreiben. Kartoffelmehl, Talkpuder oder Schlämmkreide (Wiener Kalk) auf den Fleck streuen, eintrocknen lassen und ausbürsten. Eingetrocknete Flecken mit einer Glyzerinlösung aufweichen, dann mit warmem Seifenwasser abwischen und anschließend mit klarem Wasser nachreiben.

Teppiche und Polstermöbel

Mit warmem Wasser und dann mit reinem Alkohol abreiben.
Andere Methode: Mit warmem Wasser und dann mit einer essighaltigen Seifenlösung reiben. Mit klarem, warmem Wasser nachreiben. Mit Veloursleder trocknen. Kein Salz verwenden, da sonst die Farbe des Stoffes ausbleichen könnte.

ZUCKER

Weiße, kochfeste Stoffe Frische Flecken mit lauwarmem, abgekochtem Wasser abreiben. Alte Flecken mit einer Mischung aus einem Teil Salmiakgeist und einem Teil Glyzerin aufweichen. Waschen.
Gefärbte Zuckerflecken (von künstlich gefärbten Süßigkeiten) in Zitronenwasser einweichen und dann ausspülen.

Weiße, waschbare Stoffe Frische Flecken mit lauwarmem, abgekochtem Wasser abreiben. Alte Flecken mit einer Mischung aus einem Teil Salmiakgeist und einem Teil Glyzerin aufweichen. Waschen.
Gefärbte Zuckerflecken (von künstlich gefärbten Süßigkeiten) in Zitronenwasser einweichen und dann ausspülen.

Farbige, waschbare Stoffe Frische Flecken mit lauwarmem, abgekochtem Wasser abreiben. Alte Flecken mit einer Mischung aus einem Teil Salmiakgeist und einem Teil Glyzerin aufweichen. Waschen.
Gefärbte Zuckerflecken (von künstlich gefärbten Süßigkeiten) in Zitronenwasser einweichen und dann ausspülen.

Wolle Frische Flecken mit lauwarmem, abgekochtem Wasser abreiben. Alte Flecken mit einer Mischung aus einem Teil Salmiakgeist und einem Teil Glyzerin aufweichen. Waschen.
Gefärbte Zuckerflecken (von künstlich gefärbten Süßigkeiten) in Zitronenwasser einweichen und dann ausspülen.

Seide Den Stoff mit Dampf befeuchten, dann den Fleck mit einem mit destilliertem Wasser befeuchteten Tuch reiben.

ZUCKER

Den Stoff mit Dampf befeuchten, dann den Fleck mit einem mit destilliertem Wasser befeuchteten Tuch reiben. **Samt**

Frische Flecken mit lauwarmem, abgekochtem Wasser einreiben. Alte Flecken mit Glyzerin aufweichen und so heiß wie möglich waschen. **Empfindliche Stoffe**

Zuerst mit kaltem und dann mit warmem Wasser spülen. **Kunstfasern**

Mit warmem Wasser abwischen, mit Veloursleder trocknen. **Nicht waschbare Stoffe**

Mit warmem Wasser abtupfen, mit Veloursleder trocknen. **Teppiche und Polstermöbel**

FLECKENREGISTER

FLECKENREGISTER

FLECKENREGISTER